中国社会科学院文库
哲学宗教研究系列
The Selected Works of CASS
Philosophy and Religion

中国社会科学院创新工程学术出版资助项目

中国社会科学院文库 · 哲学宗教研究系列
The Selected Works of CASS · Philosophy and Religion

世界佛教通史

A GENERAL HISTORY OF THE WORLD BUDDHISM

第八卷 中国南传佛教（从佛教传入至公元20世纪）

魏道儒 主编

本卷 郑筱筠 梁晓芬 著

中国社会科学出版社

图书在版编目（CIP）数据

世界佛教通史. 第 8 卷，中国南传佛教：从佛教传入至公元 20 世纪／
郑筱筠，梁晓芬著 . —北京：中国社会科学出版社，2015.12
　ISBN 978 - 7 - 5161 - 7057 - 1

　Ⅰ.①世…　Ⅱ.①郑…②梁…　Ⅲ.①佛教史—世界②佛教史—中国
Ⅳ.①B949.1

中国版本图书馆 CIP 数据核字（2015）第 268360 号

出 版 人	赵剑英
责任编辑	黄燕生　孙　萍
责任校对	朱妍洁
责任印制	戴　宽

出　　版	中国社会科学出版社
社　　址	北京鼓楼西大街甲 158 号
邮　　编	100720
网　　址	http://www.csspw.cn
发 行 部	010 - 84083685
门 市 部	010 - 84029450
经　　销	新华书店及其他书店

印刷装订	北京君升印刷有限公司
版　　次	2015 年 12 月第 1 版
印　　次	2015 年 12 月第 1 次印刷

开　　本	710 × 1000　1/16
印　　张	19.25
插　　页	2
字　　数	345 千字
定　　价	72.00 元

《中国社会科学院文库》出版说明

　　《中国社会科学院文库》（全称为《中国社会科学院重点研究课题成果文库》）是中国社会科学院组织出版的系列学术丛书。组织出版《中国社会科学院文库》，是我院进一步加强课题成果管理和学术成果出版的规范化、制度化建设的重要举措。

　　建院以来，我院广大科研人员坚持以马克思主义为指导，在中国特色社会主义理论和实践的双重探索中做出了重要贡献，在推进马克思主义理论创新、为建设中国特色社会主义提供智力支持和各学科基础建设方面，推出了大量的研究成果，其中每年完成的专著类成果就有三四百种之多。从现在起，我们经过一定的鉴定、结项、评审程序，逐年从中选出一批通过各类别课题研究工作而完成的具有较高学术水平和一定代表性的著作，编入《中国社会科学院文库》集中出版。我们希望这能够从一个侧面展示我院整体科研状况和学术成就，同时为优秀学术成果的面世创造更好的条件。

　　《中国社会科学院文库》分设马克思主义研究、文学语言研究、历史考古研究、哲学宗教研究、经济研究、法学社会学研究、国际问题研究七个系列，选收范围包括专著、研究报告集、学术资料、古籍整理、译著、工具书等。

中国社会科学院科研局

2006 年 11 月

总　序

魏道儒

　　2006 年底，在制订世界宗教研究所佛教研究室科研项目规划的时候，我想到国内外学术界还没有编写出一部佛教的世界通史类著作，就与几位同事商量，确定申报中国社会科学院重大课题——《世界佛教通史》。该课题于 2007 年 8 月正式立项，2012 年 12 月结项，其后又列选为中国社会科学院创新工程项目进行修改完善。呈现在读者朋友面前的这部书，就是当年同名课题的最终成果。

　　在申报《世界佛教通史》课题的时候，我们按照要求规划设计了相关研究范围、指导思想、撰写原则、主要问题、研究思路、预期目标等。八年多来，我们就是按照这些既定方案开展研究工作的。

　　"佛教"最早被定义为释迦牟尼佛的"说教"，其内容包括被认为是属于释迦牟尼的所有理论和实践。这个古老的、来自佛教信仰群体内部的定义尽管有很大的局限性，但由于强调了佛教起源于古代印度的史实，突出了释迦牟尼作为创教者的权威地位，符合了广大信众的崇拜需求，不仅长期获得公认，而且影响到现代人们对佛教的认识和理解。我们认为，"佛教"是起源于古代印度，在不同国家和地区流行了 2500 多年的一种世界性宗教，包含着不同国家和地区信教群众共同创造的精神产品和物质产品。我们这样理解"佛教"既与古老的定义不矛盾，又更符合这种宗教的历史发展事实，同时，也自然确定了我们这部《世界佛教通史》的研究范围和对象。

　　我们的《世界佛教通史》是一部佛教的世界通史，主要论述佛教从起源到 20 世纪在世界范围内的兴衰演变的主要过程。我们希望以辩证唯物主义和历史唯物主义为指导，坚持历史与逻辑相统一的原则，以史学和哲学方法为主，同时借鉴考古学、文献学、宗教社会学、宗教人类学、宗教心理学、宗教比较学、文化传播学等相关学科的理论和方法，在收集、整理、辨析第一手资料（个别部分除外）的基础上，全方位、多角度对世界范围内的佛教历史进行深入研究。

在考虑具体撰写原则时，我们本着"原始察终，见盛观衰"的史学原则，对每一研究对象既进行梳理脉络的纵向贯通，又进行考察制约该对象变化的多种因素的横向贯通。我们在论述不同国家和地区的佛教时，希望始终联系制约佛教兴衰变化的政治、经济、民族、科学技术和思想文化等因素，始终将宏观把握和微观探索结合起来，系统阐述众多的佛教思潮、派系、典籍、人物、事件、制度等，并且兼及礼俗、典故、圣地、建筑、文学、艺术等。我们强调重视学术的继承和规范，并且力争在思想创新、观点创新和内容创新三方面都取得成果。我们以"叙述史实，说明原因，解决问题"为研究导向和撰写原则，对纷繁复杂的研究对象进行实事求是、客观公正的阐述和评价。

我们在确定本课题的主要研究问题时已经注意到，在不同的国家和地区，在不同的历史阶段，同是佛教，甚至同是佛教中的某一个宗派，往往具有截然不同的内在精神和外在风貌。佛教在不同国家和地区中的政治地位、经济地位、法律地位，在当地思想文化体系中的位置和发挥的作用，在社会民众心目中的形象和价值，都是千差万别的。当我们综观世界范围内的佛教时，看到的不是色调单一而是绚丽多彩，不是停滞僵化而是变动不居。我们在研究不同的国家、地区和民族中的佛教时，一定会遇到特殊的情况、独有的内容和需要侧重解决的问题。对于各卷作者在研究中捕捉到的特殊问题，建议他们独立制订解决方案，提出解决办法。从本部书各卷必定要涉及的一些共同研究内容方面考虑，我们当时要求相关各卷侧重研究如下四个方面的问题。

第一，佛教的和平传播问题。

佛教从地方宗教发展成为亚洲宗教，再发展成为世界宗教，始终以和平的方式传播，始终与政治干预、经济掠夺和文化殖民没有直接联系，始终没有因为传教引发战争。我们可以看到，无论在古代还是在近代，无论在中国还是在外国，成功的、有影响的佛教传教者都不是以武力胁迫人们信教，都是以其道德高尚、佛学精湛、善于劝导和感化人而赢得信众。佛教的和平传播在世界宗教史上是独一无二的，可以说，这为当今世界各种文明之间建立联系提供了可资学习、借鉴的样板。关于佛教的和平传播问题，学术界虽然已经涉及，但是还没有推出结合佛教在不同国家和地区的具体情况进行集中论述的论著。我们希望本部书的相关各卷结合佛教在不同国家和地区的具体情况，比较全面系统地研究佛教和平传播的方式、过程，研究佛教传播与社会、政治、经济、文化等因素以及与自身教义之间的关联，探索佛教和平传播的内在规律。我们当时设想，如果能够对佛教和平传播问题进行更全面、更系统的考察、分析和评论，就会为学术界以后专门探讨佛教在不同文化中传播的方式、途径、过程、特点和规律建立更广泛的参照系统，提供更多的史实依据，确定更多的观察视角，列举更多的分析标本。我们认为，本部书有关各卷加强这方面的研究，对于加深认识今天全球范围内的宗教传播和文化传播具有重要现实意义。毫无疑问，这种研究也将会丰富文化传播学的内容。

第二，佛教的本土化问题。

佛教本土化是指佛教为适应所传地区的社会、民族、政治、经济和文化而发生的一切变化，既包括信仰、教义方面的变化，也包括组织、制度方面的变化。在有佛教流传的国家和地区，佛教本土化过程涉及社会的各个方面，从经济基础到上层建筑都会受到影响。从帝王到庶民的社会各阶层，包括信仰者和非信仰者、支持者和反对者、同情者和厌恶者都会不同程度地参与进来，对佛教本土化进程的深度、广度以及前进方向施加影响、发挥作用。正因为佛教本土化的出现，才使佛教在流传地有可能扎根、生长，才使当今世界各地区的佛教有了鲜明的民族特色。无论在任何国家和地区，佛教本土化的过程都是曲折反复、波谲云诡。如果只有温柔的相拥，没有无情的格斗；如果只有食洋不化的照搬照抄，没有别开生面的推陈出新，佛教要想在任何社会、民族和文化中扎根、生长都是不可想象的。学术界对佛教本土化问题虽有涉及，但研究还不够全面和深入，并且有许多研究空白。例如，对于19世纪到20世纪东方佛教的西方转型问题，就基本没有涉及。我们要求相关各卷把研究佛教的本土化问题作为一个重点，不同程度地探索各个国家和地区佛教形成本土特色的原因，描述佛教与当地社会、政治、经济和文化相互冲突、相互协调、相互适应的过程，分析导致佛教在特定区域、特定历史阶段或扎根生长、或蓬勃兴旺、或衰败落寞、或灭绝断根的诸多因素，以便准确描述佛教在世界各地呈现出的多种多样的姿态、色彩。我们相信，本书加强这方面的研究，一定会填补诸多学术空白，加深对各个国家和地区佛教的认识。

第三，佛教教义体系、礼仪制度和文化艺术的关系问题。

在世界各大宗教中，佛教以典籍最丰富、文化色彩最浓重、思想教义最庞杂著称。在以佛教典籍为载体的庞大佛教教义体系中，不胜枚举的各类系统的信仰学说、哲学思想、修行理论等，都是内容极为丰富、特点极为突出、理论极为精致、影响极为深远的。仅就佛教对生命现象的考察之系统全面，对人的精神活动分析之细致周密，为消除人生苦难设计的方案之数量众多，就是其他宗教望尘莫及的。无论在古代还是在近现代，诸如此类的佛教基本理论对不同阶层信仰者都有强大吸引力和持久影响力。各国家和地区的历代信仰者往往从佛教的教义体系中寻找到了人生智慧，汲取了精神营养，感受了心灵慰藉。相对来说，佛教的教义体系历来成为学术界关注的重点，研究得比较充分。但是，佛教是以共同信仰为纽带、遵守相同道德规范和生活制度的社会组织，所具有的并不仅仅是教义思想。除了教义体系之外，佛教赖以发挥宗教作用和社会影响的还有礼仪制度和文化艺术。相对来说，对于佛教的教义体系、礼仪制度、文化艺术三者之间的有机联系，各自具有的宗教功能和社会功能，三者在决定佛教兴衰变化中所起的不同作用等问题，学术界就涉及比较少了。我们希望本部书的相关各卷把研究佛教教义体系、礼仪制度和文化艺术三者有机结合起来，不仅重视研究三者各自具有的独特内容，而且重视研究三者之间错综复杂的相互关系，考察三者在决定佛教兴衰变化中所起的不同作用。这样一来，我们就有可能纠正只重视某一个方面而忽略其他方面的偏颇，有可能避免把丰富多彩的通史撰写成色调单一的专门史，从而使本部书对佛教的观察角度更多样，整体考察更全面，基本分析更客观。

第四，中国佛教在世界佛教中的地位问题。

中国人对佛教文化的贡献是长期的、巨大的和不可替代的。归纳起来，主要体现在三个方面。其一，中国人保存了佛教资料。从汉代到北宋末年，中国的佛经翻译事业持续了将近一千年，其间参与人数之多、延续时间之长、译出典籍之丰富、产生影响之巨大，在整个人类文化交流史上都是空前的、独一无二的。汉文译籍和中国人写的各类佛教著作保存了大量佛教历史信息。如果没有这些汗牛充栋的汉文资料，从公元前后大乘佛教兴起到公元 13 世纪古印度佛教湮灭的历史就根本无法复原，就会留下很多空白。其二，中国人弘扬了佛教。佛教起源于古印度，而传遍亚洲，走向世界，其策源地则是中国。中国人弘扬佛教的工作包括求法取经和弘法传经两个方面。所谓"求法取经"，指的是中国人把域外佛教文化传到中国。从三国的朱士行到明朝的官僧，中国人的求法取经历史延续了一千多年。历代西行者出于求取真经、解决佛学疑难问题、促进本国佛教健康发展、瞻仰圣地等不同目的，或者自发结伴，或者受官方派遣，怀着虔诚的宗教感情，勇敢踏上九死一生的险途，把域外佛教传播到中国。所谓"弘法传经"，指的是中国人把具有中国特色的佛教文化传到其他国家。从隋唐到明清的千余年间，中国人持续把佛教从中国传播到了日本、韩国、东南亚等地；近代以来，中国人又把佛教弘扬到亚洲之外的各大洲许多国家。中国人向国外弘法传经延续时间之长、参与人数之多、事迹之感人、成效之巨大，几乎可以与西行求法运动相提并论。中国人的弘法传经与求法取经一样，是整个世界佛教文化交流史上光辉灿烂的阶段，可以作为人类文明交流互鉴取得伟大成就的一个典范。其三，中国人直接参与佛教文化的丰富和发展进程。在两千多年的历史中，中国历代信众直接参与佛教思想文化建设，包括提出新思想、倡导新教义、撰写新典籍、建立新宗派、创造新艺术。可以说，没有中国固有文化对佛教文化的熏陶、滋养和丰富，当今世界佛教就不具备现在这样的风貌和精神。本部书旨在加强研究促成中国在唐宋时期成为世界佛教中心的历史背景、社会阶层、科技状况、国际局势等方面的问题，加强研究中国在促成佛教成为一种世界宗教过程中的作用和地位，加强研究中国在保存、丰富和发展佛教文化方面不可替代的作用。我们应该用世界的眼光审视中国佛教，从中国的立场考察世界佛教，对中国佛教在世界佛教中的地位、作用、价值有更全面、更深刻的认识。我们认为，加强这方面的研究，有利于为中国新文化走向世界提供重要的历史借鉴和思路，有利于我们树立对本民族文化的自觉、自信和自尊，有利于深刻认识佛教在当前中国对内构建和谐社会，对外构建和谐世界方面的重要性。

在收集、筛选、整理、辨析和运用史料方面，我们当时计划整部书切实做到把资料的权威性、可靠性和多样性结合起来，统一起来，从而为叙述、说明、分析和评论提供坚实的资料基础；计划整部书的所有叙述、所有议论以及所有观点都建立在经过考证、辨析可靠资料的基础上。对于能够运用什么样的第一手资料，我们根据当时课题组成员的研究方向、专业特长和发展潜力，确定本部书所采用的资料文本主要来自汉文、梵文、巴利文、藏文、西夏文、傣文、日文、英文、法文、越南文等语种，同时，也希望有些分卷在运用田野调查资料、实物资料方面做比较多的工作。

关于《世界佛教通史》的章节卷册结构，开始考虑并不成熟，仓促确定了一些基本原则。随着研究工作的深入，中间经过几次变动，最后确定本部书由十四卷十五册构成。第一卷和第二卷叙述佛教在印度的起源、发展、兴盛、衰亡乃至在近现代复兴的全过程。第三卷到第八卷是对中国汉传、藏传和南传佛教的全面论述，其中，作为中国佛教主体部分的汉传佛教分为四卷，藏传佛教为一卷两册，南传佛教独立成卷。第九卷到第十一卷依次是日本、朝鲜和越南的佛教通史。第十二卷是对斯里兰卡和东南亚佛教分国别阐述。第十三卷是对亚洲之外佛教，包括欧洲、北美洲、南美洲、大洋洲、非洲等五大洲主要国家佛教的全景式描述。第十四卷是世界佛教大事年表。对于各卷册的字数规模、所能达到的质量标准等，预先并没有具体规定，只是根据学术界的研究状况和我们课题组成员的具体情况确定了大致原则。当时我们清醒地认识到：本部书涉及范围广、时间跨度大，一方面，国内外学术界在研究不同时段、不同国家和地区佛教方面投入的力量、所取得的成果有很大差异，极不平衡。在这种情况下，有些部分的撰写者由于凭靠的学术研究基础比较薄弱，他们的最终成果难免受到这样或那样的制约和影响。另一方面，课题组主要成员对所负责部分的研究程度不同，有些成员已经在所负责方面出版多部专著，称得上是行家里手；有些成员则对所负责部分刚刚接触，可以说是初来乍到者。对于属于前者的作者，我们当然希望他们致力于捕捉新问题、提出新观点，得出新结论，拿出百尺竿头更进一步的著作；对于属于后者的年轻同事，自然希望他们经过刻苦努力，能够在某些方面有闪光突破，获得具有后来居上性质的成果。鉴于我们的研究工作是在继承、吸收、借鉴以往重要的、高质量的、有代表性的成果的基础上展开的，所以我们既要重视填补学术空白，重视充实薄弱环节，也要强调在重要的内容、问题方面有新发现和新突破。因此，我们要求各卷撰写者在不违背通史体例的情况下，对自己研究深入的内容适当多写一些，对自己研究不够、但作为史书又不能空缺的内容适当少写一些。总之，我们根据学术界的研究状况和课题组成员的能力，尽量争取做到整个《世界佛教通史》的各部分内容比例大体协调、详略基本得当。这里需要说明一下，本书各卷的定名并非完全意义上的现代国家概念，而是根据学术界的惯例来处理的。

当初在考虑《世界佛教通史》的学术价值、理论意义与现实意义方面，我们关注了社会需要、时代需要、理论发展需要、学科发展需要、培养人才需要等方面的问题，并且逐一按要求进行了论证。除此之外，我们也要求各位撰写者叙述尽量客观通俗，注意在可读性方面下些功夫，务使本部书让信教的和不信教的、专业的和非专业的绝大多数读者朋友都能接受，都能获益。

八年多来，课题组每一位成员都认真刻苦工作，为达到预期目标而不懈努力。可以说，每一位撰写者都尽了心、出了力、流了汗、吃了苦。但是，由于我们水平所限，时间所限，《世界佛教通史》不可避免地存在一些缺点、不足和错误，敬请读者朋友批评指正。我们将认真倾听、收集各方面的善意批评和纠错高见，争取本部书再版本错谬减少一些，质量提高一些。

目　　录

绪　言

公元前 6 世纪，释迦牟尼在印度创建了佛教，并开始向外传播。到公元前 3 世纪的孔雀王朝时，阿育王积极推动佛教的发展和传播。据记载，他先后派出了九个佛教僧团向外传播佛教。佛教向印度周边国家和地区传播的路线主要分为向南和向北两条。向北传播的路线是经过中亚传到中国内地和西藏，后来逐渐形成了汉传佛教和藏传佛教，属于北传大乘佛教；[①] 向南传播的路线是最先进入锡兰（今斯里兰卡），后逐渐传到缅甸、泰国、老挝、柬埔寨等国并进入中国云南傣族地区，后来逐渐形成了上座部佛教，属于南传上座部佛教。所谓南传上座部佛教，一是佛教最初由印度恒河流域向南方流传，先传到斯里兰卡，再传到东南亚，从地理位置的分布而言，这些地区都在印度之南，故得名南传佛教；二是由于在历史发展进程中，东南亚南传佛教主要以正统的上座部（Theravāda）佛教为主，故又被称为南传上座部佛教，简称南传佛教。后来经由泰国、缅甸传入云南的南传佛教则被称为云南上座部佛教或云南南传佛教。由于近年来，南传佛教在内地这一非传统信仰空间内也有传播，同时，来自内地的汉族等其他非传统意义上信仰南传佛教的信徒也来到云南西双版纳傣族自治州等地作为南传佛教信徒修行，这意味着南传佛教在中国的传播已经超越其原有的信仰空间，故在当代的研究视角中，对于云南南传佛教的称谓又可以称为中国南传佛教。[②] 此外，因为传统的南传佛教主要使用巴利语抄录和

---

① 北传佛教又分为两支，一支是传入中国并传到朝鲜、日本、越南等国的汉地佛教；另一支是传入西藏，流传于中国的藏族、蒙古族、满族、纳西族等民族中，并传到蒙古国、俄罗斯、不丹、尼泊尔等国的藏传佛教。

② 应该说明的是，在本书中提及"南传上座部佛教"时，有时简称为"南传佛教"，而盛行于中国云南傣族地区的南传上座部佛教，又称为"云南上座部佛教"或简称为"云南南传佛教"，皆为同义，同指称与斯里兰卡大寺派一脉相承的南传上座部佛教。

注释佛经，故南传佛教又被称为巴利语系佛教。

公元前 3 世纪，虔信佛教的阿育王举行了佛教历史上的第三次结集，整理编纂了巴利三藏经，并先后派出九个使团到国外弘法布教。据巴利文献记载，其中第九个使团由阿育王的儿子摩哂陀（Mahinda）长老率领到斯里兰卡传播佛法，并在斯里兰卡建立起"大寺"（Mahāvihāra）广泛宣教佛法，人们认为南传佛教即滥觞于此。随后，伽密多上座比丘尼携菩提树分支从印度移植到斯里兰卡，始建比丘尼僧团。由于传教活动一开始就得到上层统治者的支持和护法，斯里兰卡成为印度之外的第一个佛教国家。

公元前 1 世纪，斯里兰卡大寺派举行了第四次结集，把历来口传心授的巴利语佛典第一次用僧伽罗文字母音译刻写在贝叶上，形成了卷帙浩繁的三藏经典。这次结集对于保存上座部佛教典籍、保障大寺派思想长期持续的传承起到了积极的作用。

5 世纪，觉音（Buddhaghosa，又译佛音）尊者从印度到斯里兰卡，把当时斯里兰卡僧伽罗语的佛教典籍译成巴利语，严格按照当时大寺派的思想体系对许多巴利语原著进行注释和义疏，并撰成《清净道论》。这奠定了上座部佛教大寺派的理论基础，确立了上座部佛教完整的思想体系。至此，流传至今的南传佛教才真正得以形成。[①]

在历史发展的长河里，成熟的南传上座部佛教在 13—14 世纪经由泰国、缅甸传入我国云南南部、西南部的少数民族地区后，又经过长期的发展演变，逐渐形成了独具中国特色的南传上座部佛教。与汉传佛教一样，南传上座部佛教一经传入中国云南，就开始了本土化的发展和变化过程。如果说汉传佛教是通过充分发展起高度发达的理论体系，并在唐朝形成了不同的宗派，从而最终走上了中国化历程的话，那么南传上座部佛教的本土化现象则表现出与汉传佛教的极大不同。它的本土化、民族化特征不是过多地表现在对理论体系的发展和完善方面，而是注重在制度层面上的进一步完善和发展。它在保持南传佛教基本传统纯洁性的同时，也在适应着云南的少数民族文化，与当地固有的原始宗教和少数民族文化相互斗争、相互融合，逐步发展起独具特色的中国南传上座部佛教系统。

---

① 关于"南传佛教历史源流"的梳理，参见 Walpola Rāhula，*History of Buddhism in Ceylon：the Anuradhapura Period，3rd Century BC – 10th Century AD. M. D. Gunasena*，1966，pp. 49 – 60.

　　值得注意的是，南传上座部佛教在传播的历史过程中，由于传播区域内接受南传上座部佛教的少数民族种类及文化传统不同，形成了多种民族文化立体交错并存的复杂格局，这使南传上座部佛教在中国云南获得了丰富的发展空间和充足的资源，并最终在戒律、佛寺组织管理模式、僧阶、寺院建筑艺术以及节日习俗等方面形成了鲜明的民族性特征。中国南传上座部佛教的民族化过程不是一个简单的短期行为，它是在历史发展的长河中，随着南传上座部佛教在云南这一多种民族文化立体交错并存的复杂格局中慢慢发展完善、逐渐成熟的。正是经过了一个长期发展的艰难历程，南传佛教在我国境内逐渐在地化，最终形成民族化、本土化的特征。

　　本书的写作思路正是基于南传佛教在以傣族为主的地区发展和传播脉络，对南传佛教在我国的发展历程进行梳理，以期对中国南传佛教的发展历史有较为全面的把握。在当代社会转型时期，最近几十年来，随着全球化进程的发展，南传佛教在中国的台湾、香港、澳门地区以及欧美国家都有传播，中国南传佛教一直保持着与国内外佛教界的友好往来和文化交流，故而也呈现出动态的发展进程。因此，对中国南传佛教发展历程的关注应该是一个长期的过程，既要对之进行动态的观察，也要对某一历史时段进行客观中立的分析，以宗教历史学的研究视野去剖析历史现象，建立学术研究坐标系去研究中国南传佛教发展的历史。

　　与此同时，由于与汉传佛教信仰分布区域不同，南传佛教在我国的分布区域社会发育程度还不是相当成熟，故而有些地方的传统已经开始流失。因此对过去的回顾、对现在的把握以及对未来的展望的学术使命感，促使着我们进入中国南传佛教那被重重的热带森林所呵护、保护的地带去找寻南传佛教的历史足迹，去梳理湮没在历史尘埃中的南传佛教的发展线索，在文献的爬梳和现实的固态化活动场所叙述及其仪式的展演中，去解构南传佛教信众的集体记忆，力图尽可能全面地还原中国南传佛教的历史发展本原。

第一章　中国南传佛教的分布

第一节　中国南传佛教的地理位置分布

云南省地处中国西南边陲，北回归线横贯云南省南部。云南东部与贵州省、广西壮族自治区相邻，北部与四川省相连，西北隅紧邻西藏自治区，西部同缅甸接壤，南部与老挝、越南毗连。从整个位置看，云南北依广袤的亚洲大陆，南临辽阔的印度洋及太平洋。云南省与邻国的边界线总长为 4060 公里，其中中缅段为 1997 公里，中老段为 710 公里，中越段为 1353 公里。

南传上座部佛教经由泰国、缅甸传入我国云南边疆少数民族地区后，经过长期的发展演变，逐渐形成了独具中国特色的南传上座部佛教，与此同时还形成了一个覆盖面较广、与东南亚南传佛教文化圈有较深渊源的中国南传佛教文化圈，它主要分布在云南的南部、西部和西南部，现在的行政区划属于西双版纳傣族自治州、德宏傣族景颇族自治州、普洱市、临沧市、保山市、红河州这六个地州管辖。中国南传上座部佛教的信仰民族主要有傣族、布朗族、德昂族、阿昌族、佤族、彝族等，其中，傣族、布朗族基本上是全民信仰南传上座部佛教①，德昂族、阿昌族是大部分信仰，而佤族和彝族则是部分地区信仰。信仰南传上座部佛教的傣族主要居住于西双版纳傣族自治州，德宏傣族景颇族自治州和临沧市的耿马、孟定、双江，思茅地区②的孟连等地；德昂族主要散居在云南省德宏傣族景颇族自治州的芒市、盈江、瑞丽、陇川、梁河和临沧地区镇康县、耿马等地，其

---

①　傣族虽是信仰的主体民族，但分布在金沙江沿岸流域和元江流域的傣族不信奉南传上座部佛教。

②　临沧地区已于 2006 年更名为临沧市；思茅地区已于 2006 年更名为普洱市。

他分布在保山市龙陵等地，与傣、景颇、傈僳、佤、汉等民族交错而居；布朗族主要聚居在云南省西部的西双版纳傣族自治州勐海景洪市和临沧市的双江、永德、云县、耿马，思茅地区的澜沧、墨江等县；阿昌族大部分聚居在云南德宏傣族景颇族自治州的陇川、芒市等地，其余分布在盈江、保山市龙陵等县；信奉南传上座部佛教的佤族主要聚居在普洱市的孟连、临沧市沧源、耿马、双江、镇康、永德等县，部分散居在西双版纳傣族自治州和德宏傣族景颇族自治州境内；而信奉南传上座部佛教的彝族只居住于临沧市沧源县等地。其中，在信仰南传上座部佛教的民族中，傣族是主体民族，在中国南传上座部佛教文化圈的形成和发展过程中发挥了重要的作用。

第二节　中国南传佛教的信仰民族分布

云南是中国少数民族类别最多的一个省。5000 人以上的少数民族有 25 个。据 2000 年第五次全国人口普查，少数民族人口有 1433 万，约占全省总人口数的 1/3。其中，人口在 100 万以上的有彝族、白族、哈尼族、傣族、壮族、苗族 6 个民族，人口在 10 万以上 100 万以下的有傈僳族、回族、拉祜族、佤族、纳西族、瑶族、景颇族、藏族 8 个民族。云南又是与多国为邻的一个省，分别与缅甸、老挝、越南接壤，与泰国、印度等国相邻。云南省与毗邻国的边界长达 4060 公里，其中中缅边界 1997 公里，中老边界 710 公里，中越边界 1353 公里。云南省有 117 个县和县级市，其中有 27 个县市分别与缅甸、老挝和越南直接接壤，并邻近泰国。在长达 4060 公里的国境线两侧分别居住着壮族、傣族、苗族、瑶族、彝族、景颇族、布依族、哈尼族、傈僳族、拉祜族、阿昌族、独龙族、怒族、佤族、布朗族、德昂族 16 个跨界民族。在这些跨界而居的民族中，有跨居中、越、老、缅 4 国的苗族、瑶族、哈尼族、拉祜族；跨居中、越、老 3 国的傣族、彝族；跨居中、越两国的壮族、布依族；跨居中、老两国的布朗族；跨居中、缅两国的傈僳族、景颇族、阿昌族、怒族、独龙族、佤族、德昂族。这些跨界民族分别居住在云南省文山壮族苗族自治州、红河哈尼族彝族自治州、西双版纳傣族自治州、怒江傈僳族自治州、德宏傣族景颇族自治州、保山市、普洱市、临沧市 8 个州市；与缅甸北部的掸邦、克钦两个邦，越南西北部的河江、老街、莱州、山罗、宣光、安沛、永富 7 个省，老挝北部的丰沙里、南塔、波乔、乌多姆塞、琅勃拉邦、华潘、川圹、沙耶武里 8 个省接壤的国境线两侧。这种民族的同一性是云南与周边国家共同的民族现象。这种复杂的交错跨居的民族分布构成了中国西南边疆特有的地缘政治和跨境民族问题。①

考察云南民族文化（包括跨境民族文化）的发展，不难发现，文化内在的传承性和共同性使这些民族相互学习、相互交流，在文化和经济等方面互通有无，使他们逐渐形成了同一族源文化体系。例如，傣族与东南亚地区同一族源的泰族、掸族、老族之间经常进行民族族群文化交流，人们将这一明显具有"亲缘关系"的族群文化统称为"傣泰"民族文化。应该说，正是云南拥有这样的跨境民族，尤其是"亲缘民族"②的族群，才使得在历史的长河中，它们与东南亚民族之间的交往更为便捷。③

此外，在云南信仰南传上座部佛教的民族中，傣族是主体民族，在中国南传上座部佛教文化圈的形成和发展过程中发挥了重要的作用。而就佛教文化的传播而言，正是其与境外傣泰民族具有明显的"亲缘关系"，佛教才得以借其民族文化交流的平台而进入云南。因此，在这一部分，拟重点讨论傣泰民族。

傣泰民族是分布于中国西南部云南省以及东南亚、南亚的一个较大的族群。除了分布于中国云南省外，主要分布于泰国、缅甸、越南、老挝、印度等国。傣泰民族在中国属于跨境民族。与此同时，在泰国、缅甸、老挝，泰人也跨境而居。因此，傣泰民族不仅是一个分布较广的民族，而且也是一个分布在很多国家、彼此之间有着共同民族渊源的跨境民族。

一　云南境内傣族的分布

在云南境内的傣族有 4 个主要支系，其中西双版纳的傣族和德宏的傣族都先后出现过影响很大的政权。

西双版纳境内，在很长一段时间内，若干傣族部落各自占据了一定的

---

① 赵廷光、刘达成：《云南跨境民族研究》，云南民族出版社 1998 年版，第 14 页。

② 关于"亲缘民族"一词的争论问题，请参考方铁《云南跨境民族的分布、来源及其特点》，《广西民族大学学报》（哲学社会科学版）2007 年 9 月第 29 卷第 5 期。笔者同意这一观点。

③ 笔者注：当然，我们同时也要意识到，云南跨境民族与东南亚民族之间的交往并不是中国与东南亚国家交往的唯一方式，因为诸多史籍已经记载了，在历史的长河中中国早已开始了与东南亚国家的友好往来。

地域生活，但彼此之间没有统辖关系。这一局面一直到1180年才得到改变。根据傣族文献《泐史》记载，1180年傣族部落首领叭真在西双版纳地区建立了“景龙金殿国”（也有人称为“泐国”），从而建立了世袭政权。这是西双版纳地区第一个统一的部落联盟。对于这段历史，《泐史》是这样记载的：

> 叭真于祖腊历五四二年（宋淳熙七年，公元1180年）入主勐泐。其父给与仪仗武器服饰多件，诏陇法名菩提衍者，则制发一虎头金印，命为一方之主，遂登大宝，称景龙金殿国至尊佛主。五五二年（绍熙元年，1190年）建都于景兰。叭真战胜此方各地之后，兰那、猛交、猛老皆受统治。时天朝皇帝为共主，有猛交酋名那剌毗朗玛，景龙酋名蒙猛，兰那酋名提逻阇者，以及剌隗、金占、嗗崖、埭腊、珐南、崆峒等名酋长，俱会商劝进，举行滴水礼，推叭真为大首领。①

虽然这段史料记载还有进一步考证的必要，但它却叙述了一个傣族部落联盟成立的历史。应该说叭真只是傣族部落联盟的首领，他建立的景龙金殿国只是征服或联合了境内各部落而组成的一个傣族部落联盟，这一部落联盟并没有取消境内各个部落内部固有的组织结构。在1180年建立景龙金殿国10年后，叭真战胜此方各地，兰那、猛交、猛老皆受其统治。叭真后来分别让自己的儿子去治理兰那、猛交、猛老等地。其中兰那即泰国北部清迈王国；猛交即越南北部的傣族部落；猛老即老挝北部的老族部落；崆峒即明代的孟艮，今缅甸景栋一带。根据《泐史》记载，该国在最盛大时有人口844万，白象9000头，白马97000匹，足见国势之强。这个统一的政权有利于内部各邦以及同东南亚各个民族之间的文化交往和相互融合。

至于德宏地区强大的勐卯王国即麓川政权，则在傣族文献和汉文历史文献中有详细的记载。所谓麓川即今云南省德宏傣族景颇族自治州的瑞丽、陇川、遮放及瑞丽江南岸一带。在10世纪前后，云南西部出现了一个由木邦、孟养、勐卯和勐底四大掸族、傣族部落组成的强大部落联盟，

① 李拂一：《泐史》，转引自江应樑《傣族史》，四川民族出版社1984年版，第117页。

在这个部落联盟中勐卯部族就是麓川。在中国元朝初年，建立金齿六路时，把勐卯建为麓川路，所以勐卯又被称为麓川。在傣族文献《勐卯思氏谱牒》中叙述了麓川政权的传位世系，言其 1256 年（南宋宝祐四年）芳罕为第一任统治者开始统治。后来麓川政权不断发展扩大，随着这一区域经济的发展，麓川政权不断地发动大规模的兼并战争，疆域不断扩大。明朝李思聪的《百夷训》中曾经叙述过麓川的领地："百夷即麓川平缅也，地在云南之西南，东接景东府，东南接车里，南至八百媳妇国，西南至缅国，西至嘎里，西北连西天古剌，北接西番，东北接永昌。"可以说当时云南境内的傣族分布区域除了车里（西双版纳）、元江、景东外，几乎完全被麓川政权所兼并。后来随着麓川思可法势力扩大到伊洛瓦底江流域以及滇西南地区，很多傣族也随之南迁或东进。根据傣族文献《思氏牒谱》记载："傣历 720 年，思可法即位为王。又八年，名声很大，临近景东、景谷、景老、仰光、车里等地都相率纳贡。"① 麓川政权虽然表面上接受中央政府的统治，但其不断地扩张自己的势力，甚至经常挑战明朝的统治权威，最终导致明朝政府三征麓川政权，并在正统九年（1444）革麓川宣慰司，以原麓川所属之陇所在地建陇川宣抚司，授夷目恭项为陇川宣抚。同时，在经历了长期艰苦的战斗之后，明朝政府最终消灭了麓川政权，将麓川政权最后的统治者思氏赶到孟养一带。后来，虽然思氏后裔多次来朝贡，但朝廷拒绝不纳，以致孟养长期陷入纷乱之中，最终沦为异域。

二　云南境外的傣泰族群

国际泰学界所说的泰语系民族（Tai-speaking Peoples）是更大的壮侗语族群中的一个分支。随着研究的深入，越来越多的证据表明，泰语民族的发祥地是在今天的广西、云南和越南交界一带地区，其先民是后来辗转迁徙到今天他们居住的这一带，并形成今天分布在中国云南和东南亚的傣、泰、老、掸诸民族的。②

---

① 转引自中国社会科学院民族研究所云南少数民族社会历史调查组编《傣族简史简志合编》，1964 年印行。

② 范宏贵：《壮、傣、老、泰族的渊源研究》，《广西民族学院学报》2002 年第 3 期；何平：《泰语民族的迁徙与现代傣、老、泰、掸诸民族的形成》，《广西民族研究》2005 年第 2 期（总第 80 期）。

泰语系民族的先民在向中国云南西南边地和中南半岛迁徙的过程中，逐渐分化，不断与当地其他民族融合，逐渐形成了一些新的支系，最终形成了我们今天见到的这些虽然关系密切却又有差别的新的民族。泰族先民进入今天泰国北部地区的时间大概是公元 8 世纪或更早一点的时候，但不会早得太离谱。进入泰北的这些泰人后来被他们的邻居称为"（泰）阮人"（Yuan）、"（泰）允人"（Yun）或"（泰）庸人"（Yon），传说中的"庸那迦"（巴利文拼写为 Yonaka，泰文拼写为 Yonok）即是从这个名称来的。最初，泰阮人居住在今天的缅、老、泰三国交界地区乃至更北边的一些地区。①

泰阮人历史上最有名的国王就是孟莱王。孟莱于 1259 年 20 岁时在清盛继承父位为王。当时，孟人的势力已经衰落，高棉人的势力也迅速退却，因此，孟莱王的势力得以向南边发展，并于 1292 年一度占领了孟人城市南奔。

最初进入泰北地区的泰阮人没有自己的文字，也不信佛教。在与孟人接触之后，泰阮人才从孟人那里接受了他们的宗教和文化，并加以改造，从而创造出了自己的文字并形成了自己的文化。与孟人文化接触后，泰阮人开始使用两种字母来书写：一种为世俗体，即采用孟文字母来拼写泰阮人的方言；另一种叫作"达摩"（Dhamma）字母，泰阮人用泰语发音为"檀"（Tham），主要用于佛教经文的抄写。

据泰国北部的编年史记载，1296 年，孟莱王又建立了一座新城，即清迈（清迈的意思就是"新城"）。1327 年，孟莱王的孙子昭三听又在孟莱王原来即位的地方清盛再建了一座城市，即今天见到的清盛。以后，清迈逐渐发展成了泰北的政治、经济和文化中心，泰北各地泰人的小勐如难、帕等均归附了清迈，泰北由此被称为"兰那王国"或"兰那泰"。②1400—1525 年是兰那王国的黄金时期。这一时期，兰那泰阮人的文化对周边地区产生了很大的影响。以今天老挝的琅勃拉邦为中心的南掌王国（澜沧王国）、缅甸景栋的泰坤人（又译为泰艮人）和云南西双版纳的傣

---

① 何平：《泰语民族的迁徙与现代傣、老、泰、掸诸民族的形成》，《广西民族研究》2005 年第 2 期（总第 80 期）。

② "八百媳妇国"、"八百大甸"是中国对孟莱王所建立的国家之称呼，而他们自己则称为"清迈国"。在 13、14 世纪时，"八百媳妇国"的正式名称是"清迈国"。至于被称为"兰那国"则应该是在明朝。详参段立生《泰国文化艺术史》，商务印书馆 2005 年版，第 159 页。

渤人，都采用了兰那泰阮人的"达摩"（Dhamma）或"檀"（Tham，泰文对"达摩"的异写）字母，此后，泰国北部、老挝西北部、缅甸掸邦东北部一部分地区和中国云南西南部的西双版纳傣族地区便形成了一种相通的、一直延续到今天的"达摩字母文化"。泰庸人的一支后来还进入了今天缅甸东北部的景栋一带，与当地民族融合后形成了今天缅甸东北地区的掸族的主体。①

1292 年，中国元朝征服了车里（西双版纳地区），置车里军民总管府，正式将西双版纳纳入元朝的统治领域之中。之后，元朝改变其对八百媳妇国进行武力征讨的策略，改为外交接触，"遣使招徕，置八百大甸军民宣慰司"。从此，八百媳妇国臣服于元朝。但是，在孟莱王统治时期，八百媳妇国虽然名义上臣服于元朝，但却时常联合车里来作乱。根据《招捕总录》车里条记载："大德二年（1298）三月，小车里结八百媳妇为乱，经时不下，遣使奉诏，招之不听。""至大四年（1311），云南省上言八百媳妇、大小车里作乱。"元朝多次派出军队征讨都未见显著成效。《新元史》之《八百媳妇传》记录："仁宗皇庆初（1312）八百媳妇再寇边，帝降诏招抚之，始献驯象、白象，继遣其继子昭三听来朝。"这里所说的昭三听就是孟莱王之孙。孟莱王于 1317 年逝世，由其子浑乞滥（1317—1327 年在位）继位。浑乞滥原来统治昌莱，并在那里接待过元朝使节。他主张与元朝修好，遂派其子昭三听访问中国。1327 年昭三听继位为王，于次年重修昌盛城，然后把首都迁往昌盛城。此后，八百媳妇国与中国元朝、明朝一直维持着正常的外交往来。直至明朝嘉靖年间（1522—1566）为缅甸兼并。② 曼谷王朝时期，清迈国逐渐被划入泰国版图。

值得注意的是，孟莱王等历代国王除了积极进行国力建设之外，还努力建立与其他国家的姻亲关系。因为"在那个时期，国家的强大并不表现在疆域的辽阔上，而是表现在一国国王是否德高望重以及和其他国家的亲戚关系如何。亲戚关系促成了各国之间在战争时期的互助关系。亲戚多了，其威力自然较他人为强。例如，孟莱王颂扬坤兰甘亨国王的国威隆

①　何平：《泰语民族的迁徙与现代傣、老、泰、掸诸民族的形成》，《广西民族研究》2005年第 2 期（总第 80 期）。

②　段立生：《泰国文化艺术史》，商务印书馆 2005 年版，第 161 页。

盛，实是因为他和吴哥、洛坤和阿约他耶邦各国都有亲戚关系的缘故"①。
正是在这样的建设和发展策略下，八百媳妇国（或者说是兰那泰）逐渐
发展成为泰国北部直接与中国云南接壤地带较为强大的国家。这为东南亚
南传上座部佛教从泰国兰那传入中国云南打下了厚实的基础，成为其强有
力的保障。

此外，在泰人先民迁徙的过程中，还有一些支系进入了湄南河流域，
一些人与当地的孟人和高棉人统治集团成员通婚融合，逐渐形成了一个新
的族群——泰暹人或暹泰人。泰国学者黎道纲认为："湄南河流域的各个
王系，由于文化相同，彼此通婚联合，逐渐形成一个单一民族，这个民族
就是高棉人、占婆人和周边国家人们口里的 Syam 人。所谓 Syam 人……
也就是今日泰国境内的暹泰民族。"暹泰人或者叫泰暹人大概在 13 世纪
40 年代控制了素可泰城，但直到坤兰甘亨②于 1279 年左右继承其兄为王
之后，素可泰才真正成为暹泰族的政治中心。当时，素可泰通过扩张兼并
了周边许多高棉人的城邦和已经居住在当地的泰人小勐，形成了一个规模
较大的泰人国家。在坤兰甘亨统治时期，素可泰成为一个富裕而强大的中
心，国王坤兰甘亨是一位虔诚的佛教徒，大力弘扬南传上座部佛教，使南
传上座部佛教取代了早期的原始宗教而成为国教。在著名的兰甘亨碑铭
中，坤兰甘亨向世人炫耀他的王国很富足，"水里有鱼，田里有稻"，人
民可以自由地往来和做生意，王国的赋税很轻，国王执法严明公正。碑铭
还说，向素可泰表示归顺的有来自琅勃拉邦、南乌河以及湄公河两岸的老
族人。还有记载说万象和勐骚也在归顺素可泰的泰老民族小邦的行列。③

值得注意的是，与兰那王国一样，素可泰王朝历代国王除了积极进行
国力建设之外，还努力建立与其他国家的姻亲关系。例如，史料显示，素
可泰王朝就与兰那泰有过姻亲关系，因为约在 1400—1406 年，素可泰王
朝就因兰那国势力南伸，改由立泰王的兰那妃子所生之子赛吕泰为王。④
同样的道理，正是在这样的建设和发展策略下，素可泰国（或者说是兰

---

① ［泰］室萨·旺里颇隆：《华富里的泰东北》，《泰国星暹日报》1997 年号，转引自
［泰］黎道纲《泰国古代史地丛考》，中华书局 2000 年版，第 221 页。

② "坤"为人名前缀，表尊敬意。

③ 何平：《泰语民族的迁徙与现代傣、老、泰、掸诸民族的形成》，《广西民族研究》2005
年第 2 期（总第 80 期）。

④ ［泰］黎道纲：《泰国古代史地丛考》，中华书局 2000 年版，第 222 页。

那泰）逐渐发展成为泰国北部较为强大的国家。这也为东南亚南传上座部佛教从泰国兰那传入中国云南打下了厚实的基础。

　　1351 年，另外一支暹泰人的统治者拉玛提婆迪以阿瑜陀耶为中心，建立了阿瑜陀耶王朝，阿瑜陀耶取代了早期的暹泰王国素可泰以后，控制了今天泰国中部最富庶的地区。此后，暹泰人势力日益壮大，逐渐发展成了今天泰国的主体民族。向西迁徙到今天云南西部和缅甸北部一带的另外一些泰人支系，逐渐形成了泰语民族中的大泰这一支系。据大泰人的史籍记载，他们早在公元 6 世纪甚至更早就在瑞丽江流域建立了国家。但是，直到 13 世纪，以勐卯为中心的大泰民族的势力才真正崛起，建立了强大的勐卯王国即麓川政权。明代"三征麓川"以后，大泰地区归属中国中央王朝。后来，缅甸东吁王朝崛起，四处扩张，控制了一部分大泰人地区，这一部分地区的大泰人也就成了今天缅甸北部地区掸族的主体。[①] 这样的民族格局为后来东南亚南传上座部佛教传入中国云南提供了有力的主体保障。

---

　　① 何平：《泰语民族的迁徙与现代傣、老、泰、掸诸民族的形成》，《广西民族研究》2005
年第 2 期。

第二章　元代以前佛教的传入
（13 世纪以前）

第一节　南诏、大理国时期佛教传入云南

南诏、大理国时期，是云南民族间的交流日益频繁、民族融合日益深入的时期，也是与东南亚、南亚诸国的经济文化交流日益深入的时期。南诏时期，经济生产、商业贸易、政治统治和军事行动推动着交通的发展，南诏建立了以洱海地区为中心的四通八达的交通线，其中就有连接云南与东南亚、南亚地区的"南诏通骠国道"、"南诏通天竺道"和"南诏通昆仑道"等①，由云南至骠国（缅甸）通往天竺（身毒，即印度）的"滇身毒道"（"南方丝绸之路"），不仅是古老的交通要道，也是历史上重要的商贸通道，还是印度佛教和东南亚佛教进入云南的文化通道。至大理国时期，尽管关于大理与东南亚诸国往来的记载极少，但可以肯定，大理与东南亚各国一直保持着一种较为密切的联系。据哈威《缅甸史》和貌丁昂《缅甸史》记载，蒲甘王朝的阿奴律陀曾出访大理，遂与大理结成睦邻友好关系；段正淳时（约在天正年间，1103—1104 年），蒲甘曾遣使出使大理。《南诏野史》亦载："乙酉（1105），缅人、昆仑、波斯三夷同进白象、香物……政和五年（1115），缅人进金花、犀象。"② 哈威《缅甸史纲》"缅甸大事年表"云：1115 年，遣使南诏，进贡金银花、犀牛角与象

---

① 参见林超民、段玉明主编《云南通史》第三卷，中国社会科学出版社 2011 年版，第 112—113 页。

② 木芹：《南诏野史会证》，云南人民出版社 1990 年版，第 271 页。

牙，想要得到南诏的佛牙，终未得。① 龚鼎臣《东原录》载："绍兴丙辰
（1136）夏，大理国遣使杨贤时贡，赐色绣礼衣、金装剑，亲侍内官、副
使王兴诚，蒲甘国遣使俄记乘摩诃菩，进表两匣及金藤织两个，并称大理
国封号，金银书《金刚经》三卷、金书《大威德经》二卷。" 由此可见，
大理国后期，大理与蒲甘的官方交往十分频繁，极大地促进了双方的经济
文化交流。

　　正是因为南诏、大理国时期与东南亚、南亚源远流长的经济文化交
流，印度佛教和东南亚佛教较早地进入云南，且派系俱全，有流行于洱
海、滇池地区的汉语系佛教，流行于滇西北的藏语系佛教，流行于滇西、
滇西南地区的巴利语系佛教，另外还有盛行于洱海、滇池地区的云南阿吒
力派。云南佛教以其历史悠久、显密兼备、佛教语系齐全，加之形成了独
具特色的本土化佛教而在世界佛教体系中占有重要地位。②

一　云南大理地区与缅甸骠族的交往

　　阿吒力教是古代云南佛教的主体，它是天竺佛教，尤其是印度教传入
云南后，吸收本地区巫教形成的地方佛教派别，具有鲜明的密教色彩，故
又称为"滇密"③。公元 7 世纪到公元 8 世纪上半叶，"南诏完成了云南社
会的重大变革，在经济上实现了从奴隶制到封建制的过渡，政治上取得了
全云南的统一，宗教上形成了以突出观音，密教、巫教兼容的阿吒力佛
教。阿吒力教本来是以巍山为中心的南诏地方佛教，当南诏统一云南后，
又成为云南的佛教。唐朝时期开元二十六年（738）南诏主皮罗阁正式被
中央王朝册封为'云南王'，这是南诏从此作为地方政权的重要标志，也
是南诏佛教从此扩大为云南佛教的开始"。

　　唐朝樊绰《蛮书》卷十《南蛮疆界接连诸蕃夷国名》载："骠国在
蛮永昌城南七十五日程，阁罗凤所通也。其国用银钱。以青砖为圆城，
周行一日程。百姓尽在城内。有十二门。国王所居门前有一大象，露坐
高百余尺，白如霜雪。俗尚廉耻，人性和善少言，重佛法。城中并无宰

---

　　① ［英］G. E. 哈威：《缅甸史纲》，李田意等译，国立云南大学西南文化研究室印行，
1944 年，第 25 页。

　　② 关于佛教在云南的传播及发展情况，详参郑筱筠《中国南传佛教研究》第二章，中国社
会科学出版社 2012 年版。

　　③ 王海涛：《云南佛教史》，云南美术出版社 2001 年版，第 113 页。

杀。又多推步天文。若有两相诉讼者，王即令焚香向大象思惟是非，便各引退。其或有灾疫及不安稳之事，王亦焚香对大象悔过自责。""有移信使到蛮界河睑，则以江猪白毡迭加玻璃罂为贸易。与波斯及婆罗门邻接。西去王舍城二十日程。据佛教，舍利城，中天竺国也。近城有沙山，不生草木。恒河经云，沙山中过，则骠国疑东天竺国也。"骠国即今天的缅甸。

"人性和善少言，重佛法。"河睑即今大理洱海地区，为南诏国王都所在地，"有移信使到蛮界河睑"，即骠国与南诏国有了文化经济方面的联系，东南亚佛教经缅甸传入云南大理地区。事实上缅甸与今印度、阿富汗等国邻近，佛教传入较早，印度密教僧侣有可能跟随商贩、信使由印度经缅甸到南诏传教。这在大理地区有关文学故事中有所记载。

《唐书》卷一九七《骠国传》说："在永昌故郡西南二千余里，去上都（长安）一万四千里；其国境东西三千里，南北三千五百里，东邻真腊国，西接东天竺国，南尽滇海，北通南诏些乐城界，东北距阳苴咩城（南诏都所，今大理）六千八百里。"骠国至唐代更加强盛。《新唐书》二二二卷下《骠国传》记："其属国十八……凡镇城九……凡部落二百九十八，以名见者三十二……"又续记风俗与宗教说："……青甓为圆城，周百六十里，有十二门，四隅作浮图……俗恶杀，拜以手抱臂稽颡为恭。明天文。喜佛法，有百寺，琉璃甃，错以金银丹彩，紫涂地，覆以棉罽。王居亦如此。民七岁祝发止寺，至二十，有不达其法，复为民。"这一段文字清楚地记载了当时骠族佛教盛行的状况，百姓 7 岁就要到寺院出家，到 20 岁时，可以还俗。寺院承担了青少年人生中最重要的教育职责，对于青少年价值观的影响是深远的，同时也影响了社会民风，故百姓不愿杀生，而喜闻佛法。

公元 832 年，南诏"破其城，掠骠民三千，徙之拓东（昆明）"。858 年，骠民呈献金佛一尊，报南诏庇护之恩。可见这时骠国才衰亡，骠族人也渐消失，此后便没有骠国记载了。但值得注意的是，保存至今的南诏阿嵯耶观音具有鲜明的东南亚特色，据专家们考证，这尊观音像是 8—9 世纪盛行于东南亚地区的典型佛像。笔者认为，或许它正是在这一时期经由骠国传入云南大理的。虽然骠国佛教逐渐衰败，但云南大理的阿嵯耶观音却以实物的形式叙述着当年东南亚佛教盛行的概况，同时也讲述了当时东南亚佛教与云南文化交流的情况。[①]

到南诏末年，佛寺极盛，汉传佛教影响深远，"建大寺八百，谓之兰若；小寺三千，谓之伽蓝，遍于云南境中"[②]。在王室和大臣们的推动下，佛教得到了飞速发展。至大理国时期，佛教宗风炽烈，梵呗沸天，"家无贫富，皆有佛堂，人不以老壮，手不释念珠。一岁之间，斋戒几半，绝不茹荤饮酒，至斋戒毕乃已。沿山寺宇极多，而礼佛游玩者弗绝"[③]。这一时期佛教密宗盛行，曼荼罗神坛日益完善，同时随着与内地佛教的密切交往，禅宗等汉传佛教也逐渐在大理国成为主要的宗教。这一时期佛教整体传播特点突出地表现为：其信仰关系的建立是自发的，没有形成任何等级制度，其佛教传播运动是自上而下的，王室尊崇，大臣仿效，乃至百姓也纷纷信仰，并深入民心。

二　元代大理国时期汉传佛教的隆盛

元代的云南佛教自大理国之后出现了第三次隆盛时期并形成了独具特色的传播特点。

第一，政治版图的扩大、交通的便捷、文化的交流、宗教势力的扩张等原因使巴利语系佛教、梵语系佛教和藏语系佛教这三大语系佛教在云南得到迅速传播，奠定了云南佛教传播和分布的整体格局。

在元代，政治、地理版图的扩张促进了佛教的繁荣发展，云南与东南亚、云南与西藏、云南与内地佛教文化交往密切。1287 年，元军一度占领蒲甘，使缅甸俯首称臣，保持朝贡关系。同时在滇缅道上增设 15 处驿站，互通往来，这为缅甸蒲甘王朝时期以及后来阿瓦王朝时期的南传上座部佛教传入云南提供了交通上的便利，极大地促进了南传上座部佛教在滇西和滇西南地区的发展。

此外，滇西北藏传佛教在帝师八思巴统领全国佛教的情势下，逐渐传播到云南境内。元朝时期，原来大理国段氏政权一统云南的局面被打破，云南成为元朝中央政府下属的一个行省，传统的阿吒力教虽然依旧拥有众

---

① 详参郑筱筠《斯里兰卡和东南亚佛教》缅甸佛教部分，中国社会科学出版社 2015 年版。

② 《白古通纪·蒙氏世家谱》，转引自王叔武辑《云南古佚书钞》，云南人民出版社 1996 年版。

③ （元）张道宗：《纪古滇说集》，转引自王海涛《云南佛教史》，云南美术出版社 2001 年版，第 177 页。

多信众,但随着禅宗在城镇地区的迅速发展,它逐渐退往乡村等地;自元初的雄辩首倡讲宗以来,显教如潮水般涌入,其中尤其以禅宗的影响最大。云南盛行的主要是天目山一支的临济宗。自"奉为南诏第一祖"的玄鉴开始,招标、圆护、普通等高僧大德纷纷前往天目山参礼中峰,受法而归。临济宗入滇后,兴建寺院,蔚为大观,形成云南佛教史上禅宗极盛时期。自此,内地佛教在云南大部分地区渐居佛教的主要地位,形成了以后佛教发展的格局。

第二,云南佛教传播运动出现了一个重要的转折点:元朝政府加强了对地方佛教的管理,专门设置佛教都总统一职,由帝师八思巴选派僧人分至各省担任,协助行政长官管理各省佛教工作。形成从中央到地方统一进行管理的佛教管理体系,这一体系的建立使云南佛教传播运动被系统地纳入全国性的规范管理体系内,有效地保证了云南佛教的有序发展。明朝、清朝均沿袭了这一管理体系,并进一步对之进行了完善。

在随后的历史发展过程中,云南汉传佛教的传播特点是:佛教界积极革新,礼请全国著名长老来讲经说法,振兴云南佛教;居士活动活跃,成立大量居士团体,护持佛法,形成僧俗结社传教的局面,有力地促进了佛教传播运动。

综上所述,我们应该看到在元代以前,东南亚佛教就已经开始与云南,尤其是以南诏、大理国为中心的云南地区有了非常好的互动,这些文化交流都为以后佛教在云南西南部和西部地区的传播打下了基础,形成了一种历史记忆沉淀下来。

第二节 元代以前南传佛教的传入

在佛教传播史上,佛教的传播并不是一次性完成的,它是一个长期而反复的过程,南传佛教的传播也不例外。可以说,南传佛教从东南亚泰掸族地区传入中国云南傣族地区是一个多次、多线、渐进的历史过程。深入考察傣泰民族史和东南亚佛教史可以推知,较为成熟的南传上座部佛教文化传入中国云南的时间应该在13—14 世纪,就整个云南傣族南传上座部佛教信仰区而论,南传上座部佛教的传播及其普及时代为上至13 世纪下至 16 世纪的 300 年。[①] 然而，通过梳理云南与东南亚地区交往的历史脉络，可以发现云南傣族与东南亚泰掸诸族的经济文化交流源远流长，从未中断，因而不排除元代以前就有南传佛教在云南傣族地区的零散传播流布的可能性。

一 元代以前南传佛教传入的社会历史条件

考察南传佛教传入云南傣族地区的社会历史背景离不开对云南傣族历史的梳理和研究。依据傣文文献记载，傣族历史可以划分为三个时期：第一个时期是"滇腊撒哈"，意即"橄榄时期"，其特点是"没有官家，没有佛寺，没有负担"；第二个时期是"莫腊撒哈"，意即"食米时期"，其特点是"有官家，有佛寺，没有负担"；第三个时期是"米腊撒哈"，其特点是"有官家，有佛寺，有负担"。[②] 显然，这种历史分期法体现了傣族不同历史时期的政治、宗教和经济特点。第一个时期"没有官家，没有佛寺，没有负担"，表明傣族社会还处于没有首领、没有剥削的原始社会阶段，此时佛教尚未传入；第二个时期"有官家，有佛寺，没有负担"，表明傣族社会已经进入有首领、没有剥削的农村公社制阶段，此时佛教已经开始传入；第三个时期"有官家，有佛寺，有负担"，表明傣族社会已经进入有官家、有剥削的奴隶制或封建领主制阶段，佛教得到一定发展。

综观傣族历史，傣族社会从秦汉之际进入农村公社制阶段，即开始了从原始社会向阶级社会过渡的时期。经过六七百年的发展，到唐宋年间，傣族社会得到了极大发展。

南诏与傣族在历史上的联系是非常密切的，南诏的辖区曾远至傣族先民居住的一些地区。唐代南诏初兴之时，云南傣族先民主要分布在开南及南部区域、永昌城南、怒江以西至伊洛瓦底江两岸以及红河区域，处于部落分散时期。《蛮书》记载："茫蛮部落，并是开南杂种也。茫是其君之号，蛮呼茫诏。从永昌城南，先过唐封，以至凤兰苴，以次茫天连，以次茫吐薅。又有大赕、茫昌、茫盛恐、茫鲊、茫施、皆其类也。楼居，无城

---

① 参见郑筱筠《中国南传佛教研究》，中国社会科学出版社 2012 年版，第 64 页。
② 参见《傣族简史》，云南人民出版社 1985 年版，第 30—31 页。

郭，或漆齿。"[1] 芒蛮又称茫施蛮，其居住地正是今天的傣族聚居区。为了便于对广大傣掸地区的统辖，南诏向西取永昌（今云南保山），设立永昌府，今德宏一带属永昌府管辖，将边界拓展至今缅甸境内；在南部设立银生节度，并置银生府于开南（今景东）。银生节度统辖区域见诸历史记录的有威远城（今景谷县）、奉逸城（今宁洱县）、利润城（今勐腊县易武镇）、茫乃道（今景洪市）、柳追和城（今镇沅县）、撲赕（今景东县漫湾镇）、通镫川（今墨江县）、河普川（今江城县）、羌浪川（今越南莱州）、送江川（今临沧市）、邛鹅川（今澜沧县）、林记川（今缅甸景栋）、大银孔（今泰国清迈）等。[2] 可见，银生节度所控制的范围，包括今天我国云南省的普洱、西双版纳以及缅甸景栋、老挝、越南和泰国北部一带，意在控制南方傣掸族系诸部。据傣文、汉文史籍记载，自从南诏在滇西南设置银生节度之后，傣族茫乃地方政权就从属于南诏的统辖之下，互动往来频繁。据王懿之考证，具体表现为几个方面：一是傣泐王继位、接位一般要奏请"汉王"（南诏王）批准并接受封赐和天印；二是若遇喜庆大事，要请"汉王"派使臣前往主持、庆贺；三是南诏与茫乃地方政权之间多次通婚结好；四是若有重大战事，茫乃派兵遣将，全力支持；五是南诏统治者为了便于对傣族地区的统治，还任命了傣族首领在南诏地方政权中任职，如《南诏德化碑》中就有"大将军赏二色绫袍金带赵龙细利"之语，赵龙细利为傣语音译，可能就是当地傣泐王派到南诏任职的傣族官吏；六是按规定三年向"汉王"进贡一次，贡物为大象 1 头、骏马 2 匹、金片花 12 朵、金粉饰黄蜡条 8 对、银粉蜡条 12 对、银子 500 两、金壳长刀 8 把、绸缎 4 折、土布 24 排、黄牛 42 头、衣服 8 套、银碗 2 个（每个重 12 两）、银盒 12 个（每个重 8.8 两）等，每三年后的秋季由议事庭长率百官送至孟缅（今普洱）；同时，傣泐王继位时，南诏王也会回赠幡幔、孔雀旗、白象旗、大铓、铜号、铜鼓、金粉椅、宝石金绒帽等贵重礼品。[3] 南诏和西双版纳傣族地区地方政权的密切关系由此可见一斑。

---

① （唐）樊绰：《蛮书》卷四《名类》。

② 参见林超民、段玉明主编《云南通史》第三卷，中国社会科学出版社 2011 年版，第 108 页。

③ 参见王懿之《民族历史文化论》，云南美术出版社 2000 年版，第 346 页。

　　唐代南诏后期至宋代大理段氏时期，傣族各部落开始不断向北迁移，使原有的分布区向北扩张，迫使南诏政权北撤，于是景东以南广大地区便为傣族诸部所控制。大理段氏虽曾努力想要恢复对这一带区域的直接控制权力，然而由于傣族势力扩张，段氏统治力量始终没有达到开南一带，一些原属南诏直接统辖的区域逐渐成为段氏政权力所不能及的"徼外荒僻地"。对这段历史，《元史·地理志》有载："开南州，昔朴、和泥二蛮所居也。至蒙氏兴，立银生府。后为金齿白夷所陷，移府治于威楚，开南遂为生蛮所据。自南诏至段氏，皆为徼外荒僻之地。"明汪俊《四夷馆考》亦载："景东府，古拓南地，唐南诏蒙氏为银生府之地，旧为濮落杂蛮所居，后为金齿白夷侵夺，迄宋大理段氏莫能复。"《明史·云南土司传》载："景东，古拓南也，唐南诏蒙氏始置银生府，后为金齿白蛮所据。"

　　10 世纪前后，傣族部落不断发展壮大，傣族由长期分散的部落时代进入部落联盟时期，出现了较为强大的部落联盟。据傣族民间传说，此时居住在云南南部的傣掸族各部建立起许多"小国"，如在暹罗北部景迈有泰族王子建立的"兰那王国"，即后来的八百媳妇国；在缅甸南掸邦景栋一带有掸族建立的"崆岢国"，后来称为孟艮；在老挝琅勃拉邦有老族酋长建立的"勐骚国"；在越南北部有泰族建立的"勐交国"；西双版纳境内傣族各部也联合建立了一个强大的"泐国"。为了抵抗吉蔑族的侵扰，上述这些傣掸族系的小国联合起来结成势力强大的部落联盟"庸那迦国"。与此同时，滇西傣族出现了四个强大的部落，傣语称为"孟生威"（后来明朝建立的木邦土司地）、"孟兴古"（后来明朝所建立的孟养土司地）、"孟底"（后来明朝所建立的干崖、南甸土司地）和"勐卯"（后来明朝所建立的麓川土司地），这四个部落曾经联合组成一个强大的部落联盟，称为"恇赏弥国"。关于庸那迦国和恇赏弥国两大部落联盟的传说，并非子虚乌有，可与汉文献的记载相印证。据汉文文献新旧《唐书》和《元史·地理志》相关记载可知，在唐代中期至北宋初期，傣掸族系部落一带与南诏和内地不论在政治上还是军事上的关系都比较密切，和内地的商品交换日渐增多，该区域的社会经济也正在发展之中。10 世纪前后，傣掸族系各部在地理区域上连成一片，语言相通，文化相近，正处于一个不断变动的部落发展时代，它们时而征伐，时而结盟，政治、军事联系十分密切，经济文化交流也比较频繁。

　　值得注意的是，在上述傣掸诸族的分布区域中，不断有印度移民迁入，印度文化也随之大量渗入，婆罗门和佛教文化很早就扎根在东南亚各民族中，和吉蔑文化、南来的马来文化、北来的中国文化长期交融，在各个民族中融合为多元民族文化，其中，印度文化起到了很大作用，尤其是佛教文化。而傣掸族群间频繁的政治、军事、经济交流与互动为傣泰族群间的文化交流和佛教传播奠定了坚实的基础。

二　元代以前南传佛教的传入

关于南传佛教传入云南傣族地区的时间和路线，目前学术界存在着不同的分歧，众说纷纭，莫衷一是。通过深入考察东南亚南传佛教的历史发展脉络，我们认为，成熟的南传佛教是元代从东南亚泰掸族地区传入云南傣族地区的。然而，这与元代以前有南传佛教的零散传入并不冲突。关于元代以前南传佛教传入云南的说法主要有以下几种，兹略评述，存史备考。

(一)　南传佛教公元前后传入云南

有学者依据傣文史料《帕萨坦》中小乘佛教传入西双版纳等傣族地区的记述认为，"公元前后，佛经、佛像相继传入，并先后在景洪、勐龙、勐海等地建盖了佛寺和佛塔，最后才从景洪逐渐传到勐腊等地。诚然，释迦牟尼是否亲自到过东南亚及西双版纳传教，尚需进一步考证……然而，佛主的弟子到上述地区巡游传教，则是毫无疑义的，这不仅有若干傣文史籍记载，而且还有不少文物古迹足以佐证"，而且，"论证小乘佛教早在公元前就传入西双版纳的另一个有力证据是许多现用地名由来的佛教化，即西双版纳的不少地名都是根据佛主周游教化的事迹而命名的……上述情况说明，小乘佛教传入西双版纳是很早的，至今已有两千年的历史了"[①]。另有学者认为："佛教何时传入我国傣族地区，这是个有争议的问题……根据傣文记载，小乘佛教第一次传入西双版纳傣族地区是佛历 526 年，即公元前 19 年（西汉成帝鸿嘉二年）。跟范文澜《中国通史》所述佛教传入中国的时间差不多：'最早见的是公元 65 年——汉明帝永平八年。''开始流行的佛教主要是小乘佛教。这是佛历 218 年（前 327 年），佛教举行第三次集会，后分九路向世界各

---

① 王军：《小乘佛教及其对傣族文化的影响》，《傣族文学讨论会文集》，民间文艺出版社 1982 年版，第 203—204 页。

地传播佛教。中国内地是由西域丝绸之路传入的，另一路则经勐兰嘎（斯里兰卡）到金地（缅甸）传入傣族地区。'傣文史料《巴塔麻嘎波罕》和《波纳腊坦》两书有一段记载：'佛祖逝世 523 周年时，布塔果沙听到兰嘎赛诵经，获得胜利，佛经才正式被升入佛的殿堂，由布塔果沙听首次刻写在贝叶上，从此就由水路传八万四千个区域村庄，这时正值佛历 526 年，巴利文也才随着佛经传入傣族地区。'1986 年 10 月，景洪县曼广龙寨群众自筹资金重建景洪地区著名的'九塔十二城'中的第四座塔，其塔基下出土一批文物，其中有一块长 2.5 厘米、宽 2.5 厘米的银片，上面用西傣文刻着：'菩塔萨卡 1000 年捐建结束'。菩塔萨卡为佛历，佛历一千年距今 1531 年（南北朝孝武帝孝建二年）。此外，勐海县勐混区曼南嘎出土的银片上面刻的日期为'尊腊沙哈'（傣历）334 年，距今 1015 年；景洪县嘎洒区曼弄凤乡曼英寨热塔出土了一块石碑，上面刻的建塔碑文的日期是尊腊沙哈 146 年 6 月 4 日中午，距今 1203 年。"[1]

值得注意的是，考察南传佛教传入我国云南傣族地区的时间，首先需要搞清楚的是傣族所奉法脉究竟为何。傣族信奉的是南传巴利语系佛教，与斯里兰卡大寺派的思想体系一脉相承，不能简单地与汉初开始流传于中国汉地的小乘佛教混为一谈。依据巴利语文献记载，直至公元 5 世纪觉音尊者撰成《清净道论》才奠定了上座部佛教大寺派的理论基础，确立了上座部佛教的完整思想体系。再则，有研究者明确指出，"小乘佛教传入东南亚的年代，大致在公元前后，但它可能是阿育土所崇奉的说一切有部，或从南印度传入的梵语上座部佛教，而不是巴利语系斯里兰卡大寺派传统的南传上座部佛教"[2]，则南传佛教于公元前后传入云南的说法很难令人信服，须作进一步考证。

（二）南传佛教公元六七世纪传入云南

南传佛教何时传入云南傣族地区，没有确切的年代和史料根据。有研究者认为："据傣文的相关记载和汉文史籍，参照东南亚史料，可以推定

---

① 王松：《傣族文学四题》，王懿之、杨世光编《贝叶文化论》，云南人民出版社 1990 年版，第 228—230 页。

② 王士录：《关于上座部佛教在古代东南亚传播的几个问题》，《东南亚纵横》（季刊）1993 年第 1 期。

在公元六七世纪时候，佛教就传入傣族地区了，它经历游传、定点到事后的漫长岁月，约在公元 9 世纪前后遍及西双版纳地区。"①

另有学者认为："南传佛教由缅甸佛教最初传入云南省西双版纳应为公元 7 世纪的隋末唐初时期。" 主要依据有五：第一，据 20 世纪 50 年代尚存于勐混总佛寺之《佛陀之教史话》（傣语称《旦南布塔沙萨那》）记载：佛教自缅甸孟族地区传入西双版纳，建立了这里的第一座佛寺——洼坝姐（wabuajie），时为祖腊历纪元前二十三年（615）。第二，据勐海县佛教协会康朗庄所言："勐海大佛寺的大殿柱上刻有该寺建造年代。此寺从祖腊历十三年（651）开始动工，至二十三年（661）落成。坐落在勐海城郊的曼拉闷佛寺是与勐海大佛寺同时建成的，均为祖腊历二十三年。证据是曼拉闷佛寺内靠殿后的第二根厅柱上贴有 100 片金箔，这些金箔是一个名叫南麻达纳干宰的信徒所捐献，目的是祈求帕拉阿尼松佛拯救自己，柱上还用傣文记载说：'拟板那巴宰约，混独若尼战，三十三年。'意即'祈求能真正得到佛主保佑，直到死为止。三十三年。'"傣历 33 年即公元 671 年，时值唐代初叶。第三，据勐海土司府所收藏的《地方大事记》手抄本记载："勐海总佛寺于祖腊历三十三年（671）完工，举行隆重的开光法会时，将到景洪敬请……总佛寺大僧正长老亲自前来主持法会。同年，勐海城子佛寺亦在答谢海（dahehai）建成。祖腊历七十五年（713），迁至靠近城边的新寺——瓦迈，因同一城有两所佛寺，僧侣和信众常有争执，于祖腊历一一三年（751）撤销新寺，合并到总佛寺来。……在蒲甘王朝的劫掠战争中，总佛寺被毁。祖腊历三七五年（1013），全勐民众齐心合力，在原址重建砖木结构的瓦顶佛寺，扩大了范围，建立了布萨堂、两所藏经亭、两所鼓房、两院僧舍。随后又修建了两座佛塔。" 第四，另据松领勐混好刀学兴根据佛经《列罗》记载说："召苏扎多授戒把引达叭升为佛爷，并对他说，佛教在我们景迈已经得到发展，应该让景栋人也懂得佛教。乃率引达叭携佛经《桑比达嘎》去景栋传教，又到景列建佛寺，升和尚。事毕，召苏扎多回景迈，引达叭留景栋，于是景迈、景栋、景列人彼此往还升和尚、拜佛，四时不绝。以后有召帕有者，领其子七人来景栋当召勐……傣历 86 年（724），召帕有派佛

---

① 刀永明：《傣族文学与佛教》，《傣族文学讨论会论文集》，中国民间文艺出版社 1982 年版，第 109 页。

爷西维苏坦麻书那自景栋来景洪宣扬佛法……佛教在西双版纳大大发展……"据《列罗》所载，佛教传入西双版纳的时间在公元 724 年，与勐海曼拉闷佛寺厅柱上记载的建寺时间（671）只相差 53 年。第五，又据傣文经书《旦兰塔景恩》记载，勐混地区的景恩塔是勐混第一代僧侣几达公满建造。景恩塔碑铭记述在傣历 141 年（779）、1133 年（1771）、1139 年（1777）修葺过三次。据此可推知景恩塔始建不晚于唐代，为西双版纳古塔之一。①

再有学者认为："南传上座部佛教约当公元 7 世纪从缅甸初传云南西双版纳傣族地区，这是根据缅甸的上座部佛教历史来推论的，尚需待各方面的印证。"②"南传上座部佛教约公元 7 世纪前后经缅甸传入中国云南西双版纳傣族地区，至公元 14 世纪以后得到广泛发展。公元 15 世纪以后，逐渐为与傣族毗邻而居的布朗族、阿昌族、德昂族及部分佤族所信仰。"③

《南传佛教史》的作者也提出南传佛教大约在 7 世纪传入傣族地区。其立论依据主要有二：一是傣族地区民族和泰国的泰族、老挝的老族、缅甸的掸族，属于同一族系，语言也很相似。在宗教文化上，则受缅甸、泰国、老挝、斯里兰卡佛教的影响。傣文史料说傣族地区佛教自孟人金地传入。二是西双版纳最早的佛寺是瓦巴姐寺（Vabujie，意为森林之寺），建于 615 年，所以，大约 7 世纪初，上座部佛教从缅、泰境内传入傣族地区。到 8、9 世纪，佛教在西双版纳已很普遍，稍后流传到其他民族地区。④

据勐遮、勐混等地的勐志记载，7 世纪初期佛教开始从缅甸传入。另据缅纸佛经《尼板纳素》记载，西双版纳最古老的佛寺瓦巴姐寺建于 615 年。加之勐海大佛寺发现的银片记载该寺建于傣历 13 年（651），因而提出"最晚在七世纪以前，上座部佛教已从缅甸或经由缅甸传入傣族地区。七世纪初开始建造佛寺，到公元八九世纪，佛寺已遍及西双版纳各个村

---

① 颜思久主编：《云南省志》卷六六《宗教志》，云南大学出版社 1995 年版，第 23—24 页。

② 杨学政、韩军学、李荣昆：《云南境内的世界三大宗教》，云南人民出版社 1993 年版，第 47 页。

③ 杨学政：《南传上座部佛教在中国与南亚、东南亚各国文化经济交流中的作用》，《云南社会科学》1994 年第 2 期。

④ 净海：《南传佛教史》，宗教文化出版社 2002 年版，第 9 页。

寨"①。

（三）南传佛教中唐时期传入云南

有研究者认为"迄至公元 8 世纪前后，整个东南亚各国均已奉信佛教，东南亚佛教文化区已于此时正式形成，其奉佛之国可以举列名字者有骠掸、真腊、文单、参半、庸那迦、扶南、环王、林阳、顿逊、盘盘等。其中骠掸与我国傣族云南西部傣族（今德宏地区）交错而居，庸那迦则包括我国车里即西双版纳区域，加上我国南诏的政治和文化统治，可以完全肯定，我国傣族已于中唐前后与掸族各族一起信奉了佛教，其在政治上和版图上属于我国南诏辖区的一员，在文化上则是东南亚佛教文化区的组成者与缔造者"②。可见，南传佛教中唐时期传入云南的观点是将傣族纳入东南亚上座部佛教文化区域之内，并在此文化区域形成于我国中唐时期（公元 8 世纪前后）这一基础上提出来的。

综览上述关于南传佛教传入云南的时间诸说，之所以会出现众说纷纭的情形，主要有这样几个因素：一是由于汉文文献以及傣文文献记载阙略，尤其是叭真建立景龙金殿国之前的史实不甚明了，因而无法客观准确地解析这个问题；二是有些学者将傣族地区的佛教与普通意义上的小乘佛教混为一谈，忽略了对南传佛教历史源流和东南亚南传佛教文化圈的深入考察，致使对这个问题的讨论难免有不同看法。此外，一些学者在分析这个问题时走了两个极端，一则无视前贤关于云南傣族史的研究成果，③ 二则轻信未加甄别考辨的田野材料，甚至把附会传说当作信史，由此得出的结论自然难以令人信服。尽管如此，从东南亚傣泰族群文化交流与互动的视野来看，我们不排除元代以前南传佛教在云南傣族地区零散传播的可能性，而有组织、有序地传入并获得初步发展则是在元代之后了。

---

① 邓殿臣：《南传佛教史简编》，中国佛教协会 1991 年印行，第 186 页。

② 黄惠焜：《骠掸诸国佛教及其在掸傣居民中的传播》，《东南亚》1984 年第 1 期。

③ 江应樑：《傣族史》，四川民族出版社 1984 年版，第 344 页。

第三章　元代中国南传佛教的初步发展
（13—14 世纪）

第一节　元代南传佛教传播发展的社会历史条件

有元一代，政治、地理版图的扩大，交通的便利，在一定程度上促进了云南与周边地区的佛教文化交流，云南与东南亚地区、我国西藏、内地的佛教文化交往日益密切，使得巴利语系佛教、梵语系佛教和藏语系佛教这三大语系佛教在云南得到迅速传播，奠定了云南佛教传播和分布的整体格局。此外，元朝政府加强了对地方佛教的管理，专门设置佛教都总统一职，由帝师八思巴选派僧人分至各省担任，协助行政长官管理各省佛教工作，形成了从中央到地方统一进行管理的佛教管理体系。这一体系的建立使云南佛教传播运动被系统地纳入全国性规范性管理体系内，有效保证了云南佛教的有序发展。《新纂云南通志》载："元世祖崇八思巴为国师，其徒分布各省为释教都总统。其在云南为梁王师，地位至高，倡导佛法，启建寺宇，总持教门。梁王及行省宰官护法，亦多有力焉。"

元代云南佛教文化的一个重要特点是禅宗传入云南并逐渐居于各派之首。元朝统治云南 120 多年，有史籍记载者，仅在昆明一地，就创建佛寺30 座。由此可见，元代云南，人民信佛，官府崇佛，佛教相当兴盛。元代云南佛教文化的另一特色就是儒教（儒学）、佛教、道教、伊斯兰教、基督宗教以及各民族原始宗教同时并存，共同发展。[①] 另外，元代云南佛教的一个新变化，就是佛教三部派之一的巴利语系佛教逐渐传入云南并有

---

① 参见何耀华、夏光辅主编《云南通史》第四卷，中国社会科学出版社 2011 年版，第 85—88 页。

了初步发展。

　　元代南传佛教的传播和初步发展有其独特的社会历史背景。公元 13、14 世纪,正是傣泰民族文化圈和东南亚南传佛教文化圈形成的重要时期,而元朝对傣掸族系地区的经略则进一步打通了傣泰民族间经济文化交流的通道,极大地拓展了同源民族文化接触和交流的范围与内容,为南传佛教经由民族文化传播通道源源不断输入中国云南傣族地区奠定了坚实的历史文化基础。

一　傣泰民族文化圈的形成

　　"傣泰民族"是一个文化地理概念,指的是分布于中国西南部云南省及东南亚、南亚区域内一个有着共同民族和文化渊源关系的族群。傣泰民族文化圈是傣泰民族在漫长的历史过程中不断迁徙扩散而形成的,这一文化圈的大致范围是:中国的云南省、越南北部及西北部泰人分布区、老挝北部泰人分布区、缅甸北部泰人分布区、泰国北部与东北部与中国有民族渊源关系的泰人分布区。① 泰国的泰族、缅甸的掸族、老挝的老族与我国云南省的傣族,语言相通,文化相同,分布地相连,自古以来就是一个族群的各个部族分属不同的国家。在这个族群分布区域内,中、泰、缅、老之间的地理疆域和民族迁徙在不同的历史时期发生着变迁,泰、掸、傣、老诸族系之间的民族文化传播运动亦从未中断。傣泰民族文化圈正是在相互间的政治交往与民族交往中逐渐形成的。

　　从公元 1 世纪前后到 10 世纪这个历史时期,东南亚地区出现了数十个早期国家,缅甸和泰国在公元最初几个世纪就出现了一些小国,到公元 6 世纪以后出现了地域发展更广的骠国、堕罗钵底等国家。公元 3 世纪,高棉人建立了自己的国家——扶南国,当时的真腊是扶南的一个属国。公元 6 世纪真腊兴起,公元 7 世纪一举攻灭扶南,建立了真腊国②,建都于今柬埔寨境内。这时真腊的领域,包括越南南部、柬埔寨全境、泰国北部、老挝及缅甸的一部分,北面已达今西双版纳而和南诏接壤。③

---

　　① 郑晓云:《傣泰民族起源与傣泰民族文化圈的形成新探》,《云南社会科学》2005 年第 3 期。

　　② 真腊国其实就是今柬埔寨的前身。

　　③ 参见《宋史·真腊传》和(唐)樊绰《蛮书·南蛮疆界接连诸蕃夷国》第十。

　　据传，9 世纪，居住在中南半岛北部和云南南部边沿一带的掸泰族各部为了反抗吉蔑人的侵扰，建立了一些小王国，也就是部落联盟。857年，暹罗北部的一个泰族王子在"孟枋"建立了一个泰族王国。紧接着，在"景迈"也出现了一个泰族王国，即兰那。另一泰族（老族）酋长在"勐骚"建国，此地即为后来的老挝琅勃拉邦。还有一个"崆岢国"，就是后来的孟艮，即今缅甸南掸邦的景栋一带。此外，越南北部泰族也建立了一个称为"勐交"的小国。这一带地区的傣族、暹罗北部的泰族、缅甸南掸邦的掸族，不是被真腊所统治，就是为真腊所侵扰，为了反抗强大的真腊，他们曾互相联合，建立了强大的部落联盟，即传说中的"庸那迦国"。[①]

　　与此同时，今云南西双版纳境内出现了一个"勐泐国"，即 1180 年傣族部落首领叭真入主勐泐所建的"景龙金殿国"。叭真是第一个在西双版纳地区建立傣族统一政权的人，对此，傣文西双版纳编年史《泐史》有载：

　　　　叭真于祖腊历[②]五四二年庚子（南宋淳熙七年，1180 年）入主勐泐。其父给与仪仗武器服饰等多件，诏陇法[③]名为菩提衍者，则制发一虎头金印，命为一方之主，遂登大宝，称景陇金殿国至尊佛主。五五二年（南宋绍熙元年，1190 年）建都于景兰。

　　　　叭真战胜此方各地之后，兰那、猛交、猛老，皆受统治。时天朝皇帝为共主，有猛交酋名那刺毗朗玛，景陇酋名蒙猛，兰那酋名提逻阇者，以及刺隗、金占、唷崖、埭腊、珐湳、崆岢等各酋长，俱会商劝进，举行滴水礼，推叭真为大首领。……参与集会者，有和、唷崖、金占、古喇、帕西、埭腊、珐湳及崆岢等国人员，有人民八百四十四万人，白象九千条，马九万七千匹。[④]

────────────

　　①　江应樑：《傣族史》，四川民族出版社 1984 年版，第 173—174 页；［泰］披耶巴差吉功札：《庸那迦纪年》，王文达译，简佑嘉校，云南民族学院东南亚研究所 1990 年版。

　　②　祖腊历，即傣历。"祖腊"是巴利语，傣语称为"萨哈拉乍"或"祖腊萨哈"，俗称"小历"，是与印支半岛使用的赛迦纪元即大历相对而言的。傣历纪元元年为公元 638 年，为唐太宗贞观十二年。

　　③　诏陇法，傣语意为天王。

　　④　李拂一编译：《泐史》，国立云南大学西南文化研究室 1947 年印行，第 1 页。

　　对这则史料进一步剖析可知，在西双版纳境内，一直是若干傣族部落各自据地而居，在族与族、部落与部落之间的兼并战争中，叭真"战胜此方各地之后"而成为一方之主。《泐史》记载叭真于 1180 年入主勐泐，1190 年方建都景兰，兰那、猛老等国公推叭真为大首领，举行掸泰诸部族建立联合政权的盛大集会。这种情况正说明，叭真先是征服景洪附近的各部落而成为一个地区性的大酋长，此后又经过十年的战争，用结盟的方式统一了西双版纳全境。江应樑在《傣族史》中指出，叭真建立的"泐国"，有两种不同性质的部落联盟：一种是西双版纳境内的永久性的部落联盟，这是西双版纳傣族形成一个单一民族的第一步；另一种是联合邻近各掸泰诸族而组成的一个临时性联盟，即传说中的庸那迦国，也就是《泐史》所载之兰那、猛交、猛老、崆岢等国俱来集会，共推叭真为大首领。原来"庸那迦国"这一掸泰诸族的联盟是以景迈为盟主的，待叭真建立景龙金殿国时，威势振赫，庸那迦国的盟主地位就从景迈而转至勐泐。加入这一联盟的，有泰国北部的兰那、越南北部的猛交、老挝琅勃拉邦的猛老、缅甸南掸邦的崆岢，其他如金占、珐浦、埭腊、古喇等诸小国名虽不可考，但皆为这一广大区域的掸泰族系的部落，是可以肯定的。[①]

　　与上述"庸那迦国"出现的同时，西部的傣族地区也出现了一个傣掸族系的部落联盟，史称"悄赏弥国"。永昌、丽水、开南境内的金齿、芒蛮诸部，也正经受着邻近异族的威胁，其东是吉蔑人，其西是孟人和骠人。传说在 11 世纪，这个地区内出现了四个大部落，都属于傣掸族系，分别为：①孟生威（Mong sen vi），其境域在萨尔温江中部，北抵麓川，南至孟峨，东到公明山，西北达伊洛瓦底江。它实际上是包括许多小部落的部落联盟，蒲甘王朝兴起后，企图向东扩张，这些傣掸族小部落为免受异族兼并，就联合起来抵抗蒲甘王朝，于是产生了"孟生威"这个部落联盟。这片区域元朝时属云南行省统辖。②孟兴古（Mong singu），其境在伊洛瓦底江西岸及瑞丽江下游一部分区域。10 世纪，孟兴古的境域已达曼德勒以北。蒲甘王朝建立时，这片区域的诸族深受其害，后其境内的部落不断兼并，不断发展壮大，遂组成孟兴古部落联盟，摆脱了蒲甘王朝的羁縻统治。③孟底（Mong Ti），为大盈江流域一些傣族部落的联盟。元代金齿六路中的镇西路即在其境。④勐卯（Mong Mao），在瑞丽江西岸。

---

　　① 　参见江应樑《傣族史》，四川民族出版社 1984 年版，第 180—181 页。

相传三千年前，这里曾出现了一个勐卯国，是德宏傣族历史上最早建立的一个国家，元代以其地建麓川宣慰使司。元末，麓川强大，并不断兼并邻近地区。上述四大部落，在 11 世纪时组成了更大规模的部落联合体，称"侨赏弥国①，以孟生威为盟主。侨赏弥国的区域，北抵腾冲，西逾伊洛瓦底江，南及湄南河上流，东与'庸那迦国'相邻。孟艮处于'侨赏弥国'和'庸那迦国'的中间地带，因而孟艮时而加盟'庸那迦国'，时而又是'侨赏弥国'联盟中的成员"②。

关于这两大部落联盟的传说，可与汉文史籍记载相印证，据汉文文献新旧《唐书》和《元史》相关记载，10 世纪前后，傣掸族系各部在地理区域上连成一片，语言相通，文化相近，正处于一个不断变动的部落发展时代，它们时而内部争斗，时而结盟，政治、军事联系十分密切，经济文化交流也比较频繁，为同族源的傣泰民族文化圈的形成奠定了基础。

总之，从 10 世纪开始，泰、掸、傣族等民族就打破国家政治疆域和地理疆域，而一直在以大的民族集团建立自己同一族源的统治势力，促进了同族源民族文化的交流与传播；13—14 世纪，傣、泰、掸、老等同族源民族文化圈基本形成。③ 这就为南传佛教从兰那、景栋等泰掸族地区进入云南傣族地区准备了天然的民族文化通道和传播载体。

二 东南亚佛教文化圈的形成

东南亚南传佛教文化圈的形成是南传佛教传入我国云南傣族地区一个大的历史文化背景，中国南传佛教的发展脉络必须纳入东南亚南传佛教文化圈中进行考察才符合历史发展的逻辑性和客观性。中国元朝时期，正是东南亚南传佛教文化圈形成并向四周辐射传播的重要时期，成熟的南传佛教就是在这一时期传入中国云南傣族地区并获得了初步发展。

东南亚佛教文化圈（或东南亚南传佛教文化圈），是个约定俗成的叫法，严格来说，应该称为"南传上座部佛教文化圈"。现在，它主要流传

---

① "侨赏弥国"，西文为 Kocambi，据法国马司帛洛《宋初越南半岛诸国考》一文中称："此侨赏弥国国力常及湄南河上流。明史卷三一三孟艮传记其地于景泰中为木邦所征服。明史之木邦，即此处之侨赏弥国"，并非印度同名之国。转引自江应樑《傣族史》，四川民族出版社1984 年版，第 175 页。

② 参见江应樑《傣族史》，四川民族出版社 1984 年版，第 174—175 页。

③ 范宏贵：《壮、傣、老、泰族的渊源研究》，《广西民族学院学报》2002 年第 3 期。

于东南亚的泰国、缅甸、老挝和柬埔寨，南亚的斯里兰卡，以及中国云南省西南部的傣族地区。这一地域的面积达 200 多万平方公里，佛教徒约有1.10 亿—1.15 亿。所谓"东南亚佛教文化圈"，如果从宗教文化学意义上说，应当包括上述国家和地区，而不仅仅是泰国、缅甸、老挝和柬埔寨。[①]

东南亚佛教文化圈的形成，应当从缅甸蒲甘王朝的阿奴律陀说起。阿奴律陀并非蒲甘王朝的创建者，据出土文物考证，大约公元 9 世纪，蒲甘王朝建立，当时只是一个很弱小的王国。1044 年，阿奴律陀登位之后，先后征服了群雄，结束了割据局面，缅甸逐步走向统一，开创了历史新的一页。阿奴律陀整饬教派，发展农业，为蒲甘佛教的发展奠定了基础，也为佛教的兴盛创造了条件。

阿奴律陀曾在佛寺隐居多年，深受佛教文化的熏陶，登位后得到来自直通孟族南传佛教高僧阿罗汉的影响，立下了改革教派、弘扬佛教的志向。1044 年以前，缅甸存在很多种佛教宗派，其中比较盛行的是阿利僧派（Āri）。阿利僧祭龙供佛，蓄发须，吃肉酗酒，并强迫女子向其献童身，过着非常放纵的生活。在阿奴律陀之前，阿利僧在蒲甘一带成为一个很有势力的教派，人数众多。阿利僧派与上座部佛教明显不同，据学者考证为大乘密教。阿奴律陀深恶阿利僧非法势力的盛行，除了治理国政之外，他注重佛教改革，其时的改革举措影响了缅甸乃至整个东南亚地区佛教的发展。他听从一位来自缅甸南方上座部佛教高僧阿罗汉（Araham）的建议，明令宣布上座部佛教为国教，尊奉阿罗汉为国师，推行纯正的上座部法统。另据哈威《缅甸史》记载："有僧人阿罗汉（Shin Arahan）者，本直通婆罗门之子，于 1056 年至蒲甘。彼为佛教南宗（小乘）都罗婆陀（Theravada）派之弟子，具有赤忱，欲使上缅甸崇拜异教之地，改奉佛教。彼隐居于蒲甘附近之林野间……"[②] 1057 年，为了推进上座部佛教在缅甸的传播，阿奴律陀派兵征服了不愿赐予佛教经典的直通国（孟族），将该国的三藏经、各种注疏和佛教文物全部运至蒲甘，同时迎请戒律精严的上座部佛教僧人五百名及直通的艺术家、工艺人等三万名同返蒲甘，这是缅甸佛教史上的大事。在此基础上，阿奴律陀命令包括阿利僧在

---

① 贺圣达：《关于南传上座部佛教文化圈的几个问题》，《思想战线》1994 年第 2 期。
② ［英］G. E. 哈威：《缅甸史》，商务印书馆 1957 年版，第 60 页。

内的戒律不严的其他佛教宗派的僧人还俗为民，或者改奉上座部佛教。不从者则被放逐。征服直通之后，阿奴律陀与斯里兰卡通好，依阿罗汉的建议，派遣僧团往斯里兰卡迎请该国的巴利三藏，与直通得来的巴利三藏作详细对照审订，证明两种经文内容完全一致。他又命令比照两种本子，重新抄写一部，并建庄严宏伟的"三藏经楼"珍藏供养。同时又令各地兴建许多佛塔、佛寺，塑造佛像，蒲甘著名的瑞海宫佛塔即始建于 1059 年。这些举措，一方面使得蒲甘原有的阿利教、大乘佛教、密教、婆罗门教等各派渐渐衰颓消亡；另一方面使上座部佛教盛行全国。

阿奴律陀在缅甸佛教史上的贡献还在于，他以孟文及骠文为基础，创造了缅文，音译上座部佛教三藏典籍，使上座部佛教代替此前并存的各佛教派别而盛行缅甸，以通俗的巴利文代替了古雅的梵文，缅文从此成为缅甸主要文字之一。1071 年，斯里兰卡国王毗舍耶婆诃一世因国家久经战乱，佛教衰微，僧人极少，经典文物散失，所以遣使缅甸请阿奴律陀赐予三藏并派僧团到斯里兰卡传戒。[①]

此外，阿奴律陀扩张疆域，向东征服了掸族诸邦，并纳一位掸族公主为妃，使蒲甘和掸族地区的关系更加密切。兴盛的蒲甘上座部佛教文化自然地传向掸族地区，经由掸族地区传入泰、老、傣地区。

阿奴律陀之后的几代蒲甘国王仍大力推崇佛教，广建寺塔，与锡兰保持密切的宗教往来。在蒲甘王朝二百多年时间中，历代国王对佛教积极护持，发扬上座部佛教，奠定了南传佛教在缅甸历史上长期兴盛不衰的基础。据碑铭资料统计，蒲甘王朝献给佛寺土地约 364390 英亩，劳动力 21983 人，银相当于 67416 盎司，在蒲甘都城内建造寺塔大小达 4000 多座，11 世纪末，蒲甘城就有 4108 名僧人。[②]

如史所载，11—13 世纪的蒲甘王朝是缅甸佛教发展史上的黄金时代。在二百多年的时间里，缅甸是南传上座部佛教的中心。经过几代国王的热心护法，大长老的勇猛精进，一方面发扬直通孟族地区的上座部佛教法统，另一方面积极从锡兰引入大寺派传承，使佛教文化精要汇集于一地。在蒲甘时代，由于有了可信依据，抄写研读巴利三藏蔚然成风。蒲甘王朝的壁画、雕刻、建筑艺术在佛教的推动下更是灿烂辉煌，佛塔建筑艺术尤

---

① 参见净海《南传佛教史》，宗教文化出版社 2002 年版，第 132—135 页。

② 贺圣达：《东南亚文化发展史》，云南人民出版社 1996 年版，第 201—202 页。

为精湛，其数量之大、造型之美，堪称东南亚之冠，蒲甘成为当时东南亚名副其实的佛教艺术中心。① 上座部佛教历经蒲甘王朝的辉煌之后，继续蓬勃发展，佛教从孟缅地区向境内其他少数民族地区的传播取得了更好的成效。13 世纪后期，我国蒙古元军挥师南下攻入缅境，推翻了蒲甘王朝，缅甸俯首称臣，与元朝保持朝贡关系，在滇缅道上增设 15 处驿站，互通往来，为处于兴盛期的缅甸南传佛教陆续传入云南提供了交通上的便利，极大地促进了南传佛教在滇西和滇西南地区的传播发展。②

　　继蒲甘王朝统治缅甸的是掸族，1312 年，北方的掸族初建都于邦芽（Pinya），那里原来是阿利僧的聚居地之一，后来又汇聚了许多阿奴律陀时代被驱赶来的阿利教僧人，上座部佛教十分微弱。后来有上座部比丘小阿罗汉和天眼来到这里，得到国王的崇信和护持，上座部佛教才开始发展起来。王子乌阇那（Ujana）于 1324 年继位后，蒲甘地区的阿罗汉派和阿难陀派的比丘纷纷来到邦芽，国王为他们修建了 77 座佛寺供其驻锡弘法，上座部佛教在邦芽才逐渐发展起来。新传入的上座部僧人因见解相异而分为三派：隐居山林的称为"阿兰若住者"（Āraññavāsi，"林居派"）；居住在村落寺院的称为"村落住者"（Gamavāsi，"村居派"）；由国王供养、有田园收入的称为"国僧派"。③ 其后，一部分僧人离开了邦芽，到了兰那并传入缅甸景栋，又从景栋传入西双版纳等傣族地区。由于它们都是从兰那传到景栋后进入云南傣族地区，所以就被称为"润"，分为"摆孙"和"摆坝"两派，均在传入西双版纳傣族地区之前就已形成。

　　11 世纪中期，泰族建立了兰那（Lanna）和澜沧（Lan Chang）两个小国家。澜沧泰族一系，后来向泰国东北部发展，成了以后的老挝；兰那是泰族首先在泰境内建立的一个小王国，在中国史书上称"八百大甸"。兰那强盛时，其辖境包括现在清迈、南奔、南那、昌来和缅甸的景栋地区。当时还有两个泰族邦国：一称拍尧（Payao）；另一称哈里奔猜（Haribhujaya），由孟族血统遮摩（Cama）女王统治，这位女王曾请五百位僧人携带三藏圣典往各地弘法，奠定了北部上座部佛教深远的基础。④

---

①　邓殿臣：《南传佛教史简编》，中国佛教协会 1991 年印行，第 92—93 页。

②　郑筱筠：《中国南传佛教研究》，中国社会科学出版社 2012 年版，第 51 页。

③　参见邓殿臣《南传佛教史简编》，中国佛教协会 1991 年印行，第 94 页。

④　参见净海《南传佛教史》，宗教文化出版社 2002 年版，第 200—201 页。

据《庸那迦纪年》记载，一直到 1292 年，兰那国的孟莱王征服了哈里本猜，孟族的佛教才为兰那所接受。① 1296 年，兰那立清迈为新都，中国史籍称之为"后八百大甸"。从 13 世纪开始，泰国北部的兰那国（又称"八百媳妇国"）逐步形成了以清莱为中心的北部地区和以清迈为中心的南部地区两大区域。在历史发展长河之中，清迈逐渐发展成了泰北的政治、经济和文化中心。据《新元史·八百媳妇传》记载："每村建一寺，每寺建塔，约以万计。"② 大规模修建寺塔，表明佛教发展隆盛，也显示出一个国家经济的繁荣和国力的强盛。在兰那王国的历史上，有两位君王对佛教发展的贡献尤为显著。第一位是孟莱王（Mangrai，1296—1317 年在位），他一方面在南奔、清迈等地广修佛寺，另一方面又派以应达班约（Yingdabanyo）为首的一批比丘到斯里兰卡学法深造，学成回到兰那建立了莲花塘寺（Vabayobo），持较严的阿兰若律，这便是直至今日仍影响颇大的莲花塘寺派（"摆坝"，林居派）之发端。③ 第二位是兰那王国九世哥那王（Keu Na，1355—1385 年在位），哥那王统治时期是整个泰国北部上座部佛教发展的重要阶段。在他的护持下，兰纳地区的上座佛教得到了巩固和发展。据 15 世纪的兰那文献《宗教本源志》记载，哥那王通过素可泰五世立泰王邀请苏摩那长老到兰那，弘扬他从缅甸塔通传来的楞伽宗上座部佛教。1371 年，哥那王又在清迈修建瓦孙诺佛寺，后来这一佛寺就成为"摆孙"派佛教的发源地。④ 后苏摩纳所弘扬的佛教派别又被称为"花园寺派"。"摆坝"和"摆孙"二派的形成标志着兰那地区上座部佛教的成熟和发展。⑤

兰那上座部佛教与中国云南傣族地区的上座部佛教之间关系密切。在兰那王国的早期，兰那上座部佛教就经由缅甸景栋传入云南的西双版纳地区。傣族手抄本文献《佛教大事记》有载，孟莱王的母亲是西双版纳第四代召片领（宣慰使）陶陇建仔的女儿。泰北《清迈纪年》亦有相应记载。孟莱王对景洪的外祖父母孝敬备至，每年都贡献方物。由于兰那与西双版纳的姻亲关系进一步推动了双方的政治、经济、文化交往，这就为南

---

① 谢远章：《傣泰学研究六十年》，云南民族出版社 2008 年版，第 132 页。

② 参见《新元史》卷一四九《八百媳妇传》。

③ 参见邓殿臣《南传佛教史简编》，中国佛教协会 1991 年印行，第 191 页。

④ 谢远章：《傣泰学研究六十年》，云南民族出版社 2008 年版，第 133 页。

⑤ 参见郑筱筠《中国南传佛教研究》，中国社会科学出版社 2012 年版，第 54 页。

传佛教从泰国兰那地区传入云南西双版纳奠定了良好的基础。此后，又有大批巴利文佛经和注释被译成泰润文在傣、掸、老族地区流通，促成了这一地带佛教文化的又一次大交流、大融合。①

与此同时，泰国南部的素可泰王朝在13世纪时期获得较快发展。1257年，泰族正式建立素可泰王朝（1257—1436）后，即建寺供养来自六坤的斯里兰卡僧团，提倡弘扬斯里兰卡佛教。到了第三代坤兰甘亨王（1277—1317年在位），尤其致力于弘布斯里兰卡佛教，选派比丘前往斯国留学，学成归国后建立僧团，精研三藏，戒德庄严；1283年前后，为便于弘传上座部佛教，坤兰甘亨王还亲自参与根据吉蔑文创立泰文的工作。斯里兰卡上座部佛教在泰国获得发展之后，原先从柬埔寨传入的多数人信仰的大乘佛法逐渐消亡。大约13世纪末期，素可泰全国就完全转信了斯里兰卡大寺派法统的上座部佛教。② 至此，上座部佛教在傣、泰、掸老等同源民族文化中开始占据重要地位，佛教文化的高度发达性得到了认同和弘扬，随着素可泰王朝政治、经济势力的扩展而在思想意识领域影响着信仰民族。③

此外，与云南临近的柬埔寨在中国古籍里曾有"扶南"、"真腊"之称。据史料记载，直至13世纪，即安哥王朝后期，斯里兰卡上座部佛教开始传入柬埔寨，梵文渐趋衰颓。1309年柬埔寨一块巴利语古碑铭记载，舍耶跋摩波罗弥斯罗曾首先正式护持斯里兰卡的佛教僧团。14世纪中叶以后，因屡受泰国进攻，泰国的南传佛教随之传入。后来，柬埔寨也成了清一色的南传佛教国家。

老挝史上明确记载有上座部佛教信仰始自法昂王（1353—1373年在位）建立南掌国之时。法昂即舍耶跋摩波罗弥斯罗的女婿，自幼在柬埔寨长大，从高僧受教育，信奉佛教，当他回老挝时，携带著名的琅勃拉邦佛像并引进了柬埔寨上座部佛教，致力弘扬。④ 14世纪中叶后，老挝才全面接受了南传上座部佛教。

可见，东南亚的缅甸、泰国、柬埔寨和老挝，先后在13—14世纪，

---

① 邓殿臣：《南传佛教史简编》，中国佛教协会1991年印行，第191页。

② 净海：《南传佛教史》，宗教文化出版社2002年版，第203页。

③ 参见郑筱筠《中国南传佛教研究》，中国社会科学出版社2012年版，第54页。

④ 净海：《南传佛教史》，宗教文化出版社2002年版，第193—203页。

接受了斯里兰卡大寺派法统的上座部佛教并奉为国教。至此,东南亚南传佛教文化圈才真正形成,这是南传佛教传入我国云南傣族地区重要的历史背景。

三　元朝对傣掸地区的经略

元朝对其时云南境内的傣族、蒲甘的掸族、八百媳妇国的泰族、老挝的老族,通称为"金齿"、"白衣"或"白夷",元朝在金齿、彻里、蒲甘、八百媳妇国、老挝等上述诸族分布区域内,都曾先后建立过政权机构。这在一定程度上促进了在同一个政治地理疆域内同源傣掸族系的经济文化接触和交流,包括南传佛教文化的接触和交流。

1253 年(南宋理宗宝祐元年,蒙古宪宗三年),忽必烈率师征云南,乘革囊渡过金沙江,入大理,结束了南诏、大理五百多年的地方统治政权。云南正式纳入元代中央政权。

元军入云南时,正值傣族各部出现强大的部落和部落联盟之际,澜沧江中游和红河流域的傣族不断向北迁徙,其分布区域扩至红河上游、元江、南盘江一带。元军初入云南,对这个部落众多、地域广大、武力强大的傣族,采取了先西后南的经营策略。1254 年(元宪宗四年),兀良合台攻降滇池及其东各地后便调军西征,德宏及邻近傣族各部先后归顺。李京《云南志略》云:"宪宗甲寅,大将兀良吉歹(兀良合台)专行征伐,金齿内附。"程文海《元世祖平云南碑》载:"兀良合台经略进军,金齿、白夷、缅中诸蛮,相继纳款。"1261 年(元世祖中统二年),德宏傣族各部便联合派遣使臣八人,远到北方去朝见忽必烈,得到嘉谕。《元史·地理志》载:"中统初,金齿百夷诸酋长各遣子弟朝贡。二年立安抚司以统之。"金齿安抚司统治今保山至德宏一带,为元初云南行省五大区域之一。1276 年(元至元十三年),元政府升金齿安抚司为金齿宣抚司,立金齿六路,建六路总管府。六路辖境为怒江以西到伊洛瓦底江岸,除包括今德宏州全境外,南部逾瑞丽江,包括江南之大片土地。西抵伊洛瓦底江岸,怒江以东为镇康路,辖境为怒江与澜沧江之间的大片地区。六路的设立,确定了云南西部所有的傣族、掸族各部,尽皆统属于元朝疆域之内,元朝的政治统治势力已经远达伊洛瓦底江区域,这就必然要和当时的缅甸蒲甘王朝发生接触。

当元朝经略云南西部傣族地区时,缅甸境内的蒲甘王朝正处于比较强盛的时期。蒲甘王朝的都城蒲甘位于弥诺江与伊洛瓦底江相汇处，为云南与印度的商业交通孔道，其北部与云南西部傣族分布区紧相邻接。蒲甘王朝强盛后，对其北面的傣、掸各部，时加骚扰。当元朝建立云南行省之时，正值蒲甘王朝好大喜功的国王"那罗梯诃波"（Narathihapat）在位执政，他曾讨平国内叛乱，并大兴土木，广建寺塔，自夸拥兵三千六百万，嫔妃三千人，不可一世。当时蒲甘境内尚有很多未被开垦的土地，北面的傣族、掸族各部人民，不断南迁开荒，并把北方的消息传递到了南方。元朝金齿六路总管府建立后，蒲甘境内的掸族各部普遍增长了内向中国的情感，导致了那罗梯诃波王对元朝的对抗情绪。1271年（元至元八年），大理、鄯善（今昆明）等路宣慰司都元帅府遣使缅国，招谕蒲甘王内附不成，元朝和蒲甘的关系日渐恶化，而沿边的傣、掸各部心向元朝，希望派兵征缅，解脱蒲甘王朝的侵扰。1277年（元至元十四年）蒲甘王突然以大军侵入云南镇西路境内（今德宏州盈江县境），前锋抵达南甸（今德宏州梁河县境），欲在腾冲、永昌间建立军事据点，企图进袭大理。元军发兵抵御得胜，使元朝在云南西部傣族地区的政权得到巩固。然而，蒲甘后又乘虚而入继续控制伊洛瓦底江沿岸地区，不时侵扰德宏境域。1280年（元至元十七年），元朝廷议再征蒲甘，忽必烈命令药刺海率领西川元军万人，会同云南纳速刺丁领军征缅。1283年（元至元二十年）从昆明出发，十月到达南甸、干崖，再沿大盈江而下，与缅军战斗。对此，《元史·缅国传》有载，当时南甸、干崖的傣族武装都加入了征战，元军进占江头城，遣使说降，蒲甘国王不降，集中武力守卫都城，并拆毁数百座佛寺、佛塔，以其砖石赶筑工事，强迫掸族各部参战。1284年（元至元二十一年），元军一举攻陷建都、太公二城，当地主要为掸族所居，纷纷降附元朝，其中包括建都王乌蒙及附近的金齿等十二个部落。[1] 1287年（元至元二十四年），元军攻占蒲甘城，蒲甘国王投降。元朝封蒲甘国王为缅王，继续统治其疆域。缅王以"入贡"方式经云南与元朝中央保持联系。元朝在伊洛瓦底江上游和萨尔温江上游地区先后设置太公路、云远路、蒙怜路、蒙莱路、木邦路等政权机构。元军撤回云南后不久，蒲甘王

---

① 参见江应樑《傣族史》，四川民族出版社1984年版，第174页。

朝在内乱中覆灭，缅甸转入了掸族统治的历史时期。①

　　1292—1296 年（元至元二十九年至元贞二年），元军攻占车厘（今西双版纳景洪），即于其地建立"彻里军民总管府"。《元史·步鲁合答传》记载："步鲁合答从征八百媳妇②，至车厘。车厘者，其酋长所居也。诸王阇阇命步鲁合答将游骑二百往招之降，不听，进兵攻之，都镇扶侯正死焉。步鲁合答毁其北门木，遂入其寨。其地悉平。"《元史·成宗本纪》载："元贞二年十二月戊戌，立彻里军民总管府。云南行省言：大彻里地与八百媳妇犬牙相错，今大彻里胡念已降，小彻里复占扼地利，多相杀掠。"这则史料所言之大彻里和小彻里，它们的分裂与八百媳妇国抗元有密切的关系。由于元朝出兵的目的是征讨八百媳妇国，而景龙与景迈两国的统治者有姻亲关系，所以当元军攻下彻里时，彻里的统治者间形成了降元与反元两派，不愿归附元朝一派则与八百媳妇联盟以抗元，这就造成了西双版纳境内一个时期的分裂和不安定情况。1325 年（元泰定二年），元朝再一次招降彻里，重建彻里军民总管府。1326 年（元泰定三年），西双版纳境内的大小酋长全部归顺元朝，这时，元朝在西双版纳境内的政权才得以稳定。随着彻里军民总管府的重建，元朝又在它的西面和南面的一些白夷部落，包括孟艮、景栋等地，相继建立了一些新的政权机构。《元史·泰定本纪》记载："泰定三年，云南行省威楚路秃刺寨长哀培、景栋寨长河支弄、男阿吾大、阿哀寨主弟你、刀木落寨长哀卜利、茫施路土官泥囊、弟陀金客……并奉方物来献。"至此，从怒江以东到澜沧江两岸的百夷各部，全都建为路、州、甸等，统一接受元朝统治。③

　　元朝征讨八百媳妇多年未果，直至 1325 年（元泰定二年）招降大小彻里，再度建立彻里军民总管府，才使八百媳妇处于孤立无援的境地，不得不向元朝投诚。《元史·泰定帝本纪》记载："泰定三年（1326）五月

---

　　①　何耀华、夏光辅主编：《云南通史》第四卷，中国社会科学出版社 2011 年版，第 384 页。

　　②　八百媳妇国，即史载之"兰那国"，意为"百万稻田国"，是 13—18 世纪存在于现今泰国北部以清迈为中心的一个泰族王国，其前身就是传说中的"庸那迦"，暹罗史称为"景迈王国"，中国史籍称为"八百媳妇国"。《明史·八百媳妇传》云："世传部长有妻八百，各领一寨，因名。"兰那人是泰族的一个支系，又称"泰永（阮）"，和西双版纳傣族在语言、文字、风俗、信仰各方面基本相同。

　　③　参见江应樑《傣族史》，四川民族出版社 1984 年版，第 175 页。

甲寅，八百媳妇蛮招南通遣其子招三昕奉方物来朝。"第二年，元朝便在八百媳妇境建立蒙庆宣慰司①，此即景迈地区归属元朝的开端。此后，元朝云南行省的疆域，从彻里路向南扩展至八百媳妇国境域，与暹国接壤。

其后，元朝又相继建立老告军民总管府（今老挝北部地区）、缥甸军民府（今缅甸孟密以北、八莫以南地）等政治机构。

元代在上述傣掸族系地区先后建立政权机构，不仅使得元朝的政治地理版图日渐扩展稳固，而且通过一条条交通古道，促进了云南与东南亚地区的经济文化交流。元代云南的对外贸易，就主要是以缅甸、泰国北部、老挝、越南向元朝纳贡的特殊方式进行的。

据史所载，缅王以"三年一入贡"的方式，经由云南与元朝中央联系。1289—1338年，缅王曾先后15次派遣使臣至大都向元朝廷"入贡"，元廷亦4次遣使入缅，经由今保山、德宏沿大盈江而下以接伊洛瓦底江的水陆交通路线。这条交通线成为中、缅之间的通途，当时中缅使者和经济文化交往，大多沿这条路线进行。至元年间，马可·波罗奉元朝使命，由这条交通路线进入缅甸，他在《马可·波罗游记》中记述沿途经过的重要城镇有永昌（今云南保山）、腾越（今云南腾冲）、干崖、江头城（今缅甸杰沙）、太公城（今缅甸太公）、蒲甘城（今缅甸蒲甘）、昔里怯答刺城（今缅甸卑谬）等。

《新元史》卷二十五载："八百媳妇蛮者，夷名景迈。"由此可知"八百媳妇国"居于今以清迈为中心的泰国北部地区，北邻傣族居住的彻里（车里），南接以宋加洛（素可泰）为中心的暹国（今泰国中部），再南是以华富里为中心的罗斛国（今泰国南部），东面是老族居住的老告（今老挝北部），西面是掸族居住地木邦（今缅甸东北部），八百媳妇处于傣、泰、掸、老族分布的中心地带。元朝时期，暹国和罗斛国都从海路经由我国沿海地区与元朝交往，而八百媳妇则从陆路经云南与元朝交往，进行密切的政治、经济和文化交流。史载八百媳妇国于元皇庆元年（1312）向元朝送驯象，表示友好。元皇庆二年（1313）"八百媳妇国"的头目乃爱

---

① 蒙庆宣慰司，即八百宣慰司。元至顺二年（1331），改蒙庆宣慰司为八百等处宣慰司，从此，终元之世到明嘉靖三十五年（1556），八百媳妇皆属中国领域，为元、明两代所建的西南土司之一。明嘉靖三十五年，缅甸东吁王朝攻占景迈，八百宣慰司境才从中国明朝版图上划出去。

等 10 人至云南行省表示愿意归附，云南行省派法忽拉丁为使节，于延祐元年（1314）随乃爱等达八百媳妇国。此外，老挝、越南经云南与元朝廷之间的联系同样是以使节互往的方式进行着，越南还经常遣使到元朝请赠佛经。①

通过古老的水陆通道，云南与东南亚的缅甸、泰国、老挝、越南等国的政治、经济交往日益频繁。事实上，这不仅是一条古老的交通和经贸路线，更是一条民族文化传播与交流的重要通道，泰国、缅甸的南传佛教文化就是经由这条通道进入云南傣族地区的。

综上所述，文化的传播与民族迁徙往往是同步的，民族的迁徙带往往也是文化的传播带。同源民族的文化共通性为文化传播提供了传播渠道和传播载体。历史上，南传佛教的传播就是以傣泰同源民族的文化传播为载体进行的。② 公元 13—14 世纪，随着傣泰民族文化圈和东南亚南传佛教文化圈的形成，随着元朝中央政府对傣掸族诸系分布区域的经略，为傣泰族群的交流互动搭建了平台；而缅甸蒲甘王朝的覆灭则导致缅族势力式微，为掸族势力获得了飞跃发展的历史机遇。这在一定程度上推动了傣泰民族文化圈内的民族文化交流，推动了佛教文化向泰掸地区之外传播流布。可以进一步推知，南传佛教正是在这一时期通过民族文化交流的通道传入云南傣族地区并获得了初步发展的。

第二节　东南亚不同派别的形成及发展

综观中国南传上座部佛教派别，主要有润派、摆庄、多列、左抵四个主要派别，分别分布在中国南传上座部佛教圈的不同区域。各个区域都有所不同，但其源头都是斯里兰卡的南传上座部佛教大寺派，其传播路线主要是经由泰国和缅甸传入。

西双版纳地区的佛教派别较为简单，主要以润派佛教为主；德宏地区的佛教派别与西双版纳地区相比较为复杂，也较多，有润派、摆庄派、多列派和左抵派；临沧地区主要以润派、摆庄派、多列派为主。考察这些佛

---

① 参见何耀华、夏光辅主编《云南通史》第四卷，中国社会科学出版社 2012 年版，第 76 页。

② 郑筱筠：《中国南传佛教研究》，中国社会科学出版社 2012 年版，第 60 页。

教派别，我们不难发现，这些佛教派别形态已经相当成熟，它们与佛教史籍中所记载的早期佛教派别相比，已经有了很大的发展，已经形成了自己独具特色的佛教系统。值得注意的是，正是由于在中国云南南传上座部佛教圈的不同区域有如此丰富的佛教派别，且各个领域的佛教派别有相同之处，也有不同，相互交叉。因此，我们可以推论，这些佛教派别在传入中国云南之前就已经形成了自己成熟的系统，在传入中国、经历了本土化过程之后，又更为完善。

为了更好地考察中国南传上座部佛教派别，我们有必要从源头上对整个东南亚地区南传上座部佛教派别的发展过程进行了解。

一　斯里兰卡①佛教派别的形成及发展

东南亚南传上座部佛教在世界各国流传已久，由于对教理和戒律理解的不同，加之风俗习惯的差异，逐渐形成很多部派。但随着东南亚各国民族格局的形成以及各国国力的增强，各个国家对佛教的大力扶持和发展，到14—15世纪时，东南亚斯里兰卡、缅甸、泰国、柬埔寨、老挝等国大体上都已经以斯里兰卡大寺派的上座部佛教为主要信仰。因此，了解斯里兰卡佛教派别的发展情况对于分析泰族、掸族、傣族佛教文化圈的形成和发展有至关重要的意义。

斯里兰卡佛教自公元前3世纪中期从印度传入之后，到公元前1世纪，这200年间保持了纯正的上座部传统和全国统一的局面。国王天爱帝须专门为摩哂陀长老建盖的大寺一直是全国佛教和佛教文化的中心。后来，大寺派一统的局面被逐渐打破。至公元4世纪末，形成大寺派、无畏山寺派、祇多林派三派鼎立的局面，但各派之间开始有纠纷争斗。在佛教传入斯里兰卡后的几百年里，斯里兰卡还有很多佛教派别，例如林居派和村居派就是其中的两个派别。但林居派和村居派并不是脱离大寺、无畏山寺和祇多林三派之外的两个派系，而是混杂于三派之中的两个派系。② 林居派的僧人住在山林里的岩洞或草棚中，严守戒律，专修止观，追求自身

---

① 斯里兰卡古称"锡兰"，又称"兰卡"，1972年国名改为"斯里兰卡共和国"，本书使用今名。

② 邓殿臣：《斯里兰卡佛教林居派及其向泰掸老傣地区的传布（上）》，《东南亚研究》1991年第1期。

解脱；对于经论，则不大重视。村居派与之相反，他们居住在村镇附近的寺庙中，努力钻研经论，和信众保持着密切联系；而对于修禅持戒，则不及林居派用功严谨。村居僧人中有许多博识强记、知识丰富的饱学长老，为满足信众的需要，他们还讲经说法，广做佛事，成为人们的导师。而他们驻锡的寺庙则成为佛教文化的中心和传播文化的基地。两种僧人各有所执，各行其是，共荣互补，一起推动斯里兰卡佛教向前发展。对佛教的认识和实践，两者之间存在矛盾，生活方式也迥然不同，但是，并没有形成两个派别的对立，更没有出现过激烈的冲突和斗争。所以我们说，那时只有"林居僧"和"村居僧"的区别，还不存在"林居派"和"村居派"。两相比较，似乎林居僧在人们心目中的威望略高。他们离欲出尘，苦行修练，受到信众的普遍敬仰。

公元前 1 世纪是斯里兰卡佛教史上一个非常重要的时期。数百僧人在曼陀罗寺举行集会。会上各个派别产生了分歧，形成了两个对立的派别：主张修重于学的"林居派"和主张学重于修的"村居派"。前者又称为"阿兰若派"，后者又称为"法师派"或"读经派"。公元元年之后，斯里兰卡佛教中的派系曾发展到 13 个之多，而就对待修和学，对待戒律和经论的态度而言，可笼统地分为林居派和村居派。两大派辩论的结果是村居派得胜，林居派（包括粪扫衣派）默然无言。学重于修既成定论，成为社会的共识。这种形势发展到 10 世纪前后，一直没有改变，僧人中注释经典、撰写教史蔚然成风。林居派因受到一定压抑，自曼陀罗辩论大会之后的 1200 年，发展较为缓慢。在形势不利、处境困难的情况下，林居派对自己的传统观念和作风进行了一些改革。到公元 6 世纪，它已发展成为一个独立的派系。改革之后，许多林居派僧人也开始研读经论，接触社会，为人们讲经说法。到阿努拉特普罗王朝（公元前 437—公元 1058）以后，林居派有了较大的发展。当时斯里兰卡佛教中的学术界已形成了八大学派，其中实力较强、影响较大、与大寺派关系密切的"迦勒杜鲁穆拉派"便属于林居派。这说明那时的林居派在学术上也已有了卓著的成就，涌现出了一批著名的佛教学者。帕拉克拉玛巴忽大帝于 1165 年发动了一场彻底整顿僧团、统一全国佛教的改革运动，这场运动的领导者便是林居派丁布拉格拉石窟的迦叶波长老。史书上说，当时迦叶波长老已是一位戒行严谨、德高望重的僧伽领袖，所以国王才委此重任。同时，他也一定是一位精通律制、深研佛法的大德三藏，否则他便无法制定律法，审判犯戒僧人。他所在的丁布拉格拉石窟，也已成为林居派的一个重要学术基地。帕拉克拉玛巴忽国王和迦叶波长老密切配合，冲破重重阻力，终于完成了整顿僧团的任务。斯里兰卡佛教这一新形势对林居派的迅速发展是十分有利的，大大提高了林居派在佛教中的地位和威望。因此，僧团的整顿给村居派中一部分僧人以沉重打击，而林居派僧人却受到鼓舞。因此，12世纪中期到 15 世纪中期这 300 年中，斯里兰卡佛教的林居派似乎是占了上风。这 300 年正是斯里兰卡佛教传入泰、掸、老、傣及整个中印半岛的时期。[①]

　　在这一时期，就整个东南亚民族分布格局而言，泰、掸、老、傣族民族格局基本定型，泰、掸、老、傣族民族文化圈基本形成。在这一民族文化圈内相似的民族文化渊源以及相互之间的姻亲关系[②]使文化的相互传播成为可能，同时也使佛教在此民族文化圈内广为传播。由于在此之间从斯里兰卡传入泰、掸、老、傣族民族文化圈的佛教主要是以南传上座部佛教为主，其中斯里兰卡的林居派又在此时占有主要地位，因此林居派能以泰、掸、老、傣族民族文化圈为传播平台在泰、掸、老、傣族民族文化圈内广泛传播。

二　泰国佛教派别的形成及发展[③]

　　就中国南传上座部佛教文化圈而言，泰国佛教对其影响是最大的，从现存文献资料来看，13 世纪以后泰国北部的兰那泰王国对其影响尤大。

　　（一）兰那泰王国佛教派别的形成及发展

　　1263 年，泰国北部泰族部落的孟莱王在清盛的南边建立了一座城市，以他的名字命名为清莱，并把统治中心迁到了清莱。当时，一度统治泰北的孟人的势力已经衰落，高棉人的势力也迅速退却，因此，孟莱王在清莱

---

　　① 邓殿臣：《斯里兰卡佛教林居派及其向泰掸老傣地区的传布（上）》，《东南亚研究》1991 年第 1 期。

　　② ［泰］室萨·旺里颇隆：《华富里的泰东北》，《泰国星暹日报》1997 年号，转引自泰国黎道纲《泰国古代史地丛考》，中华书局 2000 年版，第 221 页。

　　③ 笔者在写作泰国兰那佛教的过程中，得到云南大学人文学院历史系何平教授的很大帮助，特此致谢。

站稳了脚跟之后，再度向南边发展，并一度占领了孟人的城市南奔。[①]

1296 年，孟莱王又在宾河流域建立了一座新城，即清迈。清迈的建立对兰那王国的发展至关重要。清迈的建立开创了泰阮人的新纪元。[②]《新元史》在记载"八百媳妇国"（兰那王国）的范围时，是这样记载的："东至老挝，南至波勒蛮，西至大古剌，北至孟艮府。"其中，孟艮府指的就是今天的缅甸景栋地区。根据泰国史书的记载，孟莱王统一泰北地区以后，"八百媳妇"的核心地区即包括今天的清迈、南奔、南邦、清莱等地。另外，孟莱王还派他的儿子去统治今天缅甸景栋地区的勐乃。后来，"八百媳妇"形成了以清莱为中心的北部地区和以清迈为中心的南部地区两大区域。在历史发展的长河里，清迈逐渐发展成了泰北的政治、经济和文化中心，泰北各地泰人的小勐如难、帕等均归附了清迈。[③]

孟莱王是一个虔诚的佛教徒，他一方面在南奔、清迈等地广造佛寺，另一方面又派以应达班（Yingdabanyo）为首的一批比丘到斯里兰卡深造。这批比丘回国后，建立了莲花塘寺（Wabayobo）[④]，持阿兰若律（林居派的戒律）。这就是直到今日仍然影响很大的莲花塘寺派的发端。[⑤]

另外，根据泰北的《清迈纪年》记载，兰那王国孟莱王出生于泰北清盛地区的恩央王国（又译银扬王国）的统治家族，他的父亲老蒙（Lao Meng）长得非常英俊。老蒙长大以后，他的父亲即是孟莱王的祖父召老芒（Cao Lao Moeng）派人到统治今天西双版纳地区的景洪王匋陇建仔（Thao Rung Kaen Chai）处为儿子求婚。匋陇建仔很高兴，就把女儿帖帕罕凯（Theppha Kham Khrai）嫁给了老蒙。老蒙在 32 岁时继父位统治恩央王国以后，把景洪王匋陇建仔的女儿帖帕罕凯升为王后，其地位"高

① Hans Penth, "A Brief History of Nan Na: Civilization of North Thailand", *Silkworm Books*, Thailand, 2000, p. 11.

② 进入泰北的这些泰人后来被他们的邻居称为"（泰）阮人"（Yuan）、"（泰）允人"（Yun）或"（泰）庸人"（Yon），传说中的"庸那迦"（巴利文拼写为 Yonaka，泰文拼写为 Yonok）即从这个名称来的。最初，泰阮人居住在今天的缅、老、泰三国交界地区乃至更北边的一些地区。

③ 何平：《"八百媳妇"新探》（待发表稿）。

④ 又有一说为斯里兰卡长老亲到清迈建立该寺。参见邓殿臣《南传佛教史简编》，中国佛教协会 1991 年印行，第 191 页。

⑤ 邓殿臣：《南传佛教史简编》，中国佛教协会 1991 年印行，第 191 页。

于其他 500 位王妃"①。另外，傣族有关文献，如《佛教圣事大记》等也
对此有所记载，西双版纳第四代召片领（即宣慰使）匋陇建仔将女儿嫁
到了泰国北部地区，后来生子，即兰那王国的孟莱王。在孟莱王统治时
期，他对自己的外祖父母非常孝顺，每年都有大批的礼物送给自己的外祖
父母。匋陇建仔也非常疼爱自己的外孙，在自己外孙生日的时候都有很厚
重的礼物回赠。因此，这一时期的泰国兰那王国和中国云南西双版纳地区
的关系非常好，这为佛教从泰国兰那地区传入西双版纳地区打下了良好的
基础。在此后的时间里有大批的巴利语佛经和注释被译为了泰润文，在泰
族、傣族、掸族和老族地区流通，促进了这一地带佛教文化的又一次大交
流、大融合。②

　　此外，在泰国兰那历史上，哥那王统治时期是整个泰国北部南传上座
部佛教发展的重要阶段。在他的支持下，为了能在清迈建立兰卡林居派僧
团，他也遣使缅甸邀请林居派的长老乌东巴拉③（当时乌东巴拉还没到
素可泰）。乌东巴拉派他的弟子阿难陀到了清迈，但法事未成。哥那王
便从素可泰地区请来了高僧苏摩纳（Sumana）。苏摩纳是斯里兰卡僧领
梅唐卡拉的泰族弟子，而梅唐卡拉是斯里兰卡林居派一个支派的传人。
所以，苏摩纳所弘扬的戒法属于斯里兰卡的林居派。这一派又称为阿兰
若派，比较注重戒行和学问，即佛教中的戒、定、慧三学。在戒学中，
它注重的是苦行，因此主张在森林里修行；在慧学方面，它注重的是阿
毗昙（论藏）。因此，苏摩纳在兰那地区非常强调通过经典的研究和讲
习来弘法。但正是因为他的到来和对佛法的推动，兰那地区的南传上座
部佛教得到了巩固和发展。哥那王把自己的花园献给苏摩纳，将其作为
弘法道场和阿兰若派僧团的基地。所以，人们又把苏摩纳所弘扬的佛教
派别称为"花园寺派"。后来"花园寺派"传入中国云南西双版纳地
区，就在中国云南流播开来。

　　15 世纪初，兰那泰的一批比丘 25 人与吴哥的 8 位上座前往斯里兰卡
求法，师从斯里兰卡僧领瓦那拉特那（Vanaratana）。他们在凯拉尼耶河

---

　　①　Translated (from Thai into English) by David K. Wyatt and Aroonrut Wichienkeeo, "The Chiang Mai Chronicle", *Silkworm Books*, Chiang Mai, 1995, pp. 14 – 15.

　　②　邓殿臣：《南传佛教史简编》，中国佛教协会 1991 年印行，第 191 页。

　　③　同上书，第 194 页。

上重新受戒——据说该戒坛是当初佛祖到楞伽岛时设立的，因此具有无上的权威性。从此，斯里兰卡的大寺戒系就正式传到了北泰地区，这就是兰那的僧伽罗派。后来他们回到泰国，就组成了庞大的僧团，开始了大规模的弘法活动。僧团先后到大城、素可泰、清迈、哈里奔猜等地为许多人披剃，培养了大批斯里兰卡派僧人，使泰国南部和北部各地的佛教进一步走上了兰卡化的道路。[①] 1441 年，兰那泰的三界王（Tilokaraja）登基后，佛教又到了一个飞速发展的阶段。在这一阶段，兰那泰的佛像趋于成熟，头上佛光作宝珠状，佛发造型为螺髻，细腰宽肩，线条流畅，面含微笑。这是斯里兰卡佛像在泰国的进一步发展，[②] 也是佛教在兰那王国本土化逐步趋于成熟的标志。随着佛教在兰那王国的进一步本土化，1477 年，兰那泰又进行了一次佛教的结集活动，重新整理了巴利文三藏。这就显示出兰那国的佛教已经在理论方面有了长足的发展。随着结集的完成，兰那本地的佛教僧人的理论创造活动也就活跃起来，涌现了大量的佛教理论著作，如妙吉祥（Sri Mangala）的《吉祥灯论》（*Mangalathadipani*）、智称（Nanakitti）的《阿毗达磨释记》（*Abhidhammayijana*）以及宝智（Ratana Panna）所作之著名的《胜者时鬘》（*Jinakalamalini*）等。这些著作的出现标志着兰那王国本土化进程又取得了更大的成就。值得注意的是，在兰那王国佛教本土化进程中，在孟莱王和哥那王统治时期，缅甸景栋地区是兰那泰王国版图的一部分。因此，1369 年和 1373 年两次由兰那地区的比丘弘法僧团将兰那泰的上座部佛教经过缅甸景栋地区传入中国云南西双版纳地区。

（二）素可泰王国佛教派别的形成及发展

在泰人的先民迁徙的过程中，另外还有一些支系进入了湄南河流域，一些人与当地的孟人和高棉人统治集团成员通婚融合，逐渐形成了一个新的族群——泰暹人或暹泰人。泰国学者黎道纲认为："湄南河流域的各个王系，由于文化相同，彼此通婚联合，逐渐形成一个单一民族，这个民族就是高棉人、占婆人和周边国家人们口里的 Syam 人。所谓 Syam 人……也就是今日泰国境内的暹泰民族。"[③] 暹泰人或者叫泰暹人大概在 13 世纪

---

① 邓殿臣：《南传佛教史简编》，中国佛教协会 1991 年印行，第 193 页。
② 宋立道：《从印度佛教到泰国佛教》，（台湾）东大图书股份有限公司 2002 年版，第 114 页。
③ ［泰］黎道纲：《泰国古代史地丛考》，中华书局 2000 年版，第 243—244 页。

40 年代控制了素可泰城，但直到坤兰甘亨于 1279 年前后继承其兄为王之后，素可泰才真正成了暹泰族的政治中心。当时，素可泰通过扩张兼并了周边许多高棉人的城邦和已经居住在当地的泰人小勐，形成了一个规模较大的泰人国家。在坤兰甘亨统治时期，素可泰成了一个富裕而强大的中心，国王坤兰甘亨是一位虔诚的佛教徒，大力弘扬南传上座部佛教，使南传上座部佛教取代了早期的原始宗教而成为国教。素可泰王朝昆罗康恒王在位时期（1277—1317），因礼请锡兰大寺派僧侣来泰说法、传戒，始确定南传上座部为主要信仰。曼谷王朝建立后，拉玛一世于 1788 年召集230 名硕学比丘和 30 名皇家学者，对已收集的三藏典籍进行整理编订，此被称为泰国佛教史上的第九次结集，编写的三藏名为"结集版三藏"或"皇家版三藏"，共计 288 箧。19 世纪，曼谷王朝的拉玛四世（1851—1868 年在位）改革佛教，创法宗派（或称为"正法派"），要求严格遵守戒律；原有众多僧众即称大宗派，这是今日泰国的两个主要佛教派别。这两派在教理上没有重大差别，只在遵守戒律方面有所宽严。

三 缅甸佛教派别的形成及发展

缅甸蒲甘王朝的阿奴律陀国王于 1044 年统一全缅之后，建立蒲甘王朝，进行宗教改革。他遵从一位孟族高僧阿罗汉的教导，大兴上座部佛教。据缅甸《琉璃宫史》《佛教史》载，阿罗汉原在缅南的达通，初到蒲甘布教时住在蒲甘城外的林间。后得阿奴律陀信任，出任国师之职，使缅甸成为一个发达的佛国。阿奴律陀遵从阿罗汉的意见，从南方孟族地区的达通取来巴利三藏，并礼请大批孟族高僧到蒲甘布教。同时，阿奴律陀又遣使斯里兰卡，取来一套完备的巴利三藏。1058 年始创缅文字母，音译了上座部佛教三藏典籍，奠定了缅甸上座部佛教的基础。蒲甘佛教文化盛极一时，它成为南传上座部佛教的中心。1071 年，锡兰国王毗舍耶摩诃一世遣使者来，求赐三藏，请派僧团传戒，一时缅甸成为南传佛教的中心。

阿罗汉圆寂之后，由班达古长老继任国师。班达古赴斯里兰卡修学 7年，深受当地佛教的影响。接任班达古国师之职的郁多罗耆婆长老也带了孟族沙弥车波多等大批僧人到斯里兰卡求学。车波多耗时 10 年学成回国，还带了斯里兰卡、柬埔寨、印度等几个国家的比丘一同回到蒲甘。他们一到蒲甘，便宣称唯有斯里兰卡佛教最为纯正，并大力弘扬。他们依照斯里兰卡仪轨，在江中水上结界，为很多人传授戒法，收大批弟子门徒。由于得到国王的护持，斯里兰卡派佛教在缅甸迅速发展壮大起来。初期的蒲甘佛教，一半来自金地达通，另一半来自斯里兰卡。后经几位国师及车波多的努力，斯里兰卡派佛教逐渐成为缅甸佛教的主流。那时的斯里兰卡已取缔无畏山寺和祇多林寺两派，变成了大寺派的一统天下。但林居派和村居派依然存在，传入缅甸的是林居派还是村居派，尚难以断定。阿奴律陀还大肆扩张疆域，向东征服了掸族诸邦，并纳一掸族公主为妃，密切了蒲甘和掸区的关系。发达的蒲甘佛教文化很自然地传向掸区，又通过掸区传到泰、老、傣族地区。

　　13 世纪末，蒲甘王朝崩溃，缅甸出现了南北朝分立，但南北朝都信奉佛教，北方在阿瓦大造寺庙佛塔，南方也修建大金塔。此后历代国王都将大金塔增高，并敷金箔，增设回廊，形成现代所见的形态。上座部佛教经过蒲甘王朝的辉煌后继续蓬勃地发展。佛教从孟缅地区向境内其他少数民族地区的传播取得了更好的成效。1287 年元朝蒙古军队南下，推翻了蒲甘王朝。缅北的掸族乘机南下，把势力扩展到中部和南部地区。缅甸出现了群雄割据、互相征战的混乱局面。北方掸族王国邦芽聚集了许多阿奴律陀时代被驱逐的阿利教僧侣，上座部佛教十分微弱。后来上座部比丘小罗汉和天眼来邦芽弘法，得到国王的崇信和扶植，佛教才开始发展起来。1324 年乌阇那继位后，建立 77 座佛寺供养来自蒲甘的阿罗汉派和阿难陀派僧侣。两派发展起来，人数增至数千。1364 年实皆王他拖弥婆耶战胜邦芽并迁都阿瓦。由于国王信奉阿利教，上座部佛教又受到暂时的压制。1368 年明吉斯伐修寄王登位，礼请其师大寺派高僧差摩遮罗长老担任国师，佛教才得以快速发展。1429 年斯里兰卡高僧室利萨达磨楞伽罗和信哈罗摩诃萨弥带着 5 佛舍利来缅弘法，受到勃固国王的冷遇。阿瓦国王闻讯后派遣 40 艘船只亲迎其来阿瓦弘法。阿瓦佛教逐渐兴旺起来。[①] 但阿瓦王国的佛教因僧团内部的见解不同，又分为三派：阿兰若派、村居派和因国王捐赠田产而有了收益的"国僧"派。12 世纪，来自大寺派的比丘建立斯里兰卡宗派，遂与缅甸原有的宗派形成对立，达 200 年之久。

　　15 世纪后期根据勃固国王达磨悉提的旨意而统一起来的僧团，由于对戒律理解的不同而产生了分裂的迹象。僧团间的争论在 18 世纪达到了

①　钟智翔：《缅甸的佛教及其发展》，《东南亚研究》2001 年第 2 期。

高潮。1700 年东吁王朝娑尼王时期，求那比兰伽罗长老认为披袈裟袒右肩和用棕榈叶扇遮阳不违反戒律，因而受到排斥。僧团由此分裂成两派：偏袒派和被覆派。东吁王朝时被覆派势力较大，而到贡榜王朝时主张偏袒右肩的阿杜罗长老出任雍籍牙王的国师，偏袒派占了上风。到孟云王时期，由于国王认为偏袒派论据不足，命令其与被覆派统一。1784 年两派结束部派之争，重归统一，结束了几百年的宗派纷争。一般来说，12—19 世纪末，僧伽罗僧伽派和末罗姆摩僧伽派逐渐分裂，形成善法派、瑞琴派、门派等。今缅甸佛教僧团主要有哆达磨、瑞景、达婆罗三派，前二者为传统宗派，达婆罗派则为 19 世纪末由哆达磨派的革新者成立，僧众最少。三派教义无别，唯于戒律所见有异，特别是所持用物、着衣法及生活仪节主张不同。缅甸佛教僧制甚严，在南传佛教中具有十分重要的地位。

综上所述，东南亚南传上座部佛教文化圈逐渐形成，各个国家之间相互影响、相互吸纳，在 11 世纪以后得到了飞速发展，如泰国、缅甸开始逐渐以上座部佛教为自己信仰的主要宗教。这为后来以傣泰族群为文化交流平台传入云南的南传佛教打下了坚实的基础。

第三节　南传上座部佛教的传入

综观佛教在东南亚和云南的发展，我们看到，佛教传入中国云南的历史是一个长期、艰巨而又反复的过程。佛教的传播不是一次性完成的，它是一个长期而反复的过程。在佛教传播史上，早期传入的并不仅仅是南传上座部佛教，也许还有大乘佛教以及其他形式的宗教，例如在云南大理地区发现的阿嵯耶观音像就是典型的东南亚地区的佛教造型艺术典范。但是由于战乱以及其他种种原因，其他佛教形态已不存或逐渐失去影响力，因而不再为人所知，亦未见诸史籍，即使它们曾经在历史上有过辉煌，如今却都湮没于历史的尘埃中了。学界所谓之中国南传佛教是根源于东南亚，经过了历史的洗礼而传承于中国云南且广泛传播的南传上座部佛教。我们不能孤立地去看待佛教传播的问题，中国南传佛教的传播和发展与傣泰族群的交流和互动密不可分，佛教经典也伴随着族群文化交流与佛教文化传播而传入中国云南傣族地区。

一　傣泰族群交流及佛教的传播

云南境内的南传上座部佛教与东南亚南传上座部佛教共同组成了南传上座部佛教文化圈，它们是整个南传上座部佛教文化圈不可分割的组成部分。中国南传上座部佛教的发展与东南亚南传上座部佛教的发展紧密相连。因此，在审视南传上座部佛教传入中国云南的时间这一问题时，我们要打破现有的国家政治疆域和国家地理疆域乃至区域性行政区划的概念，去研究中国南传上座部佛教的传播和发展区域，同时把佛教的传播与民族的分布、迁徙和定居特点联系起来考虑。

事实上，民族迁徙与文化的传播是同步的，少数民族的迁徙地带也是文化传播的地带。民族族源之间的文化共通性为文化的传播提供了某种可能。历史上南传上座部佛教的传播就是以民族文化的传播为载体进行的。东南亚民族分布格局，尤其泰、掸、老、傣族等同族源民族文化圈是从 10 世纪开始逐步形成。在 1 世纪前后到 10 世纪这个历史时期，东南亚各地出现了数十个早期国家。印度尼西亚群岛各地虽然出现了不少国家，在这一时期的后期还出现了一些较为强大的国家如室利佛逝，但远远谈不上出现一个统一的国家；在中南半岛，越南北方直到 10 世纪初还是中国封建王朝统治区域的一部分，缅甸和泰国在公元最初几个世纪就出现了一些小国，到公元 6 世纪以后出现了地域发展更广的骠国、堕罗钵底等国家，但直到这一时期末，都还没有出现主要由缅族或泰族建立的统一国家；只有柬埔寨的高棉人当时就已建立了自己的国家——扶南及其之后的真腊、吴哥，其地域范围超过现在的柬埔寨。从 10 世纪开始，泰、掸、傣族等民族就打破国家政治疆域和国家地理疆域，而一直在以大的民族集团建立自己同一族源的统治范围。例如在 13 世纪，素可泰人在湄南河上游流域获得了统治权，与比它早建立的兰那、景龙等政权共同组成了泰、傣民族政治势力。到 13—14 世纪，泰、掸、老、傣族等同族源民族文化圈基本形成，其中包括南传上座部佛教。[①] 因此，要在 10 世纪以前就在泰、掸、老、傣族等同族源民族文化圈内传播已经相当成熟的南传佛教文化是不可能的，尤其是要传播 13—14 世纪才逐渐成熟的南传上座部佛教文化更是

---

① 范宏贵：《壮、傣、老、泰族的渊源研究》，《广西民族学院学报》2002 年第 3 期。

不可能的。[①]

12世纪以后，云南省傣族族群与东南亚各国都有密切的政治、文化往来。云南境内的傣族在历史上曾有过强大的政权，经济发达，文化也得到充分的发展，与东南亚之间的关系往来十分密切。

此外，在16世纪，缅甸东吁王朝的莽应龙还和西双版纳联姻。在1569年缅甸公主喃巴杜麻波罕（民间称为"金莲公主"）嫁给西双版纳第19代宣慰使刀应勐为妻。当时缅甸方面派出了大批随行人员。其中还有一个佛教使团，携带了大量巴利文三藏经典和佛像，来西双版纳弘法。在金莲公主的努力下，西双版纳地区的佛教得到了迅速发展，大批佛寺拔地而起，其中以金莲公主之名命名的佛寺至今犹存。政治上的联姻进一步促进了南传上座部佛教在云南的发展。

二　南传佛教经典的传入

如前所述，目前学界对南传佛教传入的时间和路线这个问题众说纷纭，莫衷一是。可以肯定的一点是，经典是随着南传佛教的传播而传入中国云南傣族地区的。然而，迄今为止，有两个问题依然悬而未决：一个是南传佛教经典何时传入，另一个是最初传入的南传佛教经典是什么。

据傣文史籍《帕萨坦》记载：

> 释迦牟尼成佛后十年，便带领麻哈阿娘达听、叭阿说和叭英等五百弟子出游，相传从印度干比纳腊托出发，后从加尔各答经海路先到缅甸的阿巴莫哈，经过巴拉纳西、邦鲊纳广、拉鲊罕纳广，最后从缅甸的勐阮（景栋）进入阿的敢麻粒它（今西双版纳大勐龙），在火则山坡，与第三个魔王阿腊哇进行长期机智的斗争，魔王最后终于心悦诚服地降服了，并皈依了佛主，为释迦牟尼托钵化缘。此后，佛主就带着阿腊哇和其他弟子顺山路进到现景洪地区的景两，时天刚黎明。当地泐人（傣族）和赕米腊（布朗族）获悉佛主真正降服了魔王并带着众多弟子前来传教的消息，就纷纷前来皈依了佛主，笃信小乘佛

---

① 笔者注：传入中国云南的南传上座部佛教是较为成熟的，不属于早期南传佛教发展形态，这突出表现在云南南传佛教派别方面。对此，笔者将在佛教派别部分进行详细论述。参见郑筱筠《中国南传佛教研究》，中国社会科学出版社2012年版。

教，并在歪把子（今景洪曼听与曼龙宽之间）建立了第一座佛寺。一年后，佛主又到维云腊它（勐海）、苏西玛纳广（思茅）、勐缅（普洱）等地传教。经过与当地魔王统治下的原始宗教长期、反复的斗争，终于被广大傣族、布朗族的先民所接受，确立了小乘佛教（最先是摆罢派）在西双版纳的统治地位。①

佛历三一九年（公元前 225 年），泰国祜巴亚阿那罕皮朗板雅到印度，经过"勐兰戛"（今斯里兰卡），接回三船经书（用巴利文记录的贝叶经），拿到泰国的巩听保存，后又分传到缅甸。佛历四一九年（公元前 115 年），西双版纳首次派代表前往缅甸景腔和愿贡两地迎接佛像和佛经。佛历六三〇年（公元 76 年），西双版纳首领叭格那派十二个僧侣路经缅甸、泰国，前往哈利捧宰亚那广观摩取经，后到兰戛（斯里兰卡）布塔火鲊听寺学习了六年。佛历六三六年（公元 82 年）期满升为佛爷后，带着《维乃》、《书典大》、《阿皮堂玛》、《诺贺波坦》（《本生经》）等佛经，由斯里兰卡取道泰国、缅甸勐阮（景栋），经过大勐笼，最后回到阿腊维（景洪），把上述经书藏于弯竜庄董（后宣威街大佛寺）。②

结合东南亚佛教史对上述史料详加考证可以发现，傣文史籍《帕萨坦》的记载与历史事实多有出入，语焉不详。首先是时间混淆。一则是公元前 6 世纪释迦牟尼及其弟子就曾到今泰国、缅甸及西双版纳等地传播佛教之说不足为信。据佛教史记载，释迦牟尼生前未曾离开过印度，到东南亚及西双版纳一带传教更是无稽之谈，只能是附会之说。二则《帕萨坦》记载"佛历三一九年（前 225），泰国祜巴亚阿那罕皮朗板雅到印度，经过'勐兰戛'（今斯里兰卡），接回三船经书（用巴利文记录的贝叶经）"，与史实不符。据佛教史记载，公元前 1 世纪，斯里兰卡大寺派举行第四次结集，才第一次把历来口传心授的巴利语佛典用僧伽罗文字母

---

① 傣文史籍《帕萨坦》于 1982 年在西双版纳州勐海县发现，参见王军《一份新发现的傣文史籍》，《版纳》1984 年第 3 期。

② 王懿之：《西双版纳小乘佛教历史考察》，王懿之、杨世光编《贝叶文化论》，云南人民出版社 1990 年版，第 411 页。为尊重原作，本段引文中佛历与公元纪年换算一仍其旧，未作改动。

音译刻写在贝叶上，形成卷帙浩繁的三藏经典。而《帕萨坦》记载泰国
高僧去斯里兰卡接回三船用巴利文记录的贝叶经的时间是公元前 3 世纪，
这显然与史实大相径庭。其次是人物混淆。《帕萨坦》说"佛历六三〇
年，西双版纳首领叭格那派十二个僧侣路经缅甸、泰国，前往哈利捧宰亚
那广观摩取经，后到兰夏（斯里兰卡）布塔火鲊听寺学习了六年"，如梳
理东南亚佛教史可知，"西双版纳首领叭格那"当为兰那国历史上闻名遐
迩的"哥那王（Keu Na）"的混淆与误用，哥那王在位时间为 14 世纪中
晚期，与《帕萨坦》记录之公元 1 世纪相去甚远。由此可见，《帕萨坦》
记载之内容，史实和传说混杂，有待进一步考证。

　　客观来看，南传佛教初传云南傣族地区之时，傣文尚未创立，佛经尚
未翻译流传，缺乏史料记载，南传佛教的传播尚处于口耳相传阶段。《帕
萨坦》提到"佛历六三〇年，西双版纳首领叭格那派十二个僧侣路经缅
甸、泰国，前往哈利捧宰亚那广观摩取经，后到兰夏（斯里兰卡）布塔
火鲊听寺学习了六年。佛历六三六年期满升为佛爷后，带着《维乃》、
《苏坦》、《阿皮堂玛》、《诺贺波坦》（《本生经》）等佛经，由斯里兰卡取
道泰国、缅甸勐阮（景栋），经过大勐龙，最后回到阿腊维（景洪），把
上述经书藏于弯竜庄董（后宣威街大佛寺）"。上述傣文史料虽然在时间
和人物上与史实出入较大，但从口述史的研究视角来看，也从一个侧面说
明了较早传入西双版纳地区的南传佛教经典有《维乃》（《律藏》）[1]、《苏
坦》（《经藏》）[2]、《阿皮堂玛》（《论藏》）[3]、《诺贺波坦》（《本生
经》）。[4] 另据曾任云南省佛教协会副会长、勐海县佛教协会会长萨密·勐

---

　　① 《律藏》（Vinaya-pitaka），巴利语音译为"维乃耶比达夏"，简称"维乃"。《律藏》为
三藏之首，它是关于戒律、戒行、戒相的汇编，主要内容是僧团教规和僧侣戒条。《律藏》不仅
是规范僧侣言行、忏悔赎罪的依据，而且是僧团秩序赖以维持和巩固的根基，由《经分别》《犍
度》和《附录》三部分组成。

　　② 《经藏》（Sutta-pitaka），巴利语音译为"苏坦比达夏"，简称"苏坦"，主要记载佛教教
义和佛的故事，由五部尼柯耶（Nikāya）组成，分别是长部、中部、相应部、增支部和小部。

　　③ 《论藏》（Abhidhammapitaka），巴利语音译为"阿毗达玛比达夏"，简称"阿毗达玛"
（或"阿毗达磨"），分为七部分，即上座部佛教七部论：《法聚论》《分别论》《界论》《双论》
《发趣论》《人设施论》和《论事》。

　　④ 《本生经》，巴利语称 Jātaka，意为"一生"、"一世"，含前生、今生、来世之义。是专
门记录佛陀在前世轮回为动物、人身和天神守护、积累般若蜜的故事，为西双版纳傣族佛徒最常
用的经典。其中，讲述佛陀"十世"轮回中第十世轮回故事的《维生达腊》最受傣族佛徒推崇。

海证实，最先传入西双版纳的 20 本佛经是：《书典大》《维乃》《阿皮堂玛》《诺贺波坦》及（下述各本是经书的第一字，全名已忘）《府》《玛》《商》《昂》《柯》《巴》《帮》《麻》《注》等。[①] 可与上述傣文史籍《帕萨坦》记载之传入佛教经书相印证。通过傣文史籍记载与口述史资料相互印证，可以推知，初期传入的经典尽管不够完整，却已经基本涵盖《律》《经》《论》巴利语三藏的内容。

综上所述，从 10 世纪开始，泰、掸、傣族等民族就打破国家政治疆域和国家地理疆域，一直在以大的民族集团建立自己同一族源的统治势力，到 13—14 世纪，泰、掸、老、傣族等同族源民族文化圈基本形成，其中包括南传上座部佛教文化圈的形成。东南亚南传上座部佛教文化圈的形成在 11—14 世纪，而中国南传上座部佛教文化圈的形成却是在 14—15 世纪。较为成熟的南传上座部佛教文化传入中国云南的时间应该在 13—14 世纪，到 14—15 世纪逐渐盛行；进而传至金齿、耿马傣族地区（今德宏州），应是在 15 世纪，兴盛于 16 世纪。就整个云南傣族南传上座部佛教信仰区而论，南传上座部佛教的传播及其普及时代为 13 世纪至 16 世纪的 300 年。[②]

第四节　南传佛教与本土文化的接触与交流

世界性宗教在传播发展过程中有一个共通的问题，即本土化问题。南传佛教从东南亚传入中国云南傣族地区之后，同样经历了本土化过程。在南传佛教传入之前，云南傣族信奉以万物有灵为核心的本土信仰；南传佛教传入之后，与傣族的本土信仰自然接触与交流，在两种宗教文化的全面接触和交流融合中，南传上座部佛教逐渐完成其本土化，从而获得了在云南傣族地区生根、传播、发展的文化基础，最终演变为具有鲜明地域特色和民族特色的中国南传佛教。

一　南传佛教与本土文化的接触与冲突

从宗教史学角度而言，宗教的传播史也是其本土化的演化史，任何一

---

① 王懿之：《西双版纳小乘佛教历史考》，王懿之、杨世光编《贝叶文化论》，云南人民出版社 1990 年版，第 409 页。

② 参见郑筱筠《中国南传佛教研究》，中国社会科学出版社 2012 年版，第 64 页。

种宗教在传播过程中要获得发展,都必须实现本土化,南传佛教亦不例外。从文化交流角度来看,一种外来的异质文化想要在新的文化环境中生根,必然遇到新环境中本土文化的自然抗拒和排斥。因此,当南传佛教作为一种异质文化进入云南傣族地区之时,自然会受到以本土信仰为核心的傣族传统文化的排拒。南传佛教和傣族本土信仰的冲突和斗争反映在零星的文献记载和历史传说中。

明代傣文史籍《谈寨神勐神的由来》① 中记载有关于"叭桑木底和帕召的传说",反映的是南传佛教与傣族本土信仰的接触和冲突。

帕召②巡视来到森林,隐身居住在英麻板山洞,纠集了天上、人间和水界的鬼和神,天天在那里传经讲佛。开始,他不敢把矛头对准"寨神勐神"③,也不敢提到叭桑木底④的名字和地位。

后来,去听帕召讲经说佛的人渐渐多了,帕召觉得自己开始慢慢得势了。有一天,他在众人众神面前嘲笑寨神勐神没有本事,讥笑叭桑木底愚蠢无能,并公开号召人和鬼说:"我是仙山神地来的帕召,不吃不喝也能长寿无疆,天地在我手掌之中,万物的命运由我决定,日月星辰由我主宰。你们只有背叛野蛮愚蠢的叭桑木底,相信佛祖教义,不杀生害命,常年修行,你们死后就会升天成佛。只要你们对佛祖诚实崇拜,活人在世时,我让你们做个有福气的人,封你们为'召'。因为召是佛祖的人,死后灵魂必然要升天,来世就会成佛。"听了帕召的宣传,人中鬼中那些想不劳而食的懒汉、贪婪者、一心想当召成佛的人,纷纷皈依帕召,五体投地⋯⋯

这件事激怒了叭桑木底,他决心找帕召算账,揭露他骗人的说教,把他赶出祖先的森林。于是两人开始展开激烈的较量。

第一次较量是斗智。帕召开口先问道:"你知道天有多高吗?"

---

① 参见岩温扁译《论傣族诗歌》(附录),中国民间文学出版社 1981 年版,第 122—126 页。

② 帕召,傣语音译,意为佛祖。

③ 傣族本土信仰的主要神灵。

④ 傣族本土信仰的神灵之一。传说叭桑木底是傣族古代英雄,傣族农耕生产的创始人,干栏式建筑的创始者。据说他在率领氏族成员定居农耕、盖房建寨、完善傣族原始宗教制度等方面均有显著功绩。他死后被奉为建房神,凡建盖房屋都要先祭祀他。

叭桑木底大声回答："我的智慧和力量有多高，天就有多高！"叭桑木底问道："你知道地有多厚吗？"帕召："我的福气有多厚，地就有多厚。"叭桑木底仰头大笑说："大地再厚也被我的智慧和力量踩在脚底下！"帕召暗暗吃惊，脸呈惧色。叭桑木底问道："你口口声声说自己是万物之主，那你知道大地上的草是哪一种草先生？"帕召着急了，抬头看见草地上高高的芽林糠草，以为长得高的草肯定先生长，就说："是芽林糠草先生。"帕召的回答惹得他的信徒们也大笑起来。叭桑木底逼问道："人类的谷子有黄谷、红谷、黑谷，哪一种谷子是人类先用它来播种的？"帕召哑然无解。叭桑木底最后气愤地痛斥说："连神仙王给布桑该雅桑该的仙葫芦籽你都不知道，告诉你吧，落到地球上的第一颗种子是'芽撒'，芽撒草是天下草类之父，吃饭长大的人，连人类先种哪一种谷子都不知道，以后让你吃黄屎好了。听着，黑谷是谷类的祖先。"

第一次较量，叭桑木底战胜了帕召。由于叭桑木底向世道宣布了帕召吃黄屎，帕召也只好忍辱挨饿，没有办法，只好去吃蜜蜂的屎。从那以后，人们采用蜂蜡去献给帕召，点蜡条祭佛。从此，紫米（黑谷）变成帕召的死敌，直到今天，紫米都不能用来赕佛。

第二次较量是斗法。由于帕召采取欺骗的手法，玩弄魔术，将自己的头发变成一条活鱼，趁叭桑木底不注意，偷偷放进树上的椰子里，而后指着树端上的椰子问叭桑木底："椰子里有没有鱼？"叭桑木底说："没有。"帕召得意地说："哪里有水哪里就有鱼！"摘下椰子打开一看，椰汁里真有一条活鱼。叭桑木底还来不及分辩，帕召就宣布自己胜利了。

第三次较量是比武硬斗。由于帕召身上有福，变化多端，叭桑木底最终输给了帕召。

叭桑木底怀着极大的愤恨和不满，回到"蛇曼蛇勐"①就含冤死去，佛祖的教义开始得势了。

帕召以为这回可以万事大吉了，他以万物之主的身份走出森林，下到坝子，来到菩提树下，登上寨神勐神的台座，盘腿修行起来。不

---

① "蛇曼蛇勐"，傣语音译，意为寨神和勐神。

料，继叭桑木底之后，天下又出现了帝娃答和叭满①，两人同时向帕召宣战，声称要和他作对五千年。二人一齐向帕召射箭，可是，箭枝落到帕召身边却全部变成蜡条和花枝。后来从大地上冒出一个"媶托腊妮"②，解开头发一抖，头发竟变成铺天盖地的洪水，把帝娃答和叭满淹没。从此帕召胜利了，佛教像洪水一样传开了。

　　傣泐文贝叶经《帕召列罗》③ 是一部讲述南传佛教传入云南傣族地区的经典，在西双版纳地区流传甚广，影响深远。其中记载着一则关于南传佛教传入之初，西双版纳陇南山魔头阿纳娃戛雅和佛主（"佛主"即"佛祖"）斗法的传说。

　　　相传帕召往来西双版纳共九次，每一次来西双版纳，都亲自踏勘建塔地方，并嘱咐他的门徒以后在这些地方建立佛塔。当他最后一次即将离开西双版纳之时，就去到陇南山④，降服魔鬼"阿纳娃戛雅"。
　　　原来，"阿纳娃戛雅"是整个西双版纳的魔鬼头，在这里还没有"召勐"的时候，他实是这里至高无上的统治者。佛主和阿纳娃戛雅斗法，魔王变成牛王，佛主变成猛虎；魔王变成龙王，佛主变成秃鹰；魔王变成大象，佛主变成麒麟；魔王变成很多刀箭如雨般降落，佛主头上长出经幢挡住刀箭；魔王最后向空中抛出法宝"帕岗不纳"，以为法力一施，天下将大旱七年，万物将全部死光，殊不知佛主一抬脚，"帕岗不纳"顿时变成佛主脚下的擦脚布。法宝用尽，魔王害怕了，请求佛主饶命。佛主乃对之讲解五戒，宣扬佛法。魔王吃人的四颗獠牙——脱落，皈依了佛主，为佛主托钵化缘。
　　　佛主降服魔王的消息顿时传遍全勐，人们全都来赶摆庆贺。佛主

_____

　　① 帝娃答，传说继叭桑木底之后，傣族崇拜的神灵之一。
　　② 媶托腊妮，传说是誓死维护佛祖地位的海底女神，后被佛教奉为"大地女王"加以崇拜。
　　③ 《帕召列罗》，傣语音译，意为《佛祖巡游记》。此书共有11册，正本现藏于缅甸，云南西双版纳现收集到的为"小列罗"，共22册，系缩写本。
　　④ 陇南山，又称路南山。

带着魔王来到塔庄莫，潜心修行三个月，这段时间以后就成为"毫瓦萨"（雨安居）。魔王皈依佛主以后，很得佛主信任，从此不再叫"雅"，改叫"阿纳娃戛梭那"，地位在"松领阿戛木里"之上。三个月满，"梭那"仍回陇南山，佛主用手一指，岩石裂开，"梭那"钻进石洞，继续潜心修行。当他进入石洞时，佛主一直尾随他之后，以后就在面向石洞的山上修建一佛寺，内塑一佛像，面向石洞，日夜监视"梭那"，寺名为"庄董"，意即"跟随观看"。佛主又告诉他，今后每逢七日、八日、十四日、十五日、廿二日、廿三日、廿九日、三十日，若不闻鼓声，世间即无人信佛，仍可出去吃人。此后，以"叭阿拉惟"为首的全勐头人百姓，都皈依了佛主，信奉了佛教。根据佛主指示，每年一月和八月（一月向魔王求太阳，八月求雨），派遣臣民，带着礼品去陇南山祭祀阿纳娃戛梭那，相延至今。这是佛教最初传入西双版纳的一段故事。①

　　这则传说有几个不同的版本，但传说的核心要素都是魔头阿纳娃戛雅与佛祖斗法失败，被佛祖降服，皈依了佛法。而且，佛祖授阿纳娃戛雅法名为阿纳娃戛梭那，不再称"披牙"（鬼），成为西双版纳最大的勐神，神位在陇南山塔庄莫。

　　此外，在西双版纳傣族地区广为流传的是关于谷魂婆婆"雅欢毫"和佛祖斗法的传说。

　　　　佛祖刚到傣族地区之时，有一次，帕召和叭英到人间视察，把下界的神仙们都召集来说道："从今天起，无论是居住在天上、人间，还是水里的一切神和鬼，都得听从帕召和我的指挥。一切的一切都得由帕召和我来主宰，你们要牢牢地记住。"叭英按照帕召的旨意宣布道："只有帕召，才能决定人类的命运。也就是说，没有帕召，人类一切的一切都不会有了。帕召才是唯一至高无上的。在帕召面前，任

<hr>

　　① 《帕召列罗》为黄惠焜、颜思久、邱宣充于 1964 年 8 月到西双版纳调查收集的资料，《西双版纳傣族小乘佛教及原始宗教的调查材料》，云南省历史研究所 1979 年编印，第 1—4 页；又见云南省编辑组编《傣族社会历史调查》（西双版纳之九），云南民族出版社 1985 年版，第 256—264 页。

何神仙都得跪下磕头。"叭英才宣布完,台下的神仙们就赶快磕头,要求帕召宽恕。但有一个女神不下拜、不磕头,连腰也不弯一弯。她站在帕召和叭英面前,昂首挺立,怒目傲视。帕召和叭英又惊又怒:"你是哪路神仙?见了帕召和叭英竟敢不拜不跪?"

"我是世上一切谷类的灵魂,名叫雅欢毫(谷魂婆婆),我只知道人类离开了谷子就不能生存。因此,我们的神王叭桑木底才宣布说:谷子是至高无上的、神圣的、主宰一切的。我既然是谷类的祖先,当然不能向你们磕头了。"谷魂婆婆理直气壮地说。

帕召和叭英听了雅欢毫的回答,怒发冲冠,当场就宣布了她的罪状:大逆不道,竟敢在众神仙面前对抗佛主和天帝。决定把她从神仙的行列中清除出去。但是雅欢毫一点不示弱,愤而出走,当晚就带着她的子孙们连夜躲藏起来。

谷魂婆婆这一出走,世上所有的谷种都跟着她走了,结果在三年间,人类找不到一粒谷种,颗粒无收。开始人们还可以摘野菜野果充饥,后来野菜野果也越来越少,最后河流干涸,寸草不生。人和鸡、鸭、猪、狗等动物,由于吃不上东西,有的饿死,有的逃荒。从南到北,从西到东,听不到笑声和鼓声,连佛寺也倒塌了,既没人去祭神赕佛,也没有人去给佛爷送饭。不但人类缺粮,而且鬼神也吃不上饭,闹得天上、人间和阴间一片惊慌混乱。

这时,四面八方的鬼神纷纷跑去找帕召和叭英诉苦,要求把谷魂婆婆请回来挽救人类和鬼神。无奈之下,帕召和叭英只好认输,承认谷子王至高无上,主宰一切。请求谷魂婆婆重返人间。[1]

这则佛祖与谷魂婆婆斗法并最终以谷魂婆婆取胜的传说,还以抄写为佛经的形式保存在佛寺的藏经室中。[2] 在西双版纳曼短佛寺的鼓房中,就保存有谷魂婆婆与帕召(佛祖)斗法这一传说的绘画。[3]

---

[1]　参见祜巴勐《论傣族诗歌》,岩温扁译,中国民间文学出版社 1981 年版,第 126—127 页。

[2]　张公瑾、王锋:《傣族宗教与文化》,中央民族大学出版社 2002 年版,第 25 页。

[3]　参见龚锐《圣俗之间——西双版纳傣族赕佛世俗化的人类学研究》,云南人民出版社 2008 年版,第 273—274 页。

上述三则传说虽非信史，但是层层剥离传说中附会迷离的成分，探其脉络，可以窥知传说中传达出来的一些不可忽视的历史信息。首先，三则传说表现的都是同一个主题，即傣族本土信仰神灵与佛祖的冲突和斗争，这不可能是无缘无故、空穴来风的。我们认为，传说中的"叭桑木底"、"帝娃答"、"叭满"、"魔王阿纳娃戛雅"和谷魂婆婆"雅欢毫"都是傣族本土信仰的主要神灵，他们与佛祖斗法的故事在一定程度上反映了南传佛教文化与傣族本土信仰文化之间接触与调适的历史遗迹。其次，三则斗法传说中两则以佛祖胜利告终，使得"叭桑木底愤恨而死"、"魔王阿纳娃戛雅皈依"；一则以佛祖认输，迎请谷魂婆婆归来结局。这些情节表明：南传佛教在傣族地区的传播是在曲折中前进的，经过与傣族本土文化一定时期的碰撞与冲突，南传佛教做出了调整，采取了与傣族本土文化和解的态度，尊重并认可了傣族的神灵信仰观念，甚至吸纳傣族的神灵进入佛门，自觉走上了本土化道路。

二　南传佛教与本土文化的交流与融合

南传佛教传入云南傣族地区之后，在一定范围和限度内做出了调整或改变以适应当地傣族的精神生活需要，与当地傣族的本土信仰和传统文化互渗交融，经过长期的接触和交流，相互影响，相互借鉴，呈现鲜明的本土化特色：居于显性层面的南传佛教信仰与居于隐性层面的本土宗教信仰，二者互渗共存于同一个文化空间，共同构筑了傣族完整的宗教信仰体系，同时彰显中国南传佛教独有的本土化特色。这一部分由于历史文献资料阙如，主要依据田野调查资料进行阐述。

（一）南传佛教对傣族本土信仰逐步渗入呈现出来的本土化特色

主要表现为南传佛教广泛渗入傣族本土信仰的宗教观念和祭祀活动当中。

1. 南传佛教信仰观念对傣族寨心祭祀活动的渗入

寨心是一个寨子的灵魂和心脏，是傣族"万物有灵"观念的体现，建寨必先立寨心，祭寨心是傣族重要的传统宗教活动，一直延续至今。南传佛教传入之后，佛教文化因子渐渐渗入其中。20 世纪五六十年代的民族志记录了南传佛教渗入傣族寨心祭祀的实证资料：在耿马傣族的本土信仰神灵体系中，寨神是村寨的保护神，祭寨神是祭奠最早建寨的先祖。他们在村寨的中心地点设置一个"寨心"，以一根木桩作为象征物，上面搭建了一个草亭。祭寨心由"召芒"①主持，同时请缅寺②佛爷长老③来念经，为村民祈祷。"洗寨心"是一次最隆重的祭典，每年傣历八月初八"洗寨心"，请佛爷前往念诵"心亭经"。诵经之后，鸣枪驱鬼，打扫污秽。南传佛教僧侣参与本土信仰的祭祀活动，是傣族本土信仰与南传佛教的一次合作，④是南传佛教观念深入傣族民众宗教心理的一种体现，两种宗教文化共融于同一个"寨心"祭祀空间。

2. 南传佛教通过"赕稻种"、祭"谷魂"等方式渗入傣族的农业祭祀领域

傣族的"献新米节"原为农业祭祀活动，每年稻谷收获后在广场举行，现在却在佛寺旁举行，广场上还竖起佛幡，请佛爷诵经祈福，称为"赕老轮瓦"（"赕稻种"），实际上已经演变为佛教活动了;⑤有的佛寺还供有谷魂神位，如在耿马城子，秋收时家家都唤谷魂回家，从田间回来要先到佛寺，向长老献几穗谷，长老为之祝福。佛寺僧人将所献谷穗结成大把，饰以红帛垂于佛祖座像一侧，示为谷魂神位。在蜿町市⑥的朵香寨佛寺大殿，竟然供奉着一座佛祖身背谷魂奶奶的木雕像。⑦同时，在南传佛教很多与生产生活有关的赕佛仪式中，佛爷也要常常念诵《雅欢毫》，祈求五谷丰登。在南传佛教具有农业祭祀性质的"赕塔木那"活动中，由僧侣主持，有念诵佛经、向田里撒沙子、插"达寮"等仪式，祈求风调雨顺，来年丰收。值得注意的是，这一赕佛仪式中僧侣所念诵的经文中必有《雅欢毫》。⑧显然，南传佛教以不同形式影响并改变了傣族传统的农业祭仪。

---

①　"召芒"和下文的"波莫"同为傣族原生性宗教祭司。

②　"缅寺"即佛寺，为田野调查中傣族信众的习惯性称谓。

③　"佛爷"即南传佛教比库，为田野调查中傣族信众的习惯性称谓。

④　参见刘岩《耿马傣族小乘佛教教派》，《云南少数民族社会历史调查资料汇编》（五），云南人民出版社1991年版，第357页。

⑤　参见张公瑾、王锋《傣族宗教与文化》，中央民族大学出版社2002年版，第26页。

⑥　即今云南德宏傣族景颇族自治州瑞丽市。

⑦　参见朱德普《傣族佛教与原始宗教关系试析——兼析两者长期共存的原因》，《思想战线》1992年第3期。

⑧　参见龚锐《圣俗之间——西双版纳傣族赕佛世俗化的人类学研究》，云南人民出版社2008年版，第273—274页。

3. 南传佛教义理和仪轨不同程度地渗入傣族本土信仰的其他仪式之中

在西双版纳傣族村寨"贺新房"举行"挂达寮"仪式时，要请佛爷来念诵佛经予以祝福，并由佛爷和巫师"波莫"一起把"达寮"挂上门楣。"挂达寮"仪式原本是西双版纳本土信仰的祭祀活动，在过去是不允许南传佛教神职人员介入的。因为西双版纳原始宗教的核心是祖先崇拜，这种由血缘关系培植起来的宗教情感具有对其他异教的排斥性，佛爷和巫师"波莫"一起"挂达寮"，象征着南传佛教与原始宗教在现代背景下的接近。据曼春满的村民说，"波摩"制作的"达寮"门符与佛爷制作的"达寮"门符同样灵验，都能防鬼驱邪。其实，这种意识也是西双版纳傣族既信仰南传佛教又信仰原始宗教的具体表现。而源于傣族原生性宗教之祭祀水神的"送龙节"，其意是祈求来年风调雨顺、五谷丰登，同时也是庆贺丰收的一个节日；但随着南传佛教在西双版纳傣族社会中的深入发展，这一自然崇拜的庆典渐渐演变为一个佛教活动，称为"赕乌巴混"。另外在迁移寨门的仪式中，先由主持祭祀寨神的"波莫"祭献寨神求得寨神的同意并祭祀寨门神，再由佛爷念诵佛经祈福。[①] 可见两种不同义理、仪轨的宗教信仰十分奇妙地共存于同一个传统仪式场域和同一个祭祀时空当中。

4. 很多南传佛教神祇进入傣族本土信仰的神灵体系之中

"叭因"（"因陀罗"，南传佛教经典称其为"因达"，亦称为"帝释天"）、"叭捧"（梵天）、"婻妥娜尼"等神祇原本都是婆罗门教中的神祇，后演变成为南传佛教的保护神，并逐渐流传到民间，进入傣族的原生性宗教的神灵体系中，成为佛寺之外的神灵。[②]

（二）南传佛教接受、吸纳了傣族本土信仰的一些神灵观念和传统宗教祭仪呈现出来的本土化特色

1. 南传佛教接受了部分傣族本土信仰的神灵观念及神祇并将之迎入佛门

通常，在傣族佛寺正殿外一侧，设有一个龛洞，称"丢瓦拉注"，这是供奉"佛寺保护神"的地方；另一侧设有五个龛洞，是供奉"方位神"

---

① 参见龚锐《南传佛教与原始宗教的并存及互通——西双版纳三村调查》（《民族研究》2005 年第 4 期）一文中，作者于 2002—2004 年对西双版纳曼春满、曼占宰和景真村三个傣族村寨的田野调查个案。

② 刘岩：《南传佛教与傣族文化》，云南民族出版社 1993 年版，第 67—68 页。

("霍西利") 的地方。① 在建有佛塔的中心佛寺中，还设有"丢瓦拉塔"，供奉佛塔保护神。遇到大的佛教活动，信徒不仅要向佛祖奉献供品，还要呼唤原始宗教的四方神祇前来共享供品，所唤神灵之名有时多至 120 位，向供奉原始宗教神祇的神龛献上鲜花、食物和蜡条。② 另外，在佛寺里，每当举行升小和尚或晋升佛爷等佛事活动，佛教信徒们都不忘记敬勐神、寨神、天神、地神、山神、火神等诸神，他们在佛寺旁边建盖了几间临时性的草亭，以表示对诸鬼神的敬意。每天献饭、奠酒都要声明："佛事活动中诸神不能进入寺内，请求原谅，要求诸神保卫佛事活动的顺利进行。"在草亭上架两把木刀，表示"请诸神维持秩序，不让凶神恶鬼进去捣乱"。这是原始宗教与小乘佛教的又一次合作。③ 此外，佛祖与谷魂婆婆斗法的最终结局是南传佛教妥协让步并吸纳了傣族原生性宗教中的"谷魂"信仰观念，佛寺中供奉有谷魂神位即为明证。

2. 祖先崇拜是傣族本土信仰的核心，南传佛教接受了傣族的祖先崇拜观念，并把它纳入"赕佛"观念之中

南传佛教传入傣族地区之后，借佛经故事宣扬只有通过"赕"的仪式，祖先亡灵才能享用子孙的祭献。④ 因此，傣族敬献祖先的祭品，必须拿到佛寺请佛爷念诵佛经后，再请祖先亡灵进佛寺来接受祭拜，这集中体现在"安居节"⑤ 的"赕帕萨"和"泼水节"的"堆沙"活动中。形式上的佛教活动"赕帕萨"和"堆沙"，究其实质都是一种祖先祭拜行为。可见，传统的祖先祭祀进入佛寺，融入了佛教节日活动，这正是两种宗教文化长期调适的结果，信众手持蜡条膜拜佛祖的同时，也在祭拜祖先神

---

① 参见邱宣充《西双版纳景洪县傣族佛寺建筑》，云南省编辑组《云南民族民俗和宗教调查》，云南民族出版社 1985 年版，第 146 页。

② 参见张公瑾、王锋《傣族宗教与文化》，中央民族大学出版社 2002 年版，第 26 页。

③ 参见刘岩《耿马傣族小乘佛教教派》，《云南少数民族社会历史调查资料汇编》（五），云南人民出版社 1989 年版，第 357 页。

④ 关于"赕佛"起源的传说可参见《傣族社会历史调查》（西双版纳之三），云南民族出版社 1983 年版，第 100 页。

⑤ 安居，巴利语为 Vassa，译为"瓦萨"，其意是安居、夏安居、雨安居。安居节原来是指印度僧侣于雨季三个月内，为了避免糟踢庄稼，伤害草木和动物、虫蚁而禁止外出，潜心禅修。安居节自傣历九月十五日始至傣历十二月十五日终，历时三个月。开始进入安居期的第一天，称为入安居，傣语称"毫洼萨"，习惯称"关门节"；结束安居期的那天，称为出安居，傣语称"奥洼萨"，习惯称"开门节"，今按佛教界统一称谓，合称为安居节。参见杨民康《贝叶礼赞——傣族南传佛教节庆仪式音乐研究》，宗教文化出版社 2003 年版，第 99—100 页。

灵,两种宗教观念在信徒的宗教心理层面互渗交融,外化为宗教行为层面上的并行不悖。

3. 南传佛教对傣族传统节日文化要素的接受和吸纳,并与佛教文化元素进行整合

以泼水节为例,推本溯源,傣族的泼水节是一个典型的岁时节日,也是一个农耕祭祀节日,具有祈雨、生殖崇拜和祖先崇拜文化内涵。现今的泼水节除了举行赛龙舟、放高升、放孔明灯等传统活民间活动外,① 还围绕着佛寺展开一系列佛教仪式活动,如浴佛、诵经忏悔、堆沙等,给这个节日增添了浓厚的佛教文化意味。有研究者指出:"纵观傣族节日文化演变过程,从盛大的泼水节来看,大体上是从农业祭祀节日过渡到佛教历法节日,再逐渐演化为具有综合功能的复合型节日。"② 可见,随着南传佛教文化因子的渗入,两种宗教文化观念交汇融合在同一个仪式时空之中。

宗教的本土化是一个双向互动的过程,调整和进入是这个过程的一个方向,接受和吸纳则是另一方向。一方面,南传佛教经过一定调整把自己的义理、仪轨巧妙地浸渗到傣族本土宗教信仰当中;另一方面,南传佛教接纳并改造了一些本土宗教信仰的神灵观念和祭祀仪式。中国南传佛教也因而彰显其鲜明的地域性和民族性特色。

南传佛教与傣族本土信仰在碰撞与冲突中逐步走向互渗交融,在傣族的信仰体系层面上达到了一种十分巧妙的互补状态,这是南传佛教本土化的一个突出特点。值得注意的是,虽然南传佛教与傣族本土信仰在特定的仪式时间和仪式空间内互渗交融,但彼此保持自己的文化特质及相对独立性,远未达到"水乳交融、合而为一、不分彼此"的状态,相反呈现一种"互渗共存、并行不悖"的信仰格局。

总之,本土化是南传佛教传播发展的内在要求,南传佛教与傣族本土信仰的冲突与调适是南传佛教实现其本土化的主要途径之一。傣族的本土宗教信仰主要调适人与自然之间的矛盾,重在功利性的现实诉求,寄寓于现世的福报,对彼岸世界的图景比较模糊;而南传佛教主要调适人与人之

---

① 赛龙舟、放高升、放孔明灯都具有傣族祖先崇拜的文化内涵。"高升"是傣族民间用火药、竹筒自制的一种土火箭;"孔明灯",傣语称"贡菲",属傣家人自制的一种绵纸灯笼,为逢年过节或祭祀赕佛中举行的一项夜间活动。

② 赵世林、陆生:《从节日习俗看傣族宗教文化的变迁》,云南民族学会傣族研究委员会编《傣族文化论》,云南民族出版社 2000 年版,第 335 页。

间的矛盾，重在精神性的彼岸诉求，寄寓于来世的福报。因此，二者在傣族民众的心理和情感需求方面有着内在的契合点。南传佛教的佛学理论主要聚焦于人生的痛苦与解脱，并提出了自己独特的价值判断，其"缘起说"、"业报轮回"、"因果报应"、"三世说"等学说正是傣族原生性宗教信仰所欠缺的，南传佛教的传入，以其独有的出世思想弥补了傣族原生性宗教不能解决的思想空间，为傣族民众提供了一种新的安身立命之道。在两种宗教文化的碰撞与交流中，南传佛教逐渐在傣族的信仰体系中占据了主导地位，然而，傣族的本土信仰并未被南传佛教所取代，依然保持其自身固有的一些文化特质与之共存，最终形成了以南传佛教为主、本土信仰为辅的复合性信仰格局。两种宗教文化之间的双向交流是一个动态的过程，两种宗教文化因子在互渗互融基础上达到一种内在的动态平衡与和谐互补，进一步完善了傣族的宗教信仰体系。

第五节　中国南传佛教僧团的建立

一　中国南传佛教的主要教义

中国南传上座部佛教在长期的发展过程中，一直遵守原始佛教的纯洁性。缘起论和业报轮回思想是佛教最基本的理论学说，长期以来为中国南传上座部佛教严格恪守。

（一）缘起论

所谓缘起论，即阐释宇宙万法皆由因缘所生起之相状及其原由等教理之论说。缘起论是佛教最鲜明的主张，是佛教与其他宗教相区别的根本特征。缘起，即诸法由因缘而起，万物因缘和合而生。在《杂阿含经》中，释迦牟尼曾经给"缘起"下了一个定义："此有故彼有，此生故彼生，此无故彼无，此灭故彼灭。"在《中阿含经》中，释迦牟尼又说："若见缘起便见法，若见法便见缘起。"

缘起论主要以"三法印"为基础，以"十二因缘"、"四谛"、"八正道"为中心思想。

《杂阿含经》卷十记载："一切行无常，一切法无我，涅槃寂灭。"这就是我们通常所说的"三法印"：诸行无常，诸法无我，涅槃寂静。

1. 十二因缘

十二因缘解释人生本质及其流转的过程。具体为：

"无明"，即愚昧无知，不能正确认识宇宙、万物的本质。业力活动是愚昧的结果，故曰"痴是行缘"。

"行"，指过去诸业和推动诸业趋向果报的过程或力量。"识"是由过去业行引发的，谓"行是识缘"。

"识"，或谓投生一刹那的精神体，人的生命体托识而成。

"名色"，指肉体与精神的统一，即有意识活动的人体。感知机能来自人的生命体。

"六入"，指眼耳鼻舌身意六种感觉和认识机能。

"触"，指肉体、精神与外界的直接接触，如果人不具备触觉能力，或者不接触外界对象，就无从感受。

"受"，谓苦乐感受，可泛指人的生理和心理获得的各种享受。

"爱"，主要指一切贪欲。

"取"，指对人生和物欲的热切追求，由此造成必得后报的各种业。

"有"的本质，是积聚并能引生后世的"业力"；这里的"有"，是个有特定含义的宗教概念，指那些能够决定来世果报的思想行为之总和。

"生"，指出生，指人生的开始。

"老死"，指人生的终结。

这十二个概念构成一个前后相续的因果链条，所以也叫作"十二支缘起"。

2. 四谛

四谛，又作四圣谛。谛，意为真理或实在。由苦谛、集谛、灭谛和道谛组成。苦谛、集谛主要是说明人生的本质及其形成的原因；灭谛和道谛主要指明人生解脱的归宿和解脱之路。四谛：①苦谛，指三界六道生死轮回，充满了痛苦烦恼。②集谛。集是集合、积聚、感召之意。集谛，指众生痛苦的根源。谓一切众生痛苦的根源在于无明，即对于佛法真理、宇宙人生真相的无知；正因为无明，众生才处于贪、瞋、痴、慢、疑、恶见等烦恼之中，由此造下种种恶业；正因为造下种种恶业，又使得众生未来要遭受种种业报。生生流转，轮回不休。③灭谛，指消灭痛苦。灭尽三界烦恼业因以及生死轮回果报，到达涅槃寂灭的境界，称为灭。④道谛，指通向寂灭的道路，主要指八正道。佛教认为，依照佛法去修行，就能脱离生死轮回的苦海，到达涅槃寂灭的境界。

3. 八正道

八正道，即合乎正法的八种悟道成佛的途径，又称八圣道。①正见：正确的见解，离开一切断常邪见。②正思维：正确的思维，离开一切主观分别、颠倒妄想。③正语：正确的言语，也就是不妄语、不慢语、不恶语、不谤语、不绮语、不暴语，远离一切戏论。④正业：正确的行为活动，也就是不杀生、不偷盗、不邪淫等，诸恶莫做，众善奉行。⑤正命：正确的生活方式，即远离一切不正当的职业和谋生方式，如赌博、卖淫、看相、占卜等。⑥正精进：正确的努力，去恶从善，勤奋修行，不懒散度日。⑦正念：正确的念法，即忆持正法，不忘佛教真理。⑧正定：正确的禅定，即专注一境，身心寂静，远离散乱之心，以佛教智慧去观想万物的真相，获得人生的觉悟。

八正道，可被归纳为戒、定、慧"三学"，或扩展为"三十七道品"。

（二）业报轮回的思想

作为能够导致果报之因的行为，叫作"业"。"业"（Karma）是梵文的意译，音译"羯磨"，意思是"造作"。业有三业：身业（行动）、口业（言话）、意业（思想），也就是人的一切身心活动。任何思想行为都会给行为者本人带来一定的后果，这后果叫作"报应"或"果报"。业有一种不导致报应绝不消失的神秘力量，叫作"业力"，"业力不失"是联结因果报应的纽带。有什么样的业，就会得什么性质的报，在六道中轮回，流转不息。所谓善有福报，恶有罪报，是其主要内容。

在南传上座部佛教信仰区域，信徒们把释迦牟尼佛看作真实的人，是世间的圣人和觉者，是指引人们得到解脱的导师。信徒们精进修行，但永远都达不到佛的果位。阿罗汉是佛教徒修行所能达到的最高果位。因此，人们自觉修行，强调个人的解脱，希望自己达到最后断灭一切惑业的"阿罗汉"果位，已超脱三界，不再降生轮回。

二 中国南传佛教僧团的建立

原始佛教时期佛教刚成立时，是没有戒律来约束僧团各成员的，也没有整个僧伽组织统一的行动规则。佛陀通常是以一些训诫性、道德性的偈颂来教导僧众，并没有强制性、处罚性的律条。五戒的内容不断地得到补充，后来逐渐形成了巴利语《波罗提木叉》（Patimokkha）的内容，在南传佛教信仰区域，所有的僧团都要定期背诵《波罗提木叉》。这是巴利语系律典（毗奈耶）的早期内容，也是僧团必须遵守的规制。

随着南传佛教在云南境内的传播，各地结合当地实际情况，在恪守传统的同时，稍微调整了五戒的内容，因此形成了中国云南南传佛教自己独特的戒律，并以戒为师，依托当地村社制度而建立了自己的僧团。

在德宏傣族景颇族自治州的傣文古籍整理中发现这样一则佛经故事①，其中记录了当地关于佛教五戒的内容：第一戒，不杀生；第二戒，不偷盗；第三戒，不欺弱好色；第四戒，不行骗；第五戒，不放高利贷。

这五戒的内容与我们平时所熟知的五戒稍微有些不同，其中第五戒将"不饮酒"改为"不放高利贷"。禁止放高利贷应该是当时社会发展的需要，"放高利贷"早已在 20 世纪 50 年代初期被杜绝，因此，现在德宏地区谈及第五戒时，人们认可的还是汉传佛教一直坚持的"不饮酒"。

另外，根据江应樑 20 世纪三四十年代在德宏地区的调研资料显示，寺院中的一般戒律，也和汉地相仿，如不娶妻、不饮酒、不杀生、不欺诳、不贪取、不偷盗，都是一般必守的戒律，唯有数项与汉地僧侣不相同的规制：①不忌荤腥，可以吃任何肉类，唯不能自己杀生，须买他人已杀死的来吃；②不戒烟，可以公开地吸鸦片烟；③不受戒，无戒牒，顶上无须烧香痕；④可以随时还俗，只需得大佛爷的许可；⑤午后禁食，此即汉地所谓的"午戒"或"忌午"。每天只能在天亮到正午的一段时间中进食，从正午到次晨天亮之一大段时间中，都不得进食。所禁之食系指用牙齿嚼食之物而言，若水、牛乳、烟等不在禁列。但这一禁条，除重大的宗教法事之外，常年过午不食的，只有地位较高、年纪较大的大佛爷遵守。②

三　中国南传佛教仪式常诵佛经

在云南南传上座部佛教地区，在佛教仪式中《守护经》是必不可少的念诵经文。《守护经》（巴利语 Paritta）共有八部：《三宝经》（*Rattana sutta*）、《五蕴护经》（*Khandha paritta*）、《孔雀护经》（*Mora paritta*）、《幡幢护经》（*Dhajaggam paritta*）、《阿吒曩胝护经》（*Atanatiya paritta*）、

①　《勐端佛塔的传说》，尹绍亭、唐立等编《中国云南德宏傣文古籍·文学》，云南民族出版社 2002 年版，第 303 页。

②　江应樑著，江晓林笺注：《滇西摆夷的现实生活》，德宏民族出版社 2003 年版，第 370 页。

《央崛摩罗护经》（*Angulimala paritta*）、《大吉祥经》（*Maha mangala sutta*）、《慈爱经》（*Mettaya sutta*）。它们都是很短的经文，是用于消除灾难、疾病，或是在喜庆节日念诵的。念《守护经》时，一般是请十几位佛爷来到家中念诵，晚上念诵时亲朋好友、邻里齐集一堂，听佛爷念诵经文。最常念的是《三宝经》《大吉祥经》《慈爱经》。

《三宝经》内容如下：

集于此处诸鬼神，无论地上者、空中者一切诸鬼神，欢喜热心闻我之所说。

受我教而来，是故一切鬼神！皆须谛听。垂慈昼夜奉献供祭之人众，是故有意护彼等。

于人间世界，或于他世界，虽有如何之财宝，或则天上之胜宝，亦无比拟于如来，此于佛为最胜宝。此为真理故，一切有幸福。

寂静释迦牟尼世尊，已至尽烦恼、离贪欲、成不死、殊胜法，任何亦无比拟此法者，此亦于法最胜宝。此为真理故，一切有幸福。

最胜之佛所称赞，谓清净不断之三昧，无有等此三昧者，此亦于法最胜宝。此为真理故，一切有幸福。

于诸善人中，被称赞者有八人，此等是四双。彼等善逝之弟子，有受供养价值人，布施此等有大果，此亦僧伽最胜宝。此为真理故，一切有幸福。

专念而持坚固心，信奉瞿昙之教者，何得最高之涅槃、入不死、获无偿，享受寂静乐，此亦僧伽最胜宝。此为真理故，一切有幸福。

譬如市门之巨柱，钉入大地时，如于四风不动摇，我说犹如甚深观察圣谛人，此亦僧伽最胜宝。此为真理故，一切有幸福。

依甚深之智慧，善能理解妙说圣谛人，则使大为放逸者，亦决不受第八生。此亦僧伽最胜宝。此为真理故，一切有幸福。

彼俱成就正见舍三事。即为身见、疑、戒禁取见。彼离四恶趣，不犯六逆罪，此亦僧伽最胜宝。此为真理故，一切有幸福。

彼虽为身、语、意恶业，不于隐匿彼；此称为见涅槃人，此亦僧伽最胜宝。此为真理故，一切有幸福。

犹如夏初，林中诸树之开花，如是彼为施最上之利益，说至涅槃最胜法。此亦于佛最胜宝。此为真理故，一切有幸福。

最胜而知最胜、与最胜、运最胜之无上士，说最胜之法，此亦于佛最胜宝。此为真理故，一切有幸福。

尽前之生，不起新生，于未来之生无贪求生，断"生"之种子，不望生长，贤人之彼等如灯尽而涅槃，此亦僧伽最胜宝。此为真理故，一切有幸福。

集此处诸鬼神，地上者、空中者一切诸鬼神，如是皈命神人所尊佛。愿彼等有幸福。

集此处诸鬼神，地上者、空中者一切诸鬼神，如是皈命神人所尊法。愿彼等有幸福。

集此处诸鬼神，地上者、空中者一切诸鬼神，如是皈命神人所尊僧伽。愿彼等有幸福。

《大吉祥经》是上座部佛教中日常念诵的经文之一。云南南传佛教信仰地区，在举行任何佛教活动时，僧人们都要念诵《大吉祥经》。在家的信徒也经常礼请出家人到家中念诵，信徒们都非常喜欢听。《大吉祥经》词意内容是这样的：

勿近愚痴人，应与智者交，尊敬有德者，是为最吉祥。居住适宜处，往昔有德行，置身于正道，是为最吉祥。多闻工艺精，严持诸禁戒，言谈悦人心，是为最吉祥。奉养父母亲，爱护妻与子，从业要无害，是为最吉祥。布施好品德，帮助众亲眷，行为无瑕疵，是为最吉祥。恭敬与谦让，知足并感恩，及时闻教法，是为最吉祥。忍耐与顺从，得见众沙门，适时论信仰，是为最吉祥。自制净生活，领悟八正道，实证涅槃法，是为最吉祥。八风不动心，无忧无污染，宁静无烦恼，是为最吉祥。依此行持者，无往而不胜，一切处得福，是为最吉祥。

《慈爱经》鲜明地体现出佛教的慈悲思想，深受各族群众欢迎：

欲获得寂静的善行者应具足：能干、坦诚、绝对正直、谦恭、温文、不骄傲、知足、易于护持、事务少、俭朴、摄受诸根、谨慎、不粗鲁、不执着俗家，不论多微小的过失，只要会受到智者指责的，他都不犯上。

（他应当祝愿）愿一切众生心生欢喜、快乐、平安。所有呼吸的众生，不论强弱，长或大，中等，短或小，可见或不可见，住在近处或远方，还会再生或不会再生的：愿一切众生心生欢喜。愿无人欺骗他人，或在任何地方轻侮人；愿他们不互相怀恨，不思挑拨与敌对。

因此，恰如为母者不惜生命地保护其独子，他亦当如此保持无量慈爱心，与于一切众生。让其慈爱遍满无量世界，于上方、下方及四方皆不受限制，完全没有瞋恨。无论是立、行、坐、卧，只要他不昏睡，便应培育这种（具有慈心的）觉醒。他们说，这是现前的梵住。

他不堕入邪见，具足德行，圆满智见。止息对欲乐的贪爱，他肯定不会再投胎。

觉音尊者著的《清净道论》详细论述了修持慈心观可以得到的十一种功德：

（1）"安眠"——不像他人那样辗转反侧及作鼾声睡得不安，却能安眠，其入眠如入定相似；

（2）"安寤"——没有他人那样呻吟、欠伸、辗转反侧的不安而寤的现象，犹如盛开的莲花，安乐不变而寤；

（3）"不见恶梦"——能见吉祥之梦，如礼塔庙，作供养及闻法等，不像别人梦见自己为盗贼所围，为野兽所追及堕于悬崖等；

（4）"为人所敬"——为人喜悦，如挂在胸前的珠饰，如头饰及花蔓相似；

（5）"为非人所敬"——如为人爱敬一样亦为非人爱敬；

（6）"诸天守护"——为诸天之所守护，如父母保护儿子一样；

（7）"不为火烧或中毒或刀伤"；

（8）"心得迅速等持"——住于慈者，心得迅速等持，不是迟钝的；

（9）"颜色光彩"——他的颜色光彩，与欲离蒂而落的熟了的多罗果相似；

（10）"临终昏迷不醒"——住于慈者，没有昏迷而死的，必能不昏迷如入眠一样的命终；

（11）"不通达上位"——慈定不能证得阿罗汉的上位，然而死后生于梵天，犹如睡醒一般。①

正是在佛教的影响下，道德宗教化成为云南信仰南传上座部佛教地区少数民族社会道德伦理的重要特征。其中，慈悲善良、忍让布施成为伦理道德的重要内容。《三宝经》《慈爱经》和《大吉祥经》成为信徒们最熟悉的经文。

应该说这一时期，正是在佛、法、僧三宝俱全的情况下，中国南传佛教僧团恪守原始佛教的纯洁性，逐渐展开活动，成为以傣族为主体信仰民族，德昂族、阿昌族、布朗族几乎全民信仰，部分彝族和佤族信仰的中国南传佛教圈雏形。

第六节　傣文的创立和佛经翻译

一　傣文的创立

南传上座部佛教使用巴利语（pāli-bhāsā）记录和传承佛教经典，因此，南传上座部佛教的经典称为巴利三藏。巴利语是由佛陀在世时中印度马嘎塔国（Magadha，摩揭陀国）一带使用的方言变化而来，南传上座部佛教传统观点认为巴利语就是佛陀使用的原始语言。"巴利"（pāli）一词的原意是指圣典、佛语（Buddha-bhāsā），用于区分作为解释圣典的文献——义注和复注。因此，记录圣典、佛语的专门用语"玛嘎底语"到后来也就逐渐成了"圣典语"、"佛经语"的代名词，即"巴利语"。② 公元前 3 世纪，南传上座部佛教从印度往南传入斯里兰卡，随着南传上座部佛教在东南亚的进一步传播，这门语言又传入了缅甸、泰国、柬埔寨、老挝和中国云南西南部傣族地区。

巴利语是印欧语系印度语支中最古老的语言之一，巴利语本身没有专门的字母。因此，信奉南传上座部佛教的国家和地区都用当地的文字去记录巴利语经典，故有僧伽罗文的巴利语经典、缅文的巴利语经典、泰文的巴利语经典、傣文的巴利语经典，在印度有天城体梵文记录的巴利语经

---

① 觉音尊者：《清净道论》，叶均译，中国佛教协会 1991 年印行，第 283 页。
② 参见玛欣德尊者编译《上座部佛教念诵集》，云南省佛教协会 2012 年印行。

典，还有目前在国际上通用的拉丁字母转写的巴利语经典，从而形成巴利文系统，而且这一系统的文字都渊源于印度的婆罗米字母，属于拼音文字系统。①

考察东南亚佛教史可知，缅文、兰那文（傣泐文）、泰文的创立都和佛教的传入密切相关，中国云南傣族地区傣文的创立亦如是。南传上座部佛教传入后，傣族为了便于记录和转写巴利语佛教经典，创造了傣文。西双版纳傣文称为傣泐文，德宏傣文被称为傣那文，傣文渊源于古孟文，而古孟文又渊源于古代南印度的克罗那陀文（kharanadha），现时发现最早的孟文是公元507年的罗斛石柱铭文。11世纪缅甸蒲甘王朝的阿奴律陀时期，缅人以孟文为模本创制了缅文，德宏的傣那文便是由缅文演变而来的。13世纪末，兰那吞并了哈里奔猜国，便以哈里奔猜的孟文字母为模本，创制了兰那文。西双版纳的傣泐文便是由兰那文演变而来的。②

傣那文的产生，似较傣泐文稍晚。据元代文献记载，其时傣族尚无文字。《云南志略》载："金齿白夷，记识无文字，刻木为约。"③《马可·波罗行纪》载金齿州："彼等无字母，亦无文字。土人缔约，取一木杖，或方或圆，中分为二，各刻画二三符记于上……"④上述记载表明，元代金齿州夷人（今德宏一带傣族）尚无文字而取刻木以记事之法。

关于兰那文的历史渊源，谢远章引用东南亚史学家兼考古学家乔治·赛代司的考证认为：中南半岛柬、泰、缅、老几个国家的文字的产生，都和印度婆罗门教、佛教在上述国家传播有直接关系。泰、老及现代柬文脱胎于古吉蔑文；缅、掸、泐（傣泐）、阿萨姆泰文则脱胎于古孟文，而古吉蔑文和古孟文又脱胎于古代南印度克罗那陀文。⑤刘岩认为此说有重要的参考价值，它说明傣泐文是随着南传佛教的传入而创立的。即兰那从孟人手中接过来文字，创造出傣泐文，再传入西双版纳。⑥江应樑也进一步

①　参见张公瑾《南传佛教与贝叶经》，《版纳》2007年第1期。

②　江应樑：《傣族史》，四川民族出版社1984年版，第348页。

③　（元）李京：《云南志略·诸夷风俗·金齿百夷》，方国瑜主编《云南史料丛刊》第三卷，云南大学出版社2001年版，第129页。

④　（元）马可波罗：《马可波罗行纪·云南行纪·金齿州》，方国瑜主编《云南史料丛刊》第三卷，云南大学出版社2001年版，第147页。

⑤　谢远章：《〈召树屯〉渊源考兼论古代西双版纳和兰那的密切关系》，《研究集刊》1981年第3、4期。

⑥　刘岩：《南传佛教与傣族文化》，云南民族出版社1993年版，第92—93页。

考证了兰那文与西双版纳傣泐文的渊源："在元代，八百媳妇国（兰那）已经有文字，元代文献中称其为'白夷字'。这种白夷文，当是景迈一带的泰文，即兰那文，元代及以前较长的历史时期中，兰那和泐国（西双版纳）的关系极为密切，它们地域相连、民族同源，而且在政治上曾有同盟关系，共同组成过'庸那迦国'，文化上的联系和影响非同一般。因此，兰那创制了文字，泐国直接拿过来使用也是很自然的，它们的语言文字相同，这从我国的历史文献中也可找到证明。明代的四夷馆把西双版纳的傣族语文和八百宣慰司的语文同属一馆，说明两地语言文字是相同的。"①

历史考证表明，学界对傣文创立和南传佛教传播密切相关这个问题已经达成共识。然而，关于傣文创立的时间却缺乏确切的记载，学界对此持不同的观点和看法。著名傣语言研究学者张公瑾曾考证说，一本名为《多拉维梯》的傣文文献中记载着傣泐文的始用时间为傣历 639 年，即元至元十四年（1277）。此文献现已散佚，但其中所记的时间与汉文史籍上的记载基本上是符合的。元朝的汉文史籍虽然没有记载当时彻里（或车里，即今西双版纳）使用傣文的直接材料，但在元初《经世大典·招捕总录》中却有一条比较可靠的旁证，能够说明当时西双版纳已使用傣文。该书"八百媳妇"条记载，元使忽刺丁于延祐元年（1314）出使八百媳妇国，九月四日归国前，其国主"浑乞滥手书白夷字奏章，献二象……"张公瑾进而考证说，当时八百媳妇国国主在奏章上使用的白夷字即为兰那文（傣泐文）。八百媳妇国在历史上与彻里境域相接，民族相同，语言相通，有政治联盟及姻亲关系，既然当时八百媳妇与彻里频繁交往，来往文书也必使用傣泐文。可见西双版纳在 13 世纪后半叶已使用傣泐文是不成问题的。相较而言，傣那文的创制和使用时间要比傣泐文晚一些，比较可靠的时间是 14 世纪明初钱古训、李思聪所撰《百夷传》记载滇西傣族"小事刻木，大事作缅书"，皆旁行为记。由于傣文字母与缅文字母同属一个体系，看起来十分相似，因此，汉籍记载中常将傣文称作缅文，《百夷传》所记之"缅书"实际上就是傣那文，这从明朝官方所设翻译境内外少数民族语文机构"四夷馆"中分设"缅甸馆"和"百夷馆"一节亦

---

① 参见江应樑《傣族史》，四川民族出版社 1984 年版，第 348—349 页。

可推知。① 张公瑾通过傣文和汉文史料的对比研究得出结论说西双版纳在 13 世纪后半叶已经使用傣泐文，刀世勋也援引傣文文献《多拉维梯》认为："傣族原来没有文字，一切佛经均凭记忆传诵。傣历 639 年（1277），有名叫督英达的佛爷，首先用文字把佛经刻写在贝叶上，从这时起，才有经书传授下来。"② 方国瑜在《西双版纳泐史概说》一文中则推论说："唯西双版纳傣文创始之年代约在明初，则作书（《泐史》）不能早于明代所载历年事绩，到第八代刀坎③（道罕勐）始详。故《泐史》所载在明初以前事，仅有口说流传，至明代始著于书。"④

二　佛经的翻译

虽然学界对于傣文创立的时间尚存在分歧和争议，但大家对傣文的主要功能却是普遍认同的。张公瑾考证过，傣泐文 56 个字母中前面 41 个字母的读音和顺序与巴利语全部 41 个字母的读音和顺序完全一致，后 15 个字母当是根据傣语实际音位增加的。⑤ 傣泐文在中国西双版纳地区以及泰国、老挝、缅北又被称为"多踏姆"。"踏姆"意为佛经，亦有经书文字之意。这个名称表明它和南传佛教的密切关系，从起源来看，是专为翻译转写佛教经典而创立的。⑥ 刘岩也指出，在佛教基础上产生的傣文具有双重功能："第一项功能是通过印度巴利语研读佛经，宣传佛教教义，传播佛教文化。这样一来，浩如烟海的佛教经典，古印度的科学技术、文学艺术大量地吸收引进。"⑦

在中国南传佛教历史上，随着傣文的创立，南传佛教巴利语经典逐渐被翻译转写，以佛教经典为介质传播南传上座部佛教，使得南传上座部佛教的基本教义渐渐深入人心，日益受到傣族民众的崇奉。南传上座部佛教也因此自觉走上傣族化的道路并获得了在云南傣族地区立足的根基，正是

① 参见张公瑾、王锋《傣族宗教与文化》，中央民族大学出版社 2002 年版，第 70—71 页。
② 刀世勋：《巴利语对傣语的影响》，王懿之、杨世光编《贝叶文化论》，云南人民出版社 1990 年版，第 182 页。
③ 车里宣慰使第八代刀坎在位时间为 1374—1391 年，参见李拂一编译《泐史》，国立云南大学西南文化研究室 1947 年印行，第 4—5 页。
④ 方国瑜：《西双版纳泐史概说》，《思想战线》1983 年第 3 期。
⑤ 张公瑾、王锋：《傣族宗教与文化》，中央民族大学出版社 2002 年版，第 69 页。
⑥ 张公瑾：《傣族文化》，吉林教育出版社 1986 年版，第 43 页。
⑦ 刘岩：《南传佛教与傣族文化》，云南民族出版社 1993 年版，第 265 页。

随着傣文的创立和佛经翻译，南传上座部佛教在云南进一步传播发展。可以说，南传上座部佛教巴利语佛经傣译的历史，就是南传上座部佛教一步步傣族化、地方化的历史。

第四章　明朝至清朝中叶中国南传佛教的隆盛（14—19 世纪中叶）

　　明清时期是中国南传佛教历史上的隆盛期。随着南传上座部佛教在东南亚各国的发展定型，成熟的南传佛教教派先后传入中国云南，在不同的区域内传播发展。明清时期也是中国南传佛教逐渐走向地方化和民族化的重要历史阶段。这一时期中国南传佛教的发展具有两个突出特点：第一，中国南传佛教在接受东南亚南传佛教影响的同时，自身系统的建设逐渐规范，逐渐完善，中国南传佛教文化圈逐渐形成。第二，这一时期的中国南传佛教与当地民族文化互动融合，逐渐完成本土化，并形成了鲜明的不同于东南亚南传佛教的民族性和地域性特征。

　　然而，关于明清时期中国南传佛教的发展情形，鲜见于诸汉文史籍。明《景泰云南图经志书》[①] 所载之"金齿军民宣慰使司"、"车里军民宣慰使司"、"干崖宣抚司"、"南甸宣抚司"、"陇川宣抚司"、"芒市长官司" 等云南傣族地区寺观、风俗时，没有提及南传佛教信仰，却在卷六之 "外夷衙门" 中载 "缅甸军民宣慰使司[②]，所居皆缅人……专事佛敬僧，立阿瓦刹城邦哑直根等寺，庄严甚整，有大事则抱佛说誓，质之僧，

----

　　① （明）陈文修：《景泰云南图经志书》，李春龙、刘景毛校注，云南民族出版社 2002 年版。云南省志之修纂，起于元代李京《云南志略》，明洪武亦曾两次修省志，然皆佚，无完本。景泰《云南图经志书》为现存省志中最早、最完整的一部，因而弥足珍贵。

　　② "甸军民宣慰使司，其地通曰缅，旧有江头、太公、马来、安正国、蒲甘缅王五城，元立邦牙等处宣慰使司。洪武二十九年始归附，立缅甸军民宣慰使司。距云南布政司西南三十八程。东至木邦，南至南海，西至戛里，北至陇川。"参见（明）陈文修《景泰云南图经志书》卷六 "外夷衙门"。

然后决"。又记"八百大甸军民宣慰使司①，其民皆百夷……亦事佛，如缅人然"②。据《新纂云南通志·宗教考》载："云南宗教，自昔以佛教为最盛，道教只属附庸。盖佛化之事，已遍于各地，深入人心，与生活习惯融而为一……兹考参稽载籍，而以时刻及《传灯录》《高僧传》所获资料为丰，故于明以前佛教，钩稽较详。至清代，佛教已衰，可记者少。天主教仅得其大略，道教、耶教等，资料尤为罕靓，本多闻阙疑之意，暂为从缺。"③ 其中所言佛教记载颇丰，仅指云南汉传佛教，《新纂云南通志》卷一〇一至卷一〇八，《宗教考》共撰八卷，而关于中国云南南传佛教的记载完全阙如，殊为憾事。又陈垣之《明季滇黔佛教考》考述明代滇黔佛教史事，却未涉及中国云南南传佛教。由此可见，汉文史籍关于中国南传佛教的记载甚为匮乏，无从详考。因此，本章主要通过明清地方志的一些零散记载、傣文史籍的有限记录④以及学界相关著述来管窥明清时期中国南传佛教的历史脉络和发展状况。

第一节　明清南传佛教隆盛的社会历史条件

明清中国南传佛教的隆盛有其特定的社会历史条件。一是东南亚南传佛教的发展定型奠定了中国南传佛教兴盛的历史文化背景；二是中国云南与东南亚频繁的政治、经济、文化交往为成熟的东南亚南传佛教教派进入中国云南准备了文化通道和载体；三是云南傣族地区土司制度的发展完善为中国南传佛教的发展兴盛提供了政治上和经济上的支持。

---

① "八百大甸军民宣慰使司，世传其土酋有妻八百，领八百寨，因名八百媳妇。自古不同中国，元初征之，道路不通而还。后遣使招之，始附，元统元年，置八百等处宣慰使司都元帅府。洪武二十四年，黔宁王亦遣人招之，其酋来供，乃立八百大甸军民宣慰使司。其地距云南布政司南三十八程，东至老挝，南至波勒蛮，西至木邦，北至孟良。"参见（明）陈文修《景泰云南图经志书》卷六"外夷衙门"。

② 参见（明）陈文修《景泰云南图经志书》卷六，李春龙、刘景毛校注，云南民族出版社 2002 年版，第 345—346 页。

③ 龙云、周钟岳等纂修，李春龙、牛鸿斌等点校：《新纂云南通志》卷一〇一《宗教考一》，云南人民出版社 2007 年版。

④ 傣文贝叶经和傣文史籍在"文化大革命"中焚毁严重，云南傣族地区的地方志多已散佚，无从稽考。

一 东南亚南传佛教的发展

明清时期，随着南传上座部佛教在东南亚各国发展定型，尤其是缅甸佛教和泰国佛教的发展及传播，成熟的南传佛教才得以传入中国云南，先后在不同区域传播繁衍，逐步进入鼎盛期。

(一) 缅甸佛教的发展

缅甸的上座部佛教经过蒲甘王朝的辉煌之后继续蓬勃发展。佛教从孟缅地区向境内其他少数民族地区的传播取得了更好的成效。1287 年元朝蒙古军队南下，推翻了蒲甘王朝。缅北的掸族乘机南下，把势力扩展到中部和南部地区。缅甸出现了群雄割据、互相征战的混乱局面。在割据一方的众多邦国之中，以北方的阿瓦（Ava）和南方的勃固（Pegu）最为强盛。

北方的掸族王国最初半个世纪（1312—1464）建都于邦芽（Piaya），聚集了许多缅甸阿奴律陀时期被驱逐的阿利教僧人，上座部佛教十分微弱，后来，得到国王的崇信和护持，上座部佛教才开始发展起来。

1429 年，有斯里妙法（Sirisaddhammalankara）和僧诃罗摩诃萨弥（Sihalamahasami）两位斯里兰卡比丘带了 5 颗佛舍利来缅甸弘法，被勃故王冷遇，阿瓦王闻知即派 40 艘船迎斯里兰卡高僧至阿瓦弘法，阿瓦王建塔供奉舍利，建寺供养高僧。两位斯里兰卡高僧与原有三派僧侣和合共住，研讨佛法，阿瓦佛教逐渐兴盛。

1540 年，阿瓦王思洪发感到佛教太盛，担心其危及统治，萌发削弱佛教的念头。他下令拆毁一切佛塔，遭到僧人和教徒强烈反对，诏令无法执行，这更加让思洪发感到佛教的威胁，决计灭除佛教。他设计在阿瓦附近的坦巴卢（Taungbalu）举行斋僧大会，邀请阿瓦、邦芽、实皆等地 3000 名比丘赴会，正当僧众用斋之际，埋伏在四周的象队、马队一起伏击，结果有 360 名比丘惨遭毒手，其余比丘则逃脱，幸免于难。随后，思洪发再次下令损毁塔寺，焚烧经典，致使阿瓦佛教惨遭重创。史称"思洪发灭佛运动"。

至 1453 年，在南方的勃固地区，女王信修浮（Sinsawbu，1453—1472 年在位）即位后，推动勃固的佛教达到鼎盛。信修浮在位八年后让位于驸马达磨悉提（Dhammazidi，1472—1492 年在位）。达磨悉提在位 20 年中，对佛教最大的贡献是统一和改革了勃固佛教。1475 年，他选派僧团 44 人赴斯里兰卡受戒，僧团归国后，下令各派比丘重新依照锡兰大寺派法统受戒，改革后的佛教日益兴盛，有上座部僧人 800 名，青年比丘 14265 名，沙弥 601 名，共计 15666 人。在他的推动和改革下，自车波多以来 300 年的派别对抗统一于大寺派的法统之下。

16 世纪以后，缅甸历代君王热衷护法，佛教长盛不衰。尤其是东吁王朝的莽应龙笃信佛教，护持佛法。他在位 30 年间广建寺塔，供养各方僧众，同时大量印发经书，鼓励僧俗各界认真研习。他严禁杀生，恪守戒律，要求境内的掸族和穆斯林誓死皈信佛教，把上座部佛教推广到缅北边境地区，使缅甸佛教盛极一时。莽应龙统一缅甸后，又远征泰国，攻陷了素可泰、大城和清迈，在清迈修建佛寺，传播和发展上座部佛教。

到贡榜王朝时期，孟云王（1782—1819 年在位）礼请若阿毗沙陀阇出任僧王，时斯里兰卡的 6 位沙弥来缅甸求法，僧王亲为之授戒，6 位比丘返回斯里兰卡后创立了阿摩罗补罗教派。缅甸孟云王和僧王阿毗沙陀阇为复兴斯里兰卡佛教、发展缅甸与斯里兰卡佛教文化交流做出了不可磨灭的贡献，具有重大的历史意义。1856 年，敏东王继位后第三年，为了弘扬佛法，决定兴建新都曼德勒城，新建新都的同时，大批佛寺、佛塔、经楼、戒堂也随之修建。敏东王虔心弘扬佛法，1871 年召集 2400 名僧侣在曼德勒结集，对巴利文三藏经典加以校订。这次结集以《律藏》为重点，史称"第五次结集"。①

综观缅甸佛教的发展，可以说 13 世纪后期至 19 世纪中叶是缅甸佛教的大发展时期，具体表现为佛教向边缘少数民族地区的传播、佛教的深入人心、僧侣学者对佛经研究风气的日盛以及缅甸佛教派别在斯里兰卡民众中威望的不断提升等。部派纷争的平息和教派的多次统一也展示出佛教强大的一面。②

（二）泰国佛教的发展

13—14 世纪中叶，经过泰国北方兰那王国孟莱王、哥那王以及南方素可泰王朝坤兰甘亨的护持和推动，泰国佛教发展迅速，影响深远。

素可泰第五代立泰王（Luthai，1354—1376 年在位）继位之后，热衷

---

① 参见邓殿臣《南传佛教史简编》，中国佛教协会 1991 年印行；净海《南传佛教史》，宗教文化出版社 2002 年版。

② 钟智翔：《缅甸的佛教及其发展》，《东南亚研究》2001 年第 2 期。

发扬佛教，在各地兴建佛寺和佛塔，铸造佛像，鼓励僧人研究经论。立泰
王曾延请斯里兰卡高僧至素可泰弘扬佛教，整理并改革佛教。1362年，
他特别礼请斯里兰卡的僧伽领袖为自己授戒，舍身出家。这是泰国历史上
第一位出家君王在位，以后诸王及全国男性臣民皆效法立泰王，一生中至
少短期出家一段时间，入寺为僧。这一习俗一直沿袭至令。立泰王辞世
后，素可泰王朝势力日益衰微，至1378年，沦为大城王朝的附庸，到
1436年，便被大城王朝所灭。

　　1423年左右，兰那泰的大法深（Mahagambhila）和大供克拉（Maha-
medhamkara）等25位比丘和柬埔寨的8位比丘同至斯里兰卡求法受戒。
后来返回清迈，传播扬斯里兰卡大寺派法脉，使兰那佛教进一步兰卡化。
至1441年，虔信佛教的三界王登位后，广造佛寺、铸造佛像，兰那的佛
教文化和佛教艺术发展到一个新的水平，成为清迈佛教史上的黄金时代。
约在1455年，仿效印度菩提伽耶佛塔，开始修建著名的大菩提寺。1477
年，国王护法，由法授（Dhammadinna）长老领导100位高僧，在大菩提
寺举行三藏结集，这是泰国历史上的第一次三藏结集。自此，清迈潜研佛
法盛行，名僧辈出，掀起了一个学习巴利语、研读巴利三藏、著书立说的
热潮。16世纪中期，兰那王国被缅甸所灭。

　　到大城王朝（1350—1766）时期，创始人拉玛提波底锐意改革，以
法治国，为大城王朝奠定了400余年的基业。然而，大城王朝建国初期，
连年征战，忙于战争和政治，无暇顾及佛教，影响了佛教的发展。关于这
个时期佛教发展情况的资料也十分缺乏。明朝郑和三下西洋曾到达大城，
随同出访的马欢和费信在其所著的《瀛涯胜览》和《星槎胜览》中记述
了一些当时泰国佛教情形。这一时期有一位国王对佛教做出了较大贡献，
即曾迁都彭世洛的恒来洛迦（1448—1488年在位），他笃信佛教，将王宫
改造为佛寺，定名为"吉祥大智寺"，作为一座王家寺庙，迁都后又兴建
朱拉摩尼寺。清迈高僧宝智在其著《胜者时鬘论》中提到，15世纪20年
代和30年代是泰国佛教史上素可泰王朝后又一次"兰卡化"时代。到大
城王朝后期，波隆科斯（Boromakos）在位期间（1733—1758年在位），
斯里兰卡佛教衰微，国王揭帝斯里·于拉迦辛诃（1747—1782年在位）
于1750年派遣使团到泰国求法，波隆科斯国王礼请优婆利（Upali）为首
的泰国僧团到斯里兰卡授戒并在康提创建"暹罗派"，为斯里兰卡佛教的
复兴做出了杰出贡献。

　　1767 年，缅军攻陷大城，城中王宫佛寺付之一炬，佛教文献亦被焚毁，3 万多人被掳为奴，其中包括大批僧人。历时 417 年的大城王朝灭亡，泰国佛教受到重创。同年，郑信创立吞武里王朝，开始大力振兴佛教。他礼请德学兼优的高僧长老弘扬佛法，整顿僧团，搜集抢救佛教经典，使得泰国佛教得到一定程度的恢复。

　　至曼谷王朝时期（1782 年后），拉玛一世登位后，致力于修建佛寺，整顿僧伽组织，重新加封僧王和僧伽尊者。1788 年，僧王邀请各地大德长老 200 余位、博学的在家居士 32 位，在大舍利寺举行三藏结集，用 5 个月的时间将巴利三藏刻写在贝叶上，制成贝叶经 354 卷；并对大量的佛经注释和藏外经典进行了整理和重新编纂。史称南传佛教的"第九次结集"。随后历代君王振兴佛教，泰国佛教逐渐发展复兴。[1]

　　上述可见，以缅甸佛教和泰国佛教为代表的东南亚佛教，明清时期虽有盛衰起伏，但其法脉相续，主线仍为发展复兴并渐次辐射到傣泰民族文化圈中的民族文化交流，这是中国南传佛教发展兴盛的历史文化背景。

二　云南与东南亚的交流

　　1368—1840 年，中国处于明朝和清朝前半期，云南是中国的西南边疆省区，其西面和南面与东南亚的缅甸、泰国、老挝、越南四国相邻。泰国的泰族、老挝的老族、缅甸的掸族、我国云南省的傣族，语言相通，文化相同，居住地相连，自古以来就是一个族群的各个部族分属不同的国家。在这个族群居住地域内，中、泰、老、缅四国的疆域并非一成不变，在各个历史时代其边疆发生着变迁。明清时期，中国云南与邻国的政治交往以及经济文化交流都很频繁，这在很大程度上促进了云南与东南亚的佛教文化交流。

　　（一）云南与缅甸的交流

　　缅甸与云南西部山水相连，14 世纪中叶至 19 世纪中叶近 500 年间，中缅疆域有很大的变迁。两国之间发生过几次战争，但持续的友好交往是主流，中缅两国人民的传统友谊不断得到发展和巩固。

　　1368 年，元朝灭亡，明朝兴起。缅甸各王邦部落仍处于分裂状态，

---

　　① 参见净海《南传佛教史》，宗教文化出版社 2002 年版；邓殿臣《南传佛教史简编》，中国佛教协会 1991 年印行；郑筱筠《中国南传佛教研究》，中国社会科学出版社 2012 年版。

大多臣服于明朝，接受土官封号，为明朝的"土司"。明洪武二十五年
（1392），以今缅甸中部阿瓦为都城的缅王派使臣板南速剌经云南到南京
朝见明太祖朱元璋。第二年，朱元璋宣诏设置"缅中宣慰使司"，其时，
云南麓川傣族土官思伦法武装侵夺缅境土司，明廷派钦差大臣"谕缅及
百夷罢兵守土"，纷争缓和。自明太祖洪武二十六年（1393）至明孝宗弘
治元年（1488），缅甸宣慰司六次派代表团"朝访"明朝，明朝五次派使
节访问缅甸宣慰司。

据《明史·土司传》记载，明朝在今缅甸境内除设置缅甸宣慰司之
外，还设置了许多宣慰司、宣抚司、安抚司、长官司、御夷府；计有孟养
宣慰司（今缅甸西北克钦邦境内莫宁）、木邦宣慰司（今缅甸掸邦兴维）、
大古剌宣慰司（今缅甸南部勃固一带）、蛮莫安抚司、孟艮御夷府，等
等。明代在今缅甸境内设置的这些土司，都划归云南承宣布政使司管辖。
据《明史》以及英国学者哈威所著《缅甸史》所载，在明隆庆末年
（1572）以前的 200 年间，今缅甸境内各王邦部落大多主动接受明朝的土
司设置，臣属明朝，通过"朝贡"方式，与中国保持着密切的政治联系。

中缅之间密切的政治关系使双方的经济文化交流呈现出繁荣景象。木
邦等上缅甸的食盐由云南内地供给，大批云南人到孟密开采玉石；缅甸生
产的陶、瓦、铜、铁和漆器技术等，多是中国汉人传授的。明末朱孟震著
的《西南夷风土记》说："自孟密以上，山多宝，蛮莫以下，地饶五谷。"
明代中国商人从滇西重镇永昌、腾越等地，沿大盈江和瑞丽江接伊洛瓦底
江贯通缅甸南北的水陆交通线往来活动，中国的丝绸、瓷器、陶器，缅甸
的棉花、玉石等，皆为大宗交易品。永乐五年（1407 年），由于中国与东
南亚各国经济文化交流日益密切，明朝设立四夷馆，内设缅甸馆。

16 世纪中叶，缅甸南部的东吁王朝崛起，向暹罗和中国云南内地发
动大规模战争。这场中缅战争直至清乾隆三十四年（1769）方告结束，
两国边境摩擦得以消除。1769 年至 1885 年缅甸沦为英国殖民地之时止，
缅甸国王曾十一次派遣使节向清朝"入贡"，清朝也五次遣使回访缅甸。①
这种"入贡"与"回访"实际上是两国之间政治、经济和文化交流的一
种形式。

---

① 参见何耀华、夏光辅主编《云南通史》第四卷，中国社会科学出版社 2011 年版，第
383—391 页。

（二）云南与泰国的交流

泰国的国名和疆域，历史上发生过多次变迁。在今天泰国的疆域内，南部地区曾经建立过罗斛国，中部地区曾经建立过暹国，13 世纪中叶后合建暹罗国；北部地区曾建立过八百媳妇国（兰那王国）。

元朝时期，暹国和罗斛国从海路经由我国沿海地区与元朝交往，八百媳妇国则从陆路经云南与元朝交往，元朝于其地先后建立蒙庆宣慰司和八百宣慰司，归云南省管辖，双方进行了密切的政治、经济、文化交流。

明朝时期，由于云南西南部的缅甸各地区、泰国北部地区、老挝北部地区都是臣属于明朝的土司区，这些地区都以"朝贡"的形式与明王朝进行官方的政治、经济、文化交往。这些地区盛产大象，几乎每次"朝贡"的贡品中都有驯象，由此形成的交往通道被形象化为"贡象道路"。明末李元阳所撰之《云南通志》卷六六记载"贡象道路"有上路和下路之分，"上路"是缅甸经滇西入内地，"下路"是缅、泰、老经滇西南入内地。这条"贡象道路"的"下路"即是由滇西南的普洱、车里（今西双版纳）通往泰国、老挝、缅甸的政治、经济、文化交流通道，历史上这条通道的官方交往和民间交往都很频繁。

明宣德六年（1431），明朝廷在"四夷馆"内增设"八百馆"，专司翻译八百泰文，促进了中泰文化交流。

17 世纪中叶，在明清交替之际，八百地区被缅甸占领，但缅甸不能进行有效控制。八百酋长曾依附暹罗反抗缅甸的统治。清初，由于缅甸雍籍牙王朝鼓动孟艮土司侵扰云南车里，清朝派兵反击，乾隆三十一年（1766），清军进入孟艮，孟艮掸族土司投向清朝，八百泰族土司主动归附，清朝在原八百土司区设置了整卖（今清迈）宣抚司、景线（今昌盛）宣抚司、六本（今南奔）土守备、景海（今清莱）土守备四名土司，归云南省管辖。[①] 同年，清朝在今缅甸东北部景栋地区设置了"孟艮土指挥使"、"整欠土指挥使"、"勐勇土千总"；在今老挝琅勃拉邦以北设置了"勐龙土指挥同知"、"补哈土千总"。此时云南省西南统辖地域扩展至今西双版纳之外，包括今缅甸东北的景栋地区、今老挝的丰沙里、琅勃拉邦北部，今泰国清莱、清迈、南奔三府。

1773 年，吞武里王朝攻占南奔、清迈、清莱、昌盛等地，八百土司

---

①　（清）阮元修，李诚等纂：《云南通志稿》卷一三六，道光十五年（1835）刻本。

之地自此属于暹罗。其后，清朝与暹罗各王朝也没有发生过武装冲突。清
迈等地与清朝的官方交往没有了，但民间的经济文化交往依然延续。据道
光《云南通志稿》卷一○七记载，由今西双版纳南部边境，有东西两条
交通线向南行，西经缅甸景栋地区，东经老挝琅勃拉邦地区，在今泰国清
迈汇合，再沿湄南河南下，可达暹罗的大城、吞武里、曼谷等地。

综上所述，万历《云南通志》记载之"贡象道路"和道光《云南通
志稿》记载之陆路通道，实际上就是云南与东南亚的政治、经济、文化
交流通道，沿着这条通道，兴盛发展的东南亚南传佛教也源源不断地传播
到今云南西双版纳、普洱、瑞丽等傣族地区。

三　傣族土司制度的完善

中国南传佛教在云南傣族地区的传播发展和傣族的土司制度密切相
关，二者相互利用、相互依存又保持相对的独立性。一方面，中国南传佛
教通过神圣化的仪式和突出等级职责的宗教行为，为傣族世俗社会组织和
土司制度提供着神圣的合法性与政治认同，它用神圣的秩序塑造世俗的秩
序；另一方面，傣族世俗社会的组织制度则从法律、经济、信仰等方面来
影响和维系佛教的发展。[①] 明清时期，云南傣族地区的土司制度逐渐发展
完善，为中国南传佛教在傣族地区的长足发展提供了政治上和经济上的
支持。

(一)　傣族土司制度的建立

中国各朝统治者设置土司，意在羁縻。土司制度的建立，渊源甚早。
"吾国蜀、桂、陇、康等省，而滇省尤多。滇之土官，肇始元而盛于明，
清代因之。"[②] 明初，西南地区设置的土官土司，以云南为最多，而云南
则以百夷地区最为完备，凡百夷聚居区，都设土职。

明代通称的"土司制度"，实际包括土官和土司两类土职，凡以其地
划为正规的府、州、县，官名职称也与内地正规制度相同，只是不设流
官，仍沿用原有土酋治理地方，准其世袭任职，凡被称为土知府、土知

---

①　参见郑筱筠《历史上中国南传上座部佛教的组织制度与社会组织制度之互动——以云南
西双版纳傣族地区为例》，《世界宗教研究》2007 年第 4 期。

②　龙云、周钟岳等纂修，李春龙、牛鸿斌等点校：《新纂云南通志·土司考一》卷一七三，
第 659 页。

州、土知县及其佐贰的，属于土官一类。另一类，不建为府、州、县，而另有一套不同于内地的官职名称，最大的是宣慰司，主官称宣慰使，官阶从三品；次位宣抚司，宣抚使从四品；依此类推。名义上是土官，实权却相当于土司。

《明史·地理志》载："云南，领府十九，御夷府二，州四十，御夷州三，县三十，宣慰司八，安抚司五，长官司三十三，御夷长官司二。"事实上，这个记载不够完备，明一代任命百夷为世系土官和土司的，计有土府三（景东、元江、镇沅），土州一（邓川），土县一（元谋），土县丞一（定边），御夷府二（孟定、孟艮），御夷州三（威远、湾甸、镇康），宣慰司七（车里、八百、老挝、木邦、麓川、孟养、靖安），宣抚司四（南甸、干崖、陇川、孟密），副宣抚司二（遮放、盏达），安抚司四（潞江、蛮莫、耿马、勐卯），御夷长官司一（芒市），长官司六（孟琏、大侯、者乐甸、里麻、促瓦、散金）。

1. 云南内地设置的百夷土官

（1）景东府。洪武十五年（1382）置，以俄陶为世袭土知府。俄陶，百夷人。《天下郡国利病书·云贵·土司官氏》记载："土官俄陶，本府人，其先有阿知鲁，在元为景东土知府。洪武大兵至楚雄，以通事阿哀从军纳款，大理既平，遣柳指挥宣谕景东，陶遂与柳俱至楚雄，献铠仗马匹，并元所给牌印，因以陶为景东府知府，颁印，世其职。陶死，子陶干嗣，后遂世姓陶。"洪武十八年（1385），麓川思伦法侵景东，俄陶不能敌，率境内百夷千余家避居大理白崖川。二十三年（1390），沐英击退思伦法，复景东地，因奏"景东，百夷要冲，宜置卫"，遂建景东卫，以锦衣卫胡常守卫所，俄陶仍为土知府。二十六年（1393），命洱海卫指挥同知赖镇守景东，从此，"渐以流官缉符莅之"。

（2）元江军民府。洪武十六年（1383）置，以土酋那直为土知府。《土官底簿》载："那直，百夷人，元江因远罗必长官司籍，前元江府土官总管。洪武十五年赍金牌、文凭、象、马归附、拟土官，十六年赴京朝见，实除。"明朝对元江屡欲废土改流，曾试设流官，嘉靖三十二年（1553）革土官世职，改设流官，但流官政权却没有建立起来。

（3）镇沅府。建文四年（1402）置镇沅州，以刀平为土知州。永乐四年（1406）升为府，以刀平为土知府。据《土官底簿》载："刀平，百夷人，云南元江府因远罗必甸长官司民，世袭土官总管，专一管集操练，建文三年（1401），总兵官奏准开设镇沅州，升本州知州。"镇沅土府即今镇沅县，领长官司一。

（4）邓川州。即今邓川县，非百夷聚居区。洪武十五年（1382）置州，属大理府，十七年（1384）以阿这为世袭土知州。据《土官底簿》载："阿这，本州小百夷人。"

（5）元谋县。明武定府领元谋县，即今元谋县，洪武二十七年（1394）以百夷阿吾为世袭土知县，据《土官底簿》载："和曲州元谋县知县阿吾，景东府百夷人，原袭土官知县，洪武十五年投降，十六年扎付与流官相兼署管，十七年流官知县张元礼病故，阿吾赴京朝觐，二十七年实授元谋县承，当月平西侯奏，奉钦依实授知县。"世袭至嘉靖中，改设流官，吾氏世袭土知县虽被革，担任职土守备，在地方上仍拥有实力。

（6）定边县。世袭土县丞阿氏是百夷，《明史·云南土司传·楚雄》称："洪武十七年以土官阿鲁为定边县丞。"《土官底簿》载："阿鲁，小百夷人，任前定边县土县尹，洪武十五年归附，总兵官拟任本县县丞，十七年实授。"

2. 沿边设置的百夷土司和土官

（1）车里军民宣慰使司，即元代所建之彻里军民总管府。《明史·云南土司传·车里》载："洪武十五年蛮长刀坎来降，改置车里军民府，以坎为知府。十九年，改置军民宣慰使司，以坎为使。"

车里宣慰世姓刀，据《泐史》记载车里宣慰世系：一世祖叭真于1180年（南宋淳熙七年）建景龙金殿国，五世祖起即世以刀为姓，七世祖刀爱降于元，八世祖刀坎受明封为宣慰。①

（2）八百大甸军民宣慰使司。洪武二十一年（1388）八百媳妇国遣使入贡，遂设宣慰司。万历以前，朝贡不绝。嘉靖三十五年（1556），缅甸东吁王朝攻灭景迈，八百宣慰司始亡于缅。《明史·云南土司传》记载其境域言："东至车里，南至波勒，西至大古喇与缅邻，北至孟艮。"②中国史籍中所称之八百媳妇国，即暹罗史上的"兰那王国"。其地包括今泰国北部之清迈、清莱、帕瑶、南奔、南邦、帕、难七个府。

（3）老挝军民宣慰使司。《明史·云南土司传·老挝》载："老挝俗

---

① 参见江应樑《傣族史》，四川民族出版社 1984 年版，第 269—275 页。
② （清）张廷玉：《明史·云南土司传》，中华书局 1983 年版。

呼为挝家，古不通中国，成组即位，老挝土官刀线歹贡方物，始置老挝军民宣慰使司，永乐二年（1404）以刀线歹为宣慰使，给之印。"①《四夷馆考》载其域境为："东至水尾，南至交趾，西至宁远，北至车里。"其地即今老挝本部地区。

（4）麓川平缅军民宣慰使司。元至元十三年（1276）曾置麓川路，至正十五年（1355）置平缅宣慰使司。明洪武十五年（1382），置平缅宣慰使司，以思伦法为宣慰使。二十一年，置麓川宣慰使司，应思伦法之请，改为麓川平缅宣慰使司。思氏兼并四境，所有百夷各部几乎全统一于麓川。正统九年（1444），革麓川平缅宣慰使司，以其境内陇巴地置陇川宣抚司，麓川至此亡。麓川本境为今德宏傣族景颇族自治州之瑞丽、陇川、遮放全境，南甸、干崖两土司之南部地区，兼及瑞丽江以南今缅甸掸邦的一部分地。

（5）木邦军民宣慰使司。元立木邦路军民总管府，明洪武十五年（1382）改为木邦府，后为麓川思氏所并。明永乐二年（1404）改为木邦军民宣慰使司，以知府罕地法为宣慰使。万历三十四年（1606），缅以三十万众攻木邦，围其城，木邦求救于明，不至，城陷，木邦遂亡。《读史方舆纪要》记其境域称："东至八百大甸宣慰使司界，南至速克剌蛮界，西至缅甸宣慰使司界，北至芒市长官司界。"宣慰司治在今缅甸北掸邦境内之盛威。

（6）孟养军民宣慰使司。洪武十五年（1382），改元之云远路为云远府，建文四年（1402）改为孟养府，永乐二年（1404）升为军民宣慰使司，以刀木旦为宣慰使。万历三十二年（1604），缅攻孟养，思氏后裔遂走，孟养亡于缅。《读史方舆纪要》记其境域为："东至金沙江，南至缅甸宣慰使司界，西至大古喇宣慰使司界，北至干崖宣抚司界。"此所称金沙江，即今伊洛瓦底江。

（7）靖安宣慰使司。《明史·云南土司传·车里》载："永乐十九年（1421）车里刀双孟言：刀弄屡以兵侵劫蛮民，乞别设治所以抚其众。诏分其地置靖安宣慰使司，升双孟为宣慰使。宣德九年（1434）靖安宣慰刀霸供言：靖安原车里地，今析为二，致有争端，乞仍并未一，岁贡如

---

① （清）张廷玉：《明史·云南土司传·老挝》，中华书局 1983 年版。

例。帝从其请，革靖安宣慰司，仍归车里。"① 《明史·地理志》载："车
里……东有小彻里部，永乐十九年正月置车里靖安宣慰使司，宣德九年十
月省入车里。"② 故知其境域即所谓小车里地，今九龙江以东之西双版纳
及思茅、普洱境。

（8）南甸宣抚司。元置南甸路军民总管府，明洪武十五年（1382）
改为南甸府，永乐十一年（1413）改为南甸州。宣德三年（1428）麓川
侵夺其地，明廷谕还之。正统二年（1437）麓川夺南甸境内罗卜思庄等
278 村。九年（1444）升州为宣抚司，以知州刀落硬为宣抚使。南甸土司
刀氏是本地百夷，明南甸宣抚司地，即今德宏傣族景颇族自治州梁河县
境，较今梁河县境广阔。

（9）干崖宣抚司。元为镇西路，明洪武十五年（1382）改为镇西府，
永乐元年（1403）改为干崖长官司，以土酋曩欢为副长官，自此三年一
贡不绝于朝。正统六年（1441）升干崖副长官刀怕硬为宣抚副使。嘉靖
三十九年（1560）干崖为缅所侵，宣抚刀怕举附于缅。万历十年（1582）
陇川内奸岳凤破干崖，夺罕氏印。《读史方舆纪要》记其境域为："东至
南甸宣抚司界，南至陇川宣抚司界，西北俱至南甸界。其地为今德宏傣族
景颇族自治州盈江县境。"

（10）陇川宣抚司。旧本麓川地，明正统九年（1444）革麓川宣慰
司，置陇川宣抚司，与南甸、干崖合称三宣，屏蔽永昌、腾冲，以夷目恭
项为宣抚使。万历初，缅甸莽瑞体叛，招诱陇川宣抚多士宁附缅，士宁不
从，内请明军御缅，岳凤阴夺其权，杀士宁，投附缅酋。明军攻缅，复宣
抚司故地。万历十二年（1584），复建陇川宣抚司，以多士宁子思顺为宣
抚使。《读史方舆纪要》记其境域：东至芒市，南至木邦，西至干崖，北
至南甸。其境域实际包括有德宏傣族景颇族自治州之陇川、瑞丽二县及潞
西县之遮放区。

（11）孟密宣抚司。《明史·地理志》载："孟密宣抚司，本孟密安抚
司，成化二十年（1484）析木邦地置，万历十三年（1585）升为宣抚
司。"《读史方舆纪要》记其境域：东至木邦宣慰使司界，西至缅甸宣慰
使司界，北至蛮莫安抚司界。其地在瑞丽江南，伊洛瓦底江东岸，今缅甸

---

① （清）张廷玉：《明史·云南土司传·车里》，中华书局 1983 年版。

② （清）张廷玉：《明史·地理志》，中华书局 1983 年版。

北掸邦境内。

（12）盏达副宣抚司。为干崖别部，干崖副长官司世居其地。万历十一年（1583）为莽应里所陷，土酋刀思廷被擒，民物为之一空，后明军破缅，收复其地，始建盏达副宣抚司。其地为今德宏傣族景颇族自治州盈江县的一个区，即旧莲山县境。

（13）潞江安抚司。元之柔远路，其地后为麓川所并，明永乐元年（1403）内附，西平侯沐昂奏，其地地广人稠，宜设长官司治之，乃立潞江长官。九年（1411）升为安抚司，以曩璧为安抚使。宣德三年（1428）改为潞江州，正统三年（1438）仍为潞江安抚司。《续通考》称其地在永昌、腾冲之间，南负高仑山，北临怒江。其地即今保山县属之怒江区。

（14）耿马安抚司。《明史·地理志》载："耿马安抚司，万历十三年（1585）析孟定地置。"又《明史·云南土司传·孟定》载："孟定，领安抚司一，曰耿马。万历十二年置，以们罕为安抚使，与孟定隔喳哩江，孟定居南，耿马居北。罕死，弟们罕金获印，屡奉朝贡。"其地即今耿马傣族佤族自治县。唯明代安抚司辖境，较今自治县区广阔，兼领有猛猛、猛渗、猛角、猛董、猛撒、猛勇等寨。

（15）蛮莫安抚司。旧为猛密分地，后酋长稍强，擅而有之。万历初，土酋思恨与陇川岳凤同投缅，明军讨平陇川，思恨来归，立为蛮莫安抚司。其地在腾冲蛮哈山下，南至孟密，西至孟养，今缅甸八莫附近一带。

（16）猛卯安抚司。本陇川地，陇川同知驻猛卯。万历三十二年（1604）缅侵蛮莫，蛮莫安抚使罕忠奔干崖，安插于猛卯。据《清会典》称：明设猛卯安抚司，后改宣抚司副使。其地即今德宏傣族景颇族自治州瑞丽市境。

（17）孟定御夷府。初本麓川地，明建文四年（1402）土酋刀名杠来朝，始设孟定府，以刀浑立为知府。时，仍与麓川、孟琏互侵土地，仇杀不已。正统初，麓川再并孟定地，土知府刀禄孟远遁。麓川平，木邦舍目罕葛从征有功，令食土孟定。嘉靖间，木邦复侵其地，万历十三年（1585）再建孟定府，以罕葛后裔为土知府。崇祯末，孟定附于缅。《明史·云南土司传》记其境域为：其地自姚关南八日程，西接陇川，东连孟琏，南木邦，北镇康。今更名境内的孟定街即明孟定御夷府之一部分地，大片地区均在萨尔温江西岸。

（18）孟艮御夷府。《明史·云南土司传·孟艮》载："孟艮蛮名孟揾，自古不通中国，永乐三年（1405）来归，设孟艮府，隶云南都司，以土酋刀哀为知府。"正统间，孟艮地多为木邦所并，景泰时尚入贡不绝，嘉靖间附于缅。《读史方舆纪要》记其境域为：东至车里宣慰司界，南至八百大甸界，西至木邦界，北至孟琏长官司界。今为缅甸南掸邦境，故府治在今景栋。

（19）威远御夷州。《明史·云南土司传》载："威远，唐南诏银生府地，旧为濮落杂蛮所居，大理时为百夷所辖。元至元中置威远州，洪武十五年（1382）平云南后，改威远蛮棚府为威远州。三十五年（1402）以土官刀算党为威远州知州。"《读史方舆纪要》记其境域为：东至新化州界，南至孟琏长官司界，西至孟定府界，北至景东府界。其地即今景谷县并普洱县一部分地区。

（20）镇康御夷州。元代为镇康路，明洪武十五年（1382）改为镇康府，十七年（1384）改为镇康州，旋为麓川兼并。永乐七年（1409）再设镇康州，以曩光为土知州。其地即今镇康县境。

（21）弯甸御夷州。洪武十七年（1384）于元之镇康路境内划设弯甸县，旋为麓川所并。永乐元年（1403）设弯甸长官司，三年（1405）升为州，以思伦法所任之弯甸陶孟刀景法为知州。永乐七年（1409）分设镇康州，弯甸乃与镇康州分立。《读史方舆纪要》记其境域为：东至云州界，南至镇康州界，西至永昌施甸长官司界，北至顺宁府。其地即今昌宁县境。

（22）芒市御夷长官司。《明史·云南土司传》载："芒市旧曰怒谋，又曰大枯赕，在永昌西南四百里，即唐史所谓茫施蛮也。元中统初内附，至元十三年（1276）立茫施路军民总管府，领二甸。洪武十五年（1382）置茫施府，正统八年（1443）设芒市长官司，以陶孟刀放革为长官，隶金齿卫。"《读史方舆纪要》记其境域为：在永昌西南四百里，东至镇康州界，西南至陇川宣抚司界，北至永昌府潞江安抚司界。其地即今德宏傣族景颇族自治州首府芒市，亦即原潞西县除遮放以外各地，并龙陵县的一部分地。

（23）孟琏长官司。《明史·云南土司传》载："孟琏长官司，永乐四年（1406）四月设，时孟琏头目刀派送遣子坏罕来言：孟琏旧属麓川平缅宣慰司，后隶孟定府，而孟定知府刀名杠亦故平缅头目，素与等夷，乞改隶。遂设长官司，隶云南都司。正统四年（1439）思任发反，兵破孟琏，遂降于麓川。"七年初征麓川后，复建长官司。嘉靖中，孟琏与孟养、孟密诸部仇杀数十年，司废，至万历十三年（1585）复设。《读史方舆纪要》记其境域为：东至车里司界，南至孟艮府界，西至木邦界，北至威远州界。其地即今孟连傣族拉祜族佤族自治县。

（24）者乐甸长官司。《明史·云南土司传》载："者乐甸本马龙他郎甸猛摩地，名者岛，洪武末内附，隶云南布政司，永乐元年设者乐甸长官司。"清代于其地设恩乐县。

（25）里麻长官司。明永乐六年（1408）置，以刀思放为长官，其地旧属孟养。

（26）大侯长官司。《明史·云南土司传》载："洪武二十四年（1391）置大侯长官司。"其地即今云县境。

（27）促瓦长官司。明永乐五年（1407）设，隶云南都司。

（28）散金长官司。据《明史·云南土司传》载："促瓦、散金二长官司，皆永乐五年（1407）设，隶云南都司。其地旧属麓川平缅。"①

可见，明朝在云南傣族地区设立的土官、土司日益完备，傣族地区的土司制度已经完全确立。

（二）傣族土司行政组织体系

明清时期，中央王朝继续推行土司制度，在傣族地区设立了三级权力机构：宣慰司、宣抚司、长官司。云南傣族地区逐步形成了等级严密的土司行政组织体系。

1. 傣族封建领主集团行政组织体系

在西双版纳地区，召片领是其土地之主，也是西双版纳政治、经济、军事、法律上的最高统治者，明清封建王朝授其封号为车里宣慰使，官从二品，世袭不降等。以刀片领为首，以血缘宗法为纽带，组成一个严密的封建领主集团，集团成员根据血缘的亲疏分为三等：第一等称为"孟"；第二等称为"翁"；第三等称为"鲁朗道叭"，又叫"召庄"。

"孟"又称"萨都"，是召片领的血亲，最高的贵族，只有"孟"这个等级的人，才能继承召片领也即车里宣慰使的职位，才能受封到各勐去

① 参见江应樑《傣族史》，四川民族出版社 1984 年版，第 272—288 页。

当"召勐"。未分封外出的，可以当议事庭庭长，当八大头目，最小也是三品官。

"翁"，意译是"亲属"，是宣慰使（也称"宣慰"）的家臣或非宣慰血族的召勐，一般有亲属关系的称"翁沙"，召片领的家臣称"翁"，可以担任宣慰司署的大臣，可以派到各寨各勐去管理寨子，一般通称为"波郎"。

"鲁朗道叭"，意译为"宣慰街波郎的亲戚"，是贵族的后裔，是官种，可以当官，最高不能超过三品，可以当头人。

大小土司及家臣都有分封的采邑，宣慰使分封各大勐，大勐分封小勐，各级家臣按爵位大小确定采邑的多少，这样组成封建统治者的等级从属制度。

各大勐的土司（召勐），或者由召片领派自己的近亲如兄弟子侄去担任，或者召片领把姊妹、女儿、侄女嫁给召勐，所生的儿子可以世袭土司职位。若绝嗣，召片领再派血族去接位，例如近代勐罕土司（橄榄坝土把总）自清乾隆三十年（1765）受职，传至民国绝嗣，宣慰使刀栋梁派其九弟刀栋新袭职，后刀栋新内调任大臣，又派其六弟刀栋庭接任。就是这样以血缘为纽带组成了一个等级严密的领主集团统治着整个西双版纳地区。

2. 车里宣慰使司行政组织体系

车里宣慰使司署有完整的统治体系，行政机构庞大，组织严密。车里宣慰使司是十二版纳的中央政府，宣慰使是最高行政首脑，有副宣慰使，傣语称为"乌巴逻阁"，但不常设，其下有四大臣、八大头目及各类头目共 30 多人，有不同的职掌，组成车里宣慰使司分工严明的行政组织。近现代车里宣慰使司的组织得以延续，兹录其具体职掌和分工情况如下以存史。

> 诏景哈，议事庭长，各勐议事庭驻宣慰使的总代表。
> 都弄稿，亦称"怀郎曼卧"，总管行政事务。
> 怀郎曼空，枢要大臣，协助都弄稿办理日常事务。
> 怀郎庄网，主管赋税，后勤。
> 怀郎嘎，管理集市。
> 召弄帕厦，主管宣慰使署的财政事务及水利。

召弄那干，管弩。

召弄那花，管军政（右将军）。

召弄纳掌，管大象。

召弄那矱，管矛。

召弄过，管饮食器皿。

召弄那麻，管马匹，兼职御医。

召弄那倭，管舆乘。

召弄西养，管监督审讯罪犯。

召弄纳影，管处极刑。

召弄赛，管兵马（左将军，位次于右将军）。

召弄火怀，管警卫。

召弄那扁，管安全。

召弄款，司翊卫。

召弄真憨，先锋官（与右将军共同负责军事）。

召弄榭网雷，管巡捕。

召弄庄禀，司祈祷。

召弄那广，管仪礼。

召弄那瓦，管船舶。

召弄那郢，管刑罚。

召弄康坎，管宣慰使出行用具。

召弄献，文牍官，史官。

召弄那雷，司祈年。

召弄纳广，司鱼罟。

波勐莽，司宾（缅宾招待主官）。

波勐和，司宾（汉宾招待主官）。

　　上述即由四大臣、八大头目及各类头目组成的车里宣慰使司行政组织体系。至各地方政府，依照地方自治原则，以村寨为地方自治单位，每一村寨均设有"叭"级村长一人，次一级的"鲊"、"线"若干人。汉人称为"老叭"、"老鲊"、"老线"，其地位职权相似于乡长、保长、甲长。所有地方自治人员，概由村民推选本村大家信任的人充任，但必须经过领主（管辖本村寨的土司）批准。一般来说，大都是终身任职。

　　宣慰使及各勐土司的政权机构中，皆设有史官，叫作"献"。史官也分为三级：宣慰使司内的史官叫"召弄献"；各地土司内的史官叫"叭献"；再下一级者叫"鲊献"。

　　值得一提的是，召片领的近亲可以不受任何限制担任各类要职，一般贵族任职升官，必须取得一定的南传佛教僧阶。即必须先在佛寺中出家当小和尚若干年，当到佛爷还俗后，取得"召摩诃"称号①，便可以做召片领的"滚课"（高级警卫员），然后逐级提升为"昆欠"（文书）或"站抗"（传达员），再提为"纳哈"、"纳西"、"纳少囡"、"纳少弄"，最高可到"怀郎"。

　　3. 议事庭组织机构体系

　　在车里宣慰使的绝对统治下，有一个类似代表民意的机构，傣语称为"司廊"，汉语通称为"议事庭"，是十二版纳的最高立法及行政机关。和西双版纳的等级组织制度相适应，各勐也有一个地方性议事庭，傣语称为"冠"，是地方的最高立法和行政机关。"司廊"设在宣慰街，有常设的办事机构，称为"喝司廊"，为一干栏式建筑，中央有木栏，栏内为八大头目议席，栏外为其他头目议席，皆席地而坐。"议事庭"由各地推举出的大小头目40多人组成，以"诏景哈"为庭长。

　　议事庭每年的会期有两次，都是固定的，而且和南传佛教重要的"夏安居"制度相关。一次在傣历九月南传佛教"毫瓦萨"（结夏安居）之时，一次在傣历十二月南传佛教"奥瓦萨"（出夏安居）之时。开会时宣慰使不得出席，举凡境内大事，如军务、外交等有关十二版纳共同的事项，地方事务须由宣慰使处理的事项，以及宣慰使的家庭事务，概须交议事庭决议后才能交付施行，议案取决于最大多数甚至必须无反对票方能生效，因为与会头目人人都有否决权。这种封建领主制下的议会，与宣慰使之间发生不能调和的事例极为少见。②

　　综上可知，自元至明，中国云南傣族地区的土司设置逐渐发展完善，形成了一套完整的土司制度及等级严格的行政组织系统。而且，中国南传佛教以傣族土司制度的行政组织系统为模本，形成了一套相对完善的、具

---

　　① "傣族当到佛爷还俗后，平民称'勘喃'，贵族则称为'召摩诃'，类似汉人所称之'学士'。"参见李拂一《十二版纳志》，（台湾）正中书局1955年版，第178页。

　　② 参见江应樑《傣族史》，四川民族出版社1984年版，第418—434页。

有严格等级制度的组织管理系统。正是依托于政治集团，从上而下地推广佛教文化，中国南传佛教在傣族世俗社会中才获得了较快的发展。①

第二节　南传佛教不同教派的传入及传播

云南与东南亚国家毗邻，12—13 世纪时南传佛教在东南亚地区逐渐成为影响较大的宗教，并形成覆盖东南亚半岛国家的南传佛教文化圈。明清时期，随着上座部佛教在东南亚各国的发展定型，成熟的不同佛教派别也随之先后传入中国云南傣族地区，主要有润、多列、摆庄、左抵四派。各教派教义教制基本相同，主要是持戒有宽严之别，诵经有高低快慢之分。四个教派在云南不同区域传播发展，逐渐为傣族、布朗族、德昂族、阿昌族和部分佤族、彝族所信奉。至明末清初，中国南传佛教的发展进入鼎盛时期，四个教派也曾盛兴一时。

一　润派的传入及传播

在中国南传佛教诸派之中，润派传入最早，信众最多，流传区域最广，在西双版纳、德宏、临沧、普洱等傣族地区都有流传。明末清初最盛时，云南傣族地区一村一寺，润派佛寺近 5000 座。②

润派在云南分布较广，寺院和僧侣最多，经典基本齐全，教制更为完善，是云南上座部佛教的主体。"润"一词是我国云南傣族对今天泰国东北部以清迈、景海为中心的古代兰那人的称呼，如称该地区为"勐润"（Menying），称那里的泰人为"泰润"（Taying），因而由那里传来的佛教，就称为"润派"了。③

相对成熟的兰那润派佛教形成于 14 世纪。兰那孟莱王于 1296 年征服哈里奔猜后，接受了孟族的佛教信仰。他一方面在南奔、清迈等地广修佛寺，一方面又派以应达班约（Yingdabanyo）为首的一批比丘到斯里兰卡学法深造，学成回到兰那建立了莲花塘寺（Vabayobo），持较严的阿兰若

①　参见郑筱筠《历史上中国南传上座部佛教的组织制度与社会组织制度之互动——以云南西双版纳傣族地区为例》，《世界宗教研究》2007 年第 4 期。

②　林建曾、王路平等：《世界三大宗教在云贵川地区传播史》，中国文史出版社 2002 年版，第 499 页。

③　刀述仁：《南传上座部佛教在云南》，《法音》1985 年第 2 期。

律，这便是直至今日仍影响颇大的莲花塘寺派（"摆坝"，林居派）之发端。[①] 另据 15 世纪的兰那文献《宗教本源志》记载，哥那王通过素可泰五世立泰王邀请苏摩那长老到兰那，弘扬他从缅甸塔通传来的楞伽宗上座部佛教。1371 年，哥那王又在清迈修建瓦孙诺佛寺，后来这一佛寺就成为"摆孙"派佛教的发源地。[②] 孟莱王和哥那王时期，兰那泰的上座部佛教经缅甸的景栋传入我国云南的西双版纳傣族地区。1369 年清迈派出一个 700 名僧人组成的使团到景栋布教，后教团又从景栋来到西双版纳。1373 年，清迈又有一僧团来到西双版纳弘法。[③]

据傣文手抄本《佛陀之教圣事大记》记载，润派佛教最初由斯里兰卡传入兰那，再由兰那（勐润）传入缅甸的景栋等地，然后再传入我国云南边疆地区。在兰那君主帕雅莽来（Bayamanlai）时代，佛教振兴繁盛，以应达班约为首的一批比丘到斯里兰卡学法深造，学成回到兰那建立了第一所正规佛寺——莲花塘寺（Vabayobo，瓦罢诺波），持较严的阿拉瓦西教律（类似山林派）。一说是斯里兰卡大寺派长老亲自到该地来宣教而建立的佛寺。其后，又送以年达班雅（Nendabanya）为首的一批比丘到斯里兰卡和蒲甘学习，学成回兰那后，另建立一所佛寺——花园寺（Vasunlo，瓦孙洛）。当初两个寺及两个寺所属各小寺都同属一个统一的僧团，共进布萨堂。后来在戒律的解释上发生争执，莲花塘老寺僧侣主张保持固有的传统，花园新寺僧侣则主张在教化民众和佛事活动方面有所改革，因而分裂为两派，各自建立僧团和布萨堂。自此以后，凡莲花塘老寺出去传教或建立的寺院都自称为"摆坝"，可译为莲花寺派；凡花园新寺出去传教或建立的寺院都称为"摆孙"，可译为花园寺派。祖腊历 720 年（1369），莲花塘寺派（摆坝）以雅那卡皮拉（Yanakapila）长老为首的七百僧侣从清迈到了缅甸景栋宣教，建立了景栋城区的第一所佛寺——宝象寺（瓦章皎 Vazhangjiao），然后进入西双版纳的西定布朗山区和勐遮、勐海、勐混等傣族坝区。花园寺派（摆孙）以西卡班若（Hikabanro）长老为首的一批僧侣，继莲花塘寺派僧人之后来到景栋宣教，建立了景栋城区

---

　①　邓殿臣：《南传佛教史简编》，中国佛教协会 1991 年版，第 191 页。

　②　谢远章：《傣泰学研究六十年》，云南民族出版社 2008 年版，第 133 页。

　③　邓殿臣：《南传佛教史简编》，中国佛教协会 1991 年版，第 127 页；郑筱筠：《中国南传佛教研究》，中国社会科学出版社 2012 年版，共 99 页。

第一所花园寺派佛寺——红林寺（Vabalian，瓦罢良），并于祖腊历 734
年（1373）传入西双版纳的大勐龙、景洪、勐罕等澜沧江沿岸傣族
地区。①

　　20 世纪五六十年代的傣族社会历史调查材料也证明了上述关于
上座部润派佛教传入云南西双版纳傣族地区的记载。据《西双版纳
傣族小乘佛教及原始宗教的调查材料》说，佛徒"落皮纳"、"雅纳
勐滚"、"咩堂关"、"光蓬朗西"者，至"勐兰嘎"（锡兰）升为佛
爷，后来以"落皮纳"为首，至景迈、景栋宣扬"摆坝"佛教，时
为傣历 803 年（1441）。旋又于傣历 808 年，于景栋建立佛寺"宛坝
凉"。该寺有佛爷三人后来升为"厅"，其中一人至"三岛"、"坝
莽"，一人至"信因"，宣扬"摆坝"佛教；另一人名"松列养拱"
者，则来勐马、勐混、勐海、勐遮、耿马、布朗山等地，宣扬"摆
坝"佛教，并于勐混建立佛寺"宛朗戛"，由是，"摆坝"佛寺以勐
混佛寺为首，佛爷以"松列勐混"为首。至于"摆孙"一派，则源
于景迈佛寺"宛孙诺"，所属者有景洪、勐罕、勐腊、勐旺、勐捧等
地佛寺，而以宣慰街大佛寺为首，佛爷以"松列阿戛木里景洪"，即
"祐巴勐景洪"为首。此外，在名义上，"松列景洪"又是全西双版
纳当然的宗教领袖。②

　　上述这些材料虽然略有出入，但皆可相互印证，充分证实较为成熟的
云南西双版纳傣族地区的佛教是从兰那清迈经缅甸景栋传入的，时间为
14 世纪，传入最早的教派为润派。

　　润派佛教最先于 14 世纪传入云南的西双版纳地区，传入以前就已分
派，分为摆坝和摆孙两派，两派的传播和分布有所不同：摆坝主要传入西
定、巴达、勐岗和布朗山的布朗族地区，勐遮、勐混、勐海、景真、勐
阿、勐往等傣族坝区；摆孙主要传入大勐龙、景洪、勐罕、勐腊、勐旺、
勐捧等傣族地区。西双版纳傣族、布朗族所奉皆为润派。润派之中，以摆

---

① 刀述仁：《南传上座部佛教在云南》，《法音》1985 年第 2 期。

② 《西双版纳傣族小乘佛教及原始宗教的调查材料》，云南省历史研究所 1979 年编印，第
13 页。

孙最盛，基本定居在平坝区内。摆孙派僧人持戒宽，可食荤，还俗容易，因此信众日益增多，成为南传上座部佛教中的一大派别。西双版纳"摆坝"与"摆孙"最初传入时有明显的地域分布，后来由于各派都在不断地向外传播发展，在传播过程中，两派流传分布的区域性特色逐渐弱化，在分布上混杂起来，一个地方不仅有"摆坝"，也有"摆孙"，其在宗教礼仪上的若干差别，随着社会的发展有互相融合的趋势，居处山林的"摆坝"僧侣慢慢地也把佛寺搬到村庄附近甚至搬入村寨中了。① 西双版纳傣族、布朗族所奉皆为润派。据傣文史籍《泐史》所载：明隆庆三年（1569），缅甸金莲公主和西双版纳第 25 代召片领刀应猛联姻，缅甸国王派僧团携佛经及佛像传教。明隆庆四年 （1570），金莲公主建金莲寺一所②，西双版纳傣族的润派佛教随之进入隆盛期。

　　润派在德宏傣族地区的流传和影响仅次于西双版纳地区。据《陇川县宗教情况报告》所载，15 世纪，麓川王娶西双版纳土司之女为妻，此女道："陇川什么也没有，佛也不得供。因此西双版纳土司即派了几个和尚随其闺女同时到陇川来。"③《陇川县佛教目前情况调查总结报告》也说："该教（润派）在 500 年前由西双版纳传入。因麓川王取（娶）西双版纳土司女儿为妻，带来和尚。"④ 据此可知，德宏傣族地区的润派于 15 世纪自西双版纳传入，最先传入当时的陇川，后来逐步向外传播发展，至今已有 500 多年的历史，晚于西双版纳，比耿马稍早。此外，还有 17 世纪从泰国经缅甸景栋传入德宏地区的润派，现存德宏州芒市五云寺的一块木匾的记载可以佐证。此匾载：五云寺建于清康熙四年（1665），先在姐别寨 （今法帕），后随芒市一道从法帕搬来。五云寺的第一个长老是从泰国清迈请来的比丘，名佐米密。五云寺曾经为芒市地区"润派"的大佛寺，佐米密是从泰国来德宏地区传教的"润派"僧人，因而说明"润派"最先传入陇川，后来才传到芒市。

---

　　① 参见《西双版纳傣族小乘佛教及原始宗教的调查材料》，云南省历史研究所 1979 年编印，第 14 页。

　　② 李拂一编译：《泐史》，国立云南大学西南文化研究室 1947 年印行，第 20—23 页。

　　③ 云南中共陇川县工委统战部：《陇川县宗教情况报告》，1956 年 3 月，现藏于保山地区档案馆。

　　④ 云南省宗教考察组：《陇川县佛教目前情况调查总结报告》，1956 年 3 月，现藏于保山地区档案馆。

明代中叶，润派从泰国清迈经缅甸景栋（勐艮）传入耿马地区后，主要分布在耿马、孟定等傣族地区，后来传到德昂族聚居区的混定，布朗族居住的孟洒、曼约、混皮等地区，进而又传入临沧、景罕的傣族地区。大致在1910年前后，润派又传入沧源佤族地区。然而，临沧地区润派佛教的中心一直都在耿马城周一带，由于耿马罕氏土司均信奉润派，润派备受土司扶持，广修佛寺，得到了极大发展。耿马最早的五大总佛寺和八大中心佛寺都是润派佛寺，具体为洞汀、上下洞井、枯老、组楞、芒俄、弄帕、南翁、南乍、勐撒、郎牙、芒见、那秀、勐勇、遮别、芒糯、芒肯允棒、芒帕、芒召、芒岗、芒沙、允楞、芒养、芒万、曼抗、那棉、贺东、芒买、芒那、大寨、芒戛、芒左、团树、南命等村寨。在土司的扶持下，润派佛教逐渐在傣族、德昂族、布朗族和佤族地区传布开来。① 润派佛教在佛寺和僧侣数量方面，在耿马县南传佛教各教派中占有绝对优势。

据《孟连傣族土司的历史》② 和《威远厅志》③ 记载，明末清初，润派佛教传入普洱傣族聚居区，为傣族和少数布朗族所信奉，主要集中在景谷县和孟连县。其中，景谷县的润派佛教是从西双版纳传入的，主要流传于四个傣族聚居勐，每个勐都建有中心佛寺。④ 由于傣族土司虔信佛教，润派佛教在普洱地区迅速发展。1778年，景谷兴建规模宏大的迁糯佛寺，这标志着普洱地区润派佛教进入鼎盛期。

二　多列派的传入及传播

多列派又称摆多派，明朝中叶由缅甸传入，主要流传于德宏和临沧地区，为傣族、德昂族和部分阿昌族所信奉。其中，德宏地区以瑞丽的佛教徒居多，而临沧地区则主要分布于耿马、孟定等地。

明朝时期，多列派直接由缅甸传入云南德宏地区和临沧地区的傣族、德昂族聚居地，其中耿马县孟定地区的水傣尤为崇奉此派。德宏等地传说

---

① 颜思久：《耿马县小乘佛教》，云南省编辑组编《云南少数民族社会历史调查资料汇编》（五），云南人民出版社1991年版，第344—345页。

② 《孟连傣族土司的历史》，云南省编辑组编《思茅玉溪红河傣族社会历史调查》，云南人民出版社1984年版，第23页。

③ （清）谢体仁纂修：《威远厅志》，清道光十七年（1837）刻本。

④ 参见颜思久《云南小乘佛教考察报告》（一），云南省社会科学院宗教所《宗教调查与研究》（内部资料，1986年）。

多列派的来源是，因其始祖犯戒，佛令他以钵盛水，钵底通一针孔，水滴尽处准许居住。这个僧人行到山林中，钵中水滴尽，遂建寺居住山上，所以称为"多列"。不过，据耿马摆多派的长老英德戛说，多列派实际上属于缅甸上座部佛教阿罗汉一派，故他们所奉阿罗汉一派。①

多列派主要分布在德宏地区，各地均有多列派活动的踪迹，其中信众最多、寺院最广的地区当属瑞丽。瑞丽各派林立，其中多列派信众最多时竟占到当地人口的 60%，居德宏地区诸派之首。据《瑞丽市朵列教的起源与发展情况》②记载：依据勐卯镇南门佛寺的一本经书翻译，1751 年，遮放喊撒（今遮放镇喊撒寨）召弄长老到缅甸曼德勒朵列佛寺深造佛学回国时邀请四位缅籍朵列派和尚赴德宏传教，朵列教首先传入勐力（今瑞丽市姐勒乡勐力村，当时系德昂人聚居地）。1769 年乾隆征缅，百姓外流，该教派停止发展。③ 因此，就可靠材料来看，多列派大规模传入德宏地区的时间主要是 18 世纪，主要兴盛地是瑞丽和南甸。

多列派在缅甸北部兴盛一时，以此为中心向外传播，分为十几个教派，传入德宏地区的多列有达拱旦（都古旦）、舒特曼、瑞竟（瑞定）、缅坐（缅角）四个支派。四派之中，达拱旦主要分布在盈江、梁河、连山、陇川、芒市、遮放一带，当地水傣、德昂族之多列教徒，多属达拱旦一派。④

（一）达拱旦

因其教徒将袈裟折叠搭于左肩上，所以称为达拱旦。四百年前由缅甸传入，分布于德宏州的盈江、梁河、陇川、芒市和遮放等地区。除傣族地区外，德昂族中的多列派大多数属于达拱旦。

（二）舒特曼

三百多年前从缅甸传入德宏州的瑞丽、陇川两地。一百多年前传到盈江等地的舒特曼，是当地摆庄派的比丘到缅甸学习后，返回家乡来传播的。

（三）瑞竟

一百多年前由缅甸瑞竟派教徒二人传到德宏州盈江县。当时盈江有十

---

① 云南省编辑组编：《云南少数民族社会历史调查资料汇编》（五），云南人民出版社 1991 年版，第 347 页。

② 《瑞丽县朵列教的起源与发展情况》，现藏于德宏州瑞丽市档案馆。

③ 王海涛：《云南佛教史》，云南美术出版社 2001 年版，第 396 页。

④ 刀述仁：《南传上座部佛教在云南》，《法音》1985 年第 2 期。

三个村寨的摆庄派都改学瑞竟。临沧地区的孟定也有瑞竟流传，传入的时间比德宏州要早。据说是 1546 年由缅甸塔马洒拉、麻哈洒米二位僧人来孟定时传入。至今四百多年，分布于孟定的允景等 11 佛寺。

（四）缅坐

从缅甸传入德宏州瑞丽市。据说其教徒在说戒时，将坐垫的麂皮摺叠搭在左肩上，所以称为缅坐。在德宏州只有瑞丽庄摆占佛寺曾经信奉这个教派。

据史料记载，明宪宗成化元年（1465 年），多列派从缅甸传入临沧耿马、孟定地区，在孟定南金章建立第一所佛寺。随后又有孟艮长老进入孟定传教，在孟定和勐简两地有较大发展。有多列佛教徒 100 余人，佛寺19 所。① 清道光年间，孟定地区南传佛教各派均有所发展，但各派间的矛盾也日益突出。润派由于得到土司支持成为很有势力的一派；多列派则因受润派的排挤而势单力薄，部分即迁往缅甸。② 耿马、孟定地区的多列派遂日益衰微。

三　摆庄派的传入及传播

摆庄派③又称"耿龙"，大约是在明朝中叶从缅甸传入德宏地区的。④摆庄派传入德宏之后，主要播布于芒市、遮放、瑞丽、陇川、盈江等傣族地区，信仰民族多为傣族、德昂族、阿昌族。因戒律宽松，广有寺产，信众最多，因此，与润派佛教相比，摆庄派是德宏地区势力最大、佛寺最多的教派。此派无论是戒律的持守还是信众的人数都与润派比较接近，故被认为与润派有密切的关系。德宏州信仰摆庄的民族大多为水傣，其次为德昂族。

关于"摆庄"的来历有这样一种说法。该派原来流行于缅甸，但僧侣有向信众提条件和要求的不当行为，甚至还喝酒、吃晚饭，持戒不严。后来，新的缅王继位，认为这个派不纯洁，转而扶持其他教派，并派人对该派僧人说：如果你们不能持戒，就只能离寺还俗。由于他们既不想严格

---

① 云南省编辑组编：《云南少数民族社会历史调查资料汇编》（五），云南人民出版社 1991年版，第 347 页。

② 颜思久主编：《云南省志》卷六六《宗教志》，云南人民出版社 1995 年版，第 28 页。

③ 摆庄派，有的调查材料称之为"摆奘派"或"耿满"、"耿龙"或"歹勒"。

④ 郑筱筠：《中国南传佛教研究》，中国社会科学出版社 2012 年版，第 105 页。

持戒，又不想还俗，所以被迫向德宏方向迁移。当时人们称此派为"拜满"（意为逃离寺院或逃避缅官、缅族）。但因这样叫听来让人不舒服，所以后来就改称"摆奘"（摆庄）。① 有学者认为这个说法可以说是"摆庄"传入德宏的近乎历史的解释。②

　　通过梳理缅甸佛教史可知，11世纪，蒲甘国王阿奴律陀确立上座部佛教为国教之后，有相当一部分阿利教僧人转而改奉上座部佛教，加入上座部佛教僧团。但他们只是名义上改奉上座部佛教，实际上仍然保持原有信仰，除遵守上座部佛教的部分戒律并举行相应的宗教活动之外，他们还专门在寺内传授音乐、舞蹈、星象占卜术、医药和武艺，吸引了相当多的善男信女，并从此自成一派，称为"庙学派"。到15世纪，该派发展较快，势力强大，并且有自己独立的寺院经济。15世纪中叶，达磨悉提继任缅王，大兴佛教，并针对当时存在的佛教弊端在全国范围内开展了一次佛教净化运动。庙学派由于不够纯洁就受到净化，逐渐衰弱。③ 因此，有学者提出，上述"摆庄"派被迫向德宏方向迁徙的说法，应当是这次佛教净化运动的口头表述。因而摆庄一派应从缅甸传入德宏，时间为15世纪。④ 迄今为止，由于尚未发现新的可靠材料推翻上述观点，本书亦采信摆庄派于15世纪从缅甸传入德宏的说法。

四　左抵派的传入及传播

　　据说左抵派之始创人洼拉是缅甸芒海人，在曼德勒为比丘。左抵派最先传入我国云南临沧地区耿马、双江等地，三百年前由缅甸仰光传入德宏自治州之芒市，由缅甸南罕传入德宏州的瑞丽和临沧地区的孟定。⑤ 时间比"多列"晚一百年左右。

　　另据《左抵教史》⑥ 载，左抵教派于15世纪中叶传入德宏，主要流

---

　　① 侯冲、杨光远：《德宏州小乘佛教考察综合报告》，《云南宗教研究》1991年第1期。

　　② 参见杨学政主编《云南宗教史》，云南人民出版社1999年版，第195页。

　　③ 参见哈威《缅甸史》，商务印书馆1957年版，第60页；杨长源等《缅甸概览》，中国社会科学出版社1990年版，第246页。

　　④ 参见杨学政主编《云南宗教史》，云南人民出版社1999年版，第196页。

　　⑤ 云南省编辑组编：《德宏傣族社会历史调查》（三），云南人民出版社1987年版，第117页。

　　⑥ 《左抵教史》依据芒市镇东里思华章保存的缅甸录制的傣语录音磁带整理而成，参见张建章主编《德宏宗教——德宏傣族景颇族自治州宗教志》，德宏民族出版社1992年版。另外，"左底"派即为左抵派。——笔者注

传于在潞西市坝区傣族村寨和与之毗邻的瑞丽市姐勒乡德昂族聚居地带，最早在龙江西岸的雷列修建佛寺，至今留有雷列佛寺遗址。据《德昂族简史》记载："山顶有一块四五亩的平地，雷列佛寺即建立于此。主房面积约 150—180 平方米，正面由打制工整、长 70—80 厘米的石条砌成一米多高的基石（不包括地下部分），有直径 50 厘米左右的鼓形墩柱，说明原来的柱子很粗大，是比较好的建筑物。这座佛寺最兴旺时，和尚达到四五百人，但到清代后期随着德昂人迁离而逐渐衰落。到本世纪初已经完全倒塌为废墟。"[①]

左抵派与多列派相似，仅在德宏的芒市、瑞丽和临沧孟定境内流行，影响有限，信众却不少。芒市曾经是左抵派的大本营，最盛时在允金、芒罕、芒究、户贷、界桃、盾中、邦瓦、轩岗等村寨皆有左抵派的传播流布。另外还有遮放的南俸、南赛、贺晃、弄坎、芒尚，以及瑞丽的发颇、姐东等地。

总之，就明清时期中国南传佛教教派的传播发展而言，润、多列、摆庄、左抵四个佛教派别先后传入中国云南，渐次播布于西双版纳、德宏、普洱、临沧等地，其信仰主体民族是傣族，逐渐辐射邻近的布朗族、德昂族和部分阿昌族、佤族、彝族，并获得不同程度的发展，呈现鲜明的区域性和民族性特色。在历史发展进程中，中国南传佛教四个派别的发展格局各不相同。润派佛教传入较早，流传区域最广，寺院、僧侣和信众最多，信仰民族为傣族、布朗族、德昂族以及部分阿昌族、佤族、彝族等。自明清时期传入云南后，西双版纳始终是润派的大本营，并由此渐次辐射到邻近普洱、临沧、德宏等区域的傣族、布朗族、阿昌族、德昂族、佤族等民族之中，最终形成以滇西南弧形地带为主要信仰区域的中国南传佛教润派分布格局；多列派曾盛行于临沧和德宏地区，在瑞丽影响较大，信众居瑞丽地区诸派之首，信仰民族为傣族、德昂族、阿昌族；摆庄派主要流传于德宏，曾经是德宏地区势力最大、佛寺最多、信众最广的南传佛教教派，信仰民族为傣族、德昂族、阿昌族；左抵派曾流传于德宏、临沧地区，信众相对较少，影响有限，信仰民族为傣族、德昂族、阿昌族。

---

① 参见《德昂族简史》编辑组《德昂族简史》，云南教育出版社 1986 年版，第 39 页。

第三节　中国南传佛教文化圈的形成及发展

一　中国南传佛教文化圈的形成

上座部佛教传入云南之后，主要流传区域为今西双版纳、德宏、普洱、临沧和保山等傣族地区。就其信仰民族而言，傣族基本上全民信奉上座部佛教，此外还有布朗族、德昂族以及部分阿昌族、佤族等；就其教派而言，分为润派、多列派、摆庄派、左抵派四派，各教派教义教制基本相同，主要是戒律上有宽严之别，诵经上有高低快慢之分，这些派别在传入我国以前就已形成。上座部佛教在中国云南不同区域、不同民族中传播发展，逐渐完成其本土化，形成了独具地域性和民族性特色的中国南传佛教文化圈。

（一）南传佛教在傣族中的传播

南传佛教在傣族地区的传播是先传入西双版纳地区，再传入德宏地区，接着传入临沧地区，最后传入思茅地区。

1. 南传佛教在西双版纳傣族中的传播

据傣文史料记载，南传佛教最先传入云南西双版纳傣族地区，较早传入的教派是润派，而且传入时代早于其他各派。

从明代傣族史籍记载来看，云南西双版纳傣族地区最早成为上座部佛教的弘法中心。自明初至明中叶，即第十二世土司奢陇法在位时（1428—1457），在西双版纳境内兴建了一批佛寺。傣族史籍《泐史》曾载："奢陇法居那闷竜不久，即放弃该地。藉口取便接近孟琏，遂进驻猛遮，自以猛遮为食邑，筑佛寺、佛塔于猛遮之最高点，名之曰'山城'，而自称曰阿龙先俅。"[①]

西双版纳傣族地区普遍信奉南传上座部佛教，当在明朝中叶。据《泐史》所载，明天顺元年，三宝历傣被推为十三世祖时（1457年袭位），"人民群诣佛寺，面对佛像、佛经、住持三个佛之代表者宣誓，并将誓词铭镌寺中，一部分贴金，一部分贴银。礼毕，大家遂各归本土安居"[②]。可见，至明代中期，上座部佛教已经普遍流行于西双版纳傣族地

---

① 李拂一编译：《泐史》，国立云南大学西南文化研究室1947年印行，第10页。
② 同上书，第3页。

区。尤为重要的是,这段史料有力地证明了南传佛教在傣族传统社会政治中的独特价值及其重要影响。以三宝历代为转折点,开启了其后历代土司和召片领举行重大事务时必须在佛、法、僧三宝前宣誓的政治惯例和举行佛教仪式的宗教定制。此后,南传佛教与西双版纳傣族地区的土司制度相结合并开始迈向繁盛发展阶段。

2. 南传佛教在德宏傣族中的传播

上座部佛教在云南的另一传播发展区域为德宏傣族地区,据目前可信史志文献来看,传入时间稍晚于西双版纳傣族地区。上座部佛教传入德宏傣族地区,是与历史上德宏地方政权的需要紧密相连的。14 世纪初,麓川路总管思可法兴起,并吞诸路,建立云南西部傣族地区的封建领主政权——果占壁王朝。明洪武十七年 (1384),思可法之孙思伦法即位,归顺了明朝廷,被封为宣慰使,兼统麓川、平缅两地。《百夷传》记载其疆域为:百夷即麓川、平缅也,地在云南西南,东接景东府,东南接车里,南至八百媳妇,西南至缅国,西至夏里,西北接西天古刹,北接西番,东北接永昌。可见当时的麓川王朝已完成了云南西部傣族社会的统一大业。思伦法为了巩固其统治,引进南传上座部佛教,作为其加强封建统治的精神支柱。据《明史·云南土司传·麓川》载:"初,平缅(今德宏地区)俗不好佛,有僧至自云南,善为因果报应之说,伦法信之。又有金齿戎率逃为其境能为火铳火炮之具,伦法善其技能,俾系金带、与僧位诸部长上。"[1] 民族史学家尤中考证说:"既有至自云南者,必然也有至自缅甸者,则思伦法时,今德宏地区始传入佛教。"[2] 又据《南甸司谱》记载,明正统十年 (1445),"三宣首长会于司属勐练寺",可见当时南传佛教已经传入南甸宣抚司境内。而南传佛教普遍流传于德宏傣族地区,当在明朝中叶,据《西南夷风土记》载:"俗尚佛教,寺塔遍村落,且极壮丽,自缅甸以下,惟事佛诵经。俗不杀生,所以鸟兽与人相狎。凡有疾病,祝佛以僧代之,或一年二年三年,募人为之。"[3]

---

① (清)张廷玉:《明史》卷三一四《云南土司传》,中华书局 1974 年版,第 8113 页。

② 尤中:《云南民族史》,云南大学西南边疆历史研究所 1985 年编印,第 146 页。

③ (明)朱孟震:《西南夷风土记》,方国瑜主编《云南史料丛刊》第五卷,云南大学出版社 2001 年版,第 491 页。

3. 南传佛教在临沧傣族中的传播

南传上座部佛教传入临沧地区的时间较德宏地区稍晚，为15世纪末期。据史料记载，明成化九年（傣历835年，公元1473年），南传佛教由今缅甸掸邦的勐艮（现景栋）地区传入耿马。当时正是耿马土司罕边法在位，有忙雨寨百姓波岩望等四人（傣族）到缅甸勐艮经商，见到一佛寺，该寺长老告以佛教的诸多好处，波岩望等即向长老求得佛像一尊，并由英达、转达二位佛爷护送至耿马。土司甚喜，即于1473年建寺于东门外之半满燕。八年之后，佛教又传播到耿马的勐角董、勐撒、勐永、勐定等地。至明嘉靖二十七年，即1548年耿马土司罕庆法时，迁至山顶建盖景戈大佛寺（汉译为蚌佛寺），后又称大白塔佛寺（在今耿马中学后山上）。随后又在城东北环东南方修建了袜广、袜蝶、袜允相、袜回坎等一批佛寺。至土司罕朝瑗以后，又建袜坎（睡佛寺）、袜墨（小街佛寺）、袜勒（甘东寺）、袜楞（官佛寺）、袜东户（野佛寺）、袜吾（观音阁佛寺），于是小乘佛教佛寺就逐渐在耿马县的傣族、佤族、布朗族、德昂族地区传布开来。其后，临沧、沧源县境内的傣族、佤族等也接受了上座部佛教。[①] 16世纪下半叶以后，临沧、沧源、双江、镇康、永德等县的傣族、布朗族以及部分佤族也接受了南传佛教。[②]

4. 南传佛教在普洱傣族中的传播

南传上座部佛教传至孟连当在15世纪末叶（明宪宗成化十七年，公元1481年）。据《孟连傣族土司的历史》载："第九代土司刀派忠也叫刀派清，这时由于孟连的强盛，过往客商很多。传说缅甸佛教盛行，孟连也想兴办佛教，就由几个大头人在傣历843年（1481），由派法格、召朗巴嫩、法朗昏那哈丕、叭官龙四大头人为首，共领兵二十二人，随从二三十人……还带上银钵、金钵各一个，银瓢四把，银刀四把，缎子十匹……前往勐安瓦（缅甸景栋），送给当地的土司。土司接待了客人以后，回送了大象两对、经书三本、菩萨四尊，还有接菩萨时应用的仪仗工具：红白旗子各四面，金伞十二坝，佛教用的标刀、标枪、标矛、蚌壳等，吹得喇叭，等等，全部交给了孟连头人们。孟连头人们接受了上述东西，就高高

---

① 颜思久主编：《云南省志》卷六六《宗教志》，云南人民出版社1995年版，第24页。

② 颜思久：《耿马县小乘佛教》，云南省编辑组《云南少数民族社会历史调查资料汇编》（五），云南人民出版社1991年版，第344页。

兴兴地回到了孟连，盖了缅寺，建立了佛堂，让群众来滴水赎佛。此后民
心更安定了。"①

　　大约在明末清初，南传上座部佛教传至景谷傣族聚居区。据《威远
厅志》载："大缅寺在威城（今景谷县城）北门外，寺内有缅僧百余人，
皆薙发，用黄布裹身，名缅和尚。寺中塔二座，高三丈余，昔土官刀汉臣
所建（按：刀汉臣在清顺治初年为景谷土司），左塔中生缅树，其枝从石
缝周围伸出，枝叶甚茂，塔石不崩，至晚上众鸟聚集欢鸣于上，缅僧皆奇
焉，名曰塔树，至今犹然。"② 从这则史料来看，南传佛教传入景谷傣族
地区的时间当为 17 世纪中期。

　　总之，至明末清初，南传佛教信仰已经逐渐在西双版纳、德宏、临
沧、普洱等傣族地区广为流传并得到了很大发展，为中国南传佛教文化圈
的形成奠定了坚实的信仰基础。

　　（二）南传佛教在其他民族中的传播

　　在傣族政治、经济及佛教文化的直接影响下，聚居在西双版纳、德
宏、临沧、保山等地的其他少数民族，如以信仰万物有灵为主的布朗族、
德昂族、阿昌族、佤族等也开始接受南传上座部佛教信仰，南传佛教的信
仰民族和信仰区域呈现出历史性拓展。

　　1. 南传佛教在布朗族中的传播

　　布朗族主要聚居于今西双版纳地区勐海县的布朗山、巴达、西定、打
洛与普洱地区澜沧县的曼景等地，另有散居于临沧地区的双江、永德、镇
康、耿马等县区。据史载，唐代滇西、滇西南称布朗族为"朴子蛮"、
"蒲蛮"者，唐樊绰《蛮书》卷四载："朴子蛮……开南、银生、永昌、
寻传四处皆有，铁锹西北边沿澜沧江亦有部落。"元明时期，"蒲蛮"主
要分布在顺宁、永昌及西双版纳一带；至清代，记载较多，如《清职贡
图》载："蒲人即蒲蛮。……今顺宁、澄江、镇沅、普洱、楚雄、永昌、
景东七府有此种。"

　　在西双版纳布朗族聚居区，对南传佛教何时传入、从何地传入，说法

---

　　① 参见《孟连傣族土司的历史》，云南省编辑组编《思茅玉溪红河傣族社会历史调查》，
云南人民出版社 1984 年版，第 23 页。

　　② （清）谢体仁纂修：《威远厅志》，清道光十七年（1837）刻本。

不一。据布朗山曼兴龙村人说佛教是从缅甸班莽传入，故至今仍去班莽拜佛。① 据调查，今勐海县西定区的章朗佛寺已有 720 余年的历史。② 另据布朗山老曼峨寨佛寺的一部佛经记载，相传曼峨布朗山寨的南传佛教是由勐混曼蚌寨子的傣族僧侣先后四次渐次传入的。第一次是曼峨建寨之初，信鬼神而不信佛教，曼蚌佛寺一位松列（南传佛教僧阶中高级僧侣）带了 27 个"帕朗"（南传佛教僧阶中最低一级）来曼峨传教；第二次是松列死后，曼蚌佛寺一位名"维里牙"的松列带了 26 个帕朗来曼峨传教，宣传南传佛教"五戒"基本教义；第三次是曼蚌佛寺一位松列名"帕丙召"带了 21 个帕朗来曼峨为布朗族除"密叉"（鬼）传教；第四次是帕丙召死后，曼蚌佛寺一位名为"帕召宰维"的"帕召祜"和一位名为"玛哈沙弥"的佛爷带了 16 个帕朗来为曼峨布朗族消除"密叉"并传教。③ 经过上述曼崩佛寺几位大佛爷的反复宣扬，曼峨寨布朗族逐渐接受了南传佛教信仰。

在布朗族散居区双江县，据考证，傣历 842 年（明成化十六年，公元 1480 年），勐勐（今双江）土司罕廷发遣 18 名头人到孟艮（今缅甸景栋），迎请佛爷和经书，自此南传佛教开始传入勐勐土司领地。受傣族的影响，后来，勐勐领地内的布朗族和部分佤族、彝族就逐渐接受了南传佛教信仰。④

普洱地区澜沧县糯福区的布朗族聚居区主要集中在谦六、文东、糯福三个地区，与勐海县的巴达、布朗山连成一片。糯福布朗族原属景洪土司管辖，后来景洪土司将女儿嫁给孟连土司，就将糯福作为陪嫁品送给了孟连土司。据缅甸大芒点佛寺和糯福曼井佛寺的石刻记载，南传佛教从缅甸传入，糯福布朗族信仰南传佛教已有 500 余年历史。⑤

2. 南传佛教在德昂族中的传播

德昂族主要散居在德宏地区的潞西、梁河、盈江、瑞丽、陇川等地以

---

① 参见《西双版纳布朗族社会概况》，云南省编辑组编《布朗族社会历史调查》（三），云南人民出版社 1986 年版，第 52 页。

② 参见《勐海县西定布朗族社会历史调查》，云南省编辑组编《布朗族社会历史调查》（一），云南人民出版社 1981 年版，第 4 页。

③ 杨毓才、杨毓骧、王树五等：《勐海县布朗山老曼峨布朗族社会历史调查》，云南省编辑组编《布朗族社会历史调查》（二），云南人民出版社 1981 年版，第 98 页。

④ 参见《双江文史资料》（内刊）第 1 辑，第 18 页。

⑤ 参见《澜沧县糯福区布朗族调查》，云南省编辑组编《布朗族社会历史调查》（三），云南人民出版社 1986 年版，第 36—37 页。

及临沧地区的镇康、耿马、永德等县。关于南传佛教传入德昂族地区的时间，仅散见于一些零星的历史文献记载。

依据田野口述史，相传摆庄派是最先进入德宏陇川地区的南传佛教教派，是由陇川章凤镇勐嘎寨的德昂族商人相过引入的，他在南坎（今缅甸）经商时，见南坎已有五尊佛像，求之不得，便盗佛像一尊背回勐嘎，建佛寺供奉，该寺被称为"奘①相过"。相过辞世后，那尊佛像被移至姐海寨，后来再移至城子佛寺。②

据傣文史料《厍本勐宛》（《陇川史》）记载："佛历 1580 年（1036），莽达良在陇川曼弄塑佛像三尊、大象一头。"③ "莽"，在傣语、缅语和德昂语中，均为"王"之意。"达良"为德昂族先民的一个支系，"莽达良"即为德昂达良人之王，如果这则史料属实，则说明南传上座部佛教于 11 世纪就传入陇川，最先在德昂族中传播。

3. 南传佛教在阿昌族中的传播

阿昌族主要聚居于云南德宏地区陇川县的户撒以及梁河县的遮岛、大厂等。其中，户撒地区阿昌族全民信仰南传佛教，信仰的主要教派有瞒、润、多列和左抵四派。目前学界对南传佛教传入户撒阿昌族地区的时间和路线依然没有定论，一种观点认为阿昌族地区早期的南传佛教系公元 10 世纪左右由缅甸的孟人、缅人传入④，另一种观点以阿昌族地区现存的寺塔建筑大多保持了明清时期南传佛教的风格特点为由，认为南传佛教于明清时期传入阿昌族地区。

据《陇川史》记载，16 世纪时，第七代陇川土司多三召"带领百姓生产、赕佛、做摆，佛事活动比过去多，人们争相做大摆"，"多三诏时代，一年十二个月，每月都有佛事活动"。⑤ 这表明 15 世纪时期，南传佛教在德宏陇川傣族地区发展较快，宗教节庆活动频繁。进而言之，当时受

---

① "奘"，系德昂族语，意即佛寺，后为缅族、傣族等引用。

② 该说法为张建章采访陇川县景罕佛寺长老伍雨吉达和缅甸洋人街佛寺长老苏曼腊的口述史料，参见张建章主编《德宏宗教——德宏傣族景颇族自治州宗教志》，德宏民族出版社 1992 年版，第 120 页。

③ 参见《厍本勐宛》（《陇川史》），拜甘收藏，俊孟译，李绍成整理校注，《陇川县文史资料选辑》（三），德宏民族出版社 1992 年版。

④ 同上。

⑤ 张建章主编：《德宏宗教——德宏傣族景颇族自治州宗教志》，德宏民族出版社 1992 年版，第 118 页。

傣族麓川政权统辖的阿昌族在傣族的影响下接受南传佛教信仰也是可能的。

此外，明朝势力进入户撒之后，统治者在当地修建了道教、汉传佛教合一的官方寺院——黄阁寺。但是它的修建和百姓对它的朝拜并不顺利。在阿昌族地区流传着很多小白龙、金鸡、鬼神阻挠黄阁寺及朝拜修建的故事。① 在南传佛教地区，信众都认为小白龙、金鸡等动物是佛教吉祥物，鬼神则是原始宗教的代表，这些故事传说可以理解为在明王朝的势力进入户撒之前，南传佛教就已经传入了户撒地区并获得了一定发展。因此，当以汉族为主的道教、大乘佛教进入户撒地区时，就受到了南传佛教、原始宗教势力的强烈排斥与抗拒。

4. 南传佛教在佤族中的传播

佤族主要聚居于普洱地区的西盟县以及临沧地区的沧源县，其余散居于孟连、澜沧、耿马、双江、永德、镇康等县，西双版纳州和德宏州的部分地区也有佤族居住。佤族分布区的主要特点是：傣族居于坝区，汉族居于城镇，佤族和其他民族居于山区。信仰南传佛教的佤族主要集中在临沧地区的沧源县。

佤族信仰南传佛教主要是受傣族的影响。据历史所载，在一百多年前，班老、永邦两地区的佤族已开始信仰南传佛教，而班洪、勐角等地区的佤族信仰佛教则大约是 20 世纪初期的事。② 班洪寨佤族的佛教信仰自班莫传入，由于班洪寨是胡姓官家所在地，故班洪寨的佛寺亦称官佛寺，其长老是班洪部落最大的长老，其他各佛寺皆归班洪官佛寺和其长老管辖。③ 自此，南传佛教以班莫为中心，逐渐向忙脑、甘勐、娜底、营盘、班搞、班老一带发展。

综上所述，就中国南传佛教史的发展脉络来看，明中叶以来，随着南

① 小白龙、金鸡、鬼神阻挠黄阁寺修建及朝拜的故事主要有《黄阁寺的传说》《黄阁寺的传说 (一一三)》，参见曹先强《阿昌族文化大观》，云南民族出版社 1999 年版，第 185—187 页；陇川县文化馆编印《阿昌族民间故事——陇川少数民族民间文学资料第一辑》（内部资料），1982 年版，第 30—45 页。

② 参见杨毓骧《沧源县宗教情况》，云南省编辑组编《佤族社会历史调查》（二），云南人民出版社 1983 年版，第 54 页。

③ 参见胡中良等《沧源县班洪寨社会调查》，云南省编辑组编《佤族社会历史调查》（二），云南人民出版社 1983 年版，第 17 页。

传佛教在云南不同地域、不同民族中的发展衍化，独具地域性和民族性特色的中国南传佛教文化圈逐步形成，中国南传佛教的信仰格局基本定型。大致在明末清初，逐渐发展形成了两个中国南传佛教的弘法中心：一是以西双版纳地区为主的佛教中心；二是以德宏地区为主的佛教中心。这两个佛教文化中心渐次辐射到思茅、临沧、红河等区域的傣族、布朗族、阿昌族、德昂族、佤族等民族之中，最终形成了以傣族为主体信仰民族、以傣文为主要经典文字、以滇西南弧形地带为主要信仰区域的中国南传佛教文化圈。从此，巴利语系的南传佛教与汉语系的汉传佛教和藏语系的藏传佛教共同组成了完整的中国佛教体系。

二　中国南传佛教文化圈的发展

随着中国南传佛教文化圈的逐步形成，加之明清两代在云南傣族地区推行土司制度，政治上的稳定、经济上的繁荣，以及傣族土司的护持，为南传佛教的发展奠定了坚实的基础。此外，明清时期，东南亚佛教的隆盛辉煌极大地促进了南传佛教在云南傣族地区的兴盛。可以说，从明朝中叶直至清代是中国南传佛教的鼎盛期。由于南传佛教传入云南各流传区域的时间有先后之分，影响有大小之别，因此，中国南传佛教在不同区域发展的兴盛并不同步。概言之，在整个中国南传佛教文化圈中，西双版纳地区最早进入鼎盛期，德宏地区稍晚，临沧和普洱地区最晚。

西双版纳地区佛教大致于明朝中后期进入隆盛。西双版纳佛教史上一件具有划时代意义的大事就是傣历 931 年（明隆庆三年，公元 1569 年）缅甸金莲公主和西双版纳第二十五代召片领刀应猛的联姻，缅甸国王派僧团携佛经及佛像随嫁到西双版纳传教。从此，西双版纳傣族地区的南传佛教进入了一个新的历史发展时期。据《泐史》所载："傣历 931 年（1569年），缅王以宣慰使刀应猛归顺缅朝，特诏授宣慰使为'左碑国大自在福禄至善王'，并以公主娘囊呵康妻宣慰使，称金莲王后。"[①] 在缅王所赐赠的礼品中，包括佛像、护法神、法器和不少乐器。史料记载，所赐象牙印一颗，印宽三指，中刻须弥山，周以铁围山七座，其下有海，有三柱，有鳌鱼一对，其上有浮屠、日、月；此外，还有金质菩提叶等礼品。当然特别值得一提的是，刀应猛就任西双版纳宣慰使时，还举行了盛大的宗教庆

---

① 李拂一编译：《泐史》，国立云南大学西南文化研究室 1947 年印行，第 19—20 页。

典仪式,《泐史》又载:"宣慰使感激恩遇,于是敬以天朝(明朝)为父,缅朝为母。天朝使臣扶宣慰使左手,缅方使臣扶宣慰使右手,扶其登宝座,共举为宣慰使,行滴圣水礼。"[1] 随后"宣慰使召集所有十二版纳各部正副长官会议议决,随与缅甸使臣等同诣佛寺中,面对佛像、佛经及主持(佛法僧三宝)三个佛之代表者,竭诚宣誓。礼毕,缅使回缅复命"[2]。1570年,刀应猛之妻金莲王后生一子,取名刀韫猛。公主为了感念佛恩,"主建大佛寺一所,寺址位于景永城之西部,塑佛像一尊,坐宝座上,面向大缅国阿瓦城,名金莲寺,傣仿名瓦菠钪,亦金莲寺之意也"[3]。此后,西双版纳傣族地区大量兴建寺塔,极大地推动了上座部佛教的发展。

不难看出,西双版纳上座部佛教在这一时期取得较快发展,是与缅甸王室的积极支持分不开的,这背后其实隐藏着复杂的政治目的和背景。简言之,缅王试图通过联姻与佛教的扶持来达到他管控西双版纳的政治目的。据《车里宣慰世系简史》记载:缅王把金莲公主嫁给西双版纳召片领刀应猛后,不久就在瓦城举行了一次东南亚各国的佛教盛会,并邀请西双版纳的召片领及僧人们参加会议。据说,当时西双版纳有一个叫康朗子的僧人参加了此次盛会,并对缅王说:"我们信佛教规矩甚严明。佛爷一天只吃一顿饭,召片领也支持我们,佛寺佛塔已经建立,佛爷和尚越来越多。"缅王了解到西双版纳的佛教盛况后,不仅赐送佛经、芒锣以及各种宗教法器用具,还派人到西双版纳宛波罕佛寺作了许多壁画。[4] 从傣文史料来看,金莲寺是明朝中后期西双版纳境内修建规模最大的佛教寺院,亦是傣族地方统治者与缅甸王室之间佛教文化交流的一个力证。此后,在傣族土司的殷殷护持之下,西双版纳傣族地区进入了中国南传佛教发展史上的兴盛期。

从历史文献记载来看,南传上座部佛教自明初传入德宏傣族地区,明中叶以后,崇佛愈笃,赕佛愈虔。傣文史料《库本勐宛》(《陇川史》)曾记载:16世纪时,陇川第七代土司多三诏"带领百姓生产、赕佛、做摆,佛事活动比过去多,人们争相比赛做大摆。多三诏时代,一年十二个

---

① 李拂一编译:《泐史》,国立云南大学西南文化研究室1947年印行,第21页。

② 同上书,第22页。

③ 同上书,第22—23页。

④ 参见西双版纳傣族自治州文史资料委员会编《车里宣慰世系简史》,《版纳文史资料选辑》第1辑,1987年印行,第26页。

月，每月都有佛事活动"①。至清初寺塔遍地，佛法大盛。清顺治二年
（1645），果占壁王召罕法主持修建金熊宝塔（瑞丽姐勒大金塔），是德宏
地区南传佛教进入了恢宏期的标志。又清人周裕于乾隆三十二年，
（1767）奉命随清军由云南龙陵进入永昌境内之芒市、畹町、木邦等傣族
地区，沿途见到不少佛寺、佛塔。据其《从征缅甸日记》记载，其时畹
町、木邦一带"崇尚佛教，每至大村寨，或土司所居必有缅寺、浮图，
上悬白纸幡竿"②。明清时期德宏傣族地区佛寺、佛塔之普遍，足以看出
南传上座部佛教在德宏民间发展之盛。

　　而临沧地区和普洱地区南传佛教的兴盛大致在清朝中期。清乾隆四十
三年（1778），普洱地区景谷永平乡兴建宏伟壮丽的迁糯佛寺；道光八年
（1828），临沧沧源县修建誉满东南亚的广允佛寺。这是两地佛教的发展
进入极盛期的一个标志。

　　这一时期，随着傣文的普及和巴利语佛经的翻译，南传佛教的教理教
义已经深入人民心，并对傣族的思想文化、伦理道德、价值标准、社会经济
产生了深远影响，表现为傣族信众的日常生活、民俗节庆、伦理道德观念
等无一不和佛教相连，礼敬三宝、斋僧赕佛已经成为傣族民众日常生活中
最重要的一项内容。这在清代的汉文史籍中也有不少相关记载。

　　道光《云南通志》引《伯麟图》载："花摆夷，性柔软，嗜辛酸，居
临水以渔稼。每岁三月，男女击鼓采花，堆沙献佛以为吉祥。普洱府属
有之。"③

　　道光《云南通志》引《缅宁④厅采访》载："僰夷（摆夷），不事诗
书，崇信释教，诵经谓之讽坦，写字谓之细利，其字横行。"又引《宁洱
县⑤采访》载："僰夷（摆夷），以季春为岁首，男女老幼俱着新衣，摘
取各种山花，并以糯米蒸熟，染成五色斋供，齐赴缅寺，鸣鼓击钵，供献
佛前，听缅僧诵经，名为赕佛，旋以各种山花插于沙堆之上，谓为堆沙。

　　① 《厍本勐宛》（《陇川史》），拜甘收藏，俊孟译，李绍成整理校注，《陇川县文史资料选
辑》（三），德宏民族出版社 1992 年版。

　　② （清）周裕：《从征缅甸日记》，中华书局 1991 年版。

　　③ （清）王崧修：《云南通志》卷一八三，清道光十五年（1835）刻本。

　　④ "缅宁"，即今之临沧市、保山市一部分地区。

　　⑤ "宁洱县"，即今之普洱市景谷县。

又男女均以竹筒取水互相洒泼，以湿衣为乐。"①

又有道光《普洱府志》载："缅和尚，宁洱、思茅、威远有之，以黄巾缠头，批黄布为衣，仿佛喇嘛。所颂佛经，皆蒲叶缅文……其饮食皆摆夷轮流供给，捧至缅寺外，去包头及鞋，以饮食置头上，跪而献之，盖摆夷最尊缅和尚。如卑幼为缅和尚，虽其尊长，献食亦与凡人同诚敬，若还俗，则依然卑幼也。"② 上述志书中所载之"缅寺"即南传佛教佛寺，"缅僧"、"缅和尚"即南传佛教僧人，"缅树"为菩提树。

清光绪《永昌府志》载："摆夷，有水旱二种。……性柔弱，务耕织。以清明节前数日为泼水（节），男女以竹筒汲水，互相泼洒为乐。崇佛教，以米蒸熟斋供缅佛，听僧诵经顶礼膜虔。学习夷字夷经，亦间有读书者。凡府属土司地方皆是。"③

不难看出，清朝时期的傣族地区已基本进入全民信教的鼎盛阶段。南传佛教的思想及价值观念已普遍被信众所接受，且佛化之深、赕佛之诚、佛事之盛，为中国南传佛教发展史之巅峰。

第四节　中国南传佛教寺塔的兴建

一　中国南传佛教佛寺的兴建

明清时期，南传上座部佛教在东南亚得到了极大的发展，其体系逐渐成熟和完善，受其影响，这一时期的中国南传佛教在云南境内西双版纳地区、德宏地区、思茅地区和临沧地区也都逐渐成熟和完善起来，中国南传佛教进入发展的鼎盛阶段，呈现一派欣欣向荣的局面。其突出特点就是在中国南传佛教流传区域内兴建了一大批具有南传上座部佛教浓郁特色的寺院。史载滇西南之傣族地区在明末清初最盛时，有佛寺近万座。④

中国南传佛教佛寺的建筑风格大致可以归纳为西双版纳型、德宏型、临沧普洱型三类。西双版纳地区的南传佛教主要是由泰国清迈经缅甸景栋传入，均属润派，其佛寺多以重檐多坡面平瓦建筑为主，一般由大殿、戒

---

① （清）王崧修：《云南通志》卷一八三，清道光十五年（1835）刻本。
② （清）李熙龄纂修：《普洱府志》，清咸丰元年（1851）刻本卷一八。
③ （清）刘毓珂纂修：《永昌府志》卷五七《种人》，清光绪十一年（1885）刻本。
④ 王海涛：《云南佛教史》，云南美术出版社2001年版，第508页。

堂、僧舍和鼓房四个部分组成，与泰国北部佛寺建筑风格相近。德宏地区的南传佛教主要由缅甸传入，佛寺建筑深受缅甸建筑风格的影响，建筑包括大殿（兼具佛殿和僧舍、鼓房的功能）、泼水亭和男女信众宿舍，造型与缅甸佛寺有诸多相似之处。德宏地区佛寺主要分为楼奘和地奘两类。其中楼奘类佛寺广泛受到缅北佛寺风格的影响，地奘类佛寺则深受汉地建筑风格的影响。临沧、普洱两地的佛寺多属于润派佛寺，整体布局与西双版纳佛寺比较相近，都建有独立的佛殿、僧舍、藏经楼、佛塔等。两者主要差异在于：西双版纳佛殿多是陡峭的重檐歇山顶，除了脊饰和山花之外，较少装饰；临沧普洱型佛寺的重檐屋面相对平缓，飞檐层叠，雕梁画栋，受汉文化及汉地佛教的影响颇深。

（一）西双版纳地区佛寺的兴建

历史上，西双版纳地区一直是中国南传佛教文化圈的中心区域之一。明清时期，随着傣族土司制度与南传佛教的关系日益紧密，南传佛教逐渐深入民心，在傣族土司的殷殷护持和信众信教热情的推动之下，西双版纳地区兴建了大量佛寺，标志着南传佛教在西双版纳地区发展之隆盛。

明成化十四年（傣历 840 年，公元 1478 年），由高僧祐巴阿领主持修建曼阁佛寺，建寺资金由当地信众、长老和召片领、宣慰司官员共同捐献。傣语称之为"瓦拉扎滩曼阁"，意为曼阁中心佛寺，位于车里允景洪曼阁寨。佛寺坐西向东，建筑群由大殿、戒堂、僧舍、鼓房、门亭、长廊组成。主体建筑大殿为木架结构，建筑形式为重檐三面坡式。四面偏厦为傣族风格的墙抬梁式，斗拱承檐。殿内中堂是两行列柱抬梁结构，纵向式平面布局。大殿西端须弥座上供奉一尊释迦牟尼佛像。佛殿四壁彩绘佛本生故事壁画。大殿右侧是戒堂，二重檐三坡面建筑，是南传佛教中心佛寺建筑的一大特色。曼阁佛寺不仅是西双版纳地区的重点佛寺，而且在东南亚国家和地区信众中也享有盛誉。

从傣文史料来看，金莲寺是明朝晚期西双版纳境内修建规模最大的佛教寺院。1570 年，刀应猛之妻金莲王生一子，为了感念佛恩，"公主建大佛寺一所，寺址位于景永城之西部，塑佛像一尊，坐宝座上，面向大缅国阿瓦城，名金莲寺，傣仂名瓦菠钪，亦金莲寺之意也"[1]。从此，西双版纳地区广建佛寺，南传上座部佛教盛行于当地傣族和布朗族之中。

① 李拂一编译：《泐史》，国立云南大学西南文化研究室 1947 年印行，第 22—23 页。

1597年,始建曼广佛寺,正是《泐史》所载刀应猛在任时(1569—1598),其妻金莲公主在西双版纳广建佛寺的年代。曼广佛寺与曼果佛寺以及洼帕杭佛寺、洼坝姐佛寺等,可能属于同一时期所建的佛寺。①

有清一代,西双版纳地区佛法兴盛,广修佛寺,有据可考的重要佛寺有数十座之多。如建于清康熙二年(1663)的景洪洼曼宰佛寺,建于晚清的有勐海曼宰龙佛寺、景洪洼专董佛寺、曼勒佛寺、曼匡佛寺、景泰佛寺、曼听佛寺,等等。

(二)德宏地区佛寺的兴建

南传佛教自明初传入德宏傣族地区,至明中叶普遍盛行于民间,润、多列、摆庄、左抵四教派在其境内都有流传,到明末清初发展兴盛。明清两代兴建了大量南传佛教佛寺。

雷奘相是南传佛教传入德宏傣族地区首建的一座佛寺,约建于元末明初,② 意为宝石山寺庙。据傣文经书记载,雷奘相为进入瑞丽传教的第一位高僧所建,后来因故化为废墟。清光绪六年(1880),在雷奘相遗址上重建4座小型佛塔。后佛塔毁于暴风雨,晚清恢复重建,遂成为勐卯第十八代土司珩景泰之母的官寺。雷奘相是东南亚地区八大寺庙之一,是中缅上座部佛教信徒的朝拜圣地。据考古发现,雷奘相曾发掘出土明清时期器物340件,以佛像为主,其中311件为陶器,29件为铜器。表明在明清时期,雷奘相在瑞丽曾盛极一时。③

明朝中期上座部佛教左抵教派传入德宏,并在遮放坝尾(今德宏州芒市)龙川江西岸德昂族地区修建雷列佛寺。④ 这座左抵佛寺最兴旺的时候,出家的僧人达到四五百人。⑤

---

① 邱宣充:《景洪的佛寺建筑》,《西双版纳傣族小乘佛教及原始宗教的调查材料》,云南省历史研究所1979年编印。

② 亦有傣文史料《禅养广母雷奘相》(《芒约佛寺的传说》)和《召扎随朵它》(《释迦牟尼经历》)记载说,雷奘相始建于11世纪,此处旨在说明雷奘相为上座部佛教传入德宏傣族地区首建的佛寺之一,至于其确切修建时间,于此暂不辨。

③ 参见瑞丽市史志办公室编《乘象国揭秘——瑞丽傣族历史文化研究集萃》,德宏民族出版社2012年版,第474—475页。

④ 参见《左抵教史》,《左抵教史》记载左抵教派于15世纪中叶从缅甸传入德宏德昂族地区,转引自张建章主编《德宏宗教——德宏傣族景颇族自治州宗教志》,德宏民族出版社1992年版,第121页。此外,曾在雷列古塔遗址发掘出明砖,考古证明雷列佛寺建于明代。

⑤ 《德昂族简史》编写组:《德昂族简史》,云南教育出版社1986年版,第39页。

　　明朝末年，陇川第十三代土司多宪准于 1632 年始建景坎（又作景
罕）玉兔大金塔，并带领百姓按祖宗法制供奉三宝，做大摆，做好事。[①]

　　清初，德宏地区信仰上座部佛教更为普遍，兴建了不少佛寺。《遮放
地方史》载："原来，自遮放多氏自此开始建城时，就请来了上座部佛教
的旦达长老建寺传教，可是过了好几代，境内的佛寺仍然寥若晨星。自多
传朝得到皇帝嘉奖后，更加崇信佛法僧三宝，于是便着力号召各地建立佛
寺，规劝百姓虔诚贶佛。经司官这一提倡，境内很快建立了很多佛寺，佛
寺中又都住了许多比丘，带领着佛教弟子日夜诵经。"《芒市土司史略》
又载：清顺治年间（1644—1661），芒市乡下修建了许多木结构瓦顶的新
佛寺。[②]

　　清康熙年间（1662—1722），芒市又新建了很多佛寺，仅木结构瓦顶
的佛寺就有 60 余座，衙门里的官员个个信佛。芒市镇奘罕（五云寺）和
菩提寺即建于这一时期。[③]　其中，五云寺建于清康熙四年（1665），为芒
市长官司方廷定创建勐焕奘罕，首任主持长老是佐密灭，为泰国清迈高
僧，原址建于姐别寨，后迁至姐木。嘉庆七年（1802），土司放泽重又将
此寺迁至芒市。据寺中保存木匾记载：首任主持大佛爷名法纪，二佛爷名
混相（芒市土司方廷定之子），是德宏地区规模较大的润派佛寺，清中晚
期改为摆奘派佛寺。

　　至清康熙二十年（1681），始建菩提寺，傣语称"奘相"，意为"宝
石寺"，第一任主持来自五云寺，为摆奘派名刹，寺悬清雍正皇帝御赐
"佛光普照"匾额一块。乾隆五十七年（1792）山官武装攻占芒市，佛寺
被焚毁。嘉庆十四年（1809）重建。嘉庆二十一年（1816），十八世土司
方泽重袭职初期扩建。佛寺坐西向东，建筑群由大殿、戒堂、僧舍、山门
组成，主体建筑大殿为干栏式三重檐结构。殿堂设于楼上，中间为佛堂，
只供奉一尊释迦牟尼佛像，四壁彩绘佛本生故事。右侧为观音堂，供奉观
音立像。殿前上设飞檐翘角的偏厦门亭，呈重檐歇山顶式建筑，正脊两端

　　①　《厍本勐宛》（《陇川史》），拜甘收藏，俊孟译，李绍成整理校注，《陇川县文史资料选
辑》（三），德宏民族出版社 1992 年版。

　　②　张建章主编：《德宏宗教——德宏傣族景颇族自治州宗教志》，德宏民族出版社 1992 年
版，第 119 页。

　　③　参见《芒市土司史略》，转引自张建章主编《德宏宗教——德宏傣族景颇族自治州宗教
志》，德宏民族出版社 1992 年版，第 119 页。

和垂脊各端置长鼻双翼异兽，傣语称"贺画"，表示圈定天界的范围。大殿正脊和南北偏厦屋脊中央均立一座高约1米的金塔，傣语称"梯奘"，表示天堂，极富南传佛教建筑特色。

清乾隆时期（1736—1795），仅芒市地区就有62座木结构瓦顶佛寺，等喊弄奘寺即在此时期得以兴建。"等喊"，系傣语，意为"金水池"，"等喊弄奘寺"即"大金水池寺"，为多列教派名刹。建筑群由大殿、两座长方形亭阁和走廊组成。主体建筑大殿坐西向东，基座为干栏式结构，桩柱较高，约占大殿高度的1/4，门前设高梯。大殿四面各建一偏厦，形成四重檐歇山顶式。顶部四面墙壁均开有门洞，正脊中央立"梯奘"（小佛塔），表示天堂。重檐四角伸出呈象牙状。殿中供奉坐式释迦牟尼佛像，四壁彩绘傣族民间故事和孔雀、大象等吉祥动物图案。中堂顶部由傣族生肖图案木板浮雕镶嵌而成，红镏涂金，色彩明快，形象逼真，雕工精细。整座佛寺具有浓郁的傣族风格和南传佛教建筑艺术特征。

清末，官吏贪婪，赋役繁重，南甸（今德宏州梁河县）各族人民纷纷起来反抗土司，斗争此起彼伏。咸丰元年（1851），南甸土司刀守忠经历农民起义变故后哀叹"世势已变，人心不古"，从而悉心研究政务，提出"一手倡孔，一手倡佛"的主张，一边请来各方僧道，一边先后在南甸修建佛寺20余座。[①] 清同治十二年（1873），兴建佛光寺，傣语称之为"奘罕"，意为珍藏第一部经书的佛寺，左抵派最大的佛寺，其最初为芒市二十世土司为自己修建的宫殿，后因故改为佛寺，定为土司正印夫人的官寺。该寺由正殿、南偏殿、牌坊式院门、亭阁及一组白塔组成，正殿及偏殿皆供奉释迦佛坐像。清光绪初年，又兴建遮岛缅寺。据《腾冲县志稿》记载，遮岛缅寺，为南甸宣抚司刀定国所修，其子龚绶扩建，供奉金佛数百，为各司地缅寺之冠。[②]

此外，建于明清时期的著名南传佛教寺院还有风平塔寺、尖山塔寺、喊撒佛寺、邦外塔寺、奘崩龙佛寺、户撒寺等，上座部佛教在德宏地区的兴盛由此可见一斑。

（三）临沧地区佛寺的兴建

南传上座部佛教传入临沧地区的时间较德宏地区稍晚，为15世纪末

---

① 张建章主编：《德宏宗教——德宏傣族景颇族自治州宗教志》，德宏民族出版社1992年版，第120页。

② 李根源、刘楚湘纂修：《腾冲县志稿》卷七《舆地》。

期。据史料记载，明成化九年（傣历 835 年，公元 1473 年），南传佛教由勐艮（现缅甸掸邦的景栋）地区传入耿马。时耿马土司罕边法甚喜，建半满燕佛寺于东门外。至明嘉靖二十七年，即公元 1548 年（傣历 910 年），耿马土司罕庆法时，迁半满燕佛寺至山顶，建盖景戈大佛寺（汉译为蚌佛寺），后又称大白塔佛寺。随后又在城东北环东南方修建了袜广、袜蝶、袜允相、袜回坎等一批佛寺。至土司罕朝瑷（清乾隆年间），又建袜坎（睡佛寺）、袜墨（小街佛寺）、袜勒（甘东寺）、袜楞（官佛寺）、袜东户（野佛寺）、袜吾（观音阁佛寺）等佛寺。①

明清时期临沧地区大量兴建的佛寺中，尤值一提的是袜楞佛寺和广允佛寺。广允佛寺建于清道光八年（1828），正当清廷调停耿马土司内讧、册封罕荣高为土司之时。大殿为三重歇山顶，檐下设围廊，殿前建有二重檐阁楼一座，为佛殿之过厅，殿、阁接合巧妙，新颖独特，世所罕见。广允佛寺的建筑风格较多地受到汉族建筑风格的影响，保留了南传佛教寺院的基本形式，是汉式建筑外形与傣族庭院内部装饰的有机结合，在建筑艺术风格上独具一格，是极珍贵、极典型的傣汉建筑艺术结晶。袜楞佛寺系耿马宣抚司于清乾隆年间主持修建的一所总佛寺，也是耿马土司及其亲属礼佛的场所，故又称官缅寺，在耿马南传佛教中属于最高一级，称"纳扎探"；住持为耿马最高禅师安雅淌。清咸丰元年（1851）重建。

随着这些重点佛寺的陆续修建，南传佛教逐渐在临沧地区的傣族、佤族、布朗族、德昂族地区传布开来并在明末清初趋于鼎盛。

（四）普洱地区佛寺的兴建

在中国南传佛教文化区域内，佛教进入普洱地区最晚，明中叶后才传入孟连，清初传入景谷，大致兴于清代中晚期。明清时期兴建的佛寺主要有中城佛寺、大缅寺、迁糯佛寺、永平佛寺、曼岛佛寺、东那佛寺、芒中佛寺等。这一时期佛寺的建筑风格一方面保留着西双版纳南传佛教佛寺的建筑特征，另一方面又深受汉式建筑风格的影响，充分体现出傣汉文化在明清时期的交流与融合。

据《孟琏傣族土司的历史》载，明宪宗成化十七年（1481），孟连第九代土司刀派忠派人从缅甸景栋迎奉佛教，当时即在城内修建中心佛寺洼

---

① 颜思久主编：《云南省志》卷六六《宗教志》，云南人民出版社 1995 年版，第 24 页。

岗（中城佛寺）。① 位于孟琏宣抚司（今普洱市孟连县）孟连镇娜允中城，是孟连县历史悠久、规模较大的佛寺之一。历经战乱，佛寺被毁。后于清宣统二年（1910）重建。佛寺坐西向东，土木结构，建筑群由大殿、戒堂、僧舍、山门组成。主体建筑大殿为三重檐歇山顶围栏式建筑，殿门悬挂"法界庄严"横匾，殿内墙壁绘有精美的傣族民间金水壁画，极富傣族传统工艺特色。

清顺治初年（1644），景谷土司刀汉臣首先在景谷城郊修建佛寺。《威远厅志》有载："大缅寺在威远城北门外，寺内有缅僧百余人，皆剃发，用黄布裹身，名缅和尚。寺中有塔二座，高三丈余，昔土司刀汉臣所建。"② 大缅寺为普洱景谷地区上座部佛教的总佛寺（俗称官缅寺）。

清乾隆年间，兴建迁糯佛寺（亦称迁糯瓦龙），整个佛寺由山门、大殿、布书亭（戒亭）、僧舍等几部分建筑组成，受汉地大乘佛教的影响十分明显。山门牌楼正中用汉字书写"清佛寺"三个大字，落款有"乾隆戊戌季春穀旦"。山门重檐之下均有龙纹、云纹等浮雕，山门内侧牌楼上也有汉字书写的"福贵门"三字。

清光绪二十五年（1899），修建芒岛佛寺，佛寺坐西向东，由大殿、戒堂、僧舍、山门组成。大殿为三重檐歇山顶围栏式建筑，殿内供奉释迦牟尼佛像，四面墙壁彩绘傣族民间故事。大殿圆柱、天花板、格扇均绘有朱红描金图案。正门悬挂"西天古佛"朱红镏金大字匾额，落款为"大清光绪己亥年夏四月中瀚吉旦"，两侧悬挂楹联"西天如来慈悲普渡，东鲁圣人教育汪洋"，正是傣汉文化交融互动之典型。

纵览上述，始自明中叶，中国南传上座部佛教的不同流传区域内大量兴建佛寺，至明末清初，形成了村村有佛寺、勐勐有佛塔的盛况，中国南传上座部佛教的发展进入了鼎盛时期。

二　中国南传佛教佛塔的兴建③

明清时期，随着南传佛教在广大百姓心目中神圣地位的进一步巩固，

---

① 《孟连傣族土司的历史》，云南省编辑组编《思茅玉溪红河傣族社会历史调查》，云南人民出版社 1984 年版，第 23 页。

② （清）谢体仁纂修：《威远厅志》，清道光十七年（1837）刻本。

③ 本部分"中国南传佛教佛塔的兴建"，详参郑筱筠《试论中国南传佛教佛塔艺术》，"中日佛教文化艺术"国际学术研讨会，2011 年 7 月 22 日。

加上东南亚南传佛教兴盛发展的推动，中国南传上座部佛教揭开了大规模修寺建塔的序幕。这一时期，在西双版纳、德宏、临沧、思茅等流传区域都兴建了大量的佛寺、佛塔。据清康熙年间《永昌府志》、雍正《临安府志》载："车里诸国，寺塔极多，一村一寺，每寺一塔。村以万计，塔亦万计。"

佛塔，古印度梵文称"斯土帕"、"苏堵坡"或"塔婆"，源于梵文 Sthupa，原义为坟冢上的建筑物；巴利语为"土帕"（thupa）。在南传佛教流传地，佛塔的称谓也并非一致，斯里兰卡称佛塔为"大瓜巴"（Dagaba）；缅语称"社帝"（Zeidi）；泰国民间称佛塔为"车帝"（Che-di）；南传佛教一些国家还称佛塔为"布屠"（Phto：），即古汉文译音浮屠；我国西双版纳傣族称佛塔为"塔"。景洪附近山上有"塔高庄"（傣语"塔"为塔，"高"为九，"庄"是山顶、坡顶之意）。

佛塔的外形及内涵虽然都是在印度形成的，但随着佛教从印度向世界各地传播，各地又根据自己的观念、需求和物质条件，创造出各式各样的塔来。但无论怎样变化，万变不离其宗，都离不开印度古塔的五个基本组成部分：第一部分是台基，又称基坛，或方或圆，是塔的基座；第二部分是覆钵，又称覆钟，是台基上面的半球部分，状如倒翻的钵或钟；第三部分是平头，亦称宝座，是置于覆钵之上的方箱形建筑；第四部分是竿，用以标示此是圣地；第五部分是伞，即华盖，建于塔顶，数目从一重至十三重，数目的多寡表示悟道的深浅。中国南传上座部佛教佛塔也具备这五种基本的组成部分。

根据佛教经典的规定，佛塔的功用可以分为四类：第一类是舍利塔，用来盛佛骨舍利或国王的骨灰；第二类是纪念性佛塔，建在佛诞生处、悟道处、讲经处、涅槃处及具有各种纪念意义的地方；第三类是藏经塔，收藏三藏经典；第四类是奉献的佛塔，用以奉献给佛祖。中国南传上座部佛教佛塔尤以舍利塔、纪念性佛塔和供奉释迦牟尼的佛塔居多。

对于佛塔的建造材料、形状及其规矩，据佛经记载，释迦牟尼在世时就有过明确的规定。当时由于佛的弟子舍利子去世，给孤独长老就建塔供奉舍利子一事请教佛陀时，佛陀就做出规定：

给孤独长者闻已便作是念，此即是缘可往白佛。礼佛足已，在一面坐。白言世尊：多有人众，于尊者舍利子遗身舍利，情生敬重，持诸妙物，各申供养。来至我宅。我有他缘锁门而去，诸人来见共起嫌言，长者闭门，障我福路。若佛听者，我今欲于显敞之处，以尊者骨起窣堵波，得使众人随情供养。佛言：长者随意当作。长者便念，云何而作？佛言应可用砖两重作基。次安塔身上安覆钵。随意高下，上置平头。高一二尺，方二三尺。准量大小，中竖轮竿，次着相轮。其相轮重数，或一二三四乃至十三，次安宝瓶。长者自念：唯舍利子得作如此窣堵波耶？为余亦得？即往白佛。佛告长者：若为如来造窣堵波者。应可如前具足而作。若为独觉勿安宝瓶。若阿罗汉相轮四重，不还至三，一来应二，预流应一。凡夫善人但可平头，无有轮盖。①

　　因此，中国南传上座部佛教严格按照佛经中对于佛塔的设计和建造等方面的规定来建筑设计自己的佛塔。佛教中最初的塔型应该是覆钵型，在唐玄奘《大唐西域记》中有这样的记载："大城西北五十余里至提谓城，城北四十余里有波利城。城中各有一窣堵波高余三丈。昔者如来初证佛果，起菩提树，方诣鹿园。时二长者遇彼威光。随其行路之次，遂献麨蜜。世尊为说人天之福。最初得闻五戒十善也。既闻法海，请所供养。如来遂授其发爪焉。二长者将还本国，请礼敬之仪式。如来以僧伽胝方迭布下。次欝多罗僧，次僧却崎，又覆钵，竖锡杖，如是次第为窣堵波。二人承命，各还其城。拟仪圣旨，式修崇建。斯则释迦法中最初窣堵波也。"② 其中"如来以僧伽胝方迭布下，次欝多罗僧，次僧却崎，又覆钵，竖锡杖，如是次第为窣堵波"，由此可知以布袈裟置于地上，再覆钵，最上面又竖锡杖这样的覆钵型塔应该是最早出现在原始佛教中的塔型，而其最初的象征意义就是礼敬佛陀。由于南传上座部佛教一直恪守着原始佛教基本教义的纯洁性，因此这一佛塔的原始造型也在东南亚佛教中得到了继承和发展。当然在后来东南亚的佛塔多为由诸多小塔簇拥着中心主塔的排列布局。我国的傣族佛塔也有同样的布局。关于东南亚佛塔形制的变化大致有以下发展过程：据最早的佛塔建筑看，约公元前500年的仰光大金塔为锥型塔；约公元前250年的印度桑奇一号塔是覆钵型；公元8—9世纪的印度尼西亚婆罗浮屠也是锥型，并由许多小塔按梯阶环绕中央顶部的大塔，

----

① 《大正新修大藏经》第24册，《根本说一切有部毗奈耶杂事》卷一八。
② 《大正新修大藏经》第51册，《大唐西域记》卷一。

这种布局为东南亚各国后来的塔寺建筑所接受，柬埔寨的高棉人在汲取印度宗教建筑艺术中结合自己的建筑技术建造了吴哥塔（约 10—12 世纪），从而形成东南亚高棉、孟、泰人等以多棱面形，由大渐小一层层地向上攀盖，最后由圆收顶的锥型塔；此后，缅甸蒲甘塔寺（11—13 世纪）中由方型塔上端以圆收顶的拱顶塔式庙宇渐渐流行；从此以后，笋节形、钟形、半球形（覆钵形）以及泰国的多重檐琉璃大屋顶，有细长的三角形尖顶加之屋顶中间的锥形塔等各种塔寺的不断出现，形成今天绚丽多姿的由本地民族建筑风格为主体，结合印度、中国及欧洲建设风格建构的南传佛教塔寺文化。[①]

如果说中国南传上座部佛教的寺院建筑的规模、结构布局在很大程度上与该寺院在中国南传上座部佛教系统内的地位和等级有关，[②] 那么中国南传上座部佛教佛塔的建筑风格似乎就没有受到该地区佛教系统的地位和等级的严格限制。中国南传佛教文化圈内的佛塔建筑既具有东南亚南传佛教的建筑风格，同时又在不同程度上融入了中国少数民族本民族的建筑特点。

（一）西双版纳地区南传佛教佛塔

学术界关于西双版纳地区的佛塔何时建立这一问题，由于缺乏较为准确的史料记载，尚无定论。然至明、清两代，佛法大盛，兴寺建塔时有，是该地区佛塔发展的繁荣时期。

由于西双版纳地区的南传佛教源于东南亚，作为佛教建筑之一的佛塔，从结构到造型等方面都深受东南亚各国建筑艺术风格的影响，尤其受缅甸、泰国佛塔建筑风格的影响。但西双版纳地区的佛塔建筑并未完全照搬缅、泰风格，而是和本民族、本地区的传统建筑艺术相融合，发展创造出独具民族地域特色的佛塔风格。

西双版纳佛塔的选址也十分讲究，多半在这几种情况下：一是传说中佛祖走过的地方必建塔，如景洪的庄莫塔、庄董塔、邦友塔。二是佛祖留下圣迹之处也必建塔，如景洪曼飞龙塔，就是因为塔下一块岩石上有一足

①　朱海鹰：《南传佛教塔寺艺术探索》（上），《云南艺术学院学报》2000 年第 1 期。
②　详参郑筱筠《历史上中国南传上座部佛教的组织制度与社会组织制度之互动》，《世界宗教研究》2007 年第 4 期；郑筱筠《试论中国南传佛教的宗教管理模式》，《中国宗教》2011 年第 1 期。

印，传说是佛祖的足迹，曼飞龙塔就为此而建。勐海的岗纳木塔是因佛祖洗脚后，洗脚水流淌到这里就停止了，为此又建佛塔纪念。三是山清水秀、风景幽美之处必建塔，所以往往在意想不到之处，会突然看见花木古树掩映之中有一座佛塔，这是因为人们认为佛必与一切美好的事物联系在一起。四是山势高阔处也建佛塔，这里可凭高眺望，喻示佛光普照四野。五是为祭祀某种与佛教有关的神灵而建塔。六是为装饰建造的水井塔、瓦脊塔，水井塔几乎寨寨都有，甚至一寨数个，这种小型化塔被人们点缀得五光十色、彩绘纷繁，人们刻意雕琢，费尽心思，有的建成华丽的亭阁式，有的建成复杂的金刚宝塔式，有的建成大象驮塔式，花样翻新，层出不穷。这是因为傣族有浓郁的水崇拜意识，塔建于水井上，一来可保持水质清洁甜美，二来井边是人们活动频繁的场所，美丽的井塔带给人们赏心悦目的美感享受，使人们生活倍加幸福愉快。

明清时期，西双版纳地区修建的主要佛塔有以下几处。

1. 景洪庄莫塔

在景洪曼勒原宣慰使司署东面，约建于明隆庆四年（1570），其造型采用了东南亚最常见的佛塔类型——金钟式塔型。塔基呈四方形，边宽16.6 米，高 0.5 米，四面各砌券门式佛龛一座。位于塔基座中央的佛塔平面呈圆形，通高 10 米，塔座直径 6.3 米，为束腰须弥座式，腰间以若干环状体加叠其间。塔身为一覆钟形，钟体上部有 10 个椭圆形纹饰环绕。塔刹做成圈形圆环，明显表现出东南亚佛塔建筑风格的影响。

2. 景洪曼庄垅塔

此塔建于清朝，平面呈八角形，高 12 米。其基座为五级阶梯式，塔身五级，由须弥座提相叠而成，从下到上逐层收缩，座边均刻卷云浮雕。塔身底层八面辟有塔门式浅佛龛。龛内并未装饰佛像。塔顶为一覆钟形。此塔在建筑风格上表现出汉式密檐式塔的建筑特征，应该受到汉式密檐式塔建筑风格的影响，但是在具体结构和形式上又有自己的独特风格。

3. 勐腊县曼崩铜塔

此塔建于清乾隆五年（1740），该塔层次分明，线条流畅，风格明快，是折角多边形塔的杰出代表。塔通高 11 米，基座方形，边宽 5 米，塔身为三层多边折角形状相叠，第一层为方形，四面各砌出纵向双面坡殿宇佛龛一座。第三层上部作八角形状，再上为仰莲及葫芦形宝瓶。塔身及塔刹之间用二层莲瓣过渡。铜质塔刹置于葫芦形宝瓶的顶端，刹杆上下串联着 5 道圆球桩体，杆上分出权枝，悬挂着风铎。整个塔体以铜皮包裹。值得注意的是，这种折角多边形的塔虽然是云南上座部佛教塔建筑的后期常见形式，但是此塔并未采用习惯上的锥形叠压式手法，而是在三层塔身之间采取了束腰的建筑手法，其折角线条从上到下贯通全塔。塔身上不作其他任何装饰，塔身素朴简洁，这又与云南上座部佛教塔建筑的后期追求华丽、喜欢繁缛装饰的风格大不一样。曼崩铜塔从塔基到塔刹之间有方形的塔基、折角亚字形的塔身、八角形的塔顶、圆形宝瓶式的塔刹等各种不同形状的交叉组合，过渡自然、层次分明、线条流畅，既体现了传统的天圆地方的宇宙观，又体现出云南南传上座部佛教寺塔建筑后期的鲜明的民族特色，是云南南传上座部佛教寺塔建筑中的较具代表性的杰作。①

（二）德宏地区南传佛教佛塔

德宏地区的佛塔主要受缅甸掸邦中北部地区的影响，作为佛教崇拜物的佛塔，是随着南传佛教的大规模传播而开始大量兴建的。主要为缅式覆钟型塔，多以群塔出现。中北掸邦佛塔的来源是缅甸中部曼德勒等地，而曼德勒等地的佛塔基本上是在蒲甘缅式佛塔的基础上发展而来的。②

德宏一代佛塔少数为明代所建，多数为清代兴建。德宏最早的佛塔当为傣族史料《掸养广母雷奘相》（《芒约塔寺的传说》）中提到的勐卯姐相芒约佛塔。而有信史记载的则是建于 1632 年的陇川景罕佛塔。另勐卯姐勒佛塔亦应修建较早，史载 1756 年为重建时间。③

德宏地区享誉东南亚的佛塔是姐勒大金塔，它是德宏瑞丽地区保存至今最古老的佛塔。傣家人叫它"广姆贺卯"，意为"瑞丽城首之塔"，有的又称为"金狮塔"。它的正式佛名为"瑞敏汉金塔"，是中缅边境傣族、德昂族等南传上座部佛教信众朝拜的圣地。

姐勒大金塔建立的时间至今尚无确切记载，相传始建于勐卯君主召武定执政时期，以后又经过六次重修，至第七次思南王进行扩建，更名为"金熊宝塔"。据傣文史籍《迷喊》（直译为《金熊》，即《姐勒金塔史》）

---

① 参见杨玠《西双版纳的佛塔》，王懿之、杨世光编《贝叶文化论》，云南人民出版社 1990 年版，第 493 页。

② 参见王晓帆《中国西南边境及相关地区南传上座部佛塔研究》，博士学位论文，同济大学，2006 年，第 123 页。

③ 张建章主编：《德宏宗教——德宏傣族景颇族自治州宗教志》，德宏民族出版社 1992 年版，第 224 页。

记载:“在速塔共玛腊王子统治时期的一天夜间,王子发现姐勒沙丘发光,翌日派人查找,发现有熊、麻雀、野鸭、牛、人等七种骨头,便认定该地有佛,于是在此建塔。”[①] 德宏瑞丽地方志书《勐卯地志·序》亦载:“勐卯姐勒村佛寺内之金塔为著名,年代亦极久远。俗传其地发现佛骨,形状色泽大小不一,往往夜间大放毫光,五光十色,极为奇丽,迷信者见之,遂掘地觅获,建塔其上,并立佛寺祀之,糜费巨万而不惜。”[②] 据考古发掘证明,姐勒金塔遗址上出土的银片上有傣文记载云该塔曾于佛历 2300 年(清乾隆二十一年,公元 1756 年),勐卯土司衎约法执政时首次重建[③],后佛塔毁于地震和战乱。1803—1853 年,先后两次修塔,1854 年第四次修塔,1890 年第五次修塔,1893 年第六次修塔。[④] 与此相应,《迷喊》又载,相传至衎来执政时期,地方逐渐太平。缅历 1164 年 9 月(1802 年 6 月)的一天夜里,衎来又发现姐勒山丘发光,派人查找一无所获,后来派牙汤、牙喊比丘等人前往缅甸拜访勐洛坐长老,后终于查明发光之地即为塔址。便于缅历 1165 年(1803)重建此塔,是年 9 月,金塔因暴风雨受损,于缅历 1166 年(1804)请来缅甸勐洛坐长老召弄洛坐主持修复金塔,后在塔旁建盖佛寺挽留其驻锡金塔。衎来死后,间隔两代,到衎双执政时期,由司署赕两块金子打成金箔镶贴塔尖,同时铸铜钟两口。衎双去世后,地方动乱,地震将塔身震裂,塔尖震断。直至 1860 年,地方太平后,衎双夫人赕两块金子修缮。1892 年,塔尖又被暴风吹断,于 1893 修复。20 世纪初,土司衎盖发又赕两块金子修缮佛塔。[⑤]

据传说,古代傣族群众发现在姐勒寨旁边的“广迷罕”小丘(汉译为金熊土丘)上夜现金光,因此把这里看作是吉祥之地。后来又在这里挖出熊骨,人们认为这正是佛经上所说的释迦牟尼第一代转世为金熊后死于此地的遗骨。因此就请了缅甸高僧来此处念经祈祷,后来又请缅甸著名的傣族工匠来设计建塔。因此此塔是典型的缅式大型群塔,与缅甸仰光瑞

---

① 参见《姐勒塔的起源与封建领主的关系》,现藏于瑞丽市档案馆。

② 段文逵:《勐卯地志·序》,铃猛防行政委员关防抄本 1923 年刊行。

③ 考古证明,1980 年 10 月清理塔墟时出土了一片合金拓片,宽 4.5 厘米,长 54.5 厘米,两面刻有傣文蝇头小字:“此塔重建于佛历 2300 年(1756)”。

④ 参见云南省瑞丽市志编纂委员会编《瑞丽市志》,四川辞书出版社 1996 年版,第 698 页。

⑤ 参见《姐勒塔的起源与封建领主的关系》,现藏于瑞丽市档案馆。

广塔极为相似。1980年10月清理塔基时，出土银牌上有傣文记载，可知塔之重建至少已有二百年。① 由于塔身全被涂成金色，故又称为金塔。金塔是砖石结构金钟式圆群塔，主塔高36米，四周围有16座小塔，气势宏伟，金碧辉煌，是德宏地区最古老的佛塔。塔建成后进行过多次维修，傣族首领衎盖发当政时，花费重金加以修缮，将塔身贴满金箔，使其闪耀金光，构成众星拱月的壮丽景观。主塔圆形塔基直径长30米，用大小不同的长方青石组成，中层为正八菱形，塔身呈圆锥体，塔身平面是折角亚字共16角，为三重逐层收小减低的须弥座叠成，塔刹为倒置喇叭状，刹身有多重环状十三天，塔顶置有铜冠，系有击风铎百个，微风拂过，一阵丁零作响，极为悦耳。塔群的布局错落有致，主塔立于中央，16座子塔分3圈环绕周围，内圈分布高约13米的小塔4座，中圈分布高约10米的小塔4座，最外圈分布高约6米的小塔4座。3圈子塔的高度依次递减，均匀分布于母塔周围。另外，每座子塔的底部设有方形佛龛，内壁有浮雕进行装饰，佛龛内供有汉白玉佛像，极其精美。金塔四周围满古老粗大的大青树，仿佛将士守卫着君王。阳光下，金塔闪耀。

对于其雄壮的气势，《勐卯地志·序》作了如下记载："传其地发现佛骨，形状色泽大小不一，往往于夜间大放光芒，五光十色，极为奇丽。迷信者见之，逐渐觅获，建塔其上，并立奘房祀之。""姐勒之金塔，为数十七，建立年代远不可考。塔之居中者最大，余依次环列，亦依次缩小。悉用金涂其表，旁围石栏，次环走廊，中置钟鼓狮象之属，又次围以高塔……其塔之高者，耸入云霄，遥望之金光夺目，层级分别，光华皎洁。工作亦极精良，所谓天工鬼斧，难以真巧也。"②

此外，民间还流传着一个美丽的传说。传说古时候，茫茫森林里有一只金狮，是佛祖的化身。佛祖化狮，是为了检测人间良心的好坏。金狮与人十分友好，结成了生死之交。有一天，凶恶的老虎来了，对金狮进谗言说："金狮大王，你千万不要和那个人为伍了，人的良心很坏，他早就想害你，只是看你这样强大，才不敢动手。让我和你联合起来，帮你把那个卑鄙小人吃掉！"金狮王是佛祖所变，早已洞察恶虎的歹毒用心，任凭老虎说破了嘴皮还是置之不理。老虎于是转过头来，趁金狮

① 王海涛:《云南佛教史》，云南美术出版社2001年版，第459页。

② 段文逵:《勐卯地志·序》，铃猛防行政委员关防抄本1923年刊行。

不注意，对人说："人呀，人呀，你大祸临头了，还在做美梦呢，可怜的人呀！"人不解此意，就问老虎什么意思。老虎于是大讲金狮的坏话："你那个所谓的朋友金狮，其实是个用心恶毒的坏蛋，他早想一口吃掉你，只是看你防备很严不好下手。我是森林之王，最爱打抱不平，让我俩联合起来，结成联盟共同对付金狮，好不好？"人听信了老虎的话，夜里和金狮在大树上睡觉的时候，趁金狮睡熟，一脚把它蹬下树来，想把金狮摔死。金狮是佛祖化身，虽被摔下树，却平安无事。后来人们为了纪念金狮，同时又希望人们接受误信谗言的教训，因此傣家人又把姐勒金塔叫作"金狮塔"。

值得注意的是，在这一群塔中16座小塔并不像一般群塔那样式样基本都相同，而是各有不同，这形成了姐勒金塔不同于其他中国南传上座部佛教佛塔的显著之处。16座小塔又有大、中、小之分，4座大号塔的底部建有佛龛，内中供奉有缅式白玉佛像，4座塔形基本相同，但塔身又各有自己的特点，有的是多边棱柱体，有的是覆钵形；中号塔造型基本一致，小号形状则完全相同。大号塔在同一塔群内显示不同的造型，这在其他塔群中是不多见的，而这也成了姐勒金塔独具特色之处。这样的造型建筑并没有让整个塔群显得不协调，相反却让整个塔群层次分明，在不平衡中透出一种层次美。

（三）临沧、普洱地区的佛塔

南传上座部佛教传入临沧和普洱地区的上限为明代中叶，兴盛于清代中晚期。因此，两地的佛塔自然大多建于明清两代，其建筑风格一方面具有"西双版纳—泰北"和"德宏—缅甸掸邦"佛塔艺术特征，另一方面也受到汉式建筑风格的影响。其中有代表性的佛塔如下。

1. 临翔区（原临沧县）西塔

建于明朝天启元年，是云南南传佛教现存年代较早的寺塔之一。它属于砖石结构，基座和塔身都是八边形。现存八层（塔尖已残），高约15米，基座上叠砌亚字形须弥座。其上塔身由一层比一层小的圆状重叠组成。塔身以约75度角往上收，远观如笋状，塔体第五层和第七层各有一佛龛，未设置佛像。虽然其基本型制为缅式佛塔，但也深受汉族密檐式塔的影响，是二者的有机结合。

2. 临沧勐旺佛塔

勐旺佛塔是云南省内现存较早的南传上座部佛教单体塔，始建于明天启元年（1621），位于勐旺村南约 500 米的山顶上，距县城约 8.5 公里，勐旺佛塔被佛教徒视为佛的化身，佛塔所在的小山每年 4 月（约 15—18 日）人山人海，热闹非凡，这里是勐旺傣族进行采花堆沙（泼水节）等佛教活动的一个重要场所。勐旺佛塔高九层，约 16.6 米。基座以条石砌成，呈八边形，边宽 3.5 米，高约 2 米。基座上砖块加筑亚字形须弥座，其上塔身约以 65 度角上收，以八边形球状体叠砌而成。

3. 耿马景戈白塔

耿马景戈白塔建于清乾隆四十三年（1778），是临沧地区境内的第一大塔。塔身为砖石结构，塔高 30 米，呈葫芦形，底围 60.58 米，底座为四方形，边长 25 米，四角各立副塔 1 座，高 4 米。该寺是耿马地区南传上座部佛教僧侣和信众赕佛活动的中心场地之一。

4. 景谷勐卧佛寺双塔

卧佛寺双塔为明末清初（1628—1661）傣族威远土官刀汉臣所建。清道光《威远厅志》载：“大缅寺在威城（参将衙署）北门外，寺内有缅僧百余人，皆剃发，用黄布裹身，名缅和尚。寺中有塔二座，高三丈余，昔土官刀汉臣所建。左塔中生缅树，其枝从石缝内周围伸出，枝叶甚茂，塔石不崩，至晚众鸟聚集欢鸣于上，缅僧皆称奇焉，名曰塔树，至今犹然。”这里记述的即为“树包塔”奇观。傣语称“梅赫窝广勐”（树包塔）、“广勐赫窝梅”（塔包树），俗称树包塔、塔包树。景谷勐卧佛寺双塔在威远镇大寨，是昔日的官佛寺，有山门、侧门、双塔、戒堂、大殿、僧房，面积 3.335 公顷，双塔在大殿两侧，南北向并列。此双塔属南传上座部佛教傣族佛寺塔，塔为红砂石，亚字形仰莲复莲多层迭式须弥座，傣语称“冒乌窝喃”（莲花座），方形基座，每方 4 米，基石上有浮雕图案，四角有四个“埃香弄”（大力士）石雕作塔柱支撑，塔身上部为青砖竖砌连环圆柱。树包塔为 6 层，高 10.74 米；塔包树高 7.2 米，上部呈圆弧形，塔刹已被大树代替；两塔距 30 米，树高约为塔的 2 倍。它最突出的特点是双塔的基座和塔身上都有浮雕，其内容主要是佛传故事、傣族佛经故事、民间传说等。雕有叭英（天神）、帕照（佛祖）、混赫翁戛坦木（唐僧取经）、喃木诺娜（孔雀公主）、召树屯（勐板加王子）、金纳丽、金纳拉（神鸟）、吴依散达腊（赕白象）、竹扎格阿（乞丐讨儿）、喃金（螃蟹姑娘）、只歪冷（喊月亮）等。动植物花卉浮雕有德恩摆后（倒立狮子）、惹稳（飞龙）、麻咪（飞马）、诺永（孔雀）、格安（马鹿）、骂达宛（葵花）、南木道（葫芦）、乌额贵（芭蕉叶）、冒乌窝（莲花）、勒愿（太阳）、依安号（茶壶）等，是研究景谷傣族宗教、文化、历史的实物，具有极高的历史和艺术价值。

5. 普洱贺井塔

位于江城县西南54公里处曼贺井村东北的小山顶上，是南传佛教信徒的朝拜地，距今已有140多年。贺井塔为傣语，意为祠塔，这是哈尼族地区的傣式佛塔，是哈尼族人民受到傣族文化影响，并信仰南传上座部佛教的见证，也是各民族文化融合的结晶。贺井塔是一座砖石三合土砌成的四层葫芦状方塔。塔身为砖体结构，高7.7米，呈四方菱形。第一层为方形，第二层如倒覆铜钟，第三层为上下对称的两个四方楼台，第四层形似四棱花瓶，塔刹呈葫芦状，有圆形发亮小球和铜旗2面，全塔涂以金粉，并绘有民族图案。每年泼水节和赕佛期间，当地傣族及老挝朝拜者络绎不绝。

综上所述，明清时期中国南传佛教文化圈内的佛塔建筑既集中体现了东南亚南传佛教艺术的精华，有东南亚南传佛教的建筑艺术特点，同时又在不同程度上融入了中国少数民族的建筑特点，具有鲜明的民族风格和地方特色的本土化艺术风格，这正是中国南传佛教佛塔建筑的独特个性和艺术魅力之所在。

第五节　中国南传佛教经典的傣译及传承

中国云南上座部佛教均为巴利语系南传上座部佛教，与斯里兰卡大寺派传统一脉相承。傣族在信奉上座部佛教的历史进程中，用傣文来传写巴利语南传大藏经，从而形成了具有云南傣族地方特色的傣文大藏经。[①] 巴

---

① 傣文大藏经是部派佛教南传上座部巴利语系大藏经之一。有三种不同的方言文字写刻本，即西双版纳傣文、德宏傣文和傣绷文，其内容和其他文字的巴利语系大藏经基本一致，也分律、经、论和藏外典籍四大部类，用三种不同的傣文字母音译巴利语原典。除了相应部和增支部收入的各经大部分未曾译出外，其他经籍都有译本。此外，还有用傣文翻译的部分重要典籍和注疏，以及信仰上座部佛教各民族僧侣的著述，涉及天文、历算、医药、历史、语言、诗歌、民间传说、佛经故事等，都被视为佛典在信徒中流传，别具一格。傣文经卷可分为贝叶刻写本和构皮纸写本两类。纸写本又分为摺装本和书册本两种式样。傣文大藏经的流传地区，以西双版纳傣文和德宏傣文书写的经卷使用面较广，傣绷文经卷则只在耿马的孟定和普洱孟连一带流传。参见《中国大百科全书·宗教卷》，中国大百科全书出版社1993年版。

利语《三藏》的傣译和传承,同时也是上座部佛教在中国云南傣族化、地方化的历程,表明上座部佛教在中国云南的传播发展逐渐成熟完善,成为东南亚上座部佛教文化圈一个不可或缺的组成部分。

一　高僧和巴利《三藏》的傣译

巴利语(Pāli)是印度一门古老的语言,南传上座部佛教使用它记录和传承佛教经典,南传上座部佛教的佛教经典称巴利三藏。公元前 3 世纪,阿育王曾经举行了第三次结集,整理编纂了巴利三藏经,并先后派出9 个使团到国外传播佛教。其中,摩哂陀(Mahinda)长老率第九个使团到斯里兰卡弘法布教并创立了大寺派;公元前 1 世纪,大寺派举行了第四次结集,把历来口传心授的巴利语佛典第一次用僧伽罗文字母音译刻写在贝叶上,形成卷帙浩繁的三藏经典,这对保存上座部佛教经典并使之长期流传起到了重要的作用。公元 5 世纪,精研巴利三藏和注疏的觉音论者(Buddhaghosa)将僧伽罗语写成的佛教典籍译成巴利语并撰成《清净道论》,对巴利三藏经典的传承起到了不可忽视的作用。巴利语系上座部佛教从斯里兰卡逐渐传播到东南亚的缅甸、泰国、柬埔寨和老挝诸国,随后传入中国云南傣族地区。

据目前所见资料考证,傣译南传巴利语《三藏》直到 19 世纪才得以完成,逐渐形成了具有云南傣族地方特色的傣文巴利三藏。下文所述之西双版纳勐龙地区的巴利《三藏》傣译和传承谱系为姚珏对大勐龙地区的实地田野调查。① 尽管所调查的主要是勐龙这个地方的佛教经典翻译和传承,但因勐龙历史上是西双版纳地区的佛学中心之一,故这个地方的经典极具代表性,可以与其他信奉上座部佛教地区的经典相印证。在西双版纳勐龙地区,有一个明确而且可靠的有关将巴利语《三藏》译为傣泐文并加以传播的传承谱系:始于 17 世纪左右的阿连亚洼西到 19 世纪中期的叭龙奄罕,历代高僧一脉相承,不懈努力,最终完成了巴利《三藏》的傣译事业。

在西双版纳佛教发展史上,勐龙地区这个巴利《三藏》傣译的传承谱系在一定程度上推动了南传上座部佛教在西双版纳地区的傣族化进程,

---

① 参见姚珏《天国的边缘——云南上座部佛教的历史和经典》,硕士学位论文,云南大学,2002 年。

历代高僧大德为南传上座部佛教在云南西双版纳的传承和发展做出了重要贡献，简述如下。

（一）阿连亚洼西

阿连亚洼西大约生活于17世纪，幼年出家，终生为僧。曾游学除锡兰以外的东南亚诸国，并长期住在当时南传佛教佛学、巴利语音学的中心仰光，向当地僧侣系统学习各种知识，以致在母亲逝世时，他都没能返回勐龙。他先后拜3位"松迪阿嘎牟尼"、7位"拉札祜"、32位"阿雅昙"①为师，学完了八大《天文学》、八大巴利《语音学》，能完整背诵南传巴利《三藏》，被尊称为"精通三藏者"。

在阿连亚洼西之前，西双版纳勐龙已经有傣文注音的巴利语佛经。但由于巴利语不是傣族的日常用语，所以一般信徒难以直接阅读；僧人也只能对佛经作口语化的解释，以便信徒理解。阿连亚洼西长老到曼达黑佛寺以后，开始着手将巴利《三藏》译为傣文，是巴利《三藏》傣语化的第一人。后来，阿连亚洼西回到西双版纳，被邀请到勐龙曼达黑②寨子佛寺。后人称这座佛寺为"阿连亚洼西佛寺"。阿连亚洼西圆寂后，曼达黑的信徒在曼达黑佛寺大殿旁建一佛塔安放其骨灰，并为他塑了像。每年傣历八月十五日，即接近"出雨安居"时，勐龙全勐信徒都要前往阿连亚洼西佛寺洗大佛像，各个佛寺都要派僧侣到阿连亚洼西佛寺大殿中诵经。这种仪式活动一直保存到现在，阿连亚洼西作为"精通三藏者"在傣族信众中的尊崇地位由此可见一斑。

虽然阿连亚洼西并没有将巴利《三藏》全部译为傣文殊为憾事，但他较早进行巴利《三藏》的傣语译经，推动了巴利《三藏》的傣族化和地方化，在一定程度上助推了南传上座部佛教在云南傣族地区的传播。

（二）僧伽拉扎曼崩和厅见缅

为了让勐龙的佛学得以延续，阿连亚洼西收徒授学，僧伽拉扎曼崩（勐腊人）和厅见缅（橄榄坝人）都是阿连亚洼西的学生。二人学有所成后各返家乡，继续阿连亚洼西未竟的巴利《三藏》傣译事业。

---

① 巴利语"松迪阿嘎牟尼"、"拉札祜"、"阿雅昙"，是南传佛教对德高望重、学识渊博的僧人的尊称。

② 傣语"达黑"，意为"渡口"、"摆渡处"。

（三）叭龙咯涛宰山①

叭龙咯涛宰山生活于 18 世纪后半叶至 19 世纪初期，勐龙曼箐寨人，在曼箐佛寺出家。与叭龙罕纳曼康弯一同投在僧伽拉扎曼崩门下（其时橄榄坝的厅见缰已去世）。三年后，他们掌握了巴利语音学、南传巴利《三藏》和天文学，一同返回勐龙。

回到勐龙后，叭龙咯涛宰山继续在曼箐佛寺做比丘。后来勐龙土司遇到难事，就请他还俗做"叭龙贤"。尽管已还俗，但因叭龙咯涛宰山学识渊博，故常有老挝、柬埔寨、缅甸掸邦僧俗和西双版纳其他地方的僧侣前来求学。据说，有一位来自老挝万象的傣族僧侣"万象长老"，来勐龙向叭龙咯涛宰山和叭龙罕纳曼康弯学习过五年，后返回老挝。另外，还有僧人从景谷问学于他，后返回景谷。

在勐龙佛教史上，叭龙咯涛宰山主要有以下贡献。

（1）翻译《维生达腊》《沙卜本》（或《直译本》）。他根据巴利文《千行诗本》直译成"沙卜本"（或《直译本》）。无任何增减，为贝叶刻本，共 13 册，原藏森林藏经处。《沙卜本》保留《千行诗本》巴利原文，有助于僧侣进一步理解巴利原意，傣语译文则有助于普通佛教徒理解、传播《维生达腊》，有助于上座部佛教教义在妇孺、稚子中获得广大的信徒，融入傣族佛徒血脉并行诸日用生活。这个译本对后来西双版纳的几种《维生达腊》译本有较大影响，被公认为叭龙咯涛宰山对傣族佛教的最大贡献，价值为《维生达腊》七版本之冠。受历代傣族僧侣推崇。

（2）翻译《十五颂经》。这个译本目前仍然是西双版纳佛寺最常用佛经，是傣族僧侣必读书。至今傣族信众"赕坦"还请人抄写《十五颂经》的傣文译本献给佛寺。

（3）将《清净道论》精选成《精华的可靠之业》（*mūlakammathan*）一书。叭龙咯涛宰山应景洪曼厅（今天西双版纳总佛寺）旁傣寨老鱼鲊之请，从《清净道论》中精选出重要部分，编成《精华的可靠之业》。此书今存手抄本。

（4）培养出有名的老挝弟子。他的弟子老挝万象长老译写出《维生达腊》"万象本"。这个译本为贝叶刻本，13 册。前 4 册内容只是较《沙卜本》有所增加；从第五册开始，大量扩充内容；第五册至第十三册，

① 傣语，意为"资深、闻博的大文官"。

每册内容均较《沙卜本》增加近 50%。其中第八册较《沙卜本》第八册增加了 2/3 的内容。《万象本》因篇幅庞大，一直不太流行。献经节时，僧侣们通常要历时一昼夜才能够将整套《万象本》轮流诵读完毕。《万象本》第九部、第十三部一直是傣族佛徒经常抄献佛寺的经书。

（四）叭龙罕纳曼康弯

与叭龙咯涛宰山为同时代人，并一同向僧伽拉扎曼崩求学。返回勐龙后，没有做到祜巴就还俗，到勐龙土司麾下任职，被称为叭龙罕纳曼康弯。叭龙罕纳曼康弯主要的成就是翻译《维生达腊》"金龙本"，以韵诗注释、解释巴利。巴利语部分，依照巴利前后经文押韵；傣语部分，依傣语语音押韵。逐一对《千行诗本》巴利词汇进行译解，先以巴利语解释，后译为傣语，再后以傣语解释、阐发。书中的巴利语较《千行诗本》巴利原文多出近一倍。这个译本一直是勐龙傣族僧侣学习《阿佐雅》①的范本，以此学习、领会巴利语扩大、押韵、韵脚之规律。这个译本是勐龙傣族僧侣巴利语语音学、语法、文法水平的佐证。

（五）祜巴西未砦（曼阁祜巴）

祜巴西未砦是叭龙咯涛宰山的学生，大约生活在 18 世纪末到 19 世纪上半叶。曾刻写叭龙咯涛宰山翻译的《十五颂经》译本，共 15 册，现仅存两册。景谷长老曾从景谷来西双版纳向他学习，学成后返回景谷，编译了《维生达腊》"勐豁本"。这个译本为贝叶刻本，13 册。主要内容不变，全诗五言韵诗，将巴利语《维生达腊》全部用经典傣文译成傣语。语言通俗易懂、朗朗上口，是《维生达腊》本生经的傣族化、通俗化之佐证。1952 年以前，勐龙各佛寺的比丘通常指定以《勐豁本》为贝叶经入门之启蒙读物，凡学会经典傣文体巴利字母和傣文字母、韵母的沙弥尼都以之作为进一步学习语言、天文、佛学的入门书，故在西双版纳景洪、勐龙傣族民间广为流传。

（六）叭龙宰雅宋罕

勐龙曼栓寨子人，在曼栓佛寺出家、升比丘，未及升祜巴就还俗，民间称他为"纳拉塔叭龙宰雅宋罕"，"纳拉塔"是其僧名。他曾根据"千行诗本"、"沙卜本"和"沙乃本" 3 个版本的《维生达腊》，遵照《阿佐雅》扩大写成勐龙《维生达腊》"金象牙本"。这个版本目前已失传。

---

① ākhyāt 为巴利语语音学第六部。

（七）祜巴桃香勐

叭龙宰雅宋罕的弟子。终生为僧，坚持贝叶经的翻译和刻写。生平事迹不详。

（八）叭龙苏塔宛

祜巴桃香勐的弟子，承袭衣钵，译经不辍。生平事迹不详。

（九）叭龙奄罕

叭龙苏塔宛的弟子。自阿连亚洼西开始，勐龙地区僧侣世代精娴于巴利语音学、八大天文学。由于叭龙奄罕去世得早，勐龙僧俗世代相传的巴利语音学、八大天文学走向衰落。生平事迹不详。

（十）都坝罕腊

曼秀人，约生活于 19 世纪中后期到 20 世纪初期。终生为僧，参与刻有巴利语《三藏》。

上述可见，从阿连亚洼西到叭龙奄罕，勐龙傣族有一个世代相传的僧侣世系，勐龙傣族对巴利语《三藏》的翻译、注疏，对南传佛学的研究、教学世代相传。到 19 世纪，勐龙地区出现了较为系统、完整的南传佛教巴利语《三藏》傣文全译本，并由都坝罕腊等人刻写成帙。巴利《三藏》的傣译，经历代勐龙高僧大德的艰辛和奉献，最终得以完成。这也是南传上座部佛教在传播发展过程中，秉承上座部佛教思想体系的同时，逐渐与信仰民族的传统文化融合、互动，完成本土化的历程。

二　傣文佛教经典的保存及传承

中国云南傣族地区保存了一部基本完备的巴利三藏，这套巴利三藏使用的是老傣文，这种文字是最初为了满足抄写佛经的需要由孟文、缅文演变而来的。[1]

中国云南上座部佛教用于书写佛经的傣文共分三种，第一种是润派佛教所使用的文字，在西双版纳称为"傣泐文"，思茅、临沧地区叫佛经文，德宏傣族景颇族自治州叫润文，这是佛典最多、使用地区较广的一种傣文。第二种是"傣纳文"，也叫德宏傣文，通用于德宏州、临沧和思茅的部分地区，使用地区也较广，在译成傣语文的佛典方面居于第二位。第三种文字称为"傣绷"文，国内使用范围不广，仅在临沧耿马县孟定、

---

① 邓殿臣：《南传佛教史简编》，中国佛教协会 1991 年印行，第 209 页。

普洱孟连少数僧侣中使用，典籍很少。

傣文贝叶经是 13 世纪以后才逐渐形成的，所用经典主要是对巴利语三藏的傣语音译本。西双版纳及孟连等地的傣文经典大多刻写在贝叶上，称为"贝叶经"，主要是以傣泐文来刻写佛经，其他各地多刻写在当地制作的构皮棉纸上。贝叶经的刻写行数和格式通常分为三种，即"兰哈"（五行贝叶经）、"兰贺"（六行贝叶经）和"兰别"（八行贝叶经）。

邓殿臣认为，巴利三藏译为傣文的形式有三：一是音译，即用傣文字母拼写巴利原典，保持了上座部佛教三藏经典的原貌。二是意译，即由巴利语译为傣语，不懂巴利语的傣族皆能读懂听懂，通俗浅显，有利于佛教的传布。三是半音半意译，即译文中夹杂了大量的巴利语音译词语。①

傣文巴利三藏据称有八万四千卷之多，其中《经藏》二万一千部，《律藏》一万一千部，《论藏》四万二千部。还有一部五卷本的贝叶经，称为《别闷西板醋》，专门讲述这八万四千部佛经的来历。傣文佛典的分类顺序为经、律、论，与南传佛教诸国佛教典籍的律、经、论分类顺序不同。根据云南省佛教协会会长刀述仁的研究，中国云南上座部佛教傣文经典具体内容如下。②

（一）经藏分为五部分

（1）《长部》—共有三编三十四经。戒蕴编有十三经，大编十经，波梨编十一经。

（2）《中部》—共三编一百五十二经。根本五一十经（篇），包括五品，即根本法门品、师子吼品、譬喻法品、双大品和小品，每品各十经。中分五十经（篇），也分为五个品：居士品、比丘品、普行者品、王品和婆罗门品，每品各十经。后分也分为五品，共五十二经：天臂品十经、不断品十经、空品十经、分别品十二经、六处品十经。

（3）《相应部》包括的经典最多，共有二千八百六十三种经。按经典的内容分为五篇五十六相应：①有偈篇（包括十一相应），②因缘篇（包括十相应），③蕴篇（包括十三相应），④六处篇（包括十相应），⑤大篇（包括十二相应）。

---

① 邓殿臣：《南传佛教史简编》，中国佛教协会 1991 年印行，第 208 页。
② 详参刀述仁《南传上座部佛教在云南》，《法音》1985 年 1 期。另外，在写作本书的过程中，承蒙刀述仁会长赠送多年积累的资料，特此感谢。

（4）《增支部》一共分为十一集，每集又分为若干品，每品又包括若干部经，据说巴利原文共有二千三百多种经。但傣文译本并不多，从目录看，仅有百余种，可能没有全部译出。

（5）《小部》是一部内容丰富、性质不同的经集，经文内容一般较短，共有十五种。傣文的小部经除了音译的巴利文之外，还有不少注释和傣语译本。最为人们熟知的佛教文学作品《本生经》就是属于小部经的第十种，共有五百四十七个佛本生故事。《本生经》中的《维先多罗本生经》流传最广，深受各族信众的崇奉，无论在佛事活动或日常生活、文化艺术、风俗习惯等方面，都有很大的影响，被当作宗教轨范来遵循。这一仅有十三个章节一百一十五首偈颂的本生故事，被编成详略不同的三种本子，大本三十二卷，包括巴利原文音译和傣译文，以及疏释，是最为详尽的本子；中本二十四卷，是在大本基础上的删节本；小本十六卷，是仅附有注释的傣文译本。按照习惯，每年的佛诞节都要诵读这部经，寺院内的壁画及民间绘画、织帛等工艺美术品几乎全以这部本生经的故事为题材。

（二）律藏分为五部分

（1）波多夷品（比丘戒解说）二百二十七条；拔腊已戛四条，与汉族佛教比丘戒四波罗夷法完全相同。

（2）波逸提品（比丘尼戒解说）五百条。

（3）大品（包括有关佛传、雨安居、冬季住茅棚或大树下十天苦修、医药、酒服等十章）。

（4）小品（包括羯磨、灭净、卧具、仪法、佛典结集等十二章）。

（5）附录（比丘戒、比丘尼戒解说，及大品小品的注释）。

（三）论藏包括七部作品

（1）《法聚论》。

（2）《界论》。

（3）《双论》。

（4）《发趣论》。

（5）《人施设论》。

（6）《论事论》。

（7）《摄阿毗达磨义论》。

藏外典籍只有属于其他部分的《弥兰陀问经》《岛史》《大史》《小

史》《清净道论》等（仅限于已有傣文本的）。

南传诸国的南传上座部佛教经典著成于佛灭之后，以巴利三藏为主体，兼有注释、义疏、佛教史籍等，多以贝叶经形式保存。巴利三藏的律藏由《波罗夷》《波逸提》《大品》《小品》和《附篇》五部分组成。经藏由五个部分组成：①《长部》三品三十四经；②《中部》分为根本五十经、中分五十经、后分五十经，共十五品一百五十二经；③《相应部》有五品二千八百多经；④《增支部》共十一集二千多经；⑤《小部》包括小诵经、法句经、长老偈、本生经、譬喻经等内容短小的十五种小部经典。

论藏由七部论典组成，即《法聚论》《分别论》《界论》《双论》《发趣论》《人施设论》《论事》。上座部佛教藏外经典主要有《弥兰陀问经》《岛史》《大史》《小史》《清净道论》等。

刀述仁在《南传上座部佛教在云南》一文中对现存傣文佛经作了介绍，将傣文巴利三藏和流传在南传上座部佛教其他国家及地区的巴利三藏进行比较，以便了解二者的异同。总体而言，傣族地区以巴利三藏为主体的佛教经典与南传诸国传布的佛教经典并无二致，仅在细微之处稍有差异。中国傣文巴利三藏与南传诸国的巴利三藏的最大不同在于：虽然论藏中包含七部论，但缺少巴利文三藏中的《分别论》，而是将《摄阿毗达磨义论》入藏。此外，云南南传上座部佛教藏外典籍中也未包含律藏重要的论疏——《善见律》，也没有《导论》和《藏释》。

此外，傣文佛经中还收入了一些傣族自己的著作，这些著作被傣族人民看作和巴利三藏一样重要的佛经，其中包括很多傣族僧人根据佛教教义加以阐发的著作，有的佛经还记录了许多傣族地区的历史、地理、语言、文学等。傣族自己编著的佛经主要有：《佛主巡游记》（傣语贝叶经，22册）、《千瓣莲花经》（傣语贝叶经，6册）、《八万四千卷经文的故事》（傣语贝叶经，5册）、《波罗蜜经》（巴利语，棉纸）、《西卡宛苏经》（巴利语，棉纸，十五卷，为日常念诵的经文）、《戛姆玛娃扎经》（巴利语棉纸）、《十佛咒语》（巴利语）、《大纳摩灭经》（对巴利语佛教术语的解释和人体器官名称的巴—傣对译）、《谷魂婆婆》，等等。[①]

---

① 参见邓殿臣《南传佛教史简编》，中国佛教协会 1991 年印行，第 213 页。

第六节　中国南传佛教组织管理制度的完善①

南传佛教之所以成功地融入世俗生活中，在少数民族社会领域有序发展，这与中国南传佛教独具特色的宗教管理模式是分不开的。它不仅有僧团组织管理模式、有佛寺佛塔组织管理模式，同时还形成了独特的金字塔型的波章管理模式。波章们作为地方社会精英，具有动员社会资本的能力，这是佛教社会管理系统融入社会管理体制的关键。在管理具体的宗教事务时，还依赖村寨等各级行政组织体系中的地方社会精英来帮助管理佛教的社会事务，这是中国南传佛教深入社会基层的管理触角。中国南传佛教管理模式的特点在于，将管理重点放在基层，将宗教纳入社会管理体制之中，有力地促进佛教在当地社会的有序发展。

南传佛教自东南亚传入中国云南境内所面临的最大问题就是如何适应当地政治制度和社会结构，这是中国南传佛教融入社会必须要解决的问题。为此，在其传播发展的历史长河中，它首先以傣族地区封建领主制社会行政组织系统为范本，逐步形成了自己独特的金字塔型的组织管理制度。其等级特征之鲜明、制度之严密是中国南传上座部佛教与汉传佛教乃至东南亚南传上座部佛教之最大的不同。

南传上座部佛教自传入中国云南境内后，就一直在努力适应着云南多民族、多宗教的多元文化环境。在经历了一个冲突、对立、适应和融合的漫长发展过程后，中国南传上座部佛教逐渐形成了不同于汉传佛教、藏传佛教乃至东南亚南传上座部佛教的具有鲜明民族特色和本土化特征的体系。在元朝以后，中国南传上座部佛教的组织制度作为这一体系的重要支柱也逐渐发展完善起来。②

一　中国南传佛教佛寺管理系统的建立和完善

作为制度化宗教，中国南传上座部佛教具有独立于社会组织制度之

---

①　本节"中国南传佛教组织管理制度的完善"详参郑筱筠《中国南传佛教研究》第三编"中国南传佛教的宗教管理模式"，中国社会科学出版社 2012 年版。

②　由于在中国南传上座部佛教文化圈内最具有代表性的是傣族佛教信仰系统，因此在本部分，以傣族地区佛教和社会行政组织系统为例来进行分析。详细参考郑筱筠《中国南传佛教研究》第八章，中国社会科学出版社 2012 年版。

外的僧团，但在其传播发展的历史长河中，它以傣族地区封建领主制社会行政组织系统为范本，逐步形成了自己独特的组织管理制度。[①] 其等级特征之鲜明、制度之严密是中国南传上座部佛教与汉传佛教乃至东南亚南传上座部佛教之最大的不同。这一特征鲜明地体现在佛寺管理系统方面。

中国南传上座部佛教组织管理系统形成了非常奇特的金字塔型的管理模式。它不是一个简单的金字塔型的管理模式，而是由很多小金字塔型管理模式层层累加，最终组合成一个稳固的大金字塔型模式。所谓金字塔型模式是这样分布的：在金字塔尖是总佛寺，总佛寺下面是中心佛寺，中心佛寺下面是各个村寨佛寺。总佛寺负责管理中心佛寺，中心佛寺又负责管理其下面的各个村寨佛寺，层层管理，分工明确，逐步形成一个稳定而封闭的管理模式。在佛寺的组织管理系统方面，它具有鲜明的等级制度特征。例如，西双版纳傣式佛寺曾分为四个等级：第一，最高一级为设在召片领所在地——景帕钪，称为拉扎坦大总寺，是统领全西双版纳的总佛寺；第二，在总佛寺下设 12 个版纳拉扎坦总寺和 36 个勐总佛寺；第三，由 4 所以上村寨佛寺组成的中心佛寺——布萨堂佛寺；第四，最基层一级为村寨佛寺。另外还有拉扎坦大总寺直辖的召片领府的几个"内佛寺"。如表 4—1 所示。

表 4—1　　　　　　　　　　西双版纳地区金字塔型管理模式

级别	名称		数目	相应的社会行政级别属地	备注
最高一级	"洼龙"	"洼扎捧"	1	召片领	"洼龙"总佛寺下面有"洼扎捧"、"洼专董"两个佛寺协助管理
		"洼专董"			
第二级	勐级"洼龙"		36	勐级	
第三级	中心佛寺		若干		以四个村寨佛寺为一个单位
基层	村寨佛寺		若干	村寨	

[①] 关于中国南传上座部佛教的组织制度与社会组织制度之关系，详参郑筱筠《历史上中国南传上座部佛教的组织制度与社会组织制度之互动》一文，《世界宗教研究》2007 年第 4 期。

　　整个西双版纳地区最大的总佛寺是"洼龙"。"洼龙"总佛寺位于原景洪宣慰街，统辖着整个西双版纳的佛寺。"洼龙"总佛寺下面有"洼扎捧"、"洼专董"两个佛寺，也在宣慰街，成为"洼龙"总佛寺的左右手，协助总佛寺管理全境内的中心佛寺佛教事务。在"洼扎捧"、"洼专董"这两个佛寺下面又与封建领主制的行政区划相对应地设有各个勐的"洼龙"佛寺，设在各个勐的土司府所在地。各个勐的"洼龙"佛寺相当于每一个勐的总佛寺，其下又以四个村寨佛寺为一个组织单位设中心佛寺，中心佛寺下面就是各个村寨的佛寺，中心佛寺负责管理村寨佛寺事务。

　　例如，据 20 世纪 50 年代初调查数据显示，景洪佛寺组织管理系统分为内外两类。属于内部系统的共有九座，都在原宣慰街及其附近。

　　第一座佛寺："洼龙"总佛寺，是整个西双版纳地区的总佛寺，统辖着整个西双版纳地区的所有佛寺，也是整个西双版纳地区的地位最高的长老所在寺院。20 世纪 50 年代时，它是当时西双版纳地区最高僧阶的祜巴勐所在佛寺。

　　第二座佛寺："洼专董"佛寺，位于总佛寺的右边，当祜巴勐因故不能处理佛教事务时，就由"洼专董"佛寺祜巴代为处理。

　　第三座佛寺："洼扎捧"佛寺，位于总佛寺的左边，当总佛寺的祜巴勐因故不能处理佛教事务时，可以在征求"洼专董"佛寺祜巴意见的基础上，代为处理佛教事务。

　　第四座佛寺：洼科松佛寺，位于曼沙，在总佛寺的前面，但其地位比"洼专董"佛寺和"洼扎捧"佛寺这两座左右佛寺的地位低，即使总佛寺的祜巴勐因故不能处理佛教事务时，也不能代为处理佛教事务。

　　第五座佛寺：洼曼勒佛寺，位于总佛寺的后面，地位相比之下稍低，当总佛寺需要商量事情时，不一定参加。

　　第六座佛寺：洼宰佛寺，位于曼嘎，是属于宣慰使的佛寺，在每年的开门节和关门节时，宣慰使都会来此赕佛（一般情况下，宣慰使赕佛两天，第一天在洼宰佛寺，第二天就到洼龙总佛寺赕佛）。

　　第七座佛寺：洼功佛寺，位于曼书功，由曼书功寨负责。

　　第八座佛寺：洼贺纳佛寺，位于曼贺那，由曼贺那寨负责。

　　第九座佛寺：洼浓凤佛寺，位于曼浓凤，由傣猛和鲁朗道叭两寨共有的佛寺。①

从西双版纳地区的景洪佛寺组织管理系统可以看出，中国南传上座部佛教寺院的金字塔型管理模式是模仿傣族社会组织制度建立起来的，具有等级森严、分工明确的特点。首先，就管理范围来说，各个等级的佛寺权利和职责非常明确，相互之间不存在侵权或是管理混乱问题。一旦明确了各个佛寺的界限和管理范围，该寺院就会以此为依据，坚决不越权，绝不干涉自己管辖范围外的其他佛寺的事务。其次，就管理方式而言，中国南传上座部佛教寺院的金字塔型管理模式采取的是自上而下、层层管理、等级分工明确的管理方式。上一层组织的佛寺负责管理下一层组织的佛寺，下一层组织的佛寺则服从上一层组织的佛寺管理，这有利于建立行之有效的管理权威，权力相对较集中、不分散，有助于有序地管理佛教事务。

值得注意的是，当佛寺组织管理体系建立之后，各级佛寺之管理权限和职责范围也有了固定的分工。其中金字塔总佛寺负责协调佛教徒的佛事活动，颁布有关宗教法规，形式上批准僧人僧职的晋升，以及为新述职的官员、较高级别的土司举行宗教仪式活动。下属各勐的总佛寺是二级寺院，负责勐内的宗教事宜。同一地区的4个寺院或4个以上的村寨组成的若干个中心布萨堂是三级寺院，负责每月法定日的佛事活动和监督比丘持戒的情况，批准及考核晋升比丘等事宜。各村寨的佛寺是最低级别的寺院，负责村民日常的礼佛诵经活动，以及对年轻人进行佛教教育、文化培训的工作。

20世纪50年代，随着封建领主制度的废除，这一寺院管理类型也被取消。但新的中国南传上座部佛教管理体系并未建立。因此，云南省有关宗教管理部门和云南省佛教协会从上座部佛教的实际情况出发，根据现行政策，参照其传统的管理模式，采取了由佛教协会与总佛寺相结合，分级管理、以点带面的管理办法。即在州、县两级分别建立总佛寺，由州、县佛教协会管理，分（镇）或分片建立中心佛寺，再由中心佛寺去逐级管理村寨佛寺。

---

① 参见王懿之《西双版纳小乘佛教历史考察》，王懿之、杨世光编《贝叶文化论》，云南人民出版社1990年版，第416页。

二　中国南传佛教佛塔管理系统的建立和完善

一般来说，在佛教发展的最初阶段，傣族地区的佛塔是佛寺建筑的中心，随着中国南传上座部佛教体系的建立和逐渐完善，佛寺体现出强烈的等级色彩，因此，在佛教发展的后期，佛塔就逐渐成为佛寺的附属物，建塔不一定要建寺，但塔一经建成，则必须有佛寺和村寨来供养，而且还必须有专门的佛寺来负责管理保护。同时，不是所有的寺院和村寨都有管理和保护佛塔的资格，只有中心佛寺或者是建筑历史悠久的佛寺才能够具有管理佛塔的资格，但一般的佛寺和村寨都可以供养佛塔，在供养佛塔方面就没有任何等级制度的限制了。这一佛寺管理制度的形成显然是与佛寺等级制度的形成密不可分的。

在佛塔管理体系方面，与寺院金字塔型的管理模式相对应，西双版纳地区的南传上座部佛教在佛塔的组织管理系统方面也是具有严格的金字塔型的管理特征。如以西双版纳景洪勐龙地区为例，据调查，该地有佛塔16 座，分别属于 59 座佛寺，71 个村寨[①]按照佛寺的等级进行供养，塔由中心佛寺来管理。

龙布蓝塔——由城子四寨和曼宏仗、曼沙湾、曼董、曼允、曼康、曼打黑、曼坎、曼景勐、曼宽共十三寨十一所佛寺供养，其中城子四寨负责管理保护。

曼飞龙塔——由曼飞龙、曼景勐、曼纳囡、曼贵、曼銮五寨四佛寺供养，其中曼飞龙负责管理保护。

庄塔尖——由曼坎南、曼庄尖两寨两寺供养，同时负责管理保护。

庄塔纳——由曼纳龙一寨一寺供养和负责管理保护。

曼迈塔——由曼迈、曼妹勒、曼害、曼费、曼弄叫、曼栋、曼景坎七寨六寺供养，其中曼妹勒负责管理保护。

蚌囡塔——由曼嘎一寨一寺供养和负责管理保护。

共罕塔——由曼先罕、曼红、曼兵、曼撒、曼亮撒、曼约六寨六寺供养，其中曼先罕负责管理保护。

庄改塔——由曼改、曼远、曼别、曼卖板、曼龙扣、曼养坎、曼景

---

① 　参见云南省编辑组编《西双版纳傣族宗教情况初步调查》，《傣族社会历史调查》（西双版纳之三），云南民族出版社 1983 年版。

坎、曼迷、曼勒、曼景发、曼别、曼帕十二寨十二寺供养，其中曼改、曼远负责管理保护。

庄冷塔——由曼蚌一寨一寺供养和负责管理保护。

庄燕塔——由曼燕子一寨一寺供养和负责管理保护。

龙三哈塔——由曼老、曼降、曼景板、曼亮散代、曼岛、曼仲等九寨九寺供养和负责管理保护。

康湾塔——由曼康湾一寨一寺供养和负责管理保护。

摩西塔——由曼亮散勒一寨一寺供养和负责管理保护。

庄龙塔——由曼掌、曼汤、曼养勒、曼弄叫四寨四寺供养，其中曼掌负责管理保护。

曼清塔——由曼清、曼且、曼尚等四寨四寺供养，其中曼清负责管理保护。[①]

从上述资料，我们可以看到中国南传上座部佛塔的管理是井然有序的，它与中国南传上座部佛寺的组织管理系统相对应，按照不同的等级而得到供养。但是，在中国南传上座部佛教传播区域内，几乎每一个村寨都会有一个佛寺，但并不是所有的佛寺都能建有佛塔，它必须征得该区域内的世俗社会组织制度体系的同意，符合神圣世界组织管理体系的相关要求，由村寨代表向该村佛寺所属的中心佛寺提出申请，而其所属的中心佛寺则会根据需要，同时考虑到村寨或该区域整体经济发展水平和承受能力以及信众的情况等来定。如果该区域的经济实力雄厚，信众虔诚信仰佛教，就可以建塔供养。佛塔一经建好，就成为佛教最明显的象征符号，人们对塔就要礼敬供养。于是，对塔的维修和供养也就成为负责供养佛塔的村寨佛寺的责任，而上一级佛寺也要时时督促、检查。同样的道理，在中心佛寺所在区域内建立的佛塔也是由其所属的上一级佛寺组织来负责监督。以此类推，我们可以说，在中国南传上座部佛教传播区域内，佛塔的修建、供养和维修以及围绕佛塔而形成的一系列佛事活动都鲜明地体现着中国南传上座部佛教组织管理体系的严密性特征。

现在时代变迁，佛教组织形式也有了变化。目前在村寨（自然村）一级通常设有佛协小组，负责管理本村佛教事务。佛寺管理员接受村民小

---

① 参见云南省编辑组编《西双版纳傣族宗教情况初步调查》，《傣族社会历史调查》（西双版纳之三），云南民族出版社 1983 年版。

组和佛协小组双重监督，佛寺管理员、佛协小组与村民小组同期换届，用民主选举的方式产生。佛协小组的上级组织为县级佛教协会，县级佛教协会的上级组织为州佛教协会。县、州佛教协会理事和领导成员，与佛寺管理员、佛协小组成员一样，都经由民主选举产生。选举时大家基本上都实事求是，不徇私情，做到公推公选。如果某个职位的候选人未能当选，那么宁缺毋滥，这一职位暂时空缺，另选他人暂时代理，直到下次选举时再行决定。云南上座部佛教组织制度中体现的民主作风，正反映了佛陀时代僧团民主羯磨制度的古风。

这一组织管理模式的优点在于：在管理层面，各个等级的佛寺权利和职责非常明确。一旦明确了各个佛寺的界限和管理范围，绝不干涉自己管辖范围外的其他佛寺的事务；中国南传上座部佛教寺院的金字塔型管理模式采取的是自上而下、层层管理、等级分工明确的管理方式。上一层组织的佛寺负责管理下一层组织的佛寺，下一层组织的佛寺则服从上一层组织的佛寺管理。这有利于建立行之有效的管理权威，权力相对较集中、不分散，有助于有序地管理佛教事务。

三　中国南传佛教居士制度的建立和完善

(一)"五戒"信徒和"八戒"信徒

一般说来，佛教徒由出家信众和在家信众两大部分构成。在我国，通常将在家信众称为居士。古代的佛教教团即包括出家的僧尼（比丘、比丘尼）和在家的男女居士（优婆塞、优婆夷）两个部分。公元前 6 世纪，释迦牟尼佛在印度成道后即广收僧俗弟子，并根据当时的实际和佛教发展的需要，对僧伽和居士的地位、职责等作了相应的规定。明确僧伽作为佛教"三宝"之一，具有住持佛教、摄受、教化居士之责，居士则具有礼敬、供养三宝、护持佛教之责。这种自然的定位和分工，既符合佛教发展的实际，又能大大地促进佛教的发展。居士既是僧团教化、引导的对象，又是僧团的僧源所在和生存、发展的支柱。僧伽和居士的互补与良性互动，促进了佛教的全面发展，由此构成佛教的整体形象。

佛教在传播与发展过程中，面对各种异质文化和不断发展的社会文明，自身也发生了很大的变化，突出地表现在部派佛教、大乘佛教、密乘佛教三期佛教的形成方面，由此也使僧伽与居士的关系发生了相应的变化。在部派佛教中，从《阿含经》及有关律典不难看到许多长者居士行善积德、修行证果的事例，从中也反映出佛教界适应时代、适应社会、入世度生的倾向，表明居士的作用和影响增强；而在从大众部发展起来的大乘佛教中，反映以居士身行菩萨道、成圣成贤的内容就更多了，如《维摩诘经》《胜鬘经》《华严经》《法华经》等经中的维摩居士、胜鬘夫人、善财童子、龙女等都是备受称道的"居士"典型，他们的地位似乎远在作为僧伽象征的舍利弗等十大弟子之上，从而极大地鼓舞了广大居士积极修证佛法、弘法利生的热忱。这一方面是大乘佛教重视心法、积极入世、超然于形式和教条的思想境界的体现，同时也是现实生活中居士的地位和作用大大增强的反映。而南传佛教在长期的传播过程中，形成了迥异于汉传佛教的居士团体。

　　居士是中国南传佛教佛教徒最大的组成部分，又是僧团的僧源所在和生存、发展的支柱。在信仰中国南传上座部佛教的少数民族村寨，一般来说，当人们年满40岁或50岁时就不再承担任何赋税负担，有的老人在家里甚至就不再从事家务劳动了。没有任何负担之后，人们就可以专心地念佛、拜佛、坐禅，定期到寺院参加宗教活动。人们常常把这些老人称为优婆塞、优婆夷。一般来说，每个月他们按照世俗社会组织制度的行政区划，定期到自己所在村社所属的寺院参加宗教活动，接受"五戒"或"八戒"，其膳食由各家各户自理。

　　就解脱之路而言，遵守戒律是一切善法的基本前提。戒律不仅是对信众的约束，也是他们的修行法门。"五戒"、"八戒"、"十戒"等戒律本身绝不是目的，它们是到达最高境界的重要前提，也是恒常的伴随物。这些观念随着佛教的传播已经深入民心。人们认为只有信佛并且遵守戒律的人能得到善报，反之则受到恶报。在著名的《四方戒》（共1422行的宗教训诫诗）中就表达了这样的意思："十条佛戒要牢记，要当作座右铭。三宝五戒不践踏，赕佛修行不间断。以便明灯照前程，登天路上不离开。没有三宝携在身，怎能腾空上天国，只有涅槃才能上天国。没得到涅槃的人，只在人间轮回生。人人积德为后路，人人行善为下世。喂养牲畜勿践踏，所有动物勿气压。杀生害命不吉利，仇缘结下转来世。来世道路还方长，两冤相遇必相报。不杀生，不害命，是戒律第一条。杀生害命结冤缘，转生来世仇必报。"在佛教的影响下，傣族人民追求的是有"戒"、有"德"、有"福"的精神境界，忍让、修身、积善行德、敬香赕佛成为云南傣族社会伦理道德观念的基本内涵。傣族社会著名的四部伦理道德书——《爷爷教育子孙》《土司对百姓的训条》《父亲教育儿子处世的道理》《教育妇女做媳妇的礼节》——都深深地打上了佛教伦理道德观念的烙印，道德宗教化成为傣族社会伦理道德的重要特征。南传佛教传入傣族地区后，它所包含的伦理道德观念在很大程度上满足了统治阶级的需要。甚至相关的法律文书都带有浓厚的佛教色彩，例如著名的《西双版纳傣族封建领主法律》规定，要充当证人必须信佛，他们必须是"有福气的人"、"忠实于佛的人"、"不偷抢和守佛礼、爱劳动的人"、"经常赕佛和施舍穷人的人"、"经常听经念佛的人"。此外在"犯上"一条中规定："卡想反土司，和尚想反佛爷，家奴想反主任，儿子想反父亲，这些人都忘恩负义，不懂道理。来告时不给他赢，对那些不反对的人，就要保护，好好对待。""那些想反对佛爷、和尚的人，不懂道理，来时不给他赢。"佛教的影响由此可见一斑。

一般来说，中国南传佛教信徒有"五戒"信徒和"八戒"信徒之分，大多数信徒是"五戒"信徒。这主要是依据佛教戒律来区分的。

其中佛教五戒的内容是：第一不杀生；第二不偷盗；第三不邪淫；第四不妄语；第五不饮酒。如果按照这五戒修行就是"五戒"信徒。

八戒内容是：第一不杀生；第二不偷盗；第三不邪淫；第四不妄语；第五不饮酒；第六不坐高广大床；第七不观听歌舞音乐；第八不非时食（过午不食）。如果按照这八戒修行就是"八戒"信徒。与汉传佛教一样，八戒信徒会在每个月初八、十四、十五、二十三、二十九、三十这六天到寺院修行。

对于戒律的执行，能让村民用戒律及其伦理道德体系的主要精神来规范自己的世俗伦理道德生活，形成良好的道德自律，尊老爱幼，相互之间宽容忍让，可以有效地建立起和谐的人际关系，并营造良好的社会环境。

（二）居士的等级制度

在中国南传佛教信仰区域，由于各地社会发育程度及所接受的外来文化影响僧阶制度略有差异，在德宏和临沧地区形成了独特的居士制度。

1. 德宏地区南传佛教的居士等级制度

在德宏地区由于受到内地大乘佛教的影响，没有形成严格的佛教僧阶制度，却在居士信众中形成了特殊的居士制度。

与出家众的僧阶相对应，很多信仰者都希望举行一定的仪式来获得不同等级的称号，并将此视为对佛的最大虔诚和自己积累福德的最佳途径。

因此在中国南传佛教传播区域内也形成了一种特殊的居士制度。这是中国汉传佛教所没有的。

居士等级称号有"坦木"、"帕嘎"、"帕嘎体"、"帕嘎软"四级。

(1)"坦木"是最低一级,其仪式简单易行,只要用钱买一部经书送到寺院,请长老念经后即可获得。人们认为,年老时如果连"坦木"的称号都没有的话,会被人看不起,自己也会觉得不光彩。因此,几乎每一个老年信佛者都能取得。

(2)"帕嘎"为第二级,获得"帕嘎"的仪式叫作"帕嘎摆"。举行此仪式的人家首先要购买佛像、抄写经文、制作佛幡佛伞,供奉在家中临时设置的佛堂上,请僧侣前来诵经焚香,同时宴请乡邻亲朋,几天后将佛像等物送至寺院,布施钱或物,然后由长老念经赐封"帕嘎"称号。所需要的费用数额从几百元到几千元不等。

(3)"帕嘎体"是第三级,"帕嘎"若想晋升一级——"帕嘎体",又必须再做一次"帕嘎摆",再次,花费钱财,邀请亲朋好友来参加仪式,并由长老念经,方可成为"帕嘎体"。

(4)"帕嘎软"是最高一级,是虔诚的佛教徒一生追求的理想,只有具有"帕嘎体"称号的人再做一次"帕嘎摆"才能获得。一个人一生中连续几次做摆,所需财力和人力是一般家庭难以承受的,所以只有极少数家境富裕的人才能获得这个僧阶称号。

信仰南传上座部佛教的傣族群众普遍存在一个观念:谁的名字前被冠以"帕嘎"以上称号,谁就有较高的社会地位,受人尊敬;谁获得"帕嘎软",就预示着谁已功德圆满,日后可得涅槃。20 世纪 80 年代以后,在经济发展、群众生活日趋富裕的地区,一个村寨几户人家同时或分别做"帕嘎摆"已屡见不鲜。如在潞西县,据统计 1980—1989 年有近 200 户人家举行过上述仪式,仅芒市镇(芒市镇现已经为县级市)就有 20 余家,时间多为三天,费用一千或几千元人民币不等。[①]

(三)临沧地区南传佛教的居士制度

在临沧多列派的傣族信徒也分为两类:"布来"和"帕嘎"。其中"布来"一级较高,它又分三等九级,每升一级都要做一次赕。而"帕嘎"一级较为普遍,只要做一次小赕,由佛寺赐给"帕嘎"的身份。人

---

① 张建章主编:《德宏宗教》,德宏民族出版社 1992 年版,第 184 页。

们都相信至少要成为"帕嘎",不然就白做人了。

中国南传上座部佛教在德宏傣族景颇族自治州和临沧市多列派的傣族信徒中所形成的信众居士制度的特点在于:虽然有不同的等级,且等级越高越受人尊重,但这却不是特权制度,不同等级的居士都不具有特权,大家彼此之间永远是平等的,他不可以管理其他等级的居士。与僧阶制度相比,其最大的特点就在于居士在宗教生活中享有更多的功德、在世俗生活中享有更高的声望。就中国南传上座部佛教管理体系中信众的管理而言,居士制度的等级化无疑会成为信众努力的方向,使其更加注重道德自律,在管理方面能更加有序。

(四) 信徒们的宗教实践

在现实社会中积极布施,以慈悲精神实践佛教的和谐思想是南传上座部佛教信徒在个人宗教修行实践活动中的主要指导思想。中国南传上座部佛教的价值观,其关于善行的评价是以慈悲思想为依据的,它渗透社会生活的方方面面。人们对宗教的信仰极为虔诚,在现实生活中,信徒们都很注意发扬佛教传统的道德伦理精神,很注重宗教的清净修行,自觉实践佛教慈悲和谐精神。这具体表现为信徒们认真定期参与纳福、受戒活动,同时还积极赕佛布施。他们认为布施是治贪欲的第一利器,是一个人充满慈悲心的具体表现,更是一个人有智慧和责任心的表现,因为一个没有智慧和责任心的人是不会想到他人需要自己的帮助,不会想到自己应该去帮助别人的。在这样的思想影响下,中国南传佛教信仰区域内的各族人民群众都积极布施,热心帮助他人,形成了良好的和谐人际关系。

1833 年在泰国古都素可泰发现的兰甘亨碑铭中,就记载了素可泰王朝信奉佛教,人民都乐善好施的情况:

> 此素可泰城中,人多乐善好施,齐俗献礼。素可泰国王以及王子、公主、公卿贵妇,公子王孙所有人,无论男女,莫不虔诚崇奉佛教,雨季无不恪守戒律。①

泰国古都素可泰发现的兰甘亨碑铭记载的是 13 世纪泰国信奉佛教、

---

①　巫凌云:《泰国兰甘亨碑铭译文补正》,《云南民族学院学报》1987 年第 2 期。

社会和谐安康的景象。正是由于素可泰王朝"无论男女，莫不虔诚崇奉佛教，雨季无不恪守戒律"，"人多乐善好施，齐俗献礼"，所以 13 世纪时，素可泰王朝国泰民安，人民安居乐业，社会和谐。13 世纪开始素可泰王朝佛教对云南傣族地区产生了很大影响，且同属于傣泰族群文化圈，彼此之间文化交往密切。这一碑铭记载的文字可以从一个侧面反映出当时云南佛教的情况。事实上，这一现象一直延续下来。

泰国是南传上座部佛教兴盛的国家。国民传统习惯，男子一生中都要出家一次，这被认为是人生中的一件大事。出家时间的长短随个人自愿。比丘或有 227 条，沙弥有十戒。出家一年称初腊，须依师而住；五年称中腊，满十年称上座。出家后，四事供养（食、住、衣、药）及日用物，皆来自信施者（父母亲友及信徒）。饮食由托钵而得，可食鱼肉；但不可自行杀生，不得食人、马、象、蛇、虎、猫、狮子、犬、豹十种肉。

每日早晚两次行持，每次约半小时；每月举行诵戒。一个月有四次佛日，在家信众带着香花往佛寺礼佛诵经，受持五戒或八关斋戒，听僧人说法。广播电台及电视台，在佛日及特别节日，都请僧人向民众广播说法，或安排播放佛教节目。关于佛教重要的节日，一年中有三次，即泰历三月半为敬法节，六月半为敬佛节（纪念佛陀诞生、正觉、涅槃），八月半为敬僧节。这三个节日，代表对三宝的礼敬，国家都定其为特别假日，全国放假，举行庆祝。敬僧节次日，即进入僧人三个月安居期。在安居前一两个星期中，发心短期出家人特别多，全国僧人会增加五六万。有些政府公务员，如以前没有出过家的，这时也可以特别请假三个月，入寺短期出家。安居三个月期满后，即舍戒还俗。出安居后一个月期中，全国僧俗流行举行献"功德衣"仪式，每所佛寺都举行。泰王及王后亦每年分别轮流至著名佛寺亲自主持功德衣仪式，向僧人供养衣物等。

国家重要节庆，乃至人民平常婚丧喜庆之事，大多请僧诵经供养，增加功德福利，或超度亡者。泰国如此，中国南传佛教信仰区域也如此，并形成了独特的居士宗教实践特色。

1. "纳福"活动：老年居士的宗教生活

进入老年阶段的居士，就退出生产，专心事佛，为求得来世的幸福做准备。他们认为一个人在年轻时期，总难免犯这样或那样的错误，甚至还会违反戒规，因此为了避免来世要承受这样的业力，就应该在今世努力去好好赕佛，虔诚忏悔，努力参加各种佛事活动，积极捐赠各种物资和财物，以赕佛这样的实际行动来积累功德，以期死后进入天国，来世有一个幸福的生活。因此，信徒们不惜节衣缩食，以自己毕生积累的财物赕佛。笔者在云南临沧地区调研时，老年居士们经常表示"多赕多得福"，"赕得越多，越虔诚，死后就可以进入天国，来世就可以享受赕佛所得到的功德。投生时就会到好人家或者是家境殷实的人家，自己的长相也就会端正漂亮"，因此，老人们积极参与赕佛活动，称为"纳福"。这意味着成为居士后，每个月都会到佛寺参加布萨活动反省自己的日常生活行为，进行精神上的提升；同时通过赕佛活动，布施钱财，为自己的来世积累功德。

　2. 常态化的宗教实践活动

　　为了表示对佛的敬意，在信仰南传佛教的云南傣族地区，傣族人民经常以赕佛活动的形式来表达自己对佛教的敬意，所谓"赕"就是布施的意思，到寺院中向佛、僧人、寺院布施。民间流传的《赕佛词》就体现了傣族人民希望通过赕佛布施，做好事来积累功德以求有个好的来世的愿望："想着爷爷奶奶，想着妻子儿女，全家来赕佛，来洗净灵魂。这一生一世啊，只做好事，不干坏事情。人生的命运由前世所定。今世积功德越多，来世命运就越好。哪个记得一生赕了几次佛，一生积了多少功德？自古以来人们就是以从善为荣，从恶为耻辱。"[1] 在布施赕佛思想的影响下，赕佛活动成为中国南传上座部佛教信仰地区信徒们重要的宗教生活内容。傣族一年当中有很多次的"赕"事活动，傣族史书《舍本勐宛》就记载了德宏地区古代的情况：

　　　　在陇川第七代土司多三诏时代（大约 16 世纪中叶），一年十二个月都有佛事活动。傣历一月（即农历十月）过新年，人民互相拜年祝福；傣历二月（农历十一月）僧侣在寺院内斋戒，人们做斋戒佛会；三月（农历腊月）做烧白柴摆，施舍功德宴请受戒老人；四月（农历正月）做迎供佛像摆和赕佛塔摆；五月（农历二月）浴

---

① 　云南省少数民族古籍译丛第 21 辑《傣族风俗歌》，云南民族出版社 1988 年版，第 117 页。

佛节（傣历新年）；六月（农历三月）月圆之日，给菩提树泼水；七月（农历四月）设佛台，请僧侣到家里或寨心诵经，祭寨神勐神；八月（农历五月），人民争相做摆，赕袈裟，献钱粮，供僧侣入夏安居期间使用；九月（农历六月），入夏安居，人们送早餐、午餐给僧侣，纷纷到寺院施舍功德；十月（农历七月），赕新谷摆；十一月（农历八月）十三至十六日，做出夏安居佛会，人们点燃烛火，迎接佛祖从天界归来，届时男女老幼手捧鲜花供品，在铓鼓队的引导下，绕寺跳三圈"嘎光"（傣语，即象脚鼓舞），相继入佛殿拜佛念经，拜毕，又相约到邻村佛寺朝拜；十二月（农历九月），做赕袈裟摆。①

此外，云南西双版纳地区在20世纪50年代以前也是几乎每个月都有赕佛活动，如赕帕（袈裟节）、赕老轮瓦（赕谷）、赕新年（傣语景比迈）、赕坦（赕经书）、毫洼沙（关门节）、奥洼沙（开门节）、赕星、赕沙兰（祭祖）、赕岗、温帕、赕水神、赕暖帕短、赕柯蒙、赕墨哈班（修来世），等等。一年四季节日活动不断，在这些宗教活动中，所有的信徒都会在节日开始前就准备好各种供品，在举行仪式时纷纷捐赠布施，在这段时间虔诚参与祈福积德活动，供奉各式各样丰盛的美食及其他日常品给寺庙和尚。通过大量的赕佛活动，消解了个人的贪欲、净化了社会风气、提升了社会伦理道德，村社内部成员团结互助、尊老爱幼、和睦相处、平等相待、博爱宽容。在群体中，谁家碰到困难，大家都会尽力帮助，一切困难都可以在群体中互助解决。村民之间的关系非常融洽协调，有助于形成和谐的社会文化氛围。

四　中国南传佛教波章管理系统的建立和完善

由于中国南传佛教规定，僧侣不得直接管理信众，不直接组织佛事活动，不直接处理与佛教相关的社会事务，因此，中国南传佛教需要一支专门负责为其处理佛教社会事务的队伍，以此来与社会交流、沟通。为此，

---

① 转引自杨民康《贝叶礼赞》，宗教文化出版社2003年版，第94页。

数目众多的波章①及其等级分明、分工明确的波章管理系统这样的地方社会精英队伍出现了。

　　波章是世俗社会地方精英，同时也是中国南传佛教社会管理体系的权威，是中国南传上座部佛教信仰区域内专管佛教事务之人，在中国南传上座部佛教管理体系中发挥着特殊的重要作用，负责在社会管理层面上与世俗社会进行沟通和融合。这是南传佛教管理体系不同于汉传佛教和藏传佛教管理体系之处。值得注意的是，作为世俗社会地方精英，在身份认同上，波章却具有双重性特征，他既是中国南传佛教社会管理体系的权威，同时又是一个世俗社会之人，在世俗社会中不享有任何宗教赋予的神圣权威。他是由群众推选产生的，波章的选拔标准非常严格，须经过严格的选拔程序，符合选拔标准②后，既得到了佛教世界的认可，也得到了世俗社会的认可，波章方才具有中国南传佛教社会管理体系的权威。在具体的南传佛教的社会事务管理中，他扮演着组织者和管理者的角色，甚至在佛教仪式活动中，承担着仪式主持人的角色。③ 可以说，在严格的推选程序和管理监督机制中，波章以地方社会精英的身份参与到佛教社会事务的管理之中，在佛教管理体系中发挥着重要的作用。

　　值得注意的是，如此重要的角色在中国南传佛教管理体系中并不是唯一的，波章有很多，大家各司其职，在自己的职权范围内共同参与管理佛教的社会事务，因此也形成了自己独具特色的管理体系——波章管理体系，即与中国南传佛教寺院管理体系相适应，按照寺院管理的金字塔形模式也形成了波章管理体系的四级金字塔形模式：总佛寺波章——勐佛寺波章——中心佛寺波章——村寨佛寺波章，各级波章之间有严格的等级界限，上下级波章具有从属关系，不可逾越权限范围活动。以西双版纳傣族自治州为例，波章的金字塔形管理模式如表4—2所示。

---

　　① 在云南南传佛教信仰区域，对之有不同的称呼，在西双版纳傣族自治州称为"波章"，在德宏傣族景颇族自治州称为"贺路"，在临沧市称为"安章"。

　　② 关于安章的选拔标准，详参郑筱筠《中国南传佛教管理体系中的CEO——试论安章角色的选拔标准》，《宗风》（己丑夏之卷），宗教文化出版社2009年版，第262页。

　　③ 关于波章的情况，详见郑筱筠《人类学视域下南传佛教的中国阈限理论分析——以南传佛教管理体系中的安章现象为例》，《思想战线》2010年第2期。

表4—2　　　　　　　西双版纳地区波章金字塔形管理模式

级别	名称		数目	相应的社会行政级别属地	备注
最高一级	"洼龙"波章	"洼扎捧"波章	1	召片领	"洼龙"总佛寺下面有"洼扎捧"、"洼专董"两个佛寺协助管理
		"洼专董"波章			
第二级	勐级"洼龙"波章		36	勐级	
第三级	中心佛寺波章		若干		以四个村寨佛寺为一个单位
基层	村寨佛寺波章		若干	村寨	

波章们作为地方社会精英，具有动员社会资本的能力，这是佛教社会管理系统融入社会管理体制的关键。波章们在组织人数众多、涉及复杂合作的佛事活动时，地方政府是不介入的，因为这是属于佛教范围的神圣活动，作为世俗行政组织的权力是不能进入神圣空间里的。因此，所有的活动安排全部由波章代表佛教界来组织、安排，来与世俗社会协商，或者是利用宗教资本来安排社会资源。波章们的能力，是地方各级村寨组织在无政府介入的情况下，所具备的组织能力的表现。但在组织大型活动，需要跨区域进行时，就需要对基层佛教管理的关键人物——波章进行合理组织，需要对各级波章所具备的组织能力进行最大化的集中管理、优化组合、有序安排，这正是波章系统适应佛教发展的需要而产生的重要基础。

有了这样等级分明、制度严密的地方社会特殊精英——波章管理体系，各级波章严格遵守规定，按照各自的分工来组织自己权限范围内的佛事活动。

这一社会管理系统的优点在于：在佛教与社会资源进行有效整合的过程中，波章按照自己管理体系的潜规则来组织参与、处理社会事务，将整个中国佛教的社会事务化整为零，划分到相应的各级波章管理层，逐级分工，既避免了波章权限过于集中的现象，又有效地对佛教的社会事务进行了处理，有力地促进了佛教的发展。

波章系统的建立是中国南传佛教利用地方社会精英队伍，有序处理佛教社会事务的成功典范。此管理模式的建立，成为中国南传佛教有序进入少数民族社会管理体制的一个桥梁。

第五章 近现代中国南传佛教的发展和流变(1840—1950)

元、明在云南境内设置土官、土司，经过明、清两代改土归流，然而在傣族地区，西双版纳的车里宣慰司以及德宏的南甸宣抚司、干崖宣抚司、陇川宣抚司、勐卯安抚司、芒市安抚司、遮放副宣抚司、盏达副宣抚司七个土司依然存在。

民国二年（1913）一月，国民政府设普思沿边行政总局于车里宣慰街，同时分设其余七个行政区，建立了普思沿边行政区（今西双版纳），领车里、勐海、勐遮、勐混、勐笼、橄榄坝、勐腊、易武、普文、六顺等区域；同时在滇西建立腾龙沿边行政区（今德宏），领腾冲、盈江、陇川、瑞丽、潞西、龙陵等区域。普思沿边和腾龙沿边是民国时期云南傣族地区的两大行政区，其次有耿马宣抚司、孟连宣抚司和孟定土府、思茅县、景谷县等傣族地区，均为中国南传佛教流传区域。

民国时期，"政府唯取经济政治实权，对于宗教信仰则仍取放任主义以羁縻之，故佛教尤盛行"。因而在崇奉南传佛教的傣族聚居区，凡有村落，即有佛寺，或一村一寺，或数村一寺，佛寺佛塔成为傣族村寨中最宏大富丽的建筑物。"凡摆夷聚居的处所，无不建着壮大辉煌的缅寺，宝塔矗立，经亭璀璨，殿宇空阔，佛树盘屈"[1]，"车里[2]固佛教国，佛寺金

---

① 彭桂萼：《西南边城缅宁》，云南省立双江简师 1938 年铅印本，第 191 页。

② 车里，土司名。一作彻里、撤里或车厘。元世祖至元末置彻里军民总管府，明改为车里军民宣慰使司，治所在今云南景洪。辖境大部分相当于今西双版纳傣族自治州。天启后废，清顺治末复置车里宣慰使司。雍正七年（1729）分九龙江内六版纳地置普洱府，江外六版纳仍归车里宣慰司管辖。乾隆元年（1736）以江外六版纳宣慰司及所属各土司分隶府属宁洱县与思茅厅。民国二年（1913），建立普思沿边行政区，领车里等八个区，后置车里县等。

塔，露顶耸立，弥望皆是。分官缅寺（缅寺即佛寺之俗称）与普通缅寺，在城市土司驻地者为官缅寺。官缅寺庄严璀璨，佛皆金身，饰以珠宝琉璃，充塞殿宇"①。民国初年振兴佛教，佛寺林立，西双版纳有佛寺1200座，德宏有534座，临沧地区有179座，思茅地区的孟连县有75座、景谷县有86座。②

　　近现代时期，中国南传佛教的传播和发展呈现新的变化和特点：一是傣族地区的改土归流因其不彻底使得南传佛教持续发展；二是中国南传佛教的不同教派呈现不同的发展流变之势；三是随着元明清三代以来内地移民大量涌入傣族地区，南传佛教和汉传佛教交流日渐深入，其佛寺建筑艺术呈现傣汉互动特色；四是中国南传佛教僧团逐渐成熟，发展完善；五是南传佛教寺院教育传统得以传承和发展。

第一节　改土归流及南传佛教的发展变化

　　上座部佛教传入云南傣族地区之后，逐渐与当地的土司制度相适应并对当时的政治生活产生了深入的影响。南传佛教在云南傣族地区的传播发展和傣族的土司制度密切相关，二者相互利用、相互依存又保持相对的独立性。一方面，中国南传佛教形成了一整套与土司行政体系相对应的佛寺组织系统；另一方面，南传佛教维护并强化了土司制度的世俗统治权威。由于传入时间前后不一，各傣族地区社会发展程度不平衡，南传佛教与傣族土司制度联系的紧密程度也有所不同，其中以西双版纳傣族地区表现出来的南传佛教与土司制度的关系最为紧密。应当指出的是，傣族的佛寺组织系统虽然形成了与土司制度行政系统相一致的逐层隶属关系，但并未形成类似藏传佛教地区政教合一的制度，在政治上，整个佛寺组织系统都服从土司的管辖。以西双版纳为例，祜巴以上僧阶的授予，除了僧团内部推举通过之外，还必须征得当地土司的同意，傣族土司通过僧阶授予和宗教仪式活动对南传佛教的僧团组织和寺院经济施加影响。可见，南传佛教维护了土司制度的统治权威并因为土司统治阶层的扶持获得了在傣族地区的长足发展，对傣族的社会政治、经济和文化产生了深远的影响。

---

①　李拂一：《车里》，商务印书馆1933年版，第85页。
②　王海涛：《云南佛教史》，云南美术出版社2001年版，第508页。

中国云南傣族地区的土司制度肇始于元代，兴盛于明代，清代沿袭之，意在"以夷制夷"。然而，土司制度因其流弊不少，改土归流势在必行。本节对明清两代在傣族地区设置的土司制度稍有回溯，一则辨明改土归流之因；二则由于云南傣族地区属于明清两代改土归流不彻底之区域，故而近现代再施改土归流之策。中国南传佛教与傣族土司制度关系如此紧密，则改土归流对中国南传佛教的发展会产生什么样的影响呢？

一　傣族地区的改土归流

土司制度的建立，渊源甚早。《明史·土司传》记载："西南诸蛮……唐代以来，自相君长，原其为王朝役使。自周武王时，孟津大会，而庸、蜀、羌、髳、微、卢、彭、濮诸蛮皆与焉，及楚庄蹻王滇，而秦开五尺道置吏，沿及汉武，置都尉县属，仍会自保，此即土官土司之所始欤？迨有明踵元故事，大为恢拓，分别司郡州县，额以赋役，听我驱调，而法始备矣。"

土司制度有别于内地的行政制度，其主要特点是：就原土酋统治的区域设立土司，不变动地方上原有的经济体系，不改变地方上原有的政治制度，任命原有部酋为地方统治者，给予职名，世袭统治地方，并承认领主剥削特权，归附中央王朝，保守边疆。《明史·职官志》载："西南诸蛮夷朝贡，多因元官授之，稍与约束，定征徭差发之法。皆因其俗使之附辑诸蛮，谨守疆土，修职贡，供征调，无相携贰。有相雠者，疏上，听命于天子。"这种措施与当地的经济发展状况是相适应的，盖因这里尚未出现个人土地所有制，土地全归大小领主所有，若把适应地主经济的这一套内地行政制度强加于百夷地区，势必引起多方面的矛盾。①

（一）傣族地区改土归流的历史背景

土司制度是在一定历史条件下的产物，是一整套适应边疆民族地区经济发展不平衡实情而制定的特殊制度，意在以夷制夷。土司制度在历史上曾经起到安定边疆、缓和民族矛盾的积极作用。作为权宜之计的土司制度，由于"彼大姓相擅，世积威约"，其最终目的是遇有可乘之机便改土归流。因此，当土司制度开始实施之日，也正是改土归流行将到来之日。

---

① 参见江应樑《傣族史》，四川民族出版社 1984 年版，第 269 页。

1. 傣族地区土司制度的建立

元代初年朝廷企图凭借强大的军事力量把云南全省置于中央一统之下，结果引起各民族不断的反叛，凡征服之地，驻军一撤，杀官抗赋之事不绝，很多地区无法委官统治。基于此种情势，元朝不得不放弃强硬的武力统治手段，转而采取分化、扶谕、任用归附土酋来统治地方的办法，这样才使地方安定下来。明代接受元朝的经验教训，进一步完善了土司制度。尤其在百夷地区，麓川的壮大是对明朝的极大威胁，直到麓川思氏的领主集权瓦解后，各部的领主势力依然很强大，致使终明一代，对沿边百夷地区只能保持羁縻的土司制度，即使对原先意欲从土司过渡到土官的所谓"御夷"府州，也始终没有达到过渡的目的。

2. 傣族地区土司制度的流弊

土司制度的建立，能适应当时当地少数民族的经济水平，同时随着地方与中央之间关系的加强，边疆与内地的关系也就进一步密切，内地人民向沿边移民，在经济文化上可以起到交流互动的作用。然而，土司制度的设置在于封建朝廷巩固和加强对少数民族地区统治，对民族地区"分而治之"以达到"以夷制夷"的政治目的。封建统治阶级从未把民族地区的经济发展和民族地区文化的繁荣纳入规划，因而，土司制度存在不少流弊，不仅在政治上有其消极性，而且阻碍了少数民族地区经济发展和文化发展。

(1)"分而治之"的流弊。元代土司制度的施行办法是就民族地区原有各部酋长授予官职，使统治其固有地区和属民，官阶的高低依所辖地区的大小及部族力量的强弱而定。这种办法对民族上层的兼并欲望而言，无疑是一个刺激因素。当时的傣族社会正处于一个新的发展阶段，傣族各部之间的兼并战争日趋频繁，封建朝廷无力控制各土司之间的兼并，甚至只能承认既成事实，由此造成强大的地方政权应运而生，麓川思氏政权就是在这种情况下兴起的。

明初土司制度进一步完善，对各地区已形成的政权集团，一方面迫于时势"即以原官授之"，另一方面为防止"彼大姓相擅，世积威约"的状况，便采取分化的办法，对那些区域辽阔、势力强大的各部，设法使之分化削弱，甚至不惜使用武力镇压的手段，阻止民族地区在政治上联合，以达到分而治之的目的。

有明一代，在傣族地区积极推行分化削弱的策略。麓川思氏在元末就

开始兼并，形成了一个广大区域的统一的地方政权，权势渐长。明初，封
建朝廷首先抓住其内部发生变乱的时机，拆散其兼并的地盘，分别建立若
干各不相属的政权机构，"分其地设孟养、木邦、孟定三府，隶云南；设
潞江、干崖、大侯、弯甸四长官司，隶金齿"①。又把已被麓川兼并了的
南甸划出建州。这势必引起麓川思氏集团的不满，不久，思伦法又兼并了
这些地方并建立一个更大的地方政权。对此，明廷不惜动用武力，三征麓
川，打败思氏，革除麓川宣慰司，置陇川宣抚司。此外，又拆木邦宣慰司
西部地置孟密宣抚司，分孟密北部地置蛮莫安抚司；分车里宣慰司为车
里、靖安两宣慰司；分孟定府东西两地分设孟连长官司和耿马安抚司；分
镇康府为镇康、弯甸二州；分景东所属孟缅、孟梳二地置孟缅长官司；把
同属陇川宣抚司的遮放和勐卯建为两个独立的土司政权，等等，诸如
此类。

　　上述可见，封建朝廷分而治之的策略使得傣族地区成为若干各自为政
的土司政权，分化设司，互不相属，在同一地区内多头政权并存，彼此对
抗，互相猜忌，力量相互抵消，达到了分而治之的目的。这不仅仅影响了
各部傣族人民之间的交往合作，限制了地方经济的正常发展，而且严重阻
碍了社会经济文化的交流与进步。用政治强制手段来分化傣族各部间的经
济联系，阻碍了傣族社会的正常发展，造成了相邻地区同一族间经济发展
不平衡，使得社会经济发展缓慢甚至停滞，这是封建土司制度的一个严重
恶果。

　　（2）"以夷制夷"的流弊。土司制度正是"以夷制夷"的具体措施，
大小土司并立，相互牵制可以起到"以夷制夷"的作用，而征调土司兵
丁以平"乱"是"以夷制夷"的另一种办法。明朝廷在土府、土州之外，
又有"御夷府"、"御夷州"和"御夷长官司"的设置，同是傣族土司，
而芒市、孟定、孟艮、镇康、弯甸、威远，却在土职之上，又加给"御
夷"之名，并且也确实托以"御夷"之任，人为地在"御"和"被御"
之间制造矛盾和仇视，进而使其发展为互相对立，因而也就达到了"以
夷制夷"之目的。

　　明朝廷的另一手法是支持各部统治者之间的争权争位，造成各部的对
立和分裂，以便削弱各部的实力，这也是"以夷制夷"策略的具体运用。

---

　　①　（清）张廷玉：《明史·云南土司传·麓川》，中华书局 1983 年版。

例如车里的刀弄和刀双孟二人争袭宣慰职位，明朝廷乘机把车里划分为车里和靖安两宣慰司，均授予二人以宣慰使职位，使得二人据地而治，以此加剧二人的矛盾和对立，实现相互制衡。

"供征调"是朝廷对土司明文规定的义务。所谓"供征调"就是征调甲土司的武力去攻打乙土司，这是明目张胆的"以夷攻夷"。明一代对傣族各部征调出战是极为频繁的，包括出兵，出粮饷，出军械，出战具如战象、战马、船只等。据《明史·云南土司传·景东》所载："景东，部皆僰种，性淳朴，习弩射，以象战，历讨铁索、米鲁、那鉴、安铨、凤继祖诸役，皆调其兵及战象……景东每调兵二千，必自效千余，饷士之费未尝仰给公家，土司中最称恭顺。"①

上述史料说明，"以夷制夷"的土司制度策略造成了各部之间不断的争斗攻伐，挑起了傣族各土司间以及傣族与其他民族的矛盾和对立，影响了民族间的友好往来，彼此之间的经济文化交流也受到了很大阻碍，使傣族地区社会经济长期处于不能正常发展的状态。

（3）双重的经济剥削。土司制度意在羁縻，封建朝廷对地方的政治组织和经济结构采取不变动的方针，结果是中央政权不仅不协助土司制度下的地方经济生产的发展，反而加重了少数民族人民的经济负担。当地各族人民除了负担土司的盘剥之外，还要增加对朝廷的经济负担，事实上，人民在土司制度下受到的是双重剥削。

一方面，傣族人民要负担封建朝廷的经济剥削。封建朝廷对傣族人民的剥削名目和方式与内地有所不同，主要有差发、朝贡、额外征取和官吏搕索四类。另一方面，傣族人民要负担土司无偿的劳役，差发官租和各种名目繁多、无穷尽的摊派。

傣族人民长期以来受到民族压迫和阶级压迫，在这双重政治压迫和双重经济剥削下，度日维艰，丧失了发展生产的积极性，这是导致傣族社会长期停滞在封建领主阶段的根本原因。②

总之，对历代封建统治者而言，中央集权的"大一统"是必须维护的，为了巩固疆土，历代都采取羁縻政策。封建朝廷推行土司制度，不是政治目的，而是一种政治手段，是企图通过暂时的羁縻来达到封建大一统

---

① 参见（清）张廷玉《明史·云南土司传·景东》，中华书局 1983 年版。

② 参见江应樑《傣族史》，四川民族出版社 1984 年版，第 290—294 页。

的目的。因此，当这种羁縻制度在某种程度能够与中央政权相抗衡，影响到中央集权制度时，改土归流也就势在必行；同时，土司制度存在的流弊阻碍了民族地区经济生产的发展，双重剥削进一步加深了民族矛盾，在这种情况下，改土归流是具有客观必要性的。

（二）近现代傣族地区的改土归流

值得注意的是，改土归流必须有一个前提，那就是必须使社会经济得到发展。土司制度的产生是由于边区经济发展较内地落后，不能用治理内地的一套制度施行于边区。在边区的经济发展达到或接近内地水平时，方才具备废土改流的必要条件；否则，强行废土必然又会造成骚乱。明清两代在傣族地区进行的改土归流，其中有成功的，也有失败的；有顺理成章的变革，也有用武力强制推行的。概而览之，道理只有一个，那就是：成功的是因该地已进入或接近封建地主经济阶段，失败的是因该地尚处于封建领主经济阶段。

终明一代，陆续被改流的地区很多，然而这种做法对百夷地区的土司来说，并不是很顺利，景东是土流并存，元江改流后"叛乱不已"，只好恢复土职，其他百夷土官大都仍旧世袭。至于百夷土司，就更无一人一地被改流。

清代对云南少数民族的统治，是沿袭明代的土司制度，同时也采用明统治者的办法，不断进行改土归流。雍正四年（1726），清朝在西南地区发动了全面改土归流，当即遇到了傣族地区的不断反抗，至雍正六年（1728），改土归流不得不采取灵活方式，在势不能改的地区，允许土官土司继续存在。有清一代，在云南最初进行改土归流的是傣族地区（顺治十六年，1659 年元江改流），最后进行改流的也是傣族地区（宣统三年，1911 年车里改流）。

云南傣族地区的改土归流之所以难以推行，究其原因，"主要是经济基础与上层建筑适应与否的问题。流官制度是按照封建地主经济所有制而制定的，而摆夷地区还处在封建领主经济的发展阶段，故而摆夷地区的改土归流必然无法彻底进行。因此，虽经明、清两代不断改土归流，在云南傣族地区，至近现代，土司不仅依然大量存在，而且有所增加"。① 下面把近现代云南傣族地区改土归流的具体情况以西双版纳地区（思普沿边）

---

① 参见江应樑《傣族史》，四川民族出版社 1984 年版，第 417 页。

和德宏地区（腾龙沿边）为两大代表板块分述之。

1. 西双版纳地区（思普沿边）改土归流

在西双版纳境内，元置彻里军民总管府，明初改为车里军民府，不久改为车里军民宣慰使司。清顺治十六年（1659 年），清军入滇，降各土司，元江土府那氏反清被诛，改元江土府为元江府，设流官。清顺治十八年（1661）车里刀穆祷献金投诚，仍设车里宣慰使司，授为车里宣慰使司，管理十二版纳。

雍正七年（1729），改土归流，以江内之思茅、普腾、整董、勐乌、六大茶山、橄榄坝六版纳置普洱府，于悠乐设一同知，思茅设一通判隶之，其江外之六版纳仍归车里宣慰司管理，责其岁纳粮钱于悠乐同知。

清末国家多故，藩属以次沦亡，勐乌乌得亦于光绪二十一年（1895年）为法人夺占，十二版纳已不完整。宣统元年（1909），勐遮土司刀正经谋自主，据顶真，击勐海。宣统二年（1910），云贵总督委管带柯树勋率兵前往勐海平乱，议改流，原拟设一直隶州三县。

民国初，分置车里、勐海、勐遮、勐混、勐笼、橄榄坝、勐腊、易武、普文、六顺等为十一行政区，分区派员编查户口，为改设县治准备，后以经费不敷，十一行政区缩编为八区。

民国二年（1913）正月，设普思沿边行政总局于车里宣慰街，监管第一行政区，领车里宣慰使直辖地，并橄榄坝土把总两土司之地及悠乐山诸大茶山。设第二区行政分局于勐遮，领勐遮、勐阿、景真（顶真）、勐满、勐康五土司之地。设第三区行政分局于勐混，后移至勐海，领勐海、勐混、打洛三土司之地。设第四区行政分局于勐笼，领勐笼土司及景哈土司之地。设第五区行政分局于勐腊，领勐腊、勐捧、勐丰、勐仑四土司之地。设第六区行政分局于易武，旋移倚邦，领倚邦、易武、整董、竜得四土司之地。设第七区行政分局于黄草坝，领普腾、勐旺两土司之地。设第八区行政分局于官房，领六顺、勐往两土司之地。普思沿边特别行政区至此完全成立，编隶普洱道。[①]

民国三年（1914），建行政总局于景德（今景洪），景德为车里宣慰司旧治，相传明时有居民万余户，今则满地荆棘，只留佛寺遗迹数处而已。

---

① 李拂一：《车里》，商务印书馆 1933 年版，第 2—4 页。

民国十六年（1927），思普沿边改区设县，改八区为七县及一行政区：以第一区为车里县，第二区为五福县，第三区为佛海县，第四区为临江行署，第五区为镇越县，第六区为象明县，第七区为普文县，第八区为庐山县（后改为六顺县）。

车里宣慰，傣语称为刀片领，据《泐史》《续泐史》及《车里宣慰世系》载，从第一代刀片领叭真于 1180 年入主勐泐，传至 1949 年召孟罕仍（刀世勋）时，共传 38 代 769 年。[①]

2. 德宏地区（腾龙沿边）改土归流

德宏不同于西双版纳之处，即境内自来便分立为大小不同、各有政权、各据境域的若干土司。明朝末年，各土司不断受到缅甸侵扰，清初为保守边疆，全都仍沿旧号加委，颁给印札。康熙二十一年（1681），平定吴三桂后，各土司投清，清廷仍封以旧职。沿至清末，各土司不仅汉化程度日深，而且海外文化经缅甸不断传入，有的土司或其族属多有赴日本留学者，有的还参加了辛亥革命。

民国成立，腾龙沿边各土司依旧承袭下去。车里改县后，德宏境内也建立了一些行政署、设治局，作为建县的准备，后又将行政署改为准县一级的设治局，统属两县五设治局：腾冲县，辖南甸宣抚司；龙陵县，辖潞江安抚司；盈江设治局，辖干崖宣抚司、户撒长官司；陇川设治局，辖陇川宣抚司；潞西设治局，辖芒市安抚司、遮放副宣抚司、勐板长官司；瑞丽设治局，辖勐卯安抚司、腊撒长官司；莲山设治局，辖盏达副宣抚司。其中，除户撒、腊撒、勐板三长官司不是傣族，且建置时期甚晚，为清光绪时建置外，其余七土司都是傣族。[②]

此外，其他地区如临沧地区的耿马宣抚司、孟连宣抚司、孟定土府，思茅地区景谷县有威县土司、镇康县土知府等，都沿袭至民国时期。

在云南傣族地区，经过近现代的改土归流，西双版纳的车里宣慰及德宏的南甸、干崖、陇川、勐卯、芒市、遮放、盏达七个土司，依然存在，

---

① 西双版纳召片领传袭代数，各傣文史书记载不一，1981 年高立士译注之《西双版纳宣慰世系》载，自叭真至召孟罕仍传三十八世。另一手抄本《车里宣慰世系》载自叭真至刀世勋传四十五世。张公谨译《续泐史》附记载，从一世叭真至召孟罕仍，共 39 代。李拂一译《泐史》载自叭真至刀正综为三十二世。本节有关车里宣慰世系传袭代数，依高译《西双版纳宣慰世系》。

② 江应樑：《傣族史》，四川民族出版社 1984 年版，第 426 页。

不仅保留土司名位，而且保留土司统治实权，只是名义上分隶县府或设治局统辖而已。这种情况，一直延续到中华人民共和国成立后。

二　南传佛教的发展变化

近现代云南傣族地区不彻底的改土归流所产生的影响主要表现在两个方面。一方面，对傣族政治制度而言，土司统治政权的沿袭使得土司政治制度得以延续；另一方面，对中国南传佛教而言，依存于土司行政组织制度的中国南传佛教寺院组织管理制度持续运行，南传佛教在傣族地区继续发展。

(一) 土司政治制度得以延续

经过近现代的改土归流，土司政治制度的延续主要体现在三方面：一是封建领主集团的延续；二是车里宣慰使司组织的延续；三是议事庭组织机构的延续。

在近现代时期，德宏傣族地区的土司制度与西双版纳有不同之处：十二版纳全境，以车里宣慰为最高领袖，形成了一套等级森严的行政组织制度。而在德宏地区，却是各个土司各立政权，各拥地盘，互争长短。德宏境内（包括紧邻的保山怒江坝）共有八个傣族土司，即芒市安抚司、干崖宣抚司、南甸宣抚司、陇川宣抚司、勐卯安抚司、潞江安抚司、遮放宣抚司、盏达宣抚司，都建于元明时期，世系相传，各据领域，拥有一定的武装，在各自辖区内保持一套完整的土司制度及统治机构却互不统属。①

(二) 南传佛教寺院组织管理制度持续运行

中国南传佛教受傣族地区土司行政组织系统的影响，以傣族地区土司行政组织制度为摹本，建立了一套相对完善的、具有严格等级制度的组织管理制度。近现代傣族地区的改土归流对中国南传佛教的最大影响就是依存于土司行政组织制度的寺院组织管理制度依然存在并持续运行。

中国南传佛教在佛寺的组织管理系统方面具有鲜明的等级特征。西双版纳傣族佛寺分为4个等级：第一，最高一级为设在召片领所在地——景帕钪，称为拉扎坦大总寺，是统领全西双版纳的总佛寺；第二，在总佛寺下设12个版纳拉扎坦总寺和36个勐总寺；第三，由4所以上村寨佛寺组成的中心佛寺——布萨堂佛寺；第四，最基层一级为村寨佛寺。另外还有

---

① 参见江应樑《傣族史》，四川民族出版社1984年版，第418—434页。

拉扎坦大总寺直辖的召片领府的几个"内佛寺"。

德宏地区自 13 世纪元王朝推行土司制度始,至光绪二十五年(1898),境内共分封十个世袭封建土司。除勐板土千总(汉族)信奉汉传佛教外,其余九个土司均信奉上座部佛教,其中除腊撒和户撒长官司为阿昌族之外,其余皆为傣族。德宏境内的上座部佛教各教派的佛寺分为总佛寺、中心佛寺和村寨佛寺三个等级,与封建领主的行政系统相适应。总佛寺是与"勐"相对应的佛寺,皆设于土司驻地,住持皆系土司赐封的高级僧侣。例如,芒市司地各教派的总佛寺设在土司驻地芒市镇;南甸司地的总佛寺设在土司驻地遮岛镇;盏达司地的总佛寺设在土司驻地平原镇;干崖司地的总佛寺设在土司驻地新城;腊撒长官司地的总佛寺设在长官司驻地芒东;户撒长官司的总佛寺设在土司驻地户撒;陇川司地的总佛寺设在土司驻地城子;勐卯司地的总佛寺设在司地勐卯镇;遮放司地的总佛寺设在土司驻地遮放镇。同时,每个教派的总佛寺又管辖若干个中心佛寺,每个中心佛寺又分辖若干个村寨佛寺。①

耿马地区的南传佛教佛寺也分为三级:最高一级佛寺是耿马城区土司所在地的五座佛寺,分别是官佛寺、金牛寺、甘东寺、新佛寺和观音阁佛寺,其中官佛寺为总佛寺,称作"纳乍探",其余四座为副总佛寺,称作"袜勐";第二级佛寺为中心佛寺,称作"贺巴八乍"或"贺卧素",一共有八座,即洞汀佛寺、勐简佛寺、勐撒佛寺、勐勇佛寺、允捧佛寺、允楞佛寺、曼抗佛寺和大寨佛寺。第三级佛寺即村寨的基层佛寺,受中心佛寺管辖,民国时期耿马地区共有村寨佛寺约为 142 座。其中,洞汀中心佛寺管辖上洞井佛寺、下洞井佛寺、枯老佛寺、组楞佛寺等 32 座基层佛寺;勐简中心佛寺管辖芒俄佛寺、弄帕佛寺、南翁佛寺、南乍佛寺等七座佛寺;勐撒中心佛寺管辖新佛寺、郎牙佛寺、芒见佛寺、那秀佛寺等 25 座佛寺;勐勇中心佛寺管辖遮别佛寺、芒帕佛寺、芒糯佛寺、芒肯佛寺等 15 座佛寺;允捧中心佛寺管辖勇冒佛寺、芒召佛寺、芒冈佛寺、芒沙佛寺等 13 座佛寺;允楞中心佛寺管辖芒养佛寺、芒万佛寺、上芒帕佛寺、下芒帕佛寺等 14 座佛寺;曼抗中心佛寺管辖那棉佛寺、贺东佛寺、芒买佛寺、芒那佛寺等 28 座佛寺;大寨中心佛寺管辖芒戛佛寺、芒左佛寺、

---

① 张建章主编:《德宏宗教——德宏傣族景颇族自治州宗教志》,德宏民族出版社 1992 年版,第 134—135 页。

团树佛寺、南命佛寺等 8 座佛寺。①

景谷也不例外，亦有与土司政权组织相对应的佛教组织系统。民国时期，景谷约有 86 座南传佛教佛寺，其中四个傣族聚居的坝子都建有中心佛寺。勐卧有一个官缅寺，勐保、勐夏有三个中心佛寺，即谦糯瓦龙、永平瓦龙和茂密瓦龙，还有勐班大寨佛寺。每个中心佛寺管辖若干村寨基层佛寺。② 桑召和祜巴都由土司册封。民国三十 (1941) 年，景谷县成立了佛学研究会管理佛教事务。

在中国南传佛教流传区域，每个中心佛寺都建有一个布萨堂，是授戒、惩罚犯戒比丘和诵经、忏悔的地方。依据佛寺组织管理制度，每月朔、望两日，各基层佛寺的比丘都要到所属中心佛寺的布萨堂内诵经、忏悔，谓之"洗戒"，沙弥和俗人一概不得参与。为了维护戒律尊严，确保僧侣纯洁，中国南传佛教徒对布萨日十分重视，并世世代代恪守这一清净身心的戒检制度。

应当指出的是，中国南传佛教的佛寺组织系统虽然形成了与土司制度行政系统相一致的逐层隶属关系但并未形成类似藏传佛教地区政教合一的制度，在政治上，整个佛寺组织系统都服从土司的管辖。以西双版纳为例，祜巴以上僧阶的授予，除了僧团内部推举通过之外，必须征得当地土司的同意，傣族土司通过僧阶授予和宗教仪式活动对上座部佛教的僧团组织和寺院经济施加影响。可见，中国南传佛教区别于汉传佛教的一大特点是其维护了土司制度的统治权威并因为土司统治阶层的扶持而获得了在傣族地区的长足发展。

第二节　汉传佛教的发展与南传佛教的交流③

元明清三代直至近现代，内地汉族移民大量进入云南傣族地区，创造了傣族文化和汉族文化交流融合的社会条件和历史契机。伴随内地汉族移民而来的先进生产技术促进了傣族地区的社会经济发展；同时，随之而来

---

① 颜思久：《耿马县小乘佛教》，云南省编辑组编《云南少数民族社会历史调查资料汇编》(五)，云南人民出版社 1991 年版，第 345 页。

② 颜思久：《景谷县佛教调查》，云南省编辑组编《云南少数民族社会历史调查资料汇编》(五)，云南人民出版社 1991 年版，第 318 页。

③ 本节对"汉传佛教的发展与南传佛教的交流互动"的探讨地域仅限定于云南傣族地区。

的汉传佛教文化也自然融入傣族传统文化之中，傣族地区因而呈现了汉传
佛教与南传佛教交融互动的文化特色。

一　汉传佛教发展的社会历史背景

傣族地区汉传佛教的传播和发展有其深厚的社会历史背景，那就是内
地汉族移民大量进入云南傣族地区，汉传佛教信仰也随之进入傣族地区。
在内地汉族与云南边地傣族杂居而处的过程中，傣汉文化不断交流融合，
促进了傣族地区汉传佛教的发展及其与傣族南传佛教的互动。

内地人民入居云南傣族地区，早在秦汉时期就有。东汉时，云南与内
地的关系进一步密切，一些地方官吏做了不少移风易俗促进地方生产发展
的好事，内地汉族陆续南迁定居。南诏、大理国时期，与内地交往频繁，
因为贸易和战争进入云南定居的内地汉族不在少数。至元代，在云南傣族
地区建立金齿六路及彻里总管府，为内地汉族移民傣族地区创造了必要
条件。

明代是内地汉族移居云南的高峰期，据史料记载，云南傣族地区是明
代移民最多的一个区域。明代凡官吏军士谪戍云南的，多数都指定谪戍金
齿。《明实录》载："洪武二十年闰月丁丑，诏平西侯沐英：凡云南戍卫
将校谪戍者，悉听往金齿，分守城邑营垒，但能立功，即授旧职。于是英
按尺籍，自都督而下，指挥七十八，卫镇抚九，千户一百二十二，所镇抚
六十三，百户四百一十一，听征小校七，共六百九十人，皆处分据实以
闻。"[①] 一次谪戍金齿的官吏即达七百人，则可以想见不断谪戍金齿的人
数之巨。不仅官吏们犯法多谪戍金齿，就是人民发配云南充军的，也多指
定到金齿。《明实录》又载："洪武二十五年四月辛未，刑部奏：金工二
十七人坐盗内库金，法当死。上曰：盗内库金固当死，愚民但知爱金，而
不顾其身，是以轻踏刑辟，姑宥其死，谪戍金齿。"毋庸置疑，作为技术
工匠被谪戍金齿，对傣族地区的经济生产起到了不可忽视的促进作用。

元明时期的金齿地区包括今德宏傣族聚居区，当时入居金齿的内地移
民，见诸文献记载的，多是以潜逃的方式进入，他们有的是官吏军士谪
戍，有的是农民、手工业者，也一些商贩和知识分子，甚至有僧人。
《明史·云南土司传》曾载："初，平缅俗不好佛，有僧至自云南，善为

---

① 《明实录·洪武实录》，洪武二十年闰月丁丑条。

因果报应之说，伦发信之，又有金齿戍卒逃入其境，能为火铳火炮之具，伦发喜其技能，俾系金带，与僧位诸部长上。"① 可见进入傣族地区的移民，多能得到傣族的热情礼遇，尤其是有一技之长的手工业者、知识分子或僧人，格外受到尊崇。

明代内地汉族大量移居傣族地区，主要集中于德宏，到了明末清初，又出现了两次移民高潮。一次是抗清将领李定国率领大批军民进入德宏，辗转流动于德宏、西双版纳各地，最后，李定国逝世于西双版纳境内，跟随他入边的军民，很多流落在傣族地区，形成一次新的移民高潮；另一次是清初沿边人民开办银厂，内地人民入边从事采矿，人数多达数十万，这些人中的大部分都留居云南西南边疆的矿场附近，形成了另一次移民高潮。②

上述可知，在元明清三朝的移民热潮中，德宏、西双版纳、普洱、临沧等傣族地区有大量内地汉族移民迁入居住，外来内地汉族移民不仅带来了先进的生产技术，而且带来了汉族的儒释道文化，尤其是大乘佛教文化。

二　汉传佛教与南传佛教的交流

伴随着内地汉族的移民浪潮，到近现代时期，汉传佛教在云南傣族地区建寺修塔，弘法布教，并争取了少数傣族土司的支持而获得了较大发展空间。同时，在与傣族文化长期对话交流过程中，汉传佛教与南传佛教逐渐互动相融，傣族地区的南传佛教也因此带有汉传佛教的文化特色，这种互动融合比较鲜明地体现在云南德宏、临沧和普洱三大南传佛教流传区域之中。

（一）德宏地区汉传佛教与南传佛教的交流

德宏地区汉传佛教主要在汉族、阿昌族和城镇傣族中传播。唐南诏时期即有僧人至南甸（今梁河县）传教。据《大明一统志·南甸宣抚司》记载："丙弄山在司东十一里，相传昔有僧人自搭理来，坐化于此，变为石人。后经兵毁，仅存其头，土人咸祀之。"又据《腾越州志·仙释》载，唐代43名滇僧中有1名大理人，名买顺，又名李贤或李成，于公元

---

① （清）张廷玉：《明史·云南土司传》，中华书局1983年版。
② 参见江应樑《傣族史》，四川民族出版社1984年版，第312—327页。

9 世纪"流之南甸，未几坐化，南甸人瘗之"。由此推之，初入南甸丙弄山的大乘佛教僧人当为李贤。

《永昌府文征·九保太平寺》载：梁河县九保太平寺"建于元代。清乾隆中叶遂改今名"。清初，旧城培龙寺和新城报国寺在南甸宣抚司（今梁河县）建立。培龙寺的开山大和尚即是盏达土司区（今盈江县）莲山傣族弘玉。报国寺开山大和尚是弘玉的师弟弘月，迄今可见弘玉墓碑所载："临济正宗法派弘玉开山大和尚之墓。乾隆乙巳年（1785）师弟弘月、俗弟思允线、徒弟深广、深阁及徒孙等敬立。"故大乘佛教植根盈江当为康熙年间（1662—1722）。道光二十八年（1848）建今芒市勐戛镇观音寺。1903 年梁河土司刀守忠提出"一手倡孔，一手倡佛"的施政方针，请十方僧道至辖区传教。同时，他还邀请汉族迁移辖区定居。随着移民的大量涌入，大乘佛教亦从腾冲、龙陵传入，相继在大厂、河西、遮岛、九保、囊宋等地建玉皇阁、观音寺、普恩寺、三教寺等十五座寺庙。民国四年（1925）建今陇川县章凤观音寺。[1] 可见，大乘佛教在德宏傣族地区逐渐获得了较大发展。

在德宏地区，南传佛教与汉传佛教的交流互动主要表现在三个方面：其一，较为突出地表现在德宏南传佛教节日活动中有一个"弥勒佛节"，这个节日在西双版纳、临沧、普洱等南传佛教流传区域是没有的。"弥勒佛节"傣语称为"摆召尚伍补"或"摆伍巴古"，一般农历正月十五开始迎佛过节，十六日送佛。此节不定期举行，一旦举行，则须连续举办三年。相传每年正月十五日，弥勒佛都穿着褴褛的袈裟下凡化缘，若信徒对其慷慨施舍，那么弥勒佛便会赐福于他。其二，德宏地区的部分上座部佛寺建筑也受到汉传佛教的影响。一般而言，上座部佛教的佛寺从建筑形式上分为两种类型：一种是没有墙基的体现傣族传统建筑风格的"干栏式"佛寺，俗称"楼奘"；另一种是有墙基的受汉传佛教建筑风格影响的佛寺，俗称"地奘"。地奘多分布在城镇，通常为单座式建筑，规模较大的佛寺，其房顶多采用汉传佛教的重檐歇山顶式或重檐硬山顶式。比较著名的地奘有修建于明清时期的雷奘相（芒约佛寺）、五云寺、风平塔寺、佛光寺、尖山塔寺。其三，在德宏上座部佛教诸教派中，以摆庄教派受汉传

---

① 张建章主编：《德宏宗教——德宏傣族景颇族自治州宗教志》，德宏民族出版社 1992 年版，第 248 页。

佛教的影响较为明显,其佛寺建筑、造像兼具汉传佛教特色,大殿中亦如汉传佛教供奉观音、弥勒佛塑像等。[1]

(二) 临沧地区汉传佛教与南传佛教的交流

临沧地区汉传佛教与南传佛教交流融合的典型地区主要在沧源县。汉传佛教最早于明末清初传入沧源,系内地人民首先传入。清乾隆年间,石屏人吴尚贤入驻茂隆银厂,又有大批内地人民去县境西部的茂隆矿区开矿,从而使汉传佛教流传更广。据传,茂隆银厂兴旺时,矿工多凿制观音菩萨像于山中岩洞经常供奉朝拜,供奉较多的为南腊乡岩脚寨的"观音洞"。1800年清政府下令封闭茂隆银厂以后,散居边地的矿工依然时常前往朝拜,久之约定俗成,于每年农历二月十五日在此举行观音庙会。届时,镇康、永德、景谷等地以及缅甸的信徒、商人都会前来赶庙会。民国年间,因战乱等原因,庙会日渐冷落衰微。此外,沧源县亦有部分佤族信仰汉传佛教,相传于清朝咸丰年间由大理鸡足山法师达董保和达巴门传入,当时两位法师率僧人、随从数十人前来滇西南地区传教,将部分僧人、随从留在了澜沧和双江,到沧源时仅有七八人。他们先抵勐省、贺勐、贺南等村寨,均难以落脚。后来岩帅赵氏头人同意他们暂住岩帅,两位法师乘此机会宣扬汉传佛教的教规教义,赵氏头人极为推崇并大力支持他们传教。自此,在赵氏头人的护持下,岩帅周围的佤族逐渐改信汉传佛教,遂由达巴门主持在岩帅建盖寺庙,塑观音菩萨等佛像,供信众供奉。在赵布景主持岩帅时期,沧源县境东部地区的佤族大多数信仰汉传佛教,汉传佛教得以较快发展。达巴门圆寂之后,其随从僧人全部返回内地,由赵布景和田粮长主持教务,佛教继续发展。二头人相继病逝后,由赵布景之子赵安民全权管理,在这一时期,基督宗教传入,赵安民允许贺南、团结、贺科、公曼、班奈等村寨改信基督宗教,从此汉传佛教由盛转衰。[2]

至近代,虽然汉传佛教日渐衰微,然而,经过在沧源地区两百多年的发展衍化,汉传佛教信仰已然深入边地民心。汉传佛教与南传佛教的互动主要体现在南传佛教的佛寺建筑具有汉传佛教的风格和特点。沧源县自明

---

① 张建章主编:《德宏宗教——德宏傣族景颇族自治州宗教志》,德宏民族出版社1992年版,第171页。

② 沧源佤族自治县地方志编纂委员会编:《沧源佤族自治县志》,云南民族出版社1998年版。

朝时期在勐董的戛里寨建立第一所佛寺以来，经过几百年的发展和演变，
直至 1950 年，尚有 43 座佛寺。这些佛寺的造型和结构，都具有浓郁的民
族风格和汉传佛教特色，其中最为典型的是广允佛寺。广允佛寺建于清乾
隆年间（约 1736），为勐董第三代土司罕金重所建，重建于清道光八年
（1828），正当清廷调停耿马土司内讧，册封罕荣高为土司之时。大殿为
三重歇山顶，檐下设围廊，殿前建有二重檐阁楼一座，为佛殿之过厅，
殿、阁接合巧妙，新颖独特，世所罕见。建筑构架、斗拱、藻井均为汉式
风格，而布局、金水、雕饰则是傣式特征，装饰、壁画内容亦傣亦汉、亦
佛亦儒。广允佛寺是极珍贵、极典型的汉、傣、白文化艺术交流的结晶，
具有鲜明的汉传佛教建筑风格，充分体现出边疆各族人民之间文化艺术的
相互交流和互动。

（三）普洱地区汉传佛教与南传佛教的交流

普洱是北传汉地大乘佛教和南传佛教的结合部，南传佛教和汉传佛教
都有传播和分布，南传佛教在建筑模式、碑刻、楹联等建筑风格上深受汉
传佛教的影响而表现出独特的汉传佛教文化特点。

普洱地区汉传佛教与南传佛教的交流互动主要体现在景谷傣族地区。
景谷亦属云南傣族土司区，据《普洱府志》载："明时土酋放论住勐卧，
子祷相，老更姓名刀相，投诚内附，授土知州。刀相死，子汉臣袭，国
（清）初顺治时，刀汉臣投诚，仍授土知州世职。汉臣死，子国栋袭。"①

景谷地区处于云南西南边疆连接内地的枢纽位置之上，明朝以后，大
量内地汉族移民进入普洱地区，至清雍正二年（1724）改土归流，与内
地的交往日益频繁，大量汉族移民陆续进入景谷地区，汉传佛教也随之进
入景谷并逐渐得到广泛发展，自此傣汉杂居，对景谷地区傣族各方面的发
展产生了深刻的影响。据道光《普洱府志》记载："观音阁在府城西北，
明万历年间土舍那天福建。"② 这是普洱境内汉传佛教佛寺的最早记载。
清朝以来，汉传佛教得到快速发展，佛寺日益增多，在宁洱、墨江、景
谷、镇沅、景东、江城、澜沧等地均有分布。③ 相传，内地汉传佛教僧侣

① （清）李煦龄纂修：《普洱府志》卷一八，清咸丰元年（1851）刻本。
② （清）李煦龄纂修：《普洱府志》卷一六，清咸丰元年（1851）刻本。
③ 云南省普洱市民族宗教事务局编：《普洱市民族志》，云南民族出版社 2009 年版，第
288 页。

张辅国曾经到澜沧一带宣扬佛教，景谷与澜沧相去不远，彼此往来密切，景谷受汉传佛教的影响是不言而喻的。

随着汉传佛教与南传佛教长期在同一地域空间传播发展，景谷地区的南传佛教也不同程度地受到汉传佛教的影响，鲜明地体现在南传佛教的佛寺建筑形式及其风格之上，景谷地区有代表性的大寨佛寺和迁糯佛寺就可以看出这一特色。

大寨佛寺亦称官缅寺，位于景谷土司衙门右侧的小山丘上。据《威远厅志》记载："大缅寺在威城（今景谷县城）北门外，寺内有缅僧百余人，皆薙发，用黄布裹身，名缅和尚。寺中塔二座，高三丈余，昔土官刀汉臣所建。"[①] 刀汉臣在清顺治初年（1644）为景谷土司，可见此寺建于清初，已有三百多年的历史。与极具南传佛教代表性的西双版纳佛寺相比较，大寨佛寺的建筑形式和风格深受内地汉传佛教的影响。从大殿建筑形式来看，为三重檐结构，规模宏大，整个大殿连走廊在内，宽约 15 米，长约 20 米。椽子与正脊水平面呈 30 度角，比西双版纳地区的佛寺大殿的坡度平缓得多。殿外左右两侧的走廊上各有八根红色大柱，前后走廊各有四根大柱。正殿两边各有一对石狮子（西双版纳地区佛寺一般为龙雕），面向正前方，正殿石础上有很多浮雕，除了傣族传统的孔雀开屏、花卉之外，还有汉地佛教特色的麒麟石雕。尤值一提的是，与西双版纳佛寺相比，景谷佛寺佛殿内在释迦牟尼佛像两侧还有佛陀的两个弟子的跪像，削发拱手，温恭作揖；殿内悬挂长幡绘有唐玄奘西天取经的故事内容，这显然是受内地大乘佛教传奇故事的影响。据调查，其时修建景谷大寨佛寺的工匠中有汉族人，也有大理白族人，这必然会给南传佛教佛寺的建筑形制、建筑艺术和大殿布局装饰烙上汉族的建筑风格。

迁糯佛寺亦称迁糯瓦龙，位于景谷勐戛（今永平乡）。据考证，此寺建于清乾隆年间。整个佛寺由山门、大殿、布书亭（戒亭）、僧舍等几部分建筑组成，受汉地大乘佛教的影响十分鲜明。首先，山门形式完全仿照内地大乘佛教山门结构，似牌楼结构，三重檐，覆盖青灰瓦，檐角上翘，上部为木质，下部为石质基础，底部为须弥座，支撑整个牌楼。正面设三道门，中为大门，两边各一侧门，山门牌楼正中用汉字书写"清佛寺"三个大字，落款有"乾隆戊戌季春榖旦"。正门两侧书对联一副，右联

---

① （清）谢体仁纂修：《威远厅志》，清道光十七年（1837）刻本。

"寺门对池道德喜同荆山璞"，左联佚缺。山门重檐之下均有龙纹、云纹等浮雕，山门内侧牌楼上也有汉字书写的"福贵门"三字。相传，山门外曾有照壁和一对石狮子。由此可见，迁糯佛寺的山门结构、浮雕和风格等明显受到汉地大乘佛教的影响。其次，迁糯佛寺正殿是一种三重檐围栏式建筑，面宽五间，进深五间，整座厅堂上部主要靠宫殿形大柱作支撑，顶盖青灰瓦。檐角上翘，椽子与檐脊水平面呈 30 度角，坡度平缓，和西双版纳地区佛寺大殿 45°—60°的坡度迥然不同，而与滇西的保山、永平、下关一带的重檐式民用楼房极为相似。正殿四壁的石础上雕刻有各种动植物图像，如驱犬出猎图、张弩射鸟图等；石础之上为雕刻精美的木质格扇窗，窗上有镂空的浮雕，浮雕内容除当地的花、鸟、公鸡、白象、虎豹、飞鸽之外，还有狮子、麒麟或武松打虎图、汉官武将图、哪吒闹海图以及百凤朝阳、寿星老人等，这显然是掺入了很多内地汉族的文化元素。此外，佛殿上方供奉释迦牟尼佛像，佛像右后方供有一尊弥勒佛像，这是西双版纳佛寺所没有的。特别引人注目的是，在大殿正门上方刻有"极乐世界"四个大汉字，殿门外竖立着两根对称的雕龙檐柱，两条巨龙旋绕木柱，龙头从柱顶伸出，相向而视，双龙前爪分别抓握一枚元宝，雕刻精美，栩栩如生，甚是威武，颇有大乘佛教佛殿之风。[①]

　　综上所述，中国南传佛教流传区域内的德宏、临沧和普洱地区，因其特定的地理和历史背景，形成傣、汉民族杂居的社会背景，为内地汉传佛教和边疆南传佛教的交流创造了条件，使得傣族的南传佛教寺院建筑无论从内容还是形式上都明显吸收借鉴了汉传佛教的风格和特点，这是傣、汉民族文化艺术交流融合的结晶，同时也是傣、汉民族团结、友谊的历史见证。

第三节　中国南传佛教教派的发展及衍化

　　总体而言，近代以来，中国南传佛教繁衍广化，盛而不衰。其中润派大有发展，压倒诸派。润派之中，摆孙支系最盛，信众和佛寺最多。清末战乱，经济凋敝，佛寺元气大伤。民国初年振兴佛教，佛教有所复兴。中

---

　　① 　参见颜思久《景谷县佛教调查》，云南省编辑组编《云南少数民族社会历史调查资料汇编》（五），云南人民出版社 1991 年版，第 321—324 页。

国南传佛教四教派在不同流传区域内发展衍化，呈现不同的发展态势。

一　润派的发展及衍化

在云南上座部佛教诸派之中，润派发展最快，拥有最广大的地域和最众多的信徒，其中西双版纳是润派的主要流传区域，然而，其间亦有起伏。清初最盛时，有润派佛寺5000座。清末战乱，经济凋敝，佛寺元气大伤，百不存一。民国初振兴佛教，据调查，中国南传佛教润派在西双版纳地区有佛寺1200座，德宏地区有36座，临沧有189座，思茅地区孟连、景谷两县有166座。后来在抗日战争中损毁近半。①

润派初传之时，摆孙与摆坝二派有明显的地域分布。清中叶以后，润派佛教之摆孙派基本定居于平坝区，以西双版纳为大本营，称为"田园派"，僧人住楼房，持戒较宽，可食荤，还俗易，信众日多，成为上座部佛教中的第一大派别；而摆坝派则完全退出平坝区，遁入山林，称"山林派"，僧人持戒严，不茹荤腥，过午不食，不置田产，终身不娶，以苦为乐，信众渐少。及至清末，摆坝僧少寺小，无力与摆孙派抗衡。② 近代以来，随着两派不断向外传播发展，两派流传分布的区域性特色逐渐弱化，在分布上混杂，在传承上混同，两派呈现互相融合的趋势。

摆润派自传入临沧地区后就只在耿马一带流传，基本集中在耿马城一带的傣族聚居区。清末，摆润派曾分为发木、发坝两个小支派，发木建寺村寨之中，信众较多；发坝建寺山林，僧源难继，至民国初即消亡。③ 至清末民国初年，耿马全县有佛寺202所，长老705人，和尚2155人；其中润派佛寺有191所，长老638人，比丘2020人。④

1877年，润派传入德宏南甸土司区（今两河县），为南甸土司刀守忠的印太夫人刀闷氏引入。据《南甸司谱》记载：闷氏"少时在镇康州（今临沧地区镇康县），素奉润派佛教……乃建佛寺于司治李家巷，自镇康迎润派大师居之。南甸有润派佛教自此始"。1882年，刀闷氏又请耿马

① 林建曾、王路平等：《世界三大宗教在云贵川地区传播史》，中国文史出版社2002年版，第499页。
② 同上。
③ 同上。
④ 颜思久：《耿马县小乘佛教》，云南省编辑组编《云南少数民族社会历史调查资料汇编》（五），云南人民出版社1991年版，第344页。

润派僧人至南甸土司区传教，然而，润派佛教在南甸土司区只传了两代就后继无人，后未曾复兴。①

近代以来，普洱地区润派佛教中摆坝和摆孙的分歧和差别日渐明显，而且摆坝派因失去群众基础而逐渐衰落下去，原来的佛寺逐渐荒废，最终"只剩下一片寺基和几堆残瓦"。至民国末年，景谷有佛寺 86 座，均为摆孙佛寺。②

润派佛教在中国云南境内流布之广、佛化之深，为中国南传佛教诸派之首，其间虽有起伏，却盛而不衰，始终拥有最广的流传区域、最多的佛寺和信徒。

二　多列派的发展及衍化

近代以来，随着缅甸的统一和佛教的兴盛，德宏地区的多列派发展迅速，大有取代此前传播较广、信众较多的摆庄和润派之趋势。③ 其后，受润派排挤，多列信徒或改奉摆庄派或传播有限。1901 年，南甸土司刀守忠之印太夫人刀阿氏"建佛寺于丙罕（今丙海村），迎佛教多列教派僧以居"④。后有缅甸多列瑞竟派教徒二人到盈江传教，盈江 13 村摆庄教徒遂改奉瑞竟。⑤

清末民初，耿马县多列派佛寺有 11 所，长老 67 人。抗日战争时期，日军两次侵犯孟定，佛寺建筑遭受了极大破坏，佛像和经书损毁严重，多列派佛寺仅存 4 所，僧侣不足百人。⑥ 多列派佛教的法脉传承堪忧。至清末民国初佛教最兴盛的时期，耿马县共有佛寺 202 所，长老 705 人，沙弥

①　参见张建章主编《德宏宗教——德宏傣族景颇族自治州宗教志》，德宏民族出版社 1992 年版，第 121 页。

②　参见颜思久《云南小乘佛教考察报告》（一），云南省社会科学院宗教研究所《宗教调查与研究》（内部资料，1986 年）。

③　刀述仁：《南传上座部佛教在云南》，《法音》1985 年第 2 期；邓殿臣：《南传佛教史简编》，中国佛教协会 1991 年印行，第 197 页。

④　参见张建章主编《德宏宗教——德宏傣族景颇族自治州宗教志》，德宏民族出版社 1992 年版，第 123 页。

⑤　参见王海涛《云南佛教史》，云南美术出版社 2001 年版，第 396 页。

⑥　颜思久：《耿马县小乘佛教》，云南省编辑组编《云南少数民族社会历史调查资料汇编》（五），云南人民出版社 1991 年版，第 344 页。

2155 人；其中，摆多派（多列）佛寺 11 所，长老 67 人，和尚 135 人。①

20 世纪 40 年代初，有德宏连山僧人伍已腊往缅甸学习多列支派瑞竟，回连山传法，渐趋沉寂。其后，多列派之达拱旦支派屡经变迁后，或改奉摆庄，或不再传，仅在芒市、遮放两地尚有几所佛寺和少数信徒。其余舒特曼、缅坐诸小派遁迹山林，活动范围始终未超出德宏、临沧范围，影响甚微。②

三　摆庄派的发展及衍化

摆庄派曾经是德宏地区势力最大、佛寺最多、传入时间最早的上座部佛教教派，大多分布在城镇，也是德宏地区皈依人数最多的教派。清末民初，摆庄派定格于德宏州芒市、瑞丽、遮放、盈江、陇川、连山等地区，发展较兴盛，村村有寺，寨寨有塔，在傣族、德昂族和阿昌族中拥有较多信徒。③ 近现代以来，佛寺建筑、造像受到汉传佛教的影响，亦供奉观音、弥勒佛等。④

四　左抵派的发展及衍化

19 世纪末 20 世纪初，左抵教派再度传入德宏地区并得到地方土司的支持，在瑞丽、芒市一度成为较有实力的派别。1890 年，当时缅甸国王第十门国王嫡长孙莽哒喇括流亡南甸，将左抵教派引入，南甸土司为缅僧所建的佛寺称为缅寺，寺址在今梁河县公安局内。但该派一直是由僧侣组成僧伽集团，集中在某一山上森林中共同修行，历史上只有很短一段时间居住在德宏的"雷列"（傣语"雷帕莫"），故说它传入德宏，实际上只是指个别僧人被德宏地区的信众请到寨内寺中住持，且时间很短。⑤ 诸如左抵派第四次传入德宏地区是 1907 年，为芒市东里于盖好寺院后迎请左

① 颜思久：《耿马县小乘佛教》，云南省编辑组编《云南少数民族社会历史调查资料汇编》（五），云南人民出版社 1991 年版，第 344 页。

② 王海涛：《云南佛教史》，云南美术出版社 2001 年版，第 396 页。

③ 林建曾、王路平等：《世界三大宗教在云贵川地区传播史》，中国文史出版社 2002 年版，第 499 页。

④ 张建章主编：《德宏宗教——德宏傣族景颇族自治州宗教志》，德宏民族出版社 1992 年版，第 147 页。

⑤ 杨学政主编：《云南宗教史》，云南人民出版社 1999 年版，第 196—197 页。

抵教派僧团入驻，有僧侣 40 余人，寺院建于芒市镇东北郊。① 民国年间编撰之《民国腾冲县志稿》也记载了当时南甸宣抚司境内的遮岛缅寺盛况："遮岛缅寺，光绪初年南甸宣抚司刀定国建，其子绥扩修，奉金佛数百，为各司地缅寺之冠。"②

近代以来，左抵派后因持戒过严，难以持守，教徒信众日渐减少。之后又发生了左抵与摆庄的教派之争，土司改奉摆庄，信众亦纷纷脱离左抵，皈依摆庄。左抵败北之后，其僧团于民国四年（1915）迁往缅甸雷恨，最后迁到缅甸勐密，再迁到勐养至今。③ 自此，左抵势力在德宏日益衰微，后左抵法统遂绝，剩下的教徒大多改奉了润派，云南境内的左抵派自此一蹶不振。在 20 世纪 50 年代以前，德宏州信仰左抵教派的寨子有 24 个，其中潞西县有 22 寨，瑞丽县有 2 寨。④

综上所述，近现代中国南传佛教四教派发展衍化的主线是：润派流传最广，发展最盛，在佛寺数量和信徒人数上有压倒诸派之势；次为摆庄派，是德宏地区发展较快、信徒较多的一派；多列派则起伏较大，各支派的发展呈现不同程度的萎缩，影响甚微；而左抵派的传播范围有限，日益衰颓。

第四节　中国南传佛教僧团制度的发展成熟

南传佛教之所以成功地融入世俗生活中，在少数民族社会领域有序发展，这与中国南传佛教独具特色的宗教管理模式是分不开的。它不仅有僧团组织管理模式，有佛寺佛塔组织管理模式，同时还形成了独特的金字塔型的波章管理模式。波章们作为地方社会精英，具有动员社会资本的能力，这是佛教社会管理系统融入社会管理体制的关键。在管理具体的宗教事务时，还依赖村寨等各级行政组织体系中的地方社会精英来帮助管理佛

① 张建章主编：《德宏宗教——德宏傣族景颇族自治州宗教志》，德宏民族出版社 1992 年版，第 149 页。

② 李根源、刘楚湘纂修：《腾冲县志稿》卷七《舆地》。

③ 颜思久：《潞西县小乘佛教调查》，云南省编辑组编《云南少数民族社会历史调查资料汇编》（五），云南人民出版社 1991 年版，第 360 页。

④ 张建章主编：《德宏宗教——德宏傣族景颇族自治州宗教志》，德宏民族出版社 1992 年版，第 149 页。

教的社会事务，这是中国南传佛教深入社会基层的管理触角。中国南传佛教管理模式的特点在于，将管理重点放在基层，将宗教纳入社会管理体制之中，有力地促进佛教在当地社会的有序发展。

南传佛教自东南亚传入中国云南境内所面临的最大问题就是如何适应当地政治制度和社会结构，这是中国南传佛教融入社会必须要解决的问题。为此，在其传播发展的历史长河中，它首先以傣族地区封建领主制社会行政组织系统为范本，逐步形成了自己独特的金字塔型组织管理制度。其等级特征之鲜明、制度之严密是中国南传上座部佛教与汉传佛教乃至东南亚南传上座部佛教之最大的不同。

南传上座部佛教自传入中国云南境内后，就一直在努力适应着云南多民族多宗教的多元文化环境。在经历了一个冲突、对立、适应和融合的漫长发展过程后，中国南传上座部佛教逐渐形成了不同于汉传佛教、藏传佛教乃至东南亚南传上座部佛教的具有鲜明民族特色和本土化特征的体系。在元朝以后，中国南传上座部佛教的组织制度作为这一体系的重要支柱也逐渐发展完善起来。[①]

作为制度化宗教，中国南传上座部佛教具有独立于社会组织制度之外的僧团，但在其传播发展的历史长河中，它以傣族地区封建领主制社会行政组织系统为范本，逐步形成了自己独特的组织管理制度。

一　中国南传佛教僧团管理模式的发展

中国南传上座部佛教的组织制度与傣族社会组织制度之间逐渐形成了较为密切的互动关系。作为制度化宗教，中国南传上座部佛教具有独立于社会组织制度之外的僧团，长期以来一直恪守原始佛教的纯洁性，严格坚持戒律，并严格执行布萨羯磨制度，辅助以佛寺、佛塔的管理体系来加强对僧团内部的管理。

布萨羯磨，巴利语 Uposatha Kamma，是佛教古老的仪式，是出家僧众最重要的一种宗教生活。比丘必须每半个月在布萨堂集中，举行比丘集会。中国南传上座部佛教一直恪守印度原始佛教古老的传统，非常重视每个月布萨羯磨仪式。比丘们在傣历每月十五日与二十九日（小月）或三

---

① 由于在中国南传上座部佛教文化圈内最具有代表性的是傣族佛教信仰系统，因此在本部分，以傣族地区佛教和社会行政组织系统为例来进行分析。

十日（大月）都自觉地集中到"布萨堂"进行布萨羯磨活动。即使外出做活动，也会及时赶回来，集中到"布萨堂"中进行布萨羯磨活动，这已经成为每一位比丘重要的宗教生活内容。比丘们在"布萨日"都要诵《别解脱律仪》等，然后对自己在这半个月里所犯过失进行忏悔。"布萨堂"里所做的忏悔是严格保密的，任何人不准泄露。在"布萨日"的"布萨堂"里参加布萨羯磨的人只能是比丘一级的僧人。一般的小沙弥和俗人都不得参加，妇女更是不能靠近"布萨堂"。事实上，笔者 2007 年在云南临沧地区调研时，就有寨子里的老人说，就是在平时，妇女们也被告知"布萨堂"是不可以靠近的，而在"布萨日"更是严格禁止妇女靠近"布萨堂"。中国南传上座部佛教的僧团自古至今一直都严格地遵守着这一规矩。

值得注意的是，中国南传佛教在组织僧团进行布萨羯磨活动时，其正是按照过佛寺、佛塔金字塔型的管理体制来组织的。并不是所有的佛寺都可以有"布萨堂"的，它是严格按照中国南传佛教组织管理体系的规定来设置的，即只有中心佛寺和总佛寺具备拥有"布萨堂"的资格。"布萨堂"成为中心佛寺和总佛寺的身份标志。在调研过程中，老百姓告诉笔者，民间衡量一个佛寺是否中心佛寺，只需要看其寺院里是否设置有"布萨堂"即可。这就意味着中心佛寺下辖的几个村寨佛寺的僧侣们要参加布萨羯磨仪式，就必须集中到自己所在地的中心佛寺。

每半月都定期到中心佛寺集中进行布萨羯磨活动这样的制度，既有利于整顿僧团的纪律，保持南传上座部佛教的纯洁性，同时有助于强化中心佛寺以及上级佛寺的权威地位。正是通过定期地集中到上级佛寺过布萨羯磨这样的宗教生活，强化了中国南传佛教佛寺、佛塔的管理制度，同时也强化了僧团的制度化管理意识。

二　中国南传佛教僧阶制度的发展

南传上座部佛教自传入中国云南境内后，就一直在努力适应着云南多民族多宗教的多元文化环境。在经历了一个冲突、对立、适应和融合的漫长发展过程后，中国南传上座部佛教逐渐形成了不同于汉传佛教、藏传佛教乃至东南亚南传上座部佛教的具有鲜明民族特色和本土化特征的体系。在元朝以后，中国南传上座部佛教的组织制度作为这一体系的重要支柱逐渐发展完善起来。由于在中国南传上座部佛教文化圈内最具有代表性的是傣族佛教信仰系统，因此在本部分，主要以傣族地区佛教和社会行政组织系统为例来进行分析。中国南传上座部佛教组织管理系统的严格也同样反映在僧侣等级制度上。随着南传上座部佛教在各个区域的本土化进程越来越深入，有的区域也出现了自己的僧阶体系。中国南传上座部佛教僧阶制度之严格、等级分类之多，是其他南传上座部佛教国家所未有的，而且也是大乘佛教无法相比的。在云南，一般来说，僧阶是按年龄、戒腊、学行来划分的，但是僧阶只是一种荣誉，并不意味在神圣世界或者在世俗世界享有一种特权。

（一）西双版纳地区的僧阶制度

1. 傣族信仰的南传佛教僧阶制度

在西双版纳傣族地区，按年龄、戒腊、学行逐渐形成了十个僧阶。

第一级：帕诺（行童）；

第二级：帕（相当于汉传佛教的沙弥）；

第三级：都（相当于汉传佛教的比丘）；

第四级：都龙（僧都）；

第五级：祜巴（都统长老）；

第六级：沙密（沙门统长老）；

第七级：僧伽罗阇（僧王、僧主长老，这一僧阶长期来虚职无人）；

第八级：帕召祜（阐教长老）；

第九级：松迪（僧正长老）；

第十级：松迪阿伽摩尼（大僧正长老）。

值得注意的是，这些僧阶在不同地方也会有差异，例如有的地方在帕之前没有帕诺（行童）一级，在都之后没有都龙（僧都）一级。

自五级以上的晋升程序十分严格，最后两级在整个西双版纳地区曾经只分别授予傣族僧人和布朗族僧人各一位，他们成为地区最高宗教领袖。一般来说，做了大佛爷之后，他不仅是寺院里最德高望重、学识渊博的，而且也是整个村寨中地位最高的人。即使是到本村寨以外的其他地方，也是深受人民尊敬的。在政治地位上，大佛爷可以和土司平等对话；在宗教场合里，土司见了大佛爷也要非常恭敬。

根据统计，1957 年西双版纳景洪地区有七位祜巴：祜巴勐、祜巴扎捧、祜巴飞龙、祜巴曼沙、祜巴曼阁、祜巴广龙、祜巴曼嘎。2001 年，西双版纳地区景洪洼龙总佛寺的都龙庄升为祜巴，改称祜巴龙庄勐之后，目前西双版纳地区仅有一位祜巴。

2. 布朗族信仰的南传佛教僧阶制度

西双版纳和双江等地布朗族信仰南传佛教，宗教的一切活动完全接受了傣族的一套仪式，佛寺的形式、佛经、法器同傣族的一样。与社会等级制度相适应，布朗山的佛寺内和尚有十个等级。由于等级不同，袈裟上的条纹和方格也不同。

第一级：小和尚（初进佛寺者）；

第二级：进佛寺较久的小和尚；以上二等披一套黄色布披单；

第三级：大和尚，能披一套格少的袈裟；

第四级：都囡（二佛爷），可披条纹方格多的袈裟一套；

第五级：都比囡（大佛爷），可披多纹方格袈裟两套；

第六级：沙底听，可披袈裟六套；

第七级：叭帕沙弥，可披袈裟八套；

第八级：沙底桑，可披袈裟十二套；

第九级：松领，可披袈裟八套至十六套；

第十级：帕召苦，可披袈裟二十四套至三十套。

这十个等级的升迁制度也完全和傣族相同。此外，还有"都布"，"都布"是还俗后来佛寺当大佛爷的。人们认为男孩都要进佛寺当一次和尚，否则将受到众人的轻视，姑娘也不愿嫁给他。进佛寺后，要先学念经，然后正式当和尚。当和尚时要在寺中做些杂活，食物由各家每天按时送到佛寺。

（二）德宏地区僧阶制度

德宏地区润派佛教就有不同僧阶：戛比、尚或贺（沙弥）、翁（比丘）、厅、沙弥、尚召、祜玛召、苏玛利苏玛亮等。根据江应樑在 20 世纪 30 年代的调研资料显示，当时佛寺和尚还有几个层次，"即小和尚、和尚、二佛爷、大佛爷等。大佛爷地位最高，掌管寺内一切事务"①。

江应樑《滇西摆夷的现实生活》是这样表述 20 世纪 30 年代四个等级的僧阶制度的：

（1）小和尚：初送入寺为僧的小孩，仍穿俗人衣服，戴一顶黄布僧

---

① 江应樑著，江晓林笺注：《滇西摆夷的现实生活》，德宏民族出版社 2003 年版，"序言"第 19 页。

帽。俗称"小和尚"。摆夷送子女入寺为僧的原因有三：①父母早死，失怙养；②父母家贫，无钱养活；③命中算定应做和尚。

小和尚在寺庙里除做点轻微的洒扫工作，主要的事就是学习夷文，但大多数时间都是嬉戏玩耍，生活是很自由的。

（2）和尚：做了小和尚若干年后，学会了夷文，并能记诵经典时，便可求"大佛爷"的许可，升为"和尚"，脱去俗衣，改穿黄布。这才正式成为社会中的僧侣阶级。

（3）佛爷：从和尚再升一级，便是"二佛爷"。这相当于佛寺中的副住持，长老的助手。有些地方，二佛爷之下，尚有"三佛爷"一个阶级。和尚须初升三佛爷，始再升为二佛爷。

（4）大佛爷：这是僧侣阶级中最高的一个等级。每一个佛寺或每一个宗派的大集团中，有"大佛爷"一人，实即该寺或该集团的长老。他必须由二佛爷升任。做大佛爷须具有如下的资格：①修道高深，信仰坚定，得一般人民的拥护；②对经典熟悉，且有特殊了解；③富有办事经验能力；④进寺之年代最先。

做了大佛爷之后，不仅掌握一寺的大权，且在社会地位上，可以与土司贵族阶级平肩。夷语称大佛爷 kietsau，有"主子"、"领袖"的意思。据说昔日大佛爷的身份很高，土司对之均必为礼，现（指 20 世纪 30 年代——笔者注）此俗已不存。土司与大佛爷在宗教上居于对等的地位；在政治上，大佛爷仍是土司的下属。[①]

江应樑记录的是 20 世纪三四十年代德宏地区南传佛教的僧阶制度情况。但即使在德宏地区，也还会存在因地域差异而有僧阶制度的不同。

（三）临沧地区僧阶制度

1. 润派僧阶制度

润派僧侣的划分较细，分为三等九级：和尚为三等九级；小佛爷和大佛爷分为二等八级和七级；四长老、三长老、二长老、大长老、副卯长老、卯长老为一等，分别为六、五、四、三、二、一级。[②]

---

① 江应樑著，江晓林笺注：《滇西摆夷的现实生活》，德宏民族出版社 2003 年版，第 368 页。

② 陈卫东主编：《沧源佤族自治县统战史》，云南民族出版社 2006 年版，第 36 页。

2. 多列派僧阶制度

临沧市的孟定多列派曾经实行过三等九级僧阶，即一等芽宝、芽金、芽银；二等叶宝、叶金、叶银；三等花宝、花金、花银，但现未流传下来。① 临沧市的沧源县多列派把僧侣分为四等：长老、佛爷、和尚和预备和尚。

3. 摆庄派僧阶制度

摆庄派僧阶也是四级，与多列派相似，但称号不同：嘎比（可以看作是预备和尚）、尚旺（相当于沙弥）、召们（比丘）、召几（长老）。

4. 左抵派僧阶制度

左抵派只有比丘一级，在这个系列里，又分为大和尚、小和尚。

一般来说，人们是对僧侣按年龄、戒腊、学行来划分僧阶，这是对僧侣自身学识修养和品德、修行深浅的一种神圣性认同，虽然只是一个荣誉，并不意味着任何的特权，但是，对于僧侣来说，进一步的晋升僧阶既是在佛教体系内部对自己精进不懈、勤修佛法的整个修行实践行为的神圣认可，同时也是世俗社会对其本人的神圣权威的一种认可。因为僧侣晋升僧阶并不是由僧侣本人提出来的，而是由其所在佛寺所属的村寨或者是某一区域的信众们认为其已经符合晋升的条件，经过慎重考虑后才提出来的，经过相当复杂的程序，最后该僧侣同意，并且经该僧侣所在佛寺的大佛爷同意之后，村寨举行隆重的升和尚仪式，才逐步晋升的。选拔和申请晋升和尚的整个过程是在僧团制度之外进行的，是世俗社会在自己的组织管理机构内部，以自己的管理方式对佛教僧侣的神圣性认可，但是其选拔的结果却必须要得到神圣世界的同意方可。而就中国南传上座部佛教管理体系而言，逐级晋升、等级分明的僧阶制度既是对僧才的认可，也对僧才进行严格管理的一种制度，有助于进一步有序地管理佛教事务，更是中国南传上座部佛教体系成熟的一个体现。

第五节　中国南传佛教寺院教育的传承

佛寺是中国南传佛教文化的物质载体，也是傣族历史文化的主要传承

---

① 参见颜思久《耿马县小乘佛教》，云南省编辑组编《云南少数民族社会历史调查资料》（五），云南人民出版社 1985 年版，第 348 页。

场所，形成了独具特色的佛寺教育体系。

一　中国南传佛教寺院教育的传统

南传佛教传入以前，傣族的教育主要是家庭教育和民间社会教育；南传佛教传入以后，傣族地区逐渐形成了"佛寺即学校，佛爷即教师，和尚是学生，经书是课本"的寺院教育模式。明清直至民国初年，佛寺成为傣族传统教育的主要场所，成为傣族社会特殊的"学校"，担负起传承佛教文化和民族文化的双重功能。正如李拂一在《十二版纳志》中所述：

> 凡摆夷及蒲蛮聚居之村镇，均有一座，或一座以上之佛寺，亦即摆夷，蒲蛮两族之学校，唯一作育人才之教育机关。凡年满九岁之儿童，必须入寺剃度为僧，接受宗教式之教育。此类初入佛寺之学童，泐语曰爬，吾人称之曰小和尚。每日早晚，除跟随大佛爷二佛爷到佛前拜诵经咒而外，并由寺内负责教授之和尚，如二佛爷之类，教以泐文拼音及文法。俟能阅读，再教以经典戒条及故事史地算术等学科。若干月年之后，再还俗出寺，蓄发娶亲。在寺期间，并无硬性之规定，数月数年，以至终身，由授教者个人之兴趣，以及其家族之环境如何为断。年满二十足岁，而离寺还俗者，称为岩迈，若吾人称：秀才。年满二十足岁，犹在寺为僧，继续研读者，尊称为督，俗称佛爷；还俗后，平民称勘喃，贵族则称为召摩诃，如吾人称学士。"[1]

上述《十二版纳志》所记乃是普思沿边车里地区傣族的佛寺教育情况，关于南传佛教其他流传区域佛寺教育发展状况，汉文史料亦有记载。

在腾龙沿边傣族区域中，傣族的教育重心是佛寺。在十二版纳境内因为人人都做小和尚，所以佛寺里教授夷文（傣文）和诵读经典，有固定的课程和方式。腾龙沿边虽然没有人人做小和尚之俗，但却每个男子都有到佛寺中学习傣文的传统，没有固定的时间和严格的阶段，却有一种固定的通用手抄教科书，内容主要有五个部分：字母、附加音符、拼音法、拼音练习和特殊字例。这种教育的最初意义仅仅在于读诵佛经，后来由于傣文渐渐跳出宗教范围而扩大应用，自土司署之使用命

---

[1]　李拂一：《十二版纳志》，（台湾）正中书局1955年版，第178页。

令，乃至民间信函、记事、记账等，无不用之，傣文成为传达知识和记录沟通的工具，因而佛寺教育便有了更大的意义及效果。傣族的这种传统教育，虽然范围日益扩大，但教育的重心仍然在佛寺中，大佛爷不仅是地方教育的首脑，也是知识的领袖、思想的导师，人民凡有不知道的事情必问之于大佛爷。在此种情形之下，土司也利用佛教作为巩固统治的工具，尽力倡导佛寺教育，由此可知傣族的佛寺并不单纯是宗教机构，也不单纯是教育机构。①

据《双江一瞥》所载，傣族全部的生活都建筑于宗教信仰之中，虽然没有任何特殊的教育活动，但实际上，在他们的宗教生活中已经含有教育的作用。"中产以上的人家，有年满五六岁的'及龄'儿童，即郑重其事地送入缅寺去做和尚。在那里，有家庭供应着他们衣食，有二佛爷教给他们拼音、写字、读经，有大锣大鼓供他们嬉戏游乐。年满十五六岁，升为二佛爷，由大佛爷授与更高深的经典，教与极优美的神话，智识能力，相与并臻；有愿回俗者回俗娶妻生子，办公担事。愿继续升学而学养有加者即高升为大佛爷，为一寺的长老，成社会的中坚，养尊处优，见识广博。和尚为学生，佛爷为教师，空阔广大的缅寺为学校，博大精深的经典为课程，嬉戏游乐为体育，拼读写画为作业，三级（小和尚初等教育级，二佛爷中等教育级，大佛爷高等教育级）为其学校制度，五戒（戒杀生、戒妄取、戒侵越人妇、戒诳语、戒酒）为其教育宗旨。凡新教育中所有设施，彼无一不俱而有之。"②

据上引史料可知，双江傣族地区的佛寺教育分为三个等级，以经典为课程，以嬉戏游乐为体育，以拼读写画为作业，以五戒为教育宗旨，培养的是傣族社会的知识分子和中坚力量。

另有《西南边城缅宁》记载了民国年间缅宁（今临沧市）傣族的佛寺教育发展状况。"凡摆夷聚居的处所，无不建着壮大辉煌的缅寺，宝塔矗立，经亭璀璨，殿宇空阔……凡子弟达六七岁时，即送入寺受教育，称为小和尚；至二十余岁后，经明修行，升为二佛爷，愿回俗娶妻者听其便；如品高学粹，复再升为大佛爷，为全寺的长老，或智识的中枢，执社会政教威权，虽父母见之亦须叩头纳拜，居常养尊处优，除念经解疑禳祸

---

① 参见江应樑《摆夷的经济文化生活》，云南人民出版社 2009 年版，第 244—246 页。

② 彭桂萼：《双江一瞥》，云南省立双江简师 1936 年铅印本，第 136—137 页。

祈福之外即无所事事，但须终身为僧，不得娶妻还俗。民间不论男女孙孺，无不以大佛为救主，大佛爷为大人，信佛为第一要务。"①

由此可见，佛寺已然成为西南缅宁傣族男子接受教育的正规途径，而且在南传佛教的教化之下，傣族民众养成保守为怀、和平成性的性格特点。然而，缅宁傣族的佛寺教育在汉文化的冲击和影响下，已经渐渐走向衰微。"近年以来，汉民的经济文化教育蓬勃扩大，水乳交融之下，佛教已走入退败的途中，以致每寺僧侣仅有二三人，而精通佛教经典的佛爷也找不出来，不过是徒具虚式而已，历史化石的命运逐渐笼罩到摆夷的佛教头上来了。"②

据傣文古籍《耿马地方史》记载，南传佛教于傣历 835 年（1473）由缅甸孟艮传入耿马，"耿马游民入孟艮方知佛寺，习经学文，恳求派师主持，得到应允，差两僧奉经典抵达，建云佛寺，招收佛门弟子"，并在傣族、布朗族、德昂族和佤族中得到较大发展。凡 30 户以上村寨都建立佛寺，男性儿童必入寺为僧，习经学文，接受佛寺教育。至清末民国初期，耿马地区南传佛教进入鼎盛时期，辖区内建有总佛寺、中心佛寺和基层佛寺共 216 座，住寺僧侣有 2000 余人。佛寺既是宗教场所，又是学校。历代耿马土司署文牍档案、民间信息传递的傣文都是通过佛寺传播而普及的。而且，佛寺教育传统因教派不同而有差别。在摆润教派佛寺里，入寺"戛比"（小沙弥）先学诵经，抄写经文，晋升为佛爷之后才开始学习傣文。经文和书文不同，以自学为主，辅以长老指点。文字学习按声母、韵母、声调、书写等步骤进行，同时也学习算术四则运算。佛爷懂傣文，可以深入地学习佛学，还有历史、天文历算、医理医药、文学等民族传统文化，因此，只有佛爷以上僧侣才能称为傣族的知识分子，还俗后尊称为"康朗"。而在摆多教派佛寺里，入寺"戛比"先学文字，后学佛经，通常除早晚课诵之外，皆以学习文字为主，均由主持长老教授，佛殿置黑板，小和尚自备石墨小黑板和石笔，无统一教材，仅有按字母音序配搭象形韵母顺口念诵的传统教材，逐段朗

---

① 彭桂萼：《西南边城缅宁》，云南省立双江简师 1938 年铅印本，第 191 页。
② 同上书，第 192 页。

读、抄写。亦学算术。凡进过佛寺还俗后的男性都识傣文。① 因此，南
传佛教的佛寺教育在普及傣文、培养民族知识分子、继承和发扬傣族传统
文化方面起着积极的作用。至于普思沿边傣族的佛寺教育发展状况，李文
林的社会考察报告《到普思边地去》有翔实记载：

　　傣族的佛寺教育分为三个等级，即初级教育、中等教育和大学教
育。即"缅文教育，分为三级，凡属摆夷子弟，到七八岁时，即由
其父母家属，送入缅寺做小和尚。当由家送入缅寺之时，亲友以礼物
庆贺，其家属则制备衣袋冠履，送入缅寺，是为一生之荣。故凡子弟
不得入寺当和尚者，引为终身之缺憾。小和尚入寺后，除朝夕礼拜
外，则终日悠游寺中，每当黄昏之时，则由二佛爷聚小和尚于一地，
先教以缅文之字母，继教以拼音，拼音既熟，于是以缅纸写字教之。
当教授之余，则任小和尚敲鼓张锣，自由戏乐。俟小和尚识字既多，
则授以经文，用个别教学方法，俾小和尚之个性发展。教学既专且
勤，故小和尚之缅文，进步甚速。有入寺一二年即能写满纸之缅文
者……当和尚若干年之后，则升为二佛爷，其年龄已达十六七岁，此
时教者为大佛爷。或教神画，或练习写经，或扬鞭试马，既具绅士资
格。又在寺中若干年后，则可回家娶亲与担任地方公务，或承袭土司
职守。以其所学，可以应世而自立。拟名此教育为'中等教育'。二
佛爷不还俗者，则升为大佛爷，居社会至尊之地位，一切言论行为，
既执社会最高之特权。惟其行动不能越乎佛法，终身研究经典，行动
愈严，经典愈深者，社会之信仰亦愈大，远近男女之以金玉衣食来赆
者，络绎不绝。社会上之一切兴作事业，则为斯人所操纵，斯人亦当
具有释疑解惑排难解纷之才识。沿边民族，对大佛爷，信奉最诚，对
土司次之，对汉官则又次之。维系沿边民族心理及其社会治安者，与
其谓为汉官，勿宁说是土司，更勿宁说是大佛爷，反较名实相符也。
拟名此步教育为'大学教育'，亦可名之曰'专门教育'。其社会教
育，无特殊之设置，类皆以其经文为范围人心工具，如每家必有经文

　　① 耿马傣族佤族自治县地方志编纂委员会编：《耿马傣族佤族自治县县志》，云南民族出版
社 1995 年版，第 667—668 页。

教本，每人必视经文为终身之指南。其佛教有五戒……"①

由上述史料可知，在普思沿边傣族社会中，以出家当和尚为荣，每户人家必有一为僧之人，佛寺教育已达到普及教育的程度。傣族的教育机构就是佛寺，教学经费出于民众捐助，采用因材施教的教学方法，教学内容主要为文字、书写、算术、天文历法、绘画、雕刻、塑像、建筑等，教育形式灵活自主，不受土司限制，可自由伸缩又可维系永久。这就是傣族佛寺教育独有的特色。

二　中国南传佛教寺院教育的传承

佛寺教育既是宗教传承的主要形式，亦是摆夷传统文化传承的重要方式。作为宗教教育体系的一种典型性类型，佛寺教育在摆夷社会中起到了举足轻重的作用。它的影响力辐射家庭教育，乃至整个社会教育的范畴，使人们逐渐确立起一种与众不同的宇宙观、人生观和价值观，依托传统佛寺教育，傣族传统文化和南传佛教文化得以代代相传。诚如张诗亚在《祭坛与讲坛——西南民族宗教教育比较研究》一书中指出："宗教教育是宗教传承的主要载体，是整个民族文化传承乃至弘扬的重要方式。"②在长期的传承发展中，南传佛教的法规、礼仪和伦理道德观渗透到了摆夷的整个社会生活之中，指导着社会个体的物质生活和精神生活，成为他们日常生活中最基本的行为准则。

在傣族教育发展史上，南传佛教的佛寺教育实际上在傣族的民族教育中居于绝对的主导地位，这是同时代的世俗教育及原始宗教教育难以企及的。在传统的佛寺教育模式下，佛寺一度是傣族儿童接受教育的正规途径。傣族传统的佛寺教育担负着双重使命：一方面，寺庙教育的终极目的是培养信徒，使信众形成一种传统的佛教伦理道德观念和行为方式；另一方面，傣族男孩通过入寺学习傣文、历史、文学、算术、天文历法等，成为一个有文化的人。可见，当和尚不仅是为了学习南传上座部佛教经典，同时也是习得傣族传统文化的一种有效方式。因此，佛寺既是傣族的宗教

---

① 李文林：《到普思边地去》，云南省立双江简师 1936 年铅印本，第56—57 页。
② 张诗亚：《祭坛与讲坛——西南民族宗教教育比较研究》，云南教育出版社 1992 年版，第 23 页。

活动中心，也是傣族的教育活动中心。在这套传统的佛寺教育体制下，当时傣族社会中能识傣文的人比较普遍。"古代的大佛寺还培养出不少博学之士，为土司和地方统治机构输送了为数不少的人才。"① 这些知识分子成为傣族社会的中坚力量，对推动傣族社会进步、弘扬傣族优秀的历史文化起到了不可忽视的作用。傣族佛寺教育的出现所带来的直接后果是傣族文化的繁荣和全民文化素质的提高。一直到 20 世纪 50 年代初期，佛寺教育仍然在傣族社区中发挥着重要的整合作用。

---

① 张建章主编：《德宏宗教——德宏傣族景颇族自治州宗教志》，德宏民族出版社 1992 年版，第 221 页。

第六章　当代中国南传佛教的变革与复兴(1950—)

中华人民共和国成立初期，由于特殊的社会历史及地理因素，云南省西南边疆的西双版纳、临沧、德宏等傣族地区，土司制度依然存在。20世纪50年代初期，云南傣族地区和平解放。人民解放军自进驻傣族地区后，就与当地土司和民族上层人士、宗教界人士共同组成各级民族行政委员会，建立民族民主联合政府，在"团结生产、反帝爱国"这一方针的指导下开展工作。按照党中央和云南省委的指示，在傣族地区从事边疆民族工作的地方党委、人民政府和人民解放军，主要进行了以生产为中心的经济、文教、卫生等各项工作。同时，他们认真执行党的宗教信仰政策，尊重当地各族人民的宗教信仰和风俗习惯，做好民族上层和宗教界人士的统战工作，进行爱国主义教育。1953年中共云南省委制定并颁发的边疆民族工作队《队员十项守则》中，第六项就明确规定"不违犯各族人民的风俗习惯和宗教信仰"，为顺利开展工作奠定了基础。

20世纪50年代中期，傣族地区开始进行"和平协商土地改革"运动。为维持边疆的社会安定，保障土地改革的顺利进行，各傣族地区都召开了佛教界上层人士座谈会。通过座谈方式，进一步宣传党的宗教信仰自由政策，肯定不改革宗教，不动宗教田，不废除僧人及贷出的债务，以澄清混乱的思想。在土地改革条例中，又明确规定保护宗教信仰自由。同时，云南省委和各级地方政府又采取政治上妥善安排、经济上给予补助等措施，妥善解决了和平协商土地改革运动中与中国南传佛教僧人有密切关系的一些问题。1956年傣族地区"和平协商土地改革"结束后，封建土司制度被废除，中国南传佛教也随之摆脱了土司的操纵和利用，开始走上革新、发展之路。总之，新中国的南传佛教也随着时代的变革和社会的发展翻开了崭新的篇章，走出了一条新路，走过了革新变化、曲折沉寂、恢复振兴的 60 余年。[①]

第一节　中国南传佛教的改革与变化（1950—1966）

中华人民共和国成立之初，党和政府就把宗教工作放在了重要的地位，贯彻落实宗教信仰自由政策，为中国佛教事业的建设带来了新的历史机遇。20 世纪 50 年代初期，云南傣族地区的"和平协商土地改革"解除了南传佛教与封建土司制度的依附关系，使中国南传佛教的发展步入了一个新时代。

20 世纪 50 年代初期，云南傣族地区和平解放，云南南传佛教的工作主要从三个方面展开。首先，根据各地实际情况，中共各级党委和政府的有关部门通过和南传佛教上层人士交朋友，妥善安排其政治、生活待遇，组织参观访问，从各方面争取、团结他们并通过他们联系和团结了广大各族信教群众，使他们正确理解中国共产党和人民政府的有关方针政策，积极投身到民主改革运动中来。其次，通过宣传和贯彻落实党和国家的民族政策和宗教政策，进行反帝爱国教育，并通过和平协商土地改革运动，废除了云南傣族地区的封建领主制度、宗教封建特权，使得南传佛教同政治分离，不再受土司的操纵，使广大信教群众享受到真正的宗教信仰自由。最后，中国共产党和人民政府通过组织南传佛教信教群众到内地参观和访问，促进南传佛教与内地佛教的交流，结束了内地佛教和边疆佛教不相往来的历史，促成边疆地区南传佛教徒的心理由外向转为内向，为边疆民族团结和稳定做出了贡献。

这一时期，由于指导思想正确，南传佛教工作进展顺利，宗教信仰自由政策在边疆傣族地区得到正确的贯彻落实，重点佛寺得到修缮，而且成立了各级南传佛教团体组织，在开展爱国主义教育、使南传佛教由外向心

---

① 本章主要材料来源：（1）西双版纳州档案馆、德宏州档案馆、瑞丽市档案馆、陇川县档案馆、耿马县档案馆、勐腊县档案馆、保山市档案馆的档案材料；（2）云南省佛协、西双版纳州佛协、临沧市佛协、耿马县佛协、景谷县佛协、德宏州佛协、瑞丽市佛协、陇川县佛协提供的相关资料；（3）中国佛协会刊《现代佛学》《法音》和云南省佛协会刊《彩云法雨》等刊物的相关报导；（4）姚珏：《云南上座部佛教五十年》，《佛学研究》2003 年第 12 期；（5）笔者多年的田野调查积累。

理转为内向心理等方面取得了较大成绩。

一　中国南传佛教的新变化

20 世纪 50 年代初期，随着中国佛教协会的成立，中国南传佛教在中国佛教中的地位和作用得到进一步的认识和肯定，中国南传佛教与汉传佛教、藏传佛教的关系出现了历史性转折，共同参与到中国佛教事务管理工作中来，真正实现了中国佛教三大语系的空前团结，中国南传佛教的发展呈现一系列的新变化。

1953 年 5 月 30 日—6 月 3 日，全国佛教界 121 名著名人士在北京广济寺参加中国佛教协会成立大会，中国佛教协会正式成立。其宗旨确定为："团结全国佛教徒，在人民政府的领导下，参加爱护祖国及保卫世界和平运动，协助人民政府贯彻宗教信仰自由政策，并联系各地佛教徒，发扬佛教优良传统。"中国南传佛教长老祜巴勐应邀代表广大云南佛教徒参加了这次大会，并当选为中国佛教协会副会长。这是中国南传佛教僧人第一次进入中国佛教界领导层，这是中国南传佛教、汉传佛教和藏传佛教的第一次携手，是中国佛教史上空前的大事。从此，南传佛教与汉传佛教、藏传佛教开始交往，中国三大语系佛教的关系出现了历史性的转折。

其后，中国佛教协会为加强云南南传佛教与内地佛教界的联系也采取了一系列措施。1955 年，中国佛教协会理事会第二次扩大会议在北京召开，中国南传佛教长老朗德哥被增选为常务理事，祜巴勐混、巴匝虎、英刀片、乌阿匝等南传佛教长老被选为理事。同年，中国南传佛教长老祜巴勐又应邀到北京参加全国政协会议，并当选为全国政协委员。1957 年，第二届全国佛教代表会议在北京召开，云南边疆有傣族、德昂族、佤族、布朗族等 16 个民族的多名代表参加了会议，松列·阿戛牟尼①当选为副会长，伍古腊长老当选为常务理事，还有二十多人被选为理事。这表明中国南传佛教在中国佛教中的作用和地位得到肯定，而中国南传佛教的力量在中国佛教领导层中也得以增强。

---

①　松列·阿戛牟尼即中国佛教协会副会长祜巴勐，1956 年南传佛教界奉迎佛牙巡礼云南边疆时由中国佛教协会护持团主持南传佛教僧侣晋升仪式，祜巴勐晋升为松列·阿戛牟尼（此为西双版纳南传佛教的最高僧阶，意为"大僧正长老"）。在西双版纳佛教史上，仅有一位傣族僧人和一位布朗族僧人荣获"松列·阿戛牟尼"这一僧阶。

1955 年 10 月 15 日，应缅甸联邦政府和缅甸佛教界的要求，以吴登貌为首的缅甸佛教代表团把佛牙从中国奉迎到缅甸，供缅甸人民朝拜。当时缅甸联邦总统巴宇和总理吴努亲到机场奉迎。佛牙在缅甸供奉期间，有100 多万人从缅甸各地涌到仰光瞻拜佛牙。1956 年，应缅甸联邦政府和缅甸佛教界的邀请，中国佛教代表团到缅甸参加第六次佛经结集大会的闭幕典礼和释迦牟尼涅槃 2500 周年庆祝典礼，代表团团长为中国南传佛教长老松列·阿戛牟尼。其后，中国佛教协会又委派松列·阿戛牟尼率领奉迎佛牙护侍团将佛牙奉迎回国。自中国佛教协会成立之后，云南南传佛教不仅与汉传佛教、藏传佛教加强了联系，而且中国南传佛教长老还代表中国佛教界出访缅甸并参加了具有历史意义的佛教活动，表明云南南传佛教已经以独立的姿态和崭新的面貌屹立于世界佛教之林。

1956 年 4—6 月，以松列·阿戛牟尼为团长，朗德哥、乌阿匝为副团长的傣族佛教参观团参观了北京雍和宫、广济寺后，先后到鞍山、旅顺、大连、沈阳、天津、南京、上海和杭州等地参观学习。代表团每到一处，都受到当地政府、群众以及佛教界的热情欢迎。中国南传佛教团员们亲眼看到了祖国制造的飞机、汽车、火车以及各种机器，对祖国各项建设事业的突飞猛进和内地佛教寺庙的清净庄严，由衷喜悦并备受鼓舞。

正是在党和政府民族宗教政策的指引下，中国佛教三大部派开始密切往来，广大中国南传佛教徒深切感受到了党的关怀，体会到在党领导下祖国的强大和社会主义的优越性，增强了爱国主义情怀。南传佛教号召佛教界人士爱国爱教，促进民族团结和边疆稳定，在和平协商土地改革运动中发挥了积极的作用。

二　中国南传佛教迎奉佛牙

20 世纪 50 年代中期，中国南传佛教界曾经迎奉佛牙巡礼边疆，供云南边疆南传佛教信众供奉瞻礼，这是中国佛教史上前所未有的创举，也是中国南传佛教历史上的大事。

1955 年 4 月，中国佛教代表团应缅甸吴努总理的邀请访问缅甸，吴努总理表达了希望迎请佛牙到缅甸巡行的心愿。同年 10 月，中国佛教协会在广济寺举行了隆重的恭送佛牙赴缅甸巡行法会。

1956 年 6 月 8 日，以祐巴勐为首的护持团把佛牙从缅甸奉迎至昆明。佛经云，见到舍利如同见佛，能瞻拜到佛牙，其功德是不可思议的。中国佛教协会为了使祖国边疆云南省西双版纳、德宏、耿马等地的傣族、布朗族、德昂族、佤族等兄弟民族的佛教徒也能朝拜佛牙，广种善根，于1956年7月组织了佛牙护持团，将佛牙护送到德宏、耿马和西双版纳等地区，供南传佛教徒顶礼瞻拜。

佛牙在西双版纳，有数万人瞻礼朝拜。在德宏和耿马驻流44天，朝拜人数达25万人次以上。每一地方都成立奉迎佛牙筹备委员会，组织僧团和民族仪仗队、乐队、歌舞队等，以傣族传统民族形式和上座部佛教礼仪奉迎佛牙。佛牙彩车经过的道路两旁，挤满了恭敬而虔诚的信众。他们手持幢、幡、伞盖，身着节日盛装，手中不时撒着米花和鲜花，其中的一些人满怀欢欣和喜悦，在佛牙所经过的道路上，沿途铺满了信众们脱下的上衣和头巾，这是傣族信众们在表达他们虔敬的心意。伴随着欢快的孔雀舞和象脚鼓铓锣声，佛牙被奉迎至中国南传佛教重点寺院中供广大信众朝拜。[①] 1956年7月15日，佛牙被奉迎至德宏州芒市菩提寺，供信众瞻仰一个月，朝拜者达24万人次。在"佛牙大摆"期间，还组织了祖国建设、医药卫生、农业技术、工农业产品等展览，对佛教徒进行了一次广泛深入的爱国主义和社会主义教育，使信徒了解到祖国各项事业的建设和新发展，进一步理解党的民族政策和宗教信仰自由政策。

佛牙来到边疆，在广大南传佛教徒中间引起了巨大反响。他们认识到："在解放前，南传佛教与汉传佛教长期被隔离开来，不能相互往来，弘法事业也得不到帮助和支持。解放后，由于毛主席、共产党和人民政府贯彻落实宗教信仰自由政策，我们的宗教信仰受到尊重，我们的弘法事业得到了支持，信仰佛教的各个民族不仅相互之间有了往来而且亲密地团结起来了。佛牙在边疆供奉期间，各族佛教徒表示，在毛主席、共产党和人民政府的领导下，能够过着宁静的宗教生活，从事佛教修持和研究；在中国佛教协会的关怀下，我们能够瞻拜世世代代所祈愿的佛牙，这是从来没有的事。我们有这样伟大的祖国，我们的弘法事业能够得到保障和支持，我们要热爱我们的国家和人民。"[②] 各民族佛教徒表示要和合团结，共同为弘扬佛法、维护和平，为祖国社会主义建设贡献出自己的力量。

在供奉佛牙期间，佛牙护持团除在傣族地区进行拜访、布施、举办爱

---

① 义方：《佛牙在边疆》，《现代佛学》1957年第1期。

② 同上。

国主义和社会主义教育展览、宣读佛法之外，还代表中国佛教协会为当地僧人举行晋级仪式，向他们每人赠送一袭袈裟。1956 年 8 月 29 日，佛牙护持团在耿马主持升长老大典，参加升级者有四人。护持团代理团长朗照法师代表中国佛教协会在典礼上致祝福词："我们今天来主持升长老大典，是中国佛教史上的第一次，今后愿我们之间在法的和合中，在民族团结中，日益巩固和加强，我弘扬佛教，为热爱我们的祖国和人民而携手前进！"① 1956 年 11 月 4 日，佛牙护持团在西双版纳为"摆孙"和"摆坝"两派的六位长老举行升级仪式。"摆孙"和"摆坝"的升级仪式有所不同，经过协商后，一致同意综合两派的规矩来举行升级仪式，即按照"摆坝"的规矩回避和到"乌苏"（戒坛）念经，按照"摆孙"的规矩进佛寺宣布提升的级别。具体是祜巴勐景洪升为松列·阿戛牟尼，松列勐混升为松列·阿戛牟尼，僧伽拉札曼皮升为松列，祜巴勐罕升为僧伽拉札，祜巴勐海升为沙米，都竜勐捧升为祜巴。广大南传佛教信众参加以本民族教规和风俗习惯举行的升级典礼仪式，齐声赞好，认为这是光荣而幸福的大喜事。②

佛牙来到云南边疆傣族地区，不仅实现了边疆佛教徒瞻拜佛牙的夙愿，而且使党的宗教政策深入人心，促进了边疆和内地不同部派佛教间的相互理解和友好往来。从此，中国南传佛教正式被纳入中国佛教协会的管理和领导之下，与汉传佛教、藏传佛教一起走上了共同发展的历史道路。

三　中国南传佛教团体创建

在中国南传佛教发展史上，中国佛教协会护侍佛牙巡礼边疆还促成了中国南传佛教爱国爱教团体的创建。

1956 年，在迎奉佛牙的过程中，应广大佛教徒的要求，西双版纳南传佛教徒成立了由 46 人参加的中国佛教协会西双版纳分会筹委会，筹委会主任为祜巴勐（后升为松列·阿戛牟尼），副主任为刀有良、刀栋宇等人。筹委会的成立，为后来成立中国佛教协会西双版纳分会打下了基础。1957 年 2 月 25 日，德宏地区汉传、南传佛教界各派 160 名代表共同在芒市菩提寺召开会议，成立中国佛教协会云南省德宏州分会，会议选举盈江

---

① 义方：《佛牙在边疆》，《现代佛学》1957 年第 1 期。
② 张天幼：《西双版纳佛教长老升级纪略》，《现代佛学》1957 年第 1 期。

县多公佛寺长老伍古腊为会长，潞西县芒市菩提寺长老伍末利亚、陇川县城佛寺长老召过铁、瑞丽县勐卯镇东门佛寺长老、腾冲县来凤寺（汉族）长老佛耀、保山县卧佛寺比丘幻光（汉族）及副州长龚缦、思鸿升等人为副会长，中国佛教协会特致电祝贺。1957 年 6 月 21—24 日，临沧地区耿马傣族佤族自治县佛教界朗德哥、英刀片、英德戛等大长老召集临沧地区佛教代表在耿马睡佛寺召开会议，成立了在中国佛教协会领导下的中国佛教协会临沧专区分会筹备委员会，同年 12 月，正式成立中国佛教协会临沧专区分会。①

中国佛教协会西双版纳分会筹委会成立后，于 1957 年 9 月召开了第二次筹委扩大会议，1959 年 7 月召开了第三次筹委扩大会议。1963 年 3 月 21—31 日在景洪召开由 93 名傣族、布朗族代表参加的中国佛教协会西双版纳分会成立大会。大会在听取西双版纳佛教分会筹委会副主任松列·阿戛牟尼作的筹委会工作报告，中共西双版纳工委副书记高希峰、自治州州长召存信作的关于国内外形势、宗教政策的报告后，举行了分组讨论。

中国佛教协会西双版纳分会针对佛教界存在的各种问题和不良现象，与会代表经过讨论，通过了有建议性的《关于西双版纳佛教内部若干问题的协议》，从此担当起指导西双版纳南传佛教教务的工作职责。此协议具有重要的历史意义，共有十项内容，兹列存史：第一，升长老、比丘需要举行一定的仪式，我们应该本着和群众商量、精简节约的原则，从简办理，防止大肆请客、挥霍浪费，尽量不影响生产。第二，当长老、比丘的时间长短由本人自愿决定，任何人不得强迫和阻挠。第三，要升祜巴以上的僧伽须报中国佛教协会西双版纳州分会批准方得进行；升当祜巴的人应当是热爱祖国，拥护党和人民政府，拥护社会主义，佛学高深，德性好的人。第四，长老应由本寺中具备条件的比丘来担任。本寺确无比丘时，才到本州其他寺去请。从外地请来的比丘，应事先报佛教协会分会各县小组同意后才能升级为长老。第五，作为一个虔诚的佛教徒，应该修身养性，认真研究佛经，懂得更多的教理。在政治上拥护社会主义，遵守政府政策法令。不应搞投机倒把，从事贩卖大烟、半开，偷关漏税等违法活动。第六，对沙弥的教育应坚持循循善诱、耐心说服教育的方法，禁止体罚。第

① 1963 年 6 月，中国佛教协会云南省分会成立之后，中国佛教协会西双版纳、德宏、临沧分会改为地区性佛教组织，在中国佛教协会云南省分会的统一领导下开展工作。

七，不许摊派，对于赕与不赕、赕多赕少由群众个人自愿，不应强迫摊派。第八，关于赕塔、赕经书、赕帕等大型宗教活动，应与群众商量研究，群众同意才搞，不同意就不搞。赕的时间尽量利用农闲时间，举行仪式的时间能缩短就缩短。赕毫干规模大、时间长、浪费大，影响群众生产，已长期没有举行，目前可不必恢复。有戒坛（"乌苏"）活动的地方，要让僧人学习教规，戒坛活动已停止的地方，恢复与否由各地商量研究决定。第九，佛寺的修建应由群众自愿，不能硬性向群众摊派劳力和金钱，不能用公共积累去修建，以免影响群众的生产和生活。第十，我们佛教徒在党和人民政府领导下，进行的是正当的宗教活动。那些利用宗教名义搞降神闹鬼、欺骗群众、谋取暴利以及赶琵琶鬼等事情，都不是正当的宗教活动。我们作为虔诚的佛教徒，应当协助政府教育群众不去从事这些活动，更不要去参与这些活动。

此外，中国佛教协会西双版纳分会成立大会选举松列·阿戛牟尼为会长，副会长为松列·布朗、桑卡拉扎勐罕、祜巴曼章、祜巴曼裴等。一致通过五项决议：第一，全自治州佛教徒坚决拥护中国共产党和人民政府的领导，团结全州各族人民参加社会主义建设；第二，协助政府全面宣传贯彻党的宗教信仰自由政策；第三，年轻力壮、有劳力的比丘和沙弥应积极参加劳动生产，支援祖国社会主义建设；第四，协助政府办好学校，不得阻挠和打击到学校读书的和尚；第五，加强政治形势和佛经的学习与研究。最后，会议通过了中国佛教协会西双版纳分会章程，并报送中国佛教协会。1966 年 11 月，更名为西双版纳傣族自治州佛教协会，会址设在西双版纳总佛寺。

随后，中国佛教协会德宏分会、临沧分会、西双版纳分会相继成立并开展工作，使云南南传佛教日常工作纳入中国佛教协会直接领导之下，佛教徒爱国爱教的政治觉悟不断得到提高，有效行使佛教徒应有的正当权利。

1963 年 6 月，来自云南各地的傣族、汉族、藏族、布朗族、德昂族、纳西族、佤族等民族佛教代表参加了在昆明举行的云南省佛教第一次代表大会，正式成立了云南省佛教徒的联合组织——中国佛教协会云南省分会。会议选举南传佛教长老松列·阿戛牟尼为会长，藏传佛教松谋·昂旺洛桑丹增嘉措、汉传佛教长老自性等八人为副会长。这是云南佛教汉传、南传、藏传三大部派共同管理佛教事务的开端，也是现代云南佛教教派和睦、民族团结的真实体现。从此，中国南传佛教正式纳入中国佛教协会的管理和领导之下，爱国爱教的政治觉悟不断得到提高，与汉传佛教、藏传佛教携手发展。

这一时期，正是在党和政府民族宗教政策的指引下，中国佛教三大部派开始密切往来，广大中国南传佛教徒深切感受到党的关怀，体会到祖国的强大和社会主义的优越性，增强了爱国主义情怀，使中国南传佛教的外向心理转为内向心理，为边疆的民族团结和稳定做出了重要贡献。

第二节　中国南传佛教的曲折与沉寂（1966—1976）

由于受"左"的思想影响，1957 年以后，宗教工作中也开始出现失误。1958 年，在"大跃进"和破除迷信、解放思想的影响下，南传佛教受到很大冲击。

1960 年前后，南传佛教佛寺和僧人数量骤减，而且宗教活动的规模、时间、内容等均有所减少，信徒的外向心理有所抬头。据调查统计，西双版纳州景洪县 1957 年有佛寺 202 座、佛塔 47 座，有祜巴 23 人、比丘 328 人、沙弥 1948 人；至 1965 年，全县只有佛寺 126 座，有祜巴 10 人、比丘 60 人、沙弥 1408 人。[①] 德宏州盈江县 1957 年年初有僧侣 218 人，在"大跃进"中还俗 40 人，外流 74 人；到 1960 年 6 月仅有僧人 101 人，不及 1957 年僧人数的一半。1957 年盈江县举行各种佛事活动 300 多次，共 5000 多人参加；至 1958 年仅有 15 次，仅 200 余人参加。[②] 1956 年时，瑞丽已有佛寺 67 座，僧尼 176 人。1958 年"大跃进"中，70% 的僧尼外流。[③]

尽管 1960 年后对宗教问题一度进行了调整，各地宗教信仰自由政策逐步得到落实，并纠正了一些"左"的做法，但由于全国的政治生活方向偏差，随着"以阶级斗争为纲"方针的贯彻，1964 年后，南传佛教再一次受到冲击。不仅佛寺被占用关闭，正常的宗教活动也被强行禁止。在1965 年农村"四清"运动中，信教群众受到清查，正常的宗教活动被迫

---

① 颜思久：《景洪地区佛教调查》，云南省编辑组编《云南少数民族社会历史调查资料汇编》（五），云南人民出版社 1985 年版，第 326 页。

② 张建章主编：《德宏宗教——德宏傣族景颇族自治州宗教志》，德宏民族出版社 1992 年版，第 126 页。

③ 同上。

从公开转入地下。此时，南传佛教的发展情况与"文化大革命"时期的情况已无明显差别（见表 6—1）。

表 6—1　　　西双版纳州勐腊县历年佛寺、宗教人数变化情况

时间	佛寺	比丘	沙弥
20 世纪 50 年代初期	117	258	1542
1957 年	117	243	1531
1958—1960 年	53	47	295
1961 年	37	40	242
1962 年	58	56	368
1963 年	59	62	513
1964 年	35	42	272
1965 年	8	11	18
1966 年	8	9	9

资料来源：西双版纳州档案馆。

　　宗教信仰自由政策得不到贯彻落实造成的后果使南传佛教信教群众的宗教感情和民族感情遭到严重伤害，党群、干群关系恶化，边疆信教群众又从内向心理变为外向心理，新中国成立以来南传佛教工作中所取得的成绩几乎毁于一旦。

第三节　中国南传佛教的恢复与发展（1978—1999）

　　1978 年中共十一届三中全会以后，党和国家在政治上拨乱反正，重新贯彻落实宗教政策。1982 年 3 月，中共中央下达了《关于我国社会主义时期宗教问题的基本观点和基本政策》[中共（1982）19 号文件]，全国人大修改并通过的《中华人民共和国宪法》中，又对公民的宗教信仰自由权利作了具体而明确的规定，中国的宗教活动开始全面恢复，中国南传佛教的团体工作和各项事业也逐步复苏并有了新的发展。

一　中国南传佛教团体逐步恢复

1980 年 12 月，中国佛教协会第四届全国代表会议在北京召开，中国

佛教协会全面恢复工作并走上正轨，中国南传佛教也重见曙光，中国南传佛教的团体工作逐步恢复，南传佛教工作有序展开。

1981 年 6 月，中国佛教协会云南省分会恢复开展工作，全国人大代表刀述仁居士（傣族）当选为会长，开始全面主持云南的佛教工作。1986 年 11 月，中国佛教协会云南省分会第三届理事会在昆明召开。会长为刀述仁（傣族），副会长为噶达·赤来曲洼、广法、萨密勐海（傣族）、朗然、罗桑益史（摩梭人）、伍并亚·温撒（傣族）、向·措称江初（藏族）、苏米达（傣族），秘书长为陈厚安。1992 年 12 月，中国佛教协会云南省分会第四届理事会在昆明召开，正式更名为云南省佛教协会，选举刀述仁（傣族）为会长，副会长为噶达·赤来曲洼、广法、萨密勐海（傣族）、罗桑益史（摩梭人）、伍并亚·温撒（傣族）、向·措称江初（藏族）、苏米达（傣族）、明道、都龙庄（傣族），秘书长为刀述仁（兼）。1998 年 11 月 11 日，云南省佛教协会在昆明召开会议。选举刀述仁（傣族）为会长，副会长为明道、都龙庄（傣族）、罗桑益史（摩梭人）、伍并亚·温撒（傣族）、广法、向·措称江初（藏族）、常应（女）、召库玛国宛（傣族）、布主·鲁茸玉丹赤列嘉措（藏族），秘书长为陆绍明，副秘书长为淳法、樊端然、玛哈亮、崇化。可见，云南省佛教协会如期召开理事会，对云南佛教教务工作进行有效指导。

云南省是中国多民族、多宗教地区，中国佛教的汉传、藏传和南传三大部派都在这一地区发生影响已有相当长的历史，完全可看作是中国佛教的缩影。云南省佛教协会中国佛教协会云南省分会是云南省汉语系、藏语系、巴利语系各民族佛教徒的爱国团体和佛教组织。

同时，各地陆续恢复佛教协会工作，为过去被错误处理的云南南传佛教界人士平反昭雪，恢复名誉。较早恢复佛教协会并开展工作的是西双版纳州佛教协会。该会于 1963 年成立并召开代表大会，1966 年 5 月"文化大革命"开始后就停止了工作。1980 年 9 月 3—15 日，该会在景洪召开第二次代表大会，选举了新的会长沙米勐海和副会长僧伽罗者勐罕、都龙曼赛勐笼、康朗扁勐笼。[①]

1957 年 2 月 25 日，德宏地区汉传、南传佛教界各派 160 名代表共同在芒市菩提寺召开会议，成立中国佛教协会云南省德宏州分会，会长为伍

---

① 资料来源：西双版纳州佛教协会。

古腊，副会长为伍末利亚（傣族）、召过铁（傣族）、佛耀（汉族）、幻
光（汉族）、龚缦（傣族）、思鸿升（傣族）等。1958 年，德宏傣族景颇
族自治州分会被迫停止工作。1963 年更名为德宏傣族景颇族自治州佛教
协会，会址设于潞西县芒市菩提寺。1982 年 2 月 21—26 日，德宏州佛教
协会在芒市召开第二届代表大会，选举伍干达（傣族）、伍洼令达（德昂
族）、伍汉地亚（傣族）、伍并亚·温撒（傣族）为副会长（会长暂缺）。
1983 年 1 月 17—22 日，德宏州佛教协会在芒市召开第二届二次理事会，
出席会议的理事 12 人，会议审议通过了《关于维护正常佛事活动的决
定》，并做出全州南传佛教各教派统一举行入雨安居、出雨安居和浴佛节
（泼水节）等重大宗教节日活动的决定。1987 年 6 月 25—29 日，德宏州
佛教协会在芒市召开第三届代表大会，与会代表 60 人，伍汉地亚当选为
会长，副会长为伍并亚·温撒、伍干达、伍迪八，秘书长为李崇斌，副秘
书长有方正新、伍苏南达、伍进达巴拉 3 人。①

　　此外，各地县级佛教协会相继成立，中国南传佛教的工作顺利进行。
1963 年 6 月，西双版纳勐海县成立了佛教小组。"文化大革命"期间，佛
教小组停止工作。1981 年 3 月，在勐海县委的支持下，勐海县召开县佛
教协会小组成立大会，选举都龙三为组长，另有副组长 2 人、组员 4 人。
1982 年 6 月，勐海县召开县佛教协会成立大会，选举康朗庄目为会长。
1999 年 8 月 11 日，勐海县佛教协会换届选举，岩应派当选为会长，副会
长是都喃、都坎拉，秘书长是都刚。② 1982 年 10 月 19—22 日，陇川县佛
教协会成立并召开第一届理事会，与会代表 30 人，选出理事 11 人，多忠
廉当选为会长，伍并亚·温撒任副会长。1983 年 3 月 25—27 日，梁河县
佛教协会成立，并召开第一届理事会，与会代表 47 人，选出理事 25 人，
常务理事 9 人，刀安邦当选为会长，伍苏亚景任副会长。1983 年 6 月 7—
11 日，盈江县佛教协会成立，在平原镇召开第一届理事会，与会代表 23
人，选出理事 8 人，会长暂缺，副会长为伍干达。1983 年 7 月 25—31 日，
潞西县佛教协会成立，并召开第一届理事会，与会代表 37 人，选出理事
15 人，伍汉地亚当选为会长，伍米吉亚任副会长。1984 年 5 月 7—9 日，

---

① 参见张建章主编《德宏宗教——德宏傣族景颇族自治州宗教志》，德宏民族出版社 1992
年版，第 140—141 页。

② 资料来源：西双版纳州勐海县佛教协会。

瑞丽县佛教协会成立，并在姐勒召开第一届理事会，与会代表 34 人，选出理事 9 人，伍并亚·温撒当选为会长。①

二　中国南传佛教寺塔陆续重建

1980 年后，随着我国宗教信仰自由政策的落实，群众的宗教活动逐渐公开，广大南传佛教信徒强烈要求修复或重建被毁寺塔，要求供养僧人以满足他们的信仰需要。当地政府根据中央精神，纠正十年动乱期间的错误，本着因地制宜、因陋就简、方便群众和依靠群众的原则，在原寺庙旧址兴建简易宗教活动场所，修复开放了一些宗教活动场所。自此，中国南传佛教佛寺和佛塔大都得以恢复和重建，尤其是一批重点寺塔得以恢复重建，诸如德宏州陇川县景坎佛塔、瑞丽县姐勒佛塔、喊撒佛寺、大等喊佛寺，潞西县菩提寺、五云寺，盈江县允燕佛塔，西双版纳州景洪县曼阁佛寺和曼听佛寺，勐海县曼短佛寺以及景真八角亭、曼飞龙塔、庄莫塔等，临沧地区耿马县总佛寺、广允佛寺，思茅地区景谷县大寨佛寺、谦糯佛寺等。一般的寺塔难以计数。

以西双版纳州为例，1950 年全州有佛寺 574 座；1981 年恢复了佛寺 145 座；1987 年恢复到 485 座，为 1950 佛寺总数的 84%。至 1985 年，景洪县恢复到佛寺 119 座（修复 114 座，新建 5 座）、佛塔 51 座，有祜巴 2 人、佛爷 22 人、和尚 1525 人。景洪区、勐笼区、小街区和橄榄坝等地，基本上每个寨子都有一个佛寺。② 据西双版纳自治州佛教协会统计，至 1989 年年底，自治州有佛寺 503 所，白塔 68 座，在寺比丘 5125 人，沙弥 1642 人。

再看德宏傣族景颇族自治州，1981 年年初，国务院宗教事务局批准瑞丽县人民政府《关于重建瑞丽姐勒金塔的报告》，并拨专款 7 万元重建主塔。随后，德宏州的一批佛寺佛塔陆续得以修复。至 1985 年，德宏州上座部佛教佛寺恢复到 445 座，其中潞西县 110 座，瑞丽县 85 座，陇川县 77 座，盈江县 150 座，梁河县 19 座，畹町市 4 座；全州僧侣合计 127

① 参见张建章主编《德宏宗教——德宏傣族景颇族自治州宗教志》，德宏民族出版社 1992 年版，第 141—142 页。

② 颜思久：《景洪地区佛教调查》，云南省编辑组《云南少数民族社会历史调查资料汇编》（五），云南人民出版社 1985 年版，第 326 页。

人。至 1989 年，德宏州上座部佛教佛寺恢复到 551 座，其中潞西县 113 座，瑞丽县 90 座，陇川县 77 座，盈江县 224 座，梁河县 20 座，畹町市 7 座；全州佛塔恢复重建 19 座，其中傣族佛塔 15 座，德昂族佛塔 3 座，阿昌族佛塔 3 座；全州僧侣增加到 236 人。[1] 据统计，至 1990 年，瑞丽县已经修复佛寺 93 座，佛塔 3 座。[2]

另据统计，1982 年思茅地区景谷县恢复到 36 座，孟连县到 1985 年恢复到 30 座，有佛爷 48 人、和尚 115 人。[3] 1983 年，临沧地区许多佛寺得到修复，僧侣有所增加，迁居国外的教职人员重回祖国。恢复重建上座部佛教佛寺 227 座，有长老、佛爷 47 人。[4] 另据史志记载，耿马县 1956 年有南传佛教佛寺 101 座，僧侣 1057 人；"文革"期间，佛寺关闭，僧侣还俗；1983 年恢复到 68 座，住寺僧侣 188 人；1990 年恢复到 119 座，住寺僧侣 655 人。[5] 沧源县 1950 年共有佛寺 43 座，有长老 40 人、比丘 63 人、沙弥 288 人；1958 年，佛寺受到冲击，僧侣多迁居境外；1959 年，佛寺减少至 32 座，有长老 18 人、比丘 44 人、沙弥 250 人；1962 年由于贯彻落实党的宗教政策，至 1966 年，佛寺发展到 70 座，僧侣增加为长老 30 人、比丘 141 人、沙弥 705 人。"文革"期间，佛寺和佛塔遭到严重破坏。1978 年党的宗教信仰自由政策得到贯彻落实，佛教活动得以恢复发展，侨居境外的僧侣陆续回迁故里，重建佛寺。到 1990 年，全县佛寺恢复有 54 座，有长老 20 人、比丘 87 人、沙弥 295 人。[6]

可见，20 世纪 80 年代以来，随着党的宗教信仰自由政策的贯彻落实，宗教活动恢复正常，为满足信教群众的宗教生活需要，不同流传区域

---

[1] 张建章主编：《德宏宗教——德宏傣族景颇族自治州宗教志》，德宏民族出版社 1992 年版，第 126 页。

[2] 参见云南省瑞丽市志编纂委员会编《瑞丽市志》，四川辞书出版社 1996 年版，第 698 页。

[3] 颜思久：《景谷县佛教调查》，云南省编辑组编《云南少数民族社会历史调查资料汇编》（五），云南人民出版社 1958 年版，第 318 页。

[4] 颜思久：《耿马县小乘佛教》，云南省编辑组编《云南少数民族社会历史调查资料汇编》（五），云南人民出版社 1985 年版，第 343 页。

[5] 耿马傣族佤族自治县地方志编纂委员会编：《耿马傣族佤族自治县志》，云南民族出版社 1995 年版，第 667 页。

[6] 沧源佤族自治县地方志编纂委员会编：《沧源佤族自治县志》，云南民族出版社 1998 年版，第 890—891 页。

内的佛寺佛塔得以陆续恢复重建，住寺僧侣逐渐增加，中国南传佛教逐渐复兴。

三　中国南传佛教教育事业重振

20世纪50年代以前，在中国南传佛教流传区域，尽管各傣族地区土司都曾开办过省立小学、保国民小学、简易师范学校甚至汉文中学，但以傣族为主体的南传佛教信仰民族的教育仍以佛寺教育为主，这是同时代的世俗教育及传统宗教教育难以企及的。佛寺俨然成为傣族社会特殊的"学校"，担负着传承佛教文化和民族文化的双重功能。

20世纪50年代以后，各级党和政府在各地开办学校，把民族教育作为一件大事来抓。不少教师亲临佛寺，动员比丘和沙弥入学读书。一些头人和长老认识到办学校是为了学习先进的科学文化知识，有利于发展本地区、本民族的经济和文化，对此积极支持，因此，出现和尚入学读书、教师进佛寺辅导，佛寺教育与学校教育共同发展的新气象。

"文化大革命"期间，南传佛教佛经被焚，佛像被毁，佛寺被拆，僧侣被迫还俗，佛寺教育停止，只有学校教育继续发展。

20世纪80年代初，随着宗教信仰政策逐步贯彻落实，各地傣族信众自筹资金，重修佛寺佛塔，重塑佛像，并纷纷送学龄男童入寺为僧，部分在校傣族、布朗族学生也流入佛寺接受佛寺教育。这种现象直接影响到傣族学龄儿童入学率和在校生巩固率，佛寺教育与学校教育产生了矛盾。在各地州、县有关部门和佛教界的协调下，这个矛盾得以妥善解决。佛教界鼓励适龄男童既当沙弥又当学生，披着袈裟上学校，放学后则在长老的指导下修习佛经和民族传统文化知识。这一举措促使适龄男童与学龄沙弥的入学率和巩固率开始上升，佛寺教育与学校教育良性互动，健康发展。

从20世纪80年代开始，勐海县开始探索怎样做到既尊重当地民族的宗教信仰和文化传统，又能确保适龄儿童完成义务教育阶段的学习任务，于是，"和尚生"便应运而生。1988年12月，在西双版纳州政协委员、勐海县勐遮乡景真村上层人士刀廷荣的倡导下，景真八角亭寺创办和尚学校，该校招收了历年从学校流出的学生，按照正规学校教育开设了数学、傣文、汉文等课程。时任国家教委主任的李铁映到"和尚学校"视察后，对此给予了充分的肯定和赞扬。受景真八角亭寺办学影响，勐遮乡曼吕佛寺和曼养佛寺也分别办起了"和尚文化班"，为进一步处理好傣族佛寺教育与学校教育之间的关系提供了实践经验。①

尽管佛寺佛塔逐步修复，僧侣人数逐渐增加，但由于历史性的断代，高素质僧才匮乏，青黄不接。从某种意义上说，人才培养直接关系到中国南传佛教事业的盛衰。为了培养南传佛教人才，中国南传佛教界不懈探索着适应自身运动发展规律的教育模式。

1988 年 12 月—1989 年 1 月，德宏州佛教协会在芒市五云寺举办首次巴利语佛学班，自己编写巴利语系佛教教材，讲授佛教历史、巴利经典、拜诵佛经、教规戒律四个方面的内容。1986 年，中国佛学院选派了 5 名僧人到斯里兰卡留学；1990 年，云南省佛教协会选派 10 名南传佛教僧人到泰国留学；1994 年，中国佛教协会和云南省佛教协会又选派 10 名僧人到缅甸留学，其中南传学僧有 4 名。2002 年 8 月，中国佛教协会和云南省佛教协会共同选派 6 名南传佛教青年比丘前往斯里兰卡留学。事实证明，学成归来的僧才已成为中国南传佛教界的中坚力量，发挥着日益重要的作用。

南传上座部佛教的高僧祜巴龙庄勐、都罕听十分重视僧才的培养，认为佛教要发展，关键还是要抓教育，培养高素质的人才来传播佛教。1994 年倾力筹建的"云南佛学院西双版纳分院"，设备简陋，教学资料匮乏，人才奇缺，资金困难，其中种种难题都需要开拓者去面对和解决。

20 世纪 90 年代初，中国佛教协会针对云南佛教状况做出了重要工作部署。中国佛教协会会长赵朴初于 1990 年到云南西双版纳召开了"首次南传佛教工作会议"，提出靠传统的寺院培养僧才已经不适应了，指示在云南首先创办南传上座部学校培养僧才。随即，云南省佛教协会积极向省政府及有关部门申报。1993 年，国家宗教事务局批准成立"云南上座部佛学院"（国宗发［1993］116 号关于《对开办云南上座部佛学院报告的批复》）。1997 年国家宗教事务局同意将"云南上座部佛学院"更名为"云南佛学院"（国宗函［1997］123 号《关于同意云南上座部学院更名

---

① 参见熊胜祥、傅志上、孙云霞《浅谈南传佛教与民族地区义务教育——以勐海县和尚生现象为例》，《中国宗教》2009 年第 12 期；姚珏《云南上座部佛教五十年》，《佛学研究》2003 年第 12 期。

为云南佛学院的批复》)。云南佛学院下设三个分院：西双版纳分院（南传分院）、德宏分院（南传分院）和迪庆分院（藏传分院）。

1994 年，报经国家宗教事务局批准，一所在中国南传佛教发展史上具有里程碑意义的巴利语系佛学院——"云南佛学院西双版纳分院"正式成立，祜巴龙庄勐任院长。1994 年，在云南省佛教协会和西双版纳州委统战部的支持下，建成云南佛学院西双版纳分院综合楼，并且建盖了教室和宿舍。1995 年 9 月开始招生，主要招收培养南传佛教信仰区域内的学僧。云南佛学院西双版纳分院学制 3 年，与当地一所中专合作办学，语文、数学、英语、物理、化学等基础文化课由中专教师授课，傣语及佛学课由总佛寺法师授课，毕业后同时获云南佛学院西双版纳分院及该中专毕业证书。毕业学僧无论是继续报考上级佛学院或社会大学，还是还俗就业，均具备相应资格。截至 2010 年 3 月，佛学院共招收 21 个班 757 名学僧，已毕业 625 名。据统计，近年来云南佛学院西双版纳分院选送到国内和国外学习的僧侣有 130 多人。其中，选送到国内汉传佛教寺院学习的有 75 人；选送到泰国的有 19 人，斯里兰卡 6 人，新加坡 1 人，缅甸 4 人。[1]祜巴龙庄勐每年都会选派一些优秀学员到省外、泰国、缅甸和斯里兰卡留学深研佛学，十多年来为中国南传佛教界培养了一批批爱国爱教的中青年弘法骨干和寺院管理人才，为中国南传佛教的教育事业做出了重要贡献。

有了西双版纳分院的办学经验，鉴于云南三大语系佛教俱全的特殊性及创办云南佛学院的初衷，报经云南省政府、国家宗教局批准之后，云南省佛教协会于 1997 年 6 月正式筹建云南佛学院。

可见，中国南传佛教界在人才培养方面不断探索和实践，尤其是"西双版纳佛学院"和"云南佛学院"的开办，开创了富有区域性和民族性特色的教育模式，在促进南传佛教的传承和发展方面做出了重要贡献。

四　中国南传佛教工作会议召开

随着中国佛教协会工作的全面展开，中国南传佛教工作逐步恢复发展，中国佛教协会第一次上座部佛教工作会议和第二次工作会议相继召开，这对中国南传佛教的自身建设和中国南传佛教事业的发展方向而言，具有深远的历史意义。

---

[1]　资料来源：云南佛学院西双版纳分院。

（一）中国南传佛教第一次工作会议召开

1990 年 12 月 22—24 日，中国佛教协会上座部佛教第一次工作座谈会在西双版纳州首府景洪召开，这是中国佛教协会成立 38 年以来第一次专门研讨上座部佛教工作的会议。来自云南省西双版纳傣族自治州、德宏傣族景颇族自治州、临沧地区、思茅地区的上座部佛教界大德长老和居士 34 人参加了这次会议。会议由中国佛教协会副会长、中国佛教协会云南省分会会长刀述仁主持，中国佛教协会会长赵朴初以 85 岁高龄亲赴云南西双版纳出席了座谈会并作重要讲话。

赵朴初在《在云南上座部佛教工作座谈会上的讲话》中，针对上座部佛教工作的特殊性提出："一切从实际出发，理论联系实际，实事求是，这是中共十一届三中全会制定的一条正确的思想路线。只有坚持这条思想路线，经过深入的调查研究，把中央关于宗教工作的方针、任务、政策同云南宗教的实际结合起来，坚持从云南宗教的实际出发，因教制宜、因族制宜、因地制宜，才是真正负责地贯彻执行中央的有关方针政策。"赵朴初指出，云南宗教具有其他省市自治区所没有或少有的特点，尤其是三大语系佛教俱全，其中，上座部佛教即巴利语系佛教，在佛教发展史上和当今国际佛教界中占有重要地位，在我国为云南省独有。赵朴初特别强调要"加强上座部佛教的自身建设"，向上座部佛教界提出了五点希望和要求：

（1）在上座部佛教集中的地区，要建立和健全州县两级佛教协会，希望党政主管部门给予支持；

（2）提高僧人素质，培养中青年僧才，这是上座部佛教事业的当务之急；

（3）建立上座部佛教自身的教务管理体制，希望经过有关地区宗教工作干部和佛教界人士的共同讨论、研究和论证，制订切实可行的解决办法；

（4）参照中国佛教协会《汉传佛教寺庙管理试行办法》，结合上座部佛教的特点和实际情况，制订上座部佛教寺庙管理办法和有关的规章制度，提高寺庙管理水平；

（5）加强对上座部佛教学术文化的研究工作。

这次会议是在全国宗教工作会议结束后不久召开的。会前，云南省宗教事务局和中国佛教协会云南省分会进行了深入的调查研究，完成《关于德宏州上座部佛教情况的调查报告》和《关于加强对上座部佛教工作的意见（讨论稿）》。中国佛教协会也派调查组赴德宏州的芒市和瑞丽县进行调查，为会议的召开做了必要的准备。这次会议对于推动上座部佛教地区的各项政策落实工作，加强上座部佛教与全国佛教界的密切交流与合作起到了重大作用。

（二）中国南传佛教第二次工作会议召开

1997 年 5 月，中国佛教协会第二次南传上座部佛教工作会议在德宏傣族景颇族自治州召开，会议由中国佛教协会副会长、云南省佛教协会会长刀述仁居士主持。会议提出要加强南传佛教自身建设，提高僧团素质，动员广大佛教信众积极投身到社会主义建设的事业中去。

五 中国南传佛教文化交流的发展

20 世纪 80 年代以来，随着党的宗教政策的恢复落实，随着中国佛教协会工作的恢复和全面展开，中国南传佛教也展开了与内地佛教界和东南亚佛教界的友好交往和文化交流，致力于促进民族团结、边疆稳定与世界和平。

（一）中国南传佛教界与内地佛教界的文化交流

20 世纪 80 年代以来，中国南传佛教界与内地佛教界展开友好互访和文化交流，促进了中国南传佛教与内地佛教徒之间的团结和了解，表达了中国南传佛教与内地佛教界爱国爱教、携手合作、共同发展的愿望。

一方面，中国南传佛教界多次组织教职人员和佛教徒到省内外佛教圣地朝拜参观。1991 年，中国南传佛教 18 所寺庙的 20 名比库和 5 名宗教基层工作者，组成了包括傣族、佤族、布朗族等民族在内的云南少数民族佛教参观团赴北京、上海、江苏、浙江等省市参观学习。广大僧人在参观和与内地佛教界的交往中开阔了眼界，增长了知识，对促进云南省边疆南传佛教界心向祖国，增进民族团结、边疆稳定起到了积极作用。

另一方面，内地佛教界对南传佛教也积极关心并多次组团到云南交流学习，考察南传佛教。1988 年，云南耿马、临沧等地发生大地震，中国佛教协会赵朴初会长和内地诸山长老、广大佛门弟子为灾区捐款达 23 万元，帮助当地人民重建家园，发展生产，修复耿马总佛寺，当地政府和佛教界人士的对此举表示感谢。1990 年，由上海市佛教协会会长、玉佛寺和静安寺方丈真禅法师任团长的上海市佛教协会赴滇学习参观团一行 11

人，于 1 月 8—20 日到云南参观访问，参观团除在昆明市朝礼名刹圆通寺、泽竹寺、华享寺等并与中国佛教协会云南省分会刀述仁会长举行座谈外，还专程去西双版纳傣族自治州考察学习。① 1991 年 5 月 4 日，全国政协副主席、中国佛教协会会长赵朴初先生到西双版纳总佛寺指导工作，并亲笔题写"西双版纳总佛寺"牌匾。同时，赵朴初会长在中国佛教协会第一次南传佛教工作会议上，首次提出佛教"五性"。1992 年 2 月 20—22 日，全国人大常委会副委员长阿沛·阿旺晋美到西双版纳考察，视察了西双版纳总佛寺。1993 年 11—12 月，四川省佛教协会组织该会执事培训班第一期 7 位学员到云南实地考察云南南传上座部佛教，并撰有《云南上座部佛教考察报告》②。2011 年 2 月 24 日，山西省佛教协会会长、五台山碧山寺方丈妙江法师一行参访西双版纳总佛寺并与祜巴龙庄勐长老举行座谈交流。

参观访问交流活动增进了南传佛教和北传佛教的相互了解，促进了中国南传佛教界与内地佛教界的友好往来。在这一过程中，双方达成一致共识：不论南传佛教还是北传佛教，皆是同根同源，各民族佛教徒应不分宗派，不论传承，紧密团结，爱国爱教，携手合作，为祖国建设与世界和平做出积极的贡献。

（二）中国南传佛教界与海外佛教界的文化交流

20 世纪 80 年代以来，随着中国改革开放事业的不断深入发展，中国南传佛教界增进了与世界各国尤其是与东南亚、南亚国家佛教界的友好往来和文化交流。云南与东南亚、南亚国家地域相连、民族同源、文化同宗，具有共同的信仰基础，这种天然的黄金纽带使双方的佛教文化交流源远流长。

中国南传佛教界不仅多次代表中国佛教界出访外国，还先后接待了来自泰国、缅甸、斯里兰卡、英国、美国、日本、韩国等国家的佛教界友好人士，增进了中国南传佛教同这些国家和地区佛教界人士和人民的友谊，扩大了中国南传佛教在国际上的影响。1985 年 12 月，以甘拉亚妮·瓦塔娜公主殿下为首的泰国王室代表团一行 11 人到云南西双版纳、德宏等地访问。1990 年，中国佛教协会选派了 10 名中国南传佛教学僧赴泰国留

---

① 蔡惠明：《云南上座部佛教》，《法音》1990 年第 4 期。

② 李弘学、吴正兴：《云南上座部佛教考察报告》，《法音》1994 年第 7 期。

学，这是继 1983 年以来汉语系佛教僧人、居士分别前往日本、斯里兰卡留学之后，派出人数最多的留学僧团。1993 年 6 月泰国僧王颂绿·帕映纳讪旺智护尊者亲临西双版纳总佛寺种下两株贝叶树，以示中泰两国人民友谊及佛教交往万古长青。1994 年 11 月 9 日，以僧王桑卡拉扎为团长的老挝佛教代表团一行 3 人，应中国佛教协会的邀请来华访问，此间前来西双版纳总佛寺参观访问，受到热烈欢迎。1995 年 3 月 4 日，泰国诗琳通公主在西双版纳总佛寺院场西北角植有一株菩提树，以示中泰两国人民及佛教友谊万古长青。1997 年，云南省佛教协会选派了 5 位南传佛教比库到泰国、缅甸等国参加大型宗教活动；同年，选派 2 名僧人参加在泰国曼谷召开的世界佛教大会。1998 年 10 月 29 日，泰国王姐甘拉亚妮·瓦塔娜公主殿下参加西双版纳总佛寺戒堂落成典礼。

在与海外的佛教文化交流中，中国南传佛教界的高僧大德发挥了重要作用，如中国佛教协会副会长、云南省佛教协会会长刀述仁大德居士。1983 年以来，刀述仁会长连续 4 次参加世界宗教和平大会，1984 年至今为世界佛教联谊会委员。自 1989 年起，他连续参加第三届至第七届亚洲宗教和平大会。1990 年，刀述仁担任中国佛教协会副会长兼秘书长，主持创建了位于尼泊尔蓝毗尼园的中华寺。1995 年他作为中方首席代表出席中日韩三国佛教友好交流会。同时，刀述仁会长也促进了中国南传佛教与南亚、东南亚国家佛教界的友好往来。他曾多次前往南亚、东南亚国家进行佛教友好交流活动，多次护送我国佛牙、佛指舍利出国巡礼。1989 年，刀述仁会长专程率团到泰国参加前僧王遗体荼毗仪式。1994 年 4 月和 1996 年 12 月两次担任护持团团长护送佛牙到缅甸巡礼。1995 年，担任护持团团长护送佛指舍利到泰国供奉。他 9 次访问斯里兰卡，为中斯佛教友好交往做出了极为突出的贡献。1996 年，中国佛协副会长兼秘书长刀述仁率汉传佛教、南传佛教、藏传佛教代表团一行 18 人到泰国访问，拜会了泰国僧王、文化部宗教厅、华人佛教团体以及主要佛寺。同年，中国佛协副会长刀述仁居士专门带领汉传、藏传、南传佛教代表团到老挝万象、琅勃拉邦参访。

此外，中国南传佛教与东南亚佛教徒的民间友好往来也在正常展开。凡举行重大佛事活动和佛教节庆，双方都互赠礼物，同聚共庆。1980 年瑞丽县举行姐勒佛塔建塔奠基和洒净仪式，缅甸佛教界的比丘、长老和白衣尼专程赶来参加。1983 年姐勒佛塔落成举行典礼，参加典礼的 5 万多人中，大约一半来自缅甸，他们盛赞中国的宗教信仰自由政策，佛教文化交流增进了两国人民的友谊。1984 年 8 月，以缅甸南坎布巴佛教事务组织秘书赛岩补为团长的佛教代表团一行 6 人到德宏瑞丽县参观、拜佛，受到瑞丽县佛教协会的热情接待，代表团朝拜了姐勒佛塔和喊撒佛寺。这是中缅间"文化大革命"后边疆地方交往恢复后缅方的第一个代表团。此后，中缅地方间才进一步进行半官方代表团、官方代表团形式的交往，逐步打开了交往局面。1985 年 4 月，德宏州组织规模宏大的浴佛节，缅甸南坎布巴佛教事务访问团一行 7 人来朝拜瑞丽县姐勒佛塔和芒市菩提寺，并与当地南传佛教徒共度浴佛节。1987 年 5 月，原缅甸南坎人文会（治安建设委员会）主席吴赛达以民间宗教团体名义赠送瑞丽县姐勒佛塔释迦牟尼塑像 1 尊；同年 11 月，缅甸掸邦僧人召勐弄又赠瑞丽县姐勒佛塔白玉佛 2 尊，增进了中缅佛教界的友谊。1989 年 12 月，缅甸木姐有僧人来德宏州芒市与当地佛教界进行学术交流，共同探讨教理教义。

中国南传佛教界与海外佛教界的友好往来增进了中国南传佛教界同这些国家和地区佛教界人士及人民的友谊，进一步增强了中国南传佛教与世界各国的佛教文化交流，中国南传佛教在国际上的独特地位和影响力也日益受人瞩目。

第四节　中国南传佛教的复兴(2000—)

在新的历史时期，党中央对宗教工作和发挥宗教界的积极作用高度重视，坚持贯彻落实宗教信仰自由政策，坚持宗教工作的基本方针、基本政策和基本观点，引导着我国宗教的健康发展。2006 年 10 月，在党的十六届六中全会《中共中央关于构建社会主义和谐社会若干重大问题的决定》中明确指出："全面贯彻党的宗教信仰自由政策，依法管理宗教事务，坚持独立自主自办的原则，积极引导宗教与社会主义社会相适应，加强信教群众同不信群众、信仰不同宗教群众的团结，发挥宗教在促进社会和谐方面的积极作用。"同时提出构建和谐社会必须正确认识和处理好"五大关系"，其中之一就是"宗教关系"。这反映了我们党在宗教问题上的基本方针、基本政策和基本观点，反映了我们党的宗教工作的基本经验，反映了构建社会主义和谐社会对宗教工作的新要求。2007 年 10 月 15 日，中共十七大报告中指出："全面贯彻党的宗教工作基本方针，发挥宗教界人士和信教群众在促进经济社会发展中的积极作用。"党的宗教工作基本方针也同时写进新党章,它是马克思主义宗教观与中国实际相结合的产物,是历史与现实经验的高度概括与总结,是执政党从社会管理的高度提炼出的有中国特色的社会主义宗教理论与方略,是我国宗教事务工作长期的指导思想。2011 年 10 月 18 日,中国共产党第十七届中央委员会第六次全体会议通过的《中共中央关于深化文化体制改革推动社会主义文化大发展大繁荣若干重大问题的决定》中明确提到,要"发挥宗教界人士和信教群众在促进文化繁荣发展中的积极作用"。这是对宗教与社会主义社会相适应理论的丰富和发展,有利于宗教界把握宗教文化发展的客观规律,坚持宗教文化发展的正确方向,充分发挥宗教文化在国家软实力建设中的积极作用,积极投身于中国文化建设,为建设社会主义文化强国做出新的贡献。2012 年 11 月 8—14 日,在中共中央的十八大报告中,与宗教相关的有三句话:促进政党关系、民族关系、宗教关系、阶层关系、海内外同胞关系的和谐;全面贯彻党的宗教工作基本方针;发挥宗教界人士和信教群众在促进经济社会发展中的积极作用。

21 世纪以来,中国南传佛教在党的宗教信仰自由政策的指引下,高举爱国爱教伟大旗帜,坚持独立自主自办原则,走与社会主义社会相适应的道路。中国南传佛教的各项事业如团体建设、寺院教育、慈善事业、佛教文化交流等方面获得了新发展,在促进民族团结、边疆稳定与社会和谐中发挥着重要的作用。中国南传佛教逐步走向复兴。

一　中国南传佛教寺院教育的发展

南传佛教传统的佛寺教育是以寺院为中心的"师徒传承"模式。在儿童出家为僧传统习俗基础上,由师傅对入寺童僧进行佛教知识和传统文化教育,其中部分儿童有志终生出家为僧,便留在寺中继续学习佛学知识,逐渐培养成为教职人员。中华人民共和国成立后,随着"和平协商土地改革"的结束,土司制度宣告解体,与傣族土司制度相适应的南传上座部佛教寺院组织制度退出历史舞台,寺院上下等级关系和隶属关系也随之消除,加之"文化大革命"时期傣族佛寺教育传承体系的中断,传统的寺院"师徒传承"模式难以为继。当代中国南传佛教在历史变迁中探索着富有地域特色的教育模式,实践着适应自身发展的人才培养之路。

（一）当代中国南传佛教寺院教育的变迁

在傣族佛教发展史上，佛寺教育实际上在傣族的民族教育中处于绝对的主导地位，这是同时代的世俗教育及传统宗教教育难以企及的。佛寺教育所带来的直接后果是傣族文化的繁荣和全民文化素质的提高。一直到 20 世纪 50 年代初期，佛寺教育仍然在傣族地区发挥着重要的整合作用。在当代社会文化变迁背景之下，中国南传佛教的佛寺教育也随之呈现一些新变化。

1. 高素质僧才匮乏，佛寺教育出现断层危机

由于"文化大革命"期间宗教传承体系的中断，傣族的佛寺教育出现了历史性断层。传统佛教传承体系的中断导致了宗教职业人员整体素质的下降，高素质宗教职业人员的缺乏已经影响到当前傣族佛寺教育的发展。

据 2007 年调查统计，云南南传上座部佛教共有僧尼 8350 人，可是真正能够传授佛学知识的教职人员却只有 1450 人，高素质的僧才十分匮乏。调查发现，傣族经济发展比较快，傣族男孩只是依照传统习俗出家一段时间就还俗，他们要么读书上高中、上大学，要么致力于发展经济，大都不愿出家为僧；加之受到傣文、巴利文的限制，佛学门槛高，精通佛学的人不多，从而导致南传上座部佛教僧源缺乏，教职人员素质低。

当然，缺乏高素质的宗教人才除了历史因素之外，还有其他多方面的现实因素。一是现代世俗化浪潮冲击着年轻一代的价值观和人生观。大部分年轻父母希望孩子读书上大学另谋出路，不愿孩子长期出家为僧。一部分年轻人不能坚守出家人的清苦，随意性还俗在南传上座部佛教流传地区十分普遍。例如，1991 年由中国佛教协会选送到泰国留学的 10 名僧人回到西双版纳后，到 2007 年已还俗 7 人，只有 3 人在寺院工作；德宏州陇川县 2003 年选派了 3 个和尚去缅甸学习，学了 3 年，回来就还俗了。二是云南省南传佛教传统的僧侣晋升制度一度中断，原有的高僧有的去世，有的还俗，现有的僧人僧龄又达不到晋升的要求，造成僧侣晋升断层，进而导致高素质僧侣出现断层危机。[①]

总之，在人数本不多的僧人队伍中，素质较高的僧人就更少了。部分

---

① 资料来源于笔者 2006—2007 年关于临沧、思茅、西双版纳州和德宏州傣族地区南传上座部佛教田野调查资料。

僧人的僧阶不低，但佛学水平及寺院管理能力比较差，综合素质方面存在着文化程度低、人员老化、自身佛学修养不高等问题。这种状况显然无法适应现代佛寺教育的需要，并严重影响到南传上座部佛教在云南傣族地区的传承发展。

2. 有寺无僧，境外僧人入境主持问题日益严峻

近年来，由于宗教教育出现断层，导致了云南上座部佛教地区的宗教职业者人数严重不足且素质偏低，远远不能满足信众宗教生活的需要。调查统计数据表明，2002—2007 年，云南南传佛教的佛寺数量略有增加，从 1648 所增加到 1684 所，增加了 36 所；但僧侣人数则从 1597 人减少为 1450 人，减少了 147 人。① 由此可见，现有僧侣人数不能满足佛寺的需求，平均一寺一僧都无以保证，南传佛教有寺无僧问题日益凸显。与此形成强烈反差的是，和云南接壤的缅甸、老挝由于南传上座部佛教传承体系从未中断而人才济济，且僧侣素质较高，信教群众往往愿意到境外聘请僧侣，由此出现了境外僧人入境主持佛事的现象。

据调查，德宏傣族景颇族自治州共有正式登记的南传佛教寺院 592 所，但只有 18% 的寺院有僧侣，82% 的寺院均无僧侣担任住持，平时一般由"贺路"② 管理，实际上处于关闭状态，只有重大佛教节日之时才开门让群众入寺礼佛。其中，瑞丽市共有 114 所佛寺，只有 17 所有佛爷住持，有 97 所空寺，占总数的 85%；陇川县 2006 年依法登记的佛寺有 120 所，只有 20 所有住寺僧人，空寺高达 100 所，占总数的 83%；盈江县共有佛寺 124 所，27 所有住持，空寺达 97 所，占总数的 78%；畹町有佛寺 9 所，只有 1 所有住持，空寺 8 所，占总数的 89%。其他南传佛教流传区域除西双版纳傣族自治州稍好一些之外，有寺无僧的情况也比较突出。例如，临沧市耿马县共有南传佛教寺院 119 座，只有 83 座有住持，空寺有 36 座，占总数的 30%；临沧市双江县 31 座佛寺中，有 13 座是空寺，占总数的 42%；普洱市依法登记的南传佛教寺院有 168 座，现有 42 座空寺，占总数的 25%，其中景谷县 78 座南传佛教寺院中就有 18 座是空寺，

① 数据来源于笔者近年田野调查的统计。
② "贺路"指的是还俗后的比丘，他们是本民族中的知识分子，由于熟悉佛教典籍和佛教仪轨，一般被信众选为宗教管理人员。西双版纳地区称为"波占"，临沧地区称为"布般"，德宏地区称为"贺路"。

占景谷县总数的 23%。①

由于境内僧才的匮乏，出于宗教生活的需要，信众往往到缅甸、老挝聘请德学兼备的僧侣到境内主持佛寺活动或住持寺院。据统计，2000 年西双版纳州全州有缅籍僧侣 98 人住持寺院，2001 年经过清理后还有 59 人，现在仍有 23 人。德宏州的情况更加突出，全州有僧尼住持的寺院总共 90 所，而缅甸籍僧尼住持的寺院就有 40 所（其中外籍比丘住持的有 29 所、外籍沙弥尼住持或管理的有 11 所），占总数的 44%。2006 年陇川县 23 名住寺僧人中，21 名是缅甸人，另外 2 名也是从缅甸学成归来的；瑞丽市总共有 11 所由沙弥尼管理的寺院，其中有 10 所是由缅甸人担任住持。同时，德宏州全州 264 名僧人中，缅甸籍的僧人就有 88 人（其中比丘 43 人、沙弥 18 人、沙弥尼 27 人），占僧人总数的 33%。瑞丽市 34 名比丘中，中国籍的只有 11 人，而缅甸籍的就有 23 人；16 名沙弥尼中有 15 人为缅甸人。畹町 2 名比丘全部是缅甸人。潞西市的 12 名沙弥尼也全部是缅甸人。此外，目前德宏州不仅有境外僧侣到境内主持寺院宗教事务，而且从缅甸到境内主持寺院管理的"贺路"也不少。例如，瑞丽市 114 名"贺路"中，70 人为缅甸籍人员，其中少数为短期聘用，多数为长期聘任，而且有的已在我国境内落户，分有田地，并在当地结婚。②

有寺无僧、境外僧人入境住持现象给中国南传佛教佛寺教育的发展提出了严峻的课题，重视并探索中国南传佛教教育模式，培养高素质僧才已成为当代中国南传佛教发展中无从回避的问题。

3. 单一的寺院经济无力保证佛寺的教育经费

历史上，中国南传佛教在政治上依附于傣族土司制度，没有形成独立、雄厚的寺院经济，各佛寺的经济规模也较小，一座佛寺没有多少财产，一座佛寺建筑一般只有一座佛殿、僧房、厨房、山门，有的有佛塔、布萨堂。德宏州一般只有一座佛殿及山门。在西双版纳等土司制度较为严密的地区，傣族土司对南传佛教予以经济上的支持，如规定农民每年应向佛寺缴纳一定数量的谷物；并往往将农民赐予寺院，为寺院服各种劳役；还将农民占

---

① 参见郭滇明、董允《云南南传佛教寺院管理问题研究——有寺无僧和缅僧入境主持法事活动现象分析》，熊胜祥、杨学政主编《2004—2005 云南宗教情势报告》，云南大学出版社 2005 年版。

② 同上。

有的少量土地赠给佛寺，由佛寺租给农民耕种，收取一定地租等。但是，佛寺的田产、租物、劳役等收入所占的比例都较小，远不能满足寺院的消费和僧侣的生活费用。

随着"和平协商土地改革"的结束，南传佛教这种伴随土司制度获得的寺产特权也消除了。佛寺的建筑设备费用、宗教活动费用、僧侣生活费用等，主要靠世俗群众的供给。不论是在西双版纳州还是在德宏州，都有各村寨群众负担各村寨佛寺的消费及僧侣生活费用的传统习俗，这实际上已经成为一种传统的宗教义务或说是宗教习惯法。按照这种传统的供养方式，信众要以户为单位轮流给本村寨佛寺的僧侣送饭并提供僧侣的日常生活费，在重大宗教节日中给佛寺和僧侣赕佛。① 但是，这些收入十分有限，只能保证僧侣和寺院管理人员的基本生活需要，不足以解决寺院的自养问题和教育经费问题。

可见，佛寺学僧教育的经费亦主要依赖于民间信众的供给，且来源不稳定，佛寺的教育经费问题得不到有效保障，无力提拨经费改善师资及教学设备，从而造成傣族佛寺教育规模较小，教育形式单一、缺乏灵活性，培养的僧才不能自足，云南傣族地区南传佛教的传承发展也随之受到影响。

4. 现代学校教育对佛寺教育的冲击和影响

19 世纪末，傣族地区出现了汉式私塾教育，清政府也试图在当地建立由政府倡导的国民教育学校，云南省各地区的傣族土司都曾在驻地开办过汉式学校教育，例如 1880 年（清光绪六年），傣族干崖第二十三任宣抚使刀盈廷开办了傣族历史上第一个现代意义上的学校（西院学馆），但是这时期傣族的教育仍然以佛寺教育为主。20 世纪初，民国地方政府在基层政权中设立了教育行政机构，在其倡导、组织下，建立了小学、中学和简易师范学校，傣族地区的学校教育有所发展，但是学校的教育规模较小，对整个傣族地区的传统佛寺教育体制并未产生太大的影响力。20 世纪 50 年代以来，随着中华人民共和国的成立，党和政府在当地兴办学校，大力发展少数民族教育事业，出现佛寺教育体系和学校教育体系并存发展的新气象。与此同时，佛寺教育和学校教育之间存在一个动态调适的过

---

① "赕"为傣语，从印度梵语转借而来，其意为奉献、布施、供奉。南传佛教教义宣扬通过"赕"的行为，积累个人的功德以修善业，最终达到"涅槃"的理想境界。

程，传统佛寺教育在现代学校教育的影响下发生了一些相应的变化。

　　调查中发现，虽然傣族信众的宗教信仰依旧虔诚，但是大部分的佛寺只是信众受戒、听佛爷讲经以及宗教活动的场所，除信仰需要外，很少有人愿意将孩子的终生教育托付于佛寺。父母普遍认为，只有正规学校才能让孩子接受综合、系统、科学的教育，保证孩子的前途。因此越来越多的家长更愿意把孩子送进学校读书而不是送进寺院当小和尚。下面以笔者的田野调查个案来进一步分析学校教育对佛寺教育的影响（见表6—2）。

表6—2　　　　　西双版纳勐腊县曼洪傣寨佛寺教育变迁情况一览

时间	佛寺变迁	佛寺教育变迁情况
1862—1940 年	建有小寺	无佛爷，无和尚，村民在佛寺举行"赕"佛活动
20 世纪 40 年代	迁寨建寺	男孩出家为僧，在佛寺中接受佛教义理及傣族传统文化知识学习
20 世纪 50 年代	佛寺尚存	佛寺教育持续，学校教育起步，村民保持送孩子入寺为僧的传统
"文革"时期	毁寺建校	一切宗教活动被迫禁止，佛寺教育活动中断，学校教育流于形式
20 世纪 80 年代	原址重建	佛寺教育恢复，学校教育和佛寺教育体系并存
20 世纪 90 年代	保留原貌	汉式学校教育和佛寺教育体系并存，重视学校教育
2003—2005 年	投资扩建	佛寺教育持续，僧人减少，影响力衰微；学校教育渐显强势劲头

　　从表6—2可以看出，20世纪40年代到2005年，西双版纳曼洪傣寨佛寺教育的规模及其辐射力度明显不如以前，现代学校教育对人们的吸引力日益增强。目前曼洪傣寨的小学、初中入学率越来越高，达到90%以上，对村寨佛寺学僧生源造成了一定冲击。[1]

　　事实上，随着现代学校教育的普及，国民教育体系中的各级各类学校已成为傣族学习文化科学知识、接受正规教育的主要场所，佛寺教育不再是傣族学习文化知识的唯一途径。可以说，学校教育的普及，在一定程度上影响了傣族传统佛寺教育体系的传承和发展。虽然不能否认佛寺教育在傣族地区中依旧发挥着整合作用，却不得不承认这种作用在与地方学校教育的调适中已呈衰减之势。

　　（二）当代中国南传佛教寺院教育的发展

　　当代中国南传佛教正力图克服自身不合时宜的因素，重新挖掘或强调

---

　　[1]　资料来源于笔者2004—2005年对西双版纳勐腊县曼洪傣寨宗教文化变迁的田野调查。

佛教自身的宝贵特质，加强佛教体系自身的建设，逐渐进行自我调整，不断探索中国南传佛教寺院教育的发展路径和发展模式。

1. 云南佛学院系统的教育模式

中国上座部佛教教育体系虽初具雏形，但各地区发展不平衡，各级佛教教育衔接不够，各州之间教育资源缺乏整合，教育水平参差不齐。同时，僧众在佛寺中忙于各种法事，缺乏佛教高级佛学研究人才，缺少精通巴利文、精研三藏的学者。因此，加强僧才培养是佛教界共同关心的主题。

云南佛学院自 1997 年筹建，2004 年 12 月云南佛学院开始招生，采取与云南民族大学合作办学的模式，在此基础上构建了成人教育的汉语言文学专业学习与佛教经典学习相结合的创新性僧才培养模式，制订了完整的培养计划，学制三年，给毕业学僧颁发双文凭，即成人教育大专毕业文凭和佛学院毕业证。此外，中国南传佛教还充分利用省外和国外佛教教育资源，选派学僧到国内外留学。到 2010 年，云南佛学院已招收了三批学僧：第一批为 2004 级汉语系预科班，共 22 名学僧，于 2005 年 2 月毕业；第二批为 2005 级汉语言文学专业成人大专班，共 55 名学僧，其中南传佛教学僧 38 人，2008 年 1 月毕业，有 22 名优秀南传佛教毕业学僧经学院推荐，通过了泰国朱拉隆功大学的入学考试，成为云南佛学院的第一批赴泰国留学僧；第三批为 2008 级汉语言文学专业成人大专班，共 70 人，其中南传佛教学僧 43 名，于 2010 年 2 月毕业，选送了 5 名毕业学僧到斯里兰卡国际佛学院学习，1 名自费到斯里兰卡凯拉尼亚大学学习，3 名到泰国怕绕（PAYAO）府校区学习。天道酬勤，经过多年辛勤培育，一批爱国爱教、德才兼备的青年僧才在弘法之路上不断前行。

云南佛学院是我国目前唯一一所融汇三大语系佛教僧才培养于一体的专业佛教院校，同时也是继承和弘扬各民族优秀文化传统的基地，它也将逐步成为云南佛教与东南亚、南亚佛教学术交流的一个窗口。近十年的办学实践证明，云南佛学院的办学模式是一种成功的探索。

中国南传佛教界在人才培养方面不断探索和实践，长线和短线相结合，在各地培养初、中级佛教人才。2004 年 7 月，瑞丽"菩提学校"创立；到 2012 年已招收学僧 200 多名，毕业 100 多名，选送优秀学僧到缅甸、斯里兰卡留学 15 人，到西双版纳佛学院、云南佛学院深造 20 人，已经为南传佛教培养了一批初级僧才。2011 年 3 月，勐海"贝叶书院"创立，旨在传承傣族传统文化、弘扬佛陀正法，第一批学僧已于 2013 年 7月毕业。2013 年 3 月，临沧市"沧源县佛教协会培训中心"成立，这是南传佛教梯级人才培养的一种有益实践。上述"菩提学校"、"贝叶书院"和"培训中心"的创建，开创了富有区域性和民族性特色的教育模式，在南传佛教的传承和发展方面发挥了基石作用。

2. 佛寺教育与学校教育的良性互补

在傣族的历史上，南传佛教佛寺教育培养了很多傣族的文化知识分子和佛教高僧，使得佛教文化和傣族传统文化得以很好的传承，积累了殊胜的教育理念和教学方法，形成了较为完整的教育体系，留下了很多可资借鉴的经验。佛寺教育与学校教育之间的矛盾在于：佛寺里培养的更多是只受到佛教文化和民族文化浸润的青少年，他们是传承本民族传统文化的核心力量，但是对科学文化知识和现代科技知识掌握有限，不利于本民族的现代化发展；而学校教育培养的学生虽然有组织有计划地学习了更多的现代科技文化知识，但对本民族传统文化的认知停留在一鳞半爪的状态，民族文化个性逐步淡化，造成本土文化价值观的缺失，不利于民族传统文化的传承发展。目前应该思考的是，如何有效整合傣族地区的传统佛寺教育资源和现代学校教育资源，进一步实现二者的良性互补。在傣族地区，既要使少年儿童受到国家宪法规定的义务教育，又要尊重傣族的宗教感情及其佛寺教育的传统。在教育实践中，需要探索一条两种教育方式有机契合的路子。

20 世纪 80 年代初，随着宗教信仰自由政策的恢复，傣族信众宗教热情高涨，自筹资金修寺建塔并纷纷把学龄儿童送到佛寺当和尚，一部分在校学生也流入佛寺接受佛寺教育，直接影响到傣族学龄儿童的入学率和在校生巩固率，佛寺教育和学校教育出现了矛盾。在各级有关部门和佛协的协调下，傣族地区开始探索佛寺教育和学校教育有机结合的教育模式，二者的矛盾得以妥善解决。

在云南西双版纳，寺院教育和小学教育结合进行已有十多年的历史，小学教师可以到寺院给学僧及小沙弥上文化课，与长老、住持配合融洽；学僧及小沙弥到小学校接受义务教育，通常周一至周五在学校学习文化课，周末回佛寺学佛学知识及佛教活动礼仪。近年来，西双版纳州教育自治条例实施，其中学龄儿童必须接受完小学教育后方可入寺为僧的规定，已为大多数信教群众及宗教界人士所接受。经过多年的实践与交流，佛教界加深了对国民教育的认识,增强了对国民教育的理解和支持。西双版纳傣族州佛教协会于 1999 年 7 月制定了《西双版纳傣族自治州关于南传上座部佛教僧伽管理的有关规定》,有力地促进了南传上座部佛教僧侣管理的规范化、制度化建设,同时也确保了西双版纳州南传上座部佛教教育有序、健康与稳定的发展。据统计,2000—2001 年年初,全州共有 4771 名和尚,其中适龄和尚 1889 名,已经入学就读的有 1566 名,入学率高达82.9%。这种带有浓郁区域特色的教育模式正处于良性运行和调适之中,较好地协调了学校教育与寺院教育的矛盾,实现了傣族佛寺教育的现代化转型,为南传佛教培养了更多高素质的现代化人才。

3. 中国巴利语系高级佛学院的创建

为了完善中国南传佛教的教育体系,自主培养我国南传佛教的高级僧才,提高中国南传佛教研究水平,改善中国南传佛教研究的滞后现状,中国南传佛教界积极吸收和借鉴中国佛学院和东南亚国际佛教大学在僧才培养方面的宝贵经验和优秀资源,积极筹办中国巴利语系高级佛学院,继续探索和实践中国南传佛教人才培养的特色之路,推动中国南传佛教事业的健康发展。中国巴利语系佛学院的创建将搭建中国南传佛教同东南亚、南亚南传佛教的文化交流平台,为提升我国的文化软实力、加强与东南亚各国的友好往来做出新贡献。

二　中国南传佛教团体建设的完善

中国南传佛教在历史上和当代中国占有特殊而重要的地位。原中国佛教协会会长赵朴初 1990 年 12 月 24 日在西双版纳召开的第一次南传佛教工作会议和座谈会的讲话中就指出,南传佛教"在佛教发展史上和当今国际佛教中占有重要地位"。这种重要地位首先表现在中国南传佛教作为佛教三大部派之一,与汉传佛教和藏传佛教共同组成了完整的中国佛教体系,是中国佛教的重要组成部分;其次,中国南传佛教是东南亚南传佛教文化圈的重要组成部分,也可以说是世界佛教文化圈的组成部分。正因为中国南传佛教的独特性和重要性,当代中国南传佛教界也比较重视自身的建设与发展完善。中国南传佛教界不断加强和完善南传佛教团体建制,充分发挥联系党和政府与信教群众之间的桥梁作用。

从 20 世纪 50 年代起,云南省各地、州、市、县的宗教界人士和信教群众就从各自的实际出发,报经当地政府批准成立了地方性佛教协会。宗教团体既是本地宗教界人士和信教群众合法权益的代表，又是党和政府联系信教群众的桥梁和纽带。21 世纪以来，中国南传佛教团体不断加强和完善自身的组织建设、制度建设、思想建设和人才建设。

中国南传佛教团体分为全省性和地方性两类，即云南省佛教协会和地县级佛教协会。中国佛教协会云南省分会自 1963 年 7 月成立之后，如期换届，正常运转，全面指导云南佛教工作。2004 年 12 月 9 日，中国佛教协会云南省分会第六届理事会召开，名誉会长为罗桑益史（摩梭），会长为刀述仁（傣），副会长为释常应（女）、释淳法、释崇化、释心明、布主（藏）、向·措称江初（藏）、仲巴·呼图克图（藏）、祜巴龙庄勐（傣）、召库玛国宛（傣）、召巴地亚（傣），秘书长为雷劲，副秘书长为都罕听、康南山、释果清。

西双版纳州现有州佛协 1 个，县佛协 2 个。州佛协于 1963 年成立，到 2012 年已经换了六届，现任会长为祜巴龙庄勐，副会长为都罕听、玛哈香，秘书长为康朗叫。州佛教协会规章制度健全，主要负责管理宗教活动、培养僧侣、管理信众、开展对外宗教文化交流、指导县佛协工作，等等。德宏州现有 1 个州佛协，5 个县佛协。州佛协自 1957 年成立，1982 年恢复工作，截至 2012 年已换六届，现任会长是召温地达，副会长是诏等傣、召系利。2005 年 12 月 28 日，临沧市佛协成立，现任会长为提卡达希，副会长为俸付祥、释果佑、班底达。

截至 2007 年，关于南传佛教团体建制，除了云南省佛教协会，在南传佛教流传的 7 个地州（市）中，西双版纳傣族自治州和德宏傣族景颇族自治州建有州佛协，有 21 个市（县）成立了南传佛教团体，即景洪市佛教协会、瑞丽市佛教协会、保山市佛教协会、临沧市佛教协会、勐海县佛教协会、勐腊县佛教协会、孟连县佛教协会、景谷县佛教协会、澜沧县佛教协会、芒市佛教协会、盈江县佛教协会、梁河县佛教协会、陇川县佛教协会、腾冲县佛教协会、昌宁县佛教协会、施甸县佛教协会、耿马县佛教协会、双江县佛教协会、沧源县佛教协会、镇康县佛教协会、永德县佛教协会。

南传佛教团体建制的完善保证并推动了南传佛教工作的健康发展，以云南省佛教协会为龙头，以地县（市）级佛教协会为辅翼的南传佛教团体开展的工作主要有：指导南传佛教教务，推动并促成《南传佛教教职人员资格认定办法》（2010）和《南传佛教寺院住持任职办法》（2011）

的通过和实施，维护佛教界的和谐稳定；引导南传佛教教职人员和信教群众正信正行、爱国爱教，在促进经济社会发展中发挥积极作用；恢复和发展云南南传佛教教育，积极培养佛教人才；积极展开云南南传佛教界与国内外佛教界的友好往来；创办云南省佛教协会会刊《彩云法雨》（2003），宣传中国宗教信仰自由政策、弘扬佛教教义、促进佛教学术研究、报道佛教界动态、增进三大语系佛教的交流；倡导南传佛教界开展公益慈善事业，积极服务社会等，充分发挥了爱国宗教团体的桥梁和纽带作用。

三　中国南传佛教团体工作的推进

为了进一步加强佛教自身建设，做好我国南传上座部佛教工作，推动中国佛教事业进一步全面发展，贯彻落实科学发展观，为构建社会主义和谐社会做贡献，中国佛教协会第七届理事会上座部佛教工作委员会暨第三次南传佛教工作会议，于 2005 年 12 月 13—14 日在云南省思茅市景谷县举行。

会议的宗旨是高举爱国爱教、团结进步的旗帜，以加强上座部佛教自身建设为中心，贯彻科学发展观，围绕上座部佛教工作的重要性和特殊性，提高认识，健全制度，培养人才，稳定政策，维护权益，为开创上座部佛教工作的新局面而努力。

会议由中国佛教协会副会长、上座部佛教工作委员会主任刀述仁主持，上座部佛教工作委员会七位委员参加了会议。中国佛教协会副会长圣辉法师出席会议并在会上作重要讲话。中国佛教协会副会长、上座部佛教工作委员会副主任祜巴龙庄勐作了开幕讲话，刀述仁主任作了工作报告和会议总结。中共中央统战部二局褚有奇处长、国家宗教事务局一司杨伯明副司长莅会指导并讲话。云南省委统战部杨佑均助理巡视员、省宗教事务局郭滇明副局长、思茅市谢伟副书记、景谷县刘新成县长等莅会致辞。参加会议的还有中国佛教协会陈文尧副秘书长及有关部门负责人，上海市佛教界代表、云南省佛教协会三大语系的副会长和代表，西双版纳州、德宏州、临沧市、思茅市、保山市佛教协会负责人、部分重点寺院代表和各州、市重点县政府宗教事务部门的领导，思茅市委、景谷县四套领导班子等共 99 人参加了会议。在热烈祥和的气氛中，各位委员和代表对各级领导的讲话进行了认真学习，并对上座部佛教的自身建设和未来发展踊跃发言，献计献策。会议还对《中国南传上座部佛教教职人员认定办法》进行了热烈讨论，提出了很好的意见和建议。

（一）在佛陀寂灭一百年后形成的上座部佛教，至今已经有两千多年的历史

上座部佛教在教义和戒律上保持了早期佛教的特色，在南亚国家和我国云南部分地区受到普遍尊重和广泛信仰。我国上座部佛教分布于云南省六个地州的七个民族中，信众有一百三十余万人。其中有四个民族在与缅甸、泰国、老挝接壤的长达四千多公里的边境线上跨境而居，宗教的"长期性、群众性、民族性、国际性、复杂性"尤为突出。上座部佛教创立了光辉灿烂的文化，成为南亚各国人民互相交流的重要载体，也是联结我国与南亚各国世代友好的另一条佛教"黄金纽带"。云南上座部佛教作为整个佛教的重要组成部分，不但继承了释迦牟尼佛普度众生离苦得乐的伟大誓愿，在新的历史时期，更肩负着稳定边疆、民族团结、促进与东南亚佛教国家友好交往等重大历史使命。所以，认真贯彻落实党的宗教政策，做好上座部佛教工作，不仅事关上座部佛教的弘扬，而且是关系到政治稳定、经济发展、社会和谐、民族团结、边防巩固的大事，对于全面建设小康社会，发展与周边国家以邻为友、与邻为伴的睦邻友好政策，都具有极其重大的意义。

（二）云南上座部佛教与中国佛教协会因缘殊胜

早在中国佛教协会成立大会上，上座部的祜巴勐长老就当选为副会长。以后历届佛教代表大会都有上座部长老担任副会长、常务理事等职务。上座部佛教成为祖国佛教大家庭中的重要成员。1990 年，赵朴初会长来云南召开上座部佛教工作座谈会，极大地促进了各项工作的开展。从第六届、第七届理事会设置上座部佛教工作委员会以来，至今已经是第三次工作会议，取得了很好的成果。虽然汉传佛教、藏传佛教与上座部佛教属于三个不同的语系，但是，在祖国统一、民族团结、政通人和的形势下，佛教三大语系团结一致，同心同德，是亲密无间的一家人。会议回顾了十多年来上座部佛教走过的历程，与会者深深怀念为南传佛教事业奉献智慧、奉献心力的伍并亚·温撒长老、俸联宽长老等先辈们，也更加怀念为中国佛教事业奉献毕生精力的、南传上座部佛教工作会议的创办人、原中国佛教协会会长赵朴初居士。

（三）中共十一届三中全会恢复落实宗教政策以来，上座部佛教的各项工作取得了重大成就，这是有目共睹的

但是，在前进中还存在着不容忽视的问题：从内部来讲，自身建设尚

不完备，从外部来讲，跟不上祖国快速发展的步伐，不能很好地与社会主义社会相适应。因此必须认真对待。会议指出，上座部佛教在历史上形成了以村寨经济为基础的、与以自然经济为特征的农业社会相依存的、与边疆地区农奴制度相适应的自上而下的佛寺建制制度，即州（市）、县设有总佛寺，区或大乡级设有中心佛寺，四个以上村寨佛寺组成的布萨堂佛寺，村寨佛寺四个等级。这样的制度使佛寺层层相摄，联系紧密，具有很强的凝聚力和纽带作用，促进了佛寺作为佛教活动场所、民族文化教育传承和村寨文化娱乐场所等多种功能，在特定的历史时期发挥了积极的作用。中华人民共和国成立后，特别是改革开放以来，由于社会进步，旧的制度被打破，上座部佛教地区以村寨自然经济为基础的社会关系逐渐消失。随着社会政治、经济、文化、交通、贸易等全方位的巨大变化和发展，人们的社会交往活动较历史上任何时期都更加快速和广泛，已经冲破了农业社会自然经济的模式。特别是人们观念的改变，使旧有的佛寺承建制度已不能适应社会发展的需求，加上长期以来极"左"路线特别是"文革"的冲击，改革开放以来的商品经济等因素的影响，致使佛寺管理制度面临继承与创新的问题。

为了摆脱当前的困境，必须在继承传统的基础上，适应当代，面向未来，实事求是，因地制宜，加强佛寺的制度建设与创新。要恢复和完善以布萨堂（中心佛寺）寺院建设为基础的各项制度建设，各级佛协组织和政府宗教事务部门要在日常工作中加以引导，如重大佛事活动、举行民族节庆，以及规章制度的制定等，将信教群众的各项佛事活动逐渐引导到中心佛寺来，僧侣也要逐步集中到中心佛寺，把有学识、有能力、有威望的僧侣放到中心佛寺的领导岗位上，把中心佛寺建设成传统的多功能佛寺，以中心佛寺带动村寨佛寺。以中心佛寺为基础的寺院制度建立后，按照传统制度建立正规僧团，在继承传统的基础上结合当前实际，提高僧人的宗教学识和服务水平，提高寺院声誉，恢复僧侣在信教群众中的崇高地位，为促进社会安定、民族团结、边疆稳定、国防巩固服务。

（四）会议提出了上座部佛教今后的工作思路

云南上座部佛教广大信众长期跨境而居，具有爱国主义的光荣传统。爱国爱教是上座部佛教界的主旋律。历史上，云南上座部佛教地区曾遭受到日本帝国主义等列强的侵略，许多长老积极参加抗击外敌的斗争，具有深厚的爱国主义情怀。在新世纪新阶段，各级佛教协会和各级寺院要对广大信众继续进行爱国主义思想教育，不断提高佛教界爱国爱教的思想觉悟，做到维护人民利益、维护法律尊严、维护民族团结、维护国家统一。

上座部佛教的规章制度建设，是佛教自身建设的重要保障。要在政府宗教信仰自由政策的光辉指引下，在佛教原有规章制度的基础上，针对新的历史条件，加以完善、充实和提高，制定适应上座部佛教发展的各项制度。现阶段西双版纳、临沧、德宏等地有一些比较好的制度在试行，应该在试行的基础上，不断完善、规范起来，成熟以后加以推广。会议认为，上座部佛教僧侣的资格认定是关系到上座部佛教发展的重要工作，应该在继承传统的基础上，制定与现阶段社会相适应的认定制度，云南省佛教协会已经提出一个初步方案，要经过充分酝酿，广泛征求意见后，报政府宗教事务部门备案后发布实施。

加快培养僧才是上座部佛教工作的核心问题。要采取多种方法，开拓多种渠道加快人才培养步伐。由于历史的发展，原来寺院教育中师父传授徒弟的情况已经有很大改变，依靠此种方式已经不能适应当前加快培养人才的需求。僧人青年出家后，经过师父和寺院一段时间的培养，再送到各级佛学院进行学习，是加快佛教人才培养最主要的途径和趋势。各地区在县一级开办佛学教育班进行初级的僧才培养，输送到地州一级的佛教院校进行进一步培养，再送到省一级的高级佛学院进行培养，有条件的再送往国外留学深造。在佛学院的建设问题上，因云南边疆少数民族地区，属于经济文化欠发达地区，有些人的生活至今仍处在贫困线以下，因此，会议呼吁，希望各级政府在各方面都给予更大的关怀和照顾。中国佛教协会争取从本会佛教文化教育基金利息中拨出部分资金资助上座部佛教办学，对于云南佛学院版纳分院教材印刷问题，中国佛教协会将帮助解决十万元资金，并请省、州政府补助一部分，争取 2006 年给予解决。会议号召，内地的广大信教群众要从关心和支持民族地区的发展、光大佛教的角度出发，筹集资金，大力支持上座部佛教的人才培养，将上座部的佛教教育作为政府和群众共同的工作目标。

（五）用科学发展观统领上座部佛教工作，是做好各项工作的关键

党的宗教信仰自由政策，是代表国家和民族整体利益的根本政策。以科学发展观为指导，全面正确地贯彻党的宗教信仰自由政策，这是信仰上座部佛教地区的人民群众最关心、最直接、最现实的利益问题。因此，根

据上座部佛教的特殊性,把落实党的宗教信仰自由政策的工作做好、做细、做实,在执行政策中坚持原则性与灵活性的统一,避免一刀切,避免将内地的经验与做法套用在上座部佛教工作中,是各级佛教协会的重要任务。在协助政府贯彻宗教政策中,要坚持以人为本、实事求是、一切从实际出发,在党的宗教信仰自由政策的指引下,把上座部佛教信众的力量凝聚到全面建设小康社会的共同目标上来,为建设社会主义和谐社会而共同奋斗。

会议强调指出,近年来,有关部门为了树立"形象"、创造"政绩",以开发旅游、发展经济为由,出现借佛敛财的不良现象,引起上座部佛教地区广大信众的不满。应当以科学发展观为指导,正确处理上座部佛教工作与民族经济发展的关系。会议强调指出,必须坚决制止由外来人员在上座部地区承包寺院、聘请假冒僧尼骗取信众钱财的现象;制止以任何方式将寺院"股份制"、"外商投资"、"租赁承包"等现象;制止以旅游为目的乱建庙宇,禁止滥搞募捐、化缘活动;佛教人士不得参加以旅游、商业为目的的开光、剪彩、题词、挂匾等活动,以保持上座部佛教优良纯正的道风和学风。①

这次会议对南传佛教事业的发展和整个中国佛教事业的发展具有重要的促进作用。云南上座部佛教具有优良的传统和深厚的底蕴,又适逢政通人和的盛世机缘,这次会议更加激发了大家的工作热情。上座部佛教界将继续高举爱国爱教、团结进步的旗帜,踏踏实实地把上座部佛教工作做好,为中国佛教事业在 21 世纪的健康发展、为构建社会主义和谐社会做出新贡献。

四　中国南传佛教慈善事业的实践

中国南传佛教信仰区域存在的一些社会问题迫切需要南传佛教的参与和帮助来解决。当代中国南传佛教也积极参与到弘法利生的慈善事业中,视其为自己的"凡尘使命",在组织机构的管理、慈善内容和弘法方式等方面逐渐形成了自己的特色,走出了独特的中国南传佛教慈善事业道路,为区域性经济发展、民族团结、社会稳定发挥出宗教的重要作用。这一活

---

① 《中国佛教协会第七届理事会上座部佛教工作委员会暨第三次南传佛教工作会议纪要》,《法音》2006 年第 1 期。

动既是对南传佛教体系建设的发展，也是对人间佛教体系建设的发展，具有重要的历史意义。①

（一）中国南传佛教慈善事业起步的社会时代背景

面对社会的需要、时代的需要，南传佛教开始主动参与慈善关怀实践活动，以积极入世的慈悲精神弘法利生。可以说，当代中国南传佛教弘法利生的慈善事业是顺应历史发展潮流，在当代社会发展过程中应时代的需要而出现的。

在现当代佛教复兴运动中，慈善救济揭示了佛陀重视人间的根本精神，因而也成为当代人间佛教的重要弘法途径之一。历代高僧在慈善事业方面所做贡献殊多，推动了社会救济事业的发展。值得注意的是，在很多人的眼里，人间佛教及其慈悲救济事业似乎只存在于大乘佛教之中，而小乘佛教（小乘佛教是相对于大乘佛教而言，从佛教传播的路线而言，本文所涉及的小乘佛教也可以称为南传佛教，因此，笔者在文中用"南传佛教"一词）只注重个人的宗教实践，追求的是个人的解脱，与大乘佛教自利利他、普度众生、追求成佛果位的思想相比，小乘佛教只强调自利，追求的只是阿罗汉果位，因此，没有发展起普度众生、帮助、救济众生的慈善事业。事实上，这是对当代中国南传佛教认识的一个误区。

2008 年 12 月新浪网公布了《南风窗》在 2008 年 12 月"为了公共利益"2008 年年度组织的评选结果，云南省西双版纳傣族自治州佛教协会具体负责的"佛光之家"榜上有名，与 2008 年"5·12"地震中表现突出的空降兵特遣队、四川"5·12"中心等五个组织机构一起成为 2008 年度"为了公共利益"做出杰出贡献的年度组织。这次活动对属于南传佛教系统的"佛光之家"作了这样的评价："'佛光之家'的有效工作证明，有序介入社会事务并不会给宗教的形象带来不良影响，相反却对政府工作大有帮助，对营造和谐社会大有裨益。宗教已经成为维系社会稳定的重要因素之一。"可见，云南省西双版纳傣族自治州"佛光之家"作为一个社会公益组织，其所做的社会慈善事业已经走入人们的视野，并得到了社会的承认和好评。

中国南传佛教信仰区域内存在的一些社会问题迫切需要南传佛教的参

---

① "中国南传佛教慈善事业的发展"部分详参郑筱筠《中国南传佛教的"凡尘使命"——中国南传佛教的慈善事业》，《中国宗教》2009 年第 6 期。

与和帮助来解决。中国南传佛教信仰区域主要分布在云南的南部、西部和西南部，邻近泰国、老挝、缅甸等国家，现在的行政区划属于西双版纳傣族自治州、德宏傣族景颇族自治州、普洱市、临沧市、保山市、红河州这六个地州管辖，信仰南传上座部佛教的民族主要有傣族、布朗族、德昂族、阿昌族、佤族和彝族。其中，傣族、布朗族基本上是全民信仰，大部分德昂族、阿昌族，一部分佤族、彝族信仰上座部佛教。

目前在云南南传佛教信仰区域存在吸毒问题和艾滋病等一些社会问题。云南毒品泛滥区域大多是沿中缅边境地区，其中吸毒人员中年龄结构偏低，以青少年为主。而静脉注射毒品是云南省及中国目前艾滋病传播的主要途径。因此，毒品泛滥最严重的后果之一，便是艾滋病的传播。据统计，云南省 1986—2001 年艾滋病监测防治病例 10449 例（20—49 岁占 88%），占全国同期病例的 34%，艾滋病实际感染人数已超过 6 万人。云南省的西双版纳傣族自治州，地处毒品走私猖獗的"金三角"地区，邻近泰国、老挝、缅甸，是艾滋病的高发地带。因此，西双版纳傣族自治州艾滋病感染流行的情况也非常严重。当地的不少青少年，因为吸毒或到境外打工而感染艾滋病。1992 年当地最早发现的艾滋病感染者就是两名被拐卖到泰国的少女。艾滋病患者大多是青壮年，由于病情恶化面临死亡，心情压抑，同时被社会歧视，患者多有愤怒、忧郁、恐惧、绝望心理，甚至对社会产生报复心理等，这对周围群众和社会造成了很大危害，成为非常严重的社会问题。因此，迫切需要对艾滋病病人、感染者及其家属进行关怀服务。与此同时，虽然政府已意识到了问题的严峻，有不少新的医疗改革项目试图改善针对艾滋病的治疗与预防，但是在一些艾滋病高发地区的少数民族地区，如何让更多的人知道或支持这方面的工作，仍然困难重重。现有的关怀服务方式及力量相对薄弱，国内也尚没有切实可行的模式可供借鉴。因而，借助社会力量参与关怀服务的摸索与实践也就势在必行。

正是在这样的社会背景下，云南佛教界本着慈悲精神，积极入世，帮助那些迫切需要帮助的特殊人群，积极参与艾滋病慈悲关怀事业。在云南省佛教协会会长刀述仁的主持下，云南佛教界采取了一些措施来着手开展艾滋病慈悲关怀事业。

（1）成立云南省佛教协会"社会关怀办公室"，具体负责艾滋病临终关怀项目的管理。办公室下设"艾滋病人关怀项目组"，具体负责项目方案的策划、实施；项目参与人员的培训管理；项目总结及宣传等。

（2）积极创造条件，以禁毒宣传、艾滋病临终关怀为主要内容，建立健全以广大佛教居士为骨干力量、高僧大德参与指导的慈悲关怀服务组，担负生活价值观宣传、身心调理及临终关怀（助念等）等事宜。

（3）以佛教僧侣、信众为主导，在项目实施点及其他不同场所开展多种形式的社会宣教，普及艾滋病知识，减少社会歧视，倡导关怀帮助，同时进行目标社区及目标人群关怀。

（4）以佛教僧侣、信众为主体，通过义捐活动，为目标人群赢得相应的资金及社会支持，同时，通过佛教倡议及身体力行，对目标人群及其子女、孤儿进行关怀帮助，使其获得基本生活、医疗等关怀帮助，同时推动社会团体也积极参与关怀活动，为逐步改善目标人群的贫困状况打下良好的基础。①

以"佛光之家"、"慈爱园"为代表的中国南传佛教慈善实践在特殊人群心灵关怀、社会人格培养、构建和谐人际关系、提升社会伦理道德、实施教育医疗救助、扶贫济困等慈善事业方面探索出了一条有益的路径，同时也为研究发挥各宗教在服务社会、利益人群等方面的积极作用提供了宝贵的经验和范例。

（二）以"佛光之家"为代表的中国南传佛教慈善实践

西双版纳傣族自治州"佛光之家"正是上述背景下应运而生的。2003 年 7 月，一个名为"佛光之家"的项目正式在西双版纳傣族自治州景洪市启动，由联合国儿童基金会提供经费，云南省艾滋病防治办公室协调，傣族自治州州艾滋病防治办公室指导，州民宗局管理，州佛教协会具体组织实施。西双版纳州佛教协会成立了艾滋病关怀与帮助场所——"佛光之家"。此后在德宏地区也成立了"慈爱园"，而临沧地区的慈善活动则在临沧市佛教协会会长提卡达希以及一批有影响的高僧推动下，积极发展起来。

"佛光之家"项目让南传佛教僧人有组织地参与到禁毒防艾滋病的社会工作中，并且将其视为"凡尘使命"。在云南西双版纳傣族自治州，南传佛教渗透人民日常生活的方方面面，拥有非同寻常的影响力。

"佛光之家"的倡导者和建立者祜巴龙庄勐大长老是西双版纳总佛寺

---

①　资料来源：云南省佛教协会。在此谨致感谢。

住持、西双版纳州佛教协会会长，为西双版纳地区地位和威望最高的佛教领袖。祜巴龙庄勐表示，僧人要用佛教的慈悲之心来关怀被艾滋病折磨的人们，营造和谐的社会环境，同时也要用佛教精神来约束人们的行为，预防艾滋病。西双版纳傣族自治州共有大小佛寺 800 余所，信佛教群众 30 余万人，约占全州总人口的 1/3。很多寺院的僧人和信徒都参与到"佛光之家"慈善事业中。

在具体的慈善工作中，"佛光之家"在组织机构管理模式、慈善活动的方式等方面逐渐形成了自己的特色，走出了独特的中国南传佛教慈善事业道路，这主要表现在以下几个方面。

1. 采取多方合作的组织机构管理模式

"佛光之家"是采取多方合作的组织机构管理模式，首先，由于南传上座部佛教一直保持着原始佛教的纯洁性，严格恪守着僧侣不蓄金银的戒律，对此，各个寺院无论其级别高下都在寺规中做出了严格的规定，任何僧侣无论其僧阶高低，都不得蓄金银。为了有效解决资金问题，在"佛光之家"的组织管理过程中，"佛光之家"项目采取由联合国儿童基金会提供经费、云南省艾滋病防治办公室协调、傣族自治州州艾滋病防治办公室指导、州民宗局管理、州佛教协会具体组织实施的共同管理模式，成功地解决了南传佛教对于金银戒律方面的问题。其次，在具体活动过程中，佛教界与政府有关部门分工明确：由各个佛爷出面组织大家，以宗教弃恶从善的观念和教条告诫信教群众，比如不能吸毒、要爱护家庭等，利用僧人的特殊地位和佛教的教义教规，为当地群众特别是青少年，提供有关艾滋病、毒品预防宣传教育的资讯，开展对艾滋病感染者的咨询和关怀，为他们重新融入社会提供帮助；而政府有关工作人员则同时讲解禁毒防艾的各种知识和方法，从不同角度对艾滋病患者及家属，以及周围的群众进行全方位的宣传教育。

2. 加强队伍建设，使之真正服务于社会

"佛光之家"广泛开展慈善文化、慈善工作经验等方面的国际、地区间的交流，大力宣传我国慈善文化、慈善事业的成果以及慈善事业发展目标，学习和借鉴国外发展慈善事业的理念、传播慈善文化的方式、慈善组织自律的措施、组织实施慈善活动和项目的经验。为了更好地服务社会，西双版纳州佛教协会和总佛寺、"佛光之家"采取学习经验和加强僧人相关知识培训的方法。

首先，"佛光之家"专门派僧人到泰国学习经验，了解泰国方面艾滋病预防、关怀的基本做法，学习和借鉴国外发展慈善事业的理念、传播慈善文化的方式、慈善组织自律的措施等。

其次，"佛光之家"、总佛寺的僧人采取了灵活的方式来培训西双版纳傣族自治州各寺的住持、僧人以及云南佛学院西双版纳分院的僧人，有时甚至让他们通过参与扮演感染者或亲属的活动，增加僧人的认识。通过他们在各村寨对群众进行宣传，扩大影响。几年来，"佛光之家"已举办了有 542 名僧侣参加的十期僧人和宗教管理人员培训班，介绍艾滋病的流行现状和防治知识。

3. 在慈善活动的内容安排上，心灵关怀和物质关怀并重，传统和现代手段相结合

（1）结合佛理进行宣传，从心灵关怀的角度来宣扬佛教的慈悲精神。首先，是加强佛教的戒律教育。中国南传上座部佛教非常重视戒律，以戒律来约束信徒的言行。一般来说，南传上座部佛教的戒律主要分为五戒、八戒、十戒和具足戒四级。其中八戒内容是：第一，不杀生；第二，不偷盗；第三，不邪淫；第四，不妄语；第五，不饮酒；第六，不坐高广大床；第七，不观听歌舞音乐；第八，不非时食（过午不食）。西双版纳傣族地区的佛教徒不仅在持戒时期遵守八戒，而且还形成了自己地方特色的十戒：第一，不杀生，不伤害人；第二，不偷盗；第三，不邪淫，不调戏妇女；第四，不欺骗人；第五，不饮酒；第六，过午不食；第七，不准唱歌跳舞；第八，不准戴花打扮；第九，不准坐比老人、佛爷更高的位子；第十，不准做生意，不能贪财。中国南传佛教地区的佛教十戒与汉传佛教的十戒略有差异。这是中国南传佛教本土化的一个表现。戒律的执行，能让村民用戒律及其伦理道德体系的主要精神来规范自己的世俗伦理道德生活，形成良好的道德自律，尊老爱幼，相互之间宽容忍让，可以有效地建立和谐的人际关系，营造良好的社会环境。因此，对慈悲关怀对象、家属以及周围的群众加强戒律教育，有助于慈悲关怀对象及家属与周围的群众和谐相处，帮助慈悲关怀对象重新融入社会。

其次，在宣传过程中，僧人们巧妙地糅进了大量的业报轮回思想，"四无量心"、"四念处"等佛法禅理，以佛法义理救度众生饥渴的心灵，渐渐使群众由当初对政府组织的艾滋病关怀工作因不了解而心存畏惧，转变到敢于主动前来咨询和交流，为以后关怀工作的开展打下了基础。

佛教业报轮回思想认为，作为能够导致果报之因的行为，叫作"业"。"业"（Karma）是梵文的意译，音译"羯磨"，意思是"造作"。业有三业：身业（行动）、口业（言话）、意业（思想），也就是人的一切身心活动。任何思想行为，都会给行为者本人带来一定的后果，这后果叫作"报应"或"果报"。业有一种不导致报应绝不消失的神秘力量，叫作"业力"，"业力不失"是联结因果报应的纽带。有什么样的业，就会得什么性质的报，在六道中轮回，流转不息。所谓善有福报、恶有罪报，是其主要内容。经过详细讲解，让慈悲关怀对象正确认识得病的因果，正确对待自己的生命和生活，有效地消除了慈悲关怀对象对社会的敌视、不满心理。

为了进一步宣传佛教的慈悲精神，"佛光之家"还结合佛教禅修理论对人们进行宗教实践的指导，详细讲解"四念处"和"四无量心"等佛教理论，让人们对佛法有较深的认识。

"四念处"的禅观方法一直是上座部佛教最基本的修行法门。四念处，巴利语是satipatthana，梵语为smṛty-upasthāna，是八正道正念的修行方法，指的是身观念处、受观念处、心观念处、法观念处四种修行内容。在佛经《大念处经》中记载："为众生之清净，为度忧悲，为灭苦恼，为得真理，为证涅槃，唯一趣向道，即四念处。"修习"四念处"可得四果，四种福利："谓须陀洹果，斯陀含果，阿那含果，阿罗汉果。"佛弟子们经过身观念处、受观念处、心观念处、法观念处四个阶段，不断地训练自己，观照自己，检验自己，最后就可以断除烦恼忧苦的束缚，得到解脱自在的阿罗汉果。只要在日常生活中不断修习，就可以让烦恼忧愁止息。而且，无论文化背景、职业、种族、性别，甚至聪明才智的高低，任何人都可以修习这种禅观，消除烦恼，获得喜悦、轻松自在和解脱。

"四无量心"指的是慈、悲、喜、舍四种无量心修行方法。即"慈"以维持有情的利益行相为相，取来有情的利益为味（作用），恼害的调伏为现起（现状），见有情的可爱为足处（近因），嗔恚的止息为（慈的）成就，产生爱着为（慈的）失败；"悲"以拔除有情之苦的行相为相，不堪忍他人之苦为味，不害为现起，见为苦所迫者的无所依怙为足处，害的止息为（悲的）成就，生忧则为（悲的）失败；"喜"以喜悦为相，无嫉为味，不乐的破坏为现起，见有情的成功为足处，不乐的止息是它的成就，发生（世俗的）笑则为它的失败；"舍"对有情而维持其中立的态度为相，以平等而视有情为味，嗔恨与爱着的止息为现起，"诸有情的业为自己的所有，他们随业力而成幸福，或解脱痛苦，或既得的成功而不退失"——如是见业为所有为足处，嗔恚与爱着的止息是它的成就，发生了世俗的无智的舍是它的失败。"修四梵住的目的"就是获得毗钵舍那之乐及有的成就（善趣）为此等四梵住的共同目的；破除嗔恚等为（四梵住的）不共（各别）的目的。即破除嗔恚为慈的目的，其余的（悲喜舍）以破除害、不乐及贪为目的。① 通过修行慈、悲、喜、舍四种无量心，可以消除贪、嗔、痴"三毒"，断绝烦恼，让慈悲关怀对象及周围群众对佛教有全面的认识和体验，形成和睦的社会环境。

（2）运用现代化宣传手段，让群众了解艾滋病防治、治疗和护理的知识。针对群众缺乏艾滋病的预防和治疗护理知识的情况，"佛光之家"编印了 1.5 万余册关于艾滋病防治、治疗和护理的知识画册，以及 1 万余张图文并茂的宣传张贴画，以通俗易懂的方式来宣传艾滋病的预防和治疗护理知识。此外，考虑到西双版纳傣族自治州很多群众的汉语水平不高，看不懂汉语宣传资料，因此，"佛光之家"组织大量人力用傣文来编印宣传手册，用傣文来宣传关于艾滋病防治、治疗和护理的知识。对此，一些群众反映："政府的人多数用汉族话，材料都是汉字。而僧人们都是傣族，他们能够用我们自己的语言说话，能够写我们自己的文字，这样就容易懂了。"这样的宣传方式取得了很好的效果。

（3）积极组织关怀对象参与各种文化活动，激发他们对生活的追求、对生命的热爱。"佛光之家"除了向村民们宣传艾滋病的预防和治疗护理知识外，还多方了解感染者和患者的需求和想法，积极对一些艾滋病病毒感染者进行关怀和帮助，组织艾滋病患者参与民族民间文化的保护和开发活动，一些群众利用自己特有的技艺生产、加工各种工艺品，增加了收入。在创收的同时，通过参与文化保护和开发活动激发起他们对生活、对生命的热爱。

（4）积极举办关怀对象禅修培训班，加强宗教实践，在精神上达到"医疗"的目的。2008 年 5 月，"佛光之家"在西双版纳总佛寺举办了为期四天的关怀对象禅修培训班，由景洪市佛教协会会长都罕听法师负责培训，举办培训班的目的是让关怀对象通过禅修来调整心态、平心静气，从

---

① 觉音：《清净道论》，叶均译，中国佛教协会 1991 年印行，第 288 页。

而帮助关怀对象在精神上达到"医疗"的目的。培训取得了非常好的效果,让慈悲关怀对象对佛法、对宗教修行有了更深的认识,能够积极地面对人生,以积极的态度来处理自我与社会的关系。

(5)与社会各界通力配合,项目扶贫,用高科技的现代化方式来进行慈悲关怀。佛教的慈悲关怀实践活动不单是物质关怀,它更能抚慰关怀对象的心灵,解决关怀对象的思想问题和现实问题,激发关怀对象的感恩之心,提升关怀对象的生存质量和生存价值。大多数艾滋病毒感染者由于患病后没有稳定的经济来源,家庭陷入了经济困境。针对这一情况,"佛光之家"与社会各界通力配合,以科技扶贫的现代化方式来积极帮助患者解决经济困难。

佛光之家与西双版纳傣族自治州林业部门、金孔雀旅游集团一起设立了孔雀养殖项目,旨在对艾滋病毒感染者等弱势群体提供帮助和关爱,唤起社会上更多的人来关爱和帮助弱势群体。这一项目首先向佛光之家的7名艾滋病毒感染者伸出援手,通过"绿色关怀",7名感染者掌握了一套可赖以自救的孔雀养殖技术,有了经济来源。2006年3月首批20只蓝孔雀种苗送抵"佛光之家",6月下旬顺利出栏,由金孔雀旅游集团绿色产业有限公司全部回收。初见成效后,三方一致决定继续加大投入扩大养殖规模。2006年12月30日,投入试点项目的200只孔雀顺利出栏,取得了良好的经济效益。7名在西双版纳佛光之家接受关怀的艾滋病毒感染者,通过养殖孔雀,解决了经济困难。①

2006年10月27日和11月6日,"佛光之家"分别在勐海县和勐腊县设立了分支机构,使其宣传面和影响力得到了进一步扩大,帮助和关怀的对象覆盖面也得到扩大。云南省西双版纳傣族自治州"佛光之家"佛教慈悲关怀实践活动在特殊人群心灵关怀、社会人格培养、构建和谐人际关系、净化社会风气、提升社会伦理道德、抵制社会丑恶现象、实施教育、医疗救助、扶贫济困等方面都做出了突出的贡献,与此同时,它在长期的实践过程中,逐渐形成了自己的特色,走出了独特的中国南传佛教慈善事业道路。

(三)以"慈爱园"为基地的中国南传佛教慈善实践

类似于"佛光之家"这样的慈善组织在南传上座部佛教信仰区域绝

---

① 可参考《200只出栏孔雀为版纳慈善机构续航》,《云南日报》2007年1月4日。

不是孤立存在的现象。云南德宏傣族景颇族自治州的"慈爱园"也是中国南传佛教的慈悲关怀实践基地。

云南德宏傣族景颇族自治州的毒品和艾滋病问题也因其特殊的地理区位显得日趋严重，1989 年就在瑞丽市的吸毒者中成批发现了 HIV 病毒携带者和艾滋病病人。由于对艾滋病的恐惧和误解，社区普通民众对艾滋病患者敬而远之，一定程度上导致艾滋病感染者不愿意被暴露、拒绝就医，传染源难以得到有效控制，并使感染者产生社会仇视等不良思想。同时，艾滋病致使乡村劳动力减少，孤儿数量逐年增加，严重影响到乡村社会经济的发展。正是由于社会的需要、时代的需要，德宏州南传佛教界也积极参与到中国南传佛教的慈善实践活动之中。

在瑞丽中英项目和全球基金支持下，2004 年 6 月，云南省佛教协会投资数万元建成瑞丽市防治艾滋病培训中心——"慈爱园"。该园位于瑞丽姐勒乡姐东崃村，是集吃、住、疗、活动与交流等多功能为一体的关爱感染者家园。借助瑞丽市南传佛教界的力量，"慈爱园"主要通过以下几种途径来展开防艾关爱的慈善活动，旨在教育四众弟子"远离毒品、珍爱生命"。

第一，深入信众进行艾滋病知识宣传教育，消除社会歧视，建设社区防艾的社会生态系统。首先，瑞丽市佛教协会举行了艾滋病关怀项目动员座谈会，对佛教僧侣志愿关怀者进行专业知识培训，然后利用佛教节日活动的机会，对信众进行不定期的艾滋病知识宣传和消除社会歧视的教育，以自身的慈善实践为艾滋病患者创造一个无歧视的生存环境。其次，"慈爱园"举行了十一期试点村的 HIV 感染者、孤儿、孤寡老人培训、娱乐、春节慰问活动，在一些活动中邀请佛教僧侣宣讲佛教参与艾滋病关怀项目的目的和意义以及傣族传统文化与道德教育等。据调查，瑞丽市疾控中心、妇联的每次大型防艾关爱宣传活动都要邀请市佛教协会的南传佛教僧侣参加，很多信众往往会闻讯而来，每场都有几百人参加，宣传效果十分显著。同时，僧侣组织者在娱乐活动中把艾滋病知识与知识竞赛结合，使参与者在娱乐中获得了知识，从被动接受或参与项目活动到主动参与项目活动并接受项目的关怀；在娱乐中他们能相互认识、坦诚沟通，深深体会到社会和僧侣对他们的关爱、帮助，很多感染者及其家属表示，今后愿意积极参加"慈爱园"开展的关爱活动。

"慈爱园"从宗教信仰层面和伦理教化层面上消除了民众对艾滋

病患者的歧视心理和行为，成为云南边疆民族地区禁毒防艾工作的新生力量，南传佛教正以自己的独特方式服务社会并收到了良好的社会效益。

第二，开展社区关怀和临终关怀活动，提供心理支持和精神支持。瑞丽市佛教协会的僧侣们每两个月就会走村串寨到十个关怀点，对五十户感染者家庭进行入户关怀服务，僧侣们与感染者亲切交谈，帮助感染者消除颓废、绝望和报复等心理，鼓励他们树立生活信心、坚决戒毒、珍惜生命、积极与艾滋病做斗争，为他们提供心理支持。而且，在入户关怀时，他们将信徒供奉、捐赠给寺院的棉被、衣服、粮食等，送给艾滋病感染者及其家人，在经济上帮助他们解决燃眉之急，使艾滋病患者及家属获得物质和心理上的双重帮助。作为南传佛教信徒，能够得到僧侣的临终关怀具有非同寻常的重要意义。德宏州南传佛教僧侣在州市佛教协会的组织下开展了艾滋病感染者的临终关怀服务，僧侣通过佛教理念帮助艾滋病患者以平和的心态走完人生路程并诵经超度，给家属以抚慰，减少了他们对死亡的恐惧和失去亲人的悲痛，这实际上就是对社区关怀的一个行动支持和无声的动员。

第三，"慈爱园"项目还根据当地傣族传统的宗教习惯，组织感染者或艾滋病人进行植树活动，倡导为生命祈福。感染者或艾滋病人希望自己虽然人死了，但种下的树还在，而僧侣也会经常为这棵树诵经祈福。据调查，2004年12月1日宣传日时，"慈爱园"组织了一次植树活动，有50多名感染者和艾滋病人参加，大家一起种植了十棵树，接着僧侣为小树诵经祈福："小叶榕是生命长久常青的，又种在寺庙里，我们就会天天念诵佛经，保佑你们的生命，当你们的生命不在的时候，这棵树还在，就表示你们的生命还在。"因此，这些感染者和艾滋病人对自己亲手种植的小树的感情是难以言表的，很多人劳动回来都要去给这些小树浇水施肥。年复一年地坚守，"慈爱园"里如今已经种植了一片寓意吉祥幸福的"慈爱林"。

"慈爱园"建立以来，已收治了艾滋病患者数十人，为他们提供心理治疗，一定程度上满足了感染者希望关怀的心理需求。据统计，到"慈爱园"寻求帮助的艾滋病感染者和病人，有40%是希望得到佛爷的心理帮助与抚慰；75%是自愿来到"慈爱园"的，25%是其亲属带来的；96%的感染者及艾滋病患者希望得到医疗治疗。经过这几年的努力，接受关怀和咨询服务者达几千人次。①

总之，"慈爱园"本着众生平等、慈悲济世的佛教理念，充分发挥了佛教文化在艾滋病关怀中的心理治疗和精神支持作用，为民众、感染者及其家属参与社区关怀活动搭建了一个寻求交流、支持与关怀的平台，不仅营造了社区关怀氛围，而且构建了一个社区民众参与关怀的公共场域，南传佛教团体的慈善关怀已经成为云南边疆民族地区禁毒防艾工作中一股重要的民间慈善力量。

（四）中国南传佛教其他的慈善活动

在中国南传佛教信仰区域，除了西双版纳"佛光之家"和瑞丽"慈爱园"的慈善实践之外，临沧市、普洱市等地区都已经出现南传佛教慈悲关怀社会、服务社会的慈善活动。临沧市南传佛教界僧侣直接深入艾滋病患者家中、贫困村寨、受灾群众中，问寒问暖，送衣送物，送上关心。例如，临沧市佛教协会会长提卡达希长老就经常把自己为数不多的钱拿出来，购买衣服物品，送到迫切需要帮助的村民手中。在他的带动下，已经有更多南传佛教长老加入这一队伍，南传佛教慈悲救世的慈善事业队伍正在不断扩大，南传佛教正以自己的独特方式服务社会。正如南传佛教经典《慈爱经》中所言"愿一切众生心生欢喜、快乐、平安"。"恰如为母者不惜生命地保护其独子"，"保持无量慈爱心，与于一切众生。让其慈爱遍满无量世界，于上方、下方及四方皆不受限制，完全没有嗔恨"。南传佛教长老们正通过身体力行积极入世，实践着佛教的慈悲精神。

从"佛光之家"到"慈爱园"，从中国南传佛教慈善事业的起步到实践，走过的每一步，无不浸渗着刀述仁大德的心血和努力，无不浸润着他的殷殷护持和期望，正可谓"喷洒心珠答有情"，刀述仁大德推动了中国南传佛教慈善事业的实践和发展。事实证明，中国南传佛教参与社区关怀和临终关怀，不仅显示了本土佛教文化资源对艾滋病关怀的号召力和社区意识的影响力，也探索出了一条具有民族文化根基的、可持续性发展的路径，拓展了社区艾滋病关怀的思路和视野。

综上所述，面对社会的需要、时代的需要，中国南传佛教开始在社会挑战面前勇挑重担，以"佛光之家"、"慈爱园"等慈善实践活动开始起步，致力于社会现实问题的慈悲关怀，为服务社会发挥了独特而重要的作

① 资料来源：瑞丽市佛教协会。

用，这是南传佛教与时俱进的表现。可以说，慈悲关怀实践活动开始成为中国南传佛教的"凡尘使命"，当代中国南传佛教正是以这样的方式展现着南传佛教的生命力，成为人间佛教弘法利生、慈悲救世的一个独特亮点。

（五）当代中国南传佛教的"凡尘使命"

当代中国南传佛教的慈善实践活动令人深思，中国南传佛教的慈善理念和慈善实践正是它自身不断调适、与时俱进的表现；中国南传佛教服务社会的思路和途径为当代佛教如何在现代社会更好地发展提供了经验和借鉴。

1. 积极投身社会救助，进一步扩大了中国南传佛教在当代社会发展进程中的影响

云南省吸毒及艾滋病传播源主要分布于靠近中缅边界的西双版纳傣族自治州、德宏傣族景颇族自治州、普洱市、保山市等以傣族居多的地区。南传佛教是这些民族的传统信仰，特别是傣族，基本是全民信教，佛教在这些地区具有良好的信众基础。对于信教的群众而言，僧人的话有时候比村干部和警察的话有影响力，许多年轻人都很害怕被住寺叫到佛寺里批评教育。另外由于每年都有许多宗教仪式活动，人们都需要聚集到佛寺里，在寺院里参加宗教活动，这已经成为人们日常生活重要的组成部分。所以在群众眼中，僧人具有相当的号召力，有绝对的宗教权威。中国南传佛教积极投身社会救助，从宗教的角度帮助戒毒、提供艾滋病的预防与治疗方法，产生了良好的社会效果。社会各界都高度评价中国南传佛教这一善举，群众反映非常好。例如勐腊县曼龙代村的傣族妇女咪亢认为："我们老百姓相信僧人，和相信政府是一样的。僧人和政府都必须尊重，因为他们都会真正关心和帮助我们，僧人和政府都是我们需要的，哪一方都不能缺少。现在僧人来帮助我们，我们非常高兴。"同时，政府有关部门也大力支持中国南传佛教这一善举。西双版纳州民族宗教局表示："政府在宗教工作方面曾经有过一些误区和偏差，认为宗教不应该介入社会活动；与此同时有许多宗教领袖也有类似的担忧，觉得过多介入社会事务将给宗教形象带来不良影响。而随着社会的进步和时代的变化，各种各样的猜疑和瓶颈不断被打破，尤其在一些开明人士的积极倡导下，政府与宗教之间的协作越来越多。"勐腊县民族宗教局认为："由于国家宗教政策有着许多特殊性，有些干部曾经也担心宗教人士介入禁毒防艾工作，会不会对政府

的形象造成不良影响。但是实践下来，觉得这样的担心是多余的，可以看出通过佛教与政府的协作，工作效果更好了。"① 应该说政府有关部门正是看到了"佛光之家"慈善实践活动的社会影响，才做出这样的评价的。中国南传佛教积极投身社会救助，产生良好的社会反响，社会各界对此都有很高的评价，进一步扩大了中国南传佛教在当代社会发展进程中的影响。

2. 宗教界出面宣传戒毒有不同于强制戒毒的功效，为云南省戒毒、防治艾滋病提供了一种思路和途径

目前云南省现有的关怀服务方式及力量相对薄弱，国内也没有切实可行的模式可供借鉴。因而，迫切需要借助社会力量参与关怀服务的探索与实践。由于中国南传佛教的慈悲关怀实践活动不仅进行物质关怀，而且也进行心灵关怀，更能抚慰关怀对象的心灵，解决关怀对象的思想问题和现实问题，激发关怀对象的感恩之心，提升关怀对象的生存质量和生存价值。在具体慈悲关怀活动中不仅提供物质关怀和心灵关怀，更主要的是结合实际，通过教理、教义的讲解，让关怀对象本身主动认识到吸毒以及艾滋病对个人、对社会、对国家的危害，从心里主动打算彻底戒除烦恼的根源，开始自觉遵守佛教徒的戒律，通过精神、心理、身体的自我调适来戒毒。复吸率低，收效明显。中国南传佛教的慈悲关怀实践活动为云南省政府有关部门在戒毒、防治艾滋病工作方面提供了另一种思路和途径。

3. 中国南传佛教的慈善实践是其自身与时俱进的表现

当代中国南传佛教的慈善实践活动在向人们昭示：宗教具有自我调适性，当代宗教自身正在逐渐适应社会的发展，根据社会和时代的需要来发展自己。

过去，与大乘佛教相比，南传佛教强调的是通过宗教修行来得到个人的自我解脱，主张自利。从信仰修证方面来说，信仰者通过"八正道"等宗教道德修养，可以达到阿罗汉果（断尽三界烦恼，超脱生死轮回）和辟支佛果（观悟十二因缘而得道），但不能成佛，在信徒们眼里，现世只有释迦牟尼佛一位佛。大乘佛教则认为，三世十方有无数佛同时存在，释迦牟尼是众佛中的一个。信仰者通过菩萨行的"六度"（布施、持戒、忍辱、精进、禅定、智慧）修习，可以达到佛果（称"菩萨"，意为具有

---

① 《西双版纳僧人的凡尘使命》，《共产党员》2008 年 5 月下半期。

大觉心的众生),扩大了成佛的范围。南传佛教要求断除自己的烦恼,以追求个人的自我解脱为主,从了生死出发,以离贪爱为根本,以灭尽身智为究竟,纯是出世的;大乘佛教则认为佛法大慈大悲,普度众生,以成佛救世、建立佛国净土为目标。修证需要经过无数生死,历劫修行,以"摩诃般若"(大智慧),求得"阿耨多罗三藐三菩提"(无上正觉),除断除自己一切烦恼外,更应以救脱众生为目标。因此他既是出世的,又强调要适应世间,开大方便门,以引度众生。因此,在大乘佛教出现后,南传佛教又被称为小乘佛教。当然,现在这样的歧视性含义早已消失,"小乘佛教"一词只用于区别与大乘佛教之不同。但是,在教理上,大乘佛教和小乘佛教之不同仍然是存在的。现在面对社会的需要、时代的需要,中国南传佛教开始在社会挑战面前勇挑重担,并且敢于突破教义的有关规定,积极开展慈悲关怀实践活动,以入世的慈悲精神来弘法济生,这一举措表明中国南传佛教已经对自身固有理论体系有所突破,这无疑是对南传佛教体系建设的发展,也是对人间佛教体系建设的发展。

随着时代的发展,当代佛教界彼此之间的交流日益密切,它们之间互相学习、取长补短、求同存异,共同为社会服务。一般来说,以佛教的慈悲精神来进行社会慈善实践活动,原来主要是以大乘佛教为主。当代大乘佛教的慈善事业发展非常迅速,并深得社会各界的好评。因此,中国南传佛教学习大乘佛教的经验,积极发扬佛教的慈悲精神,以宗教慈善活动来弘法济生。这一活动为当代宗教研究提供了宗教发展的一个经验和范例,它充分说明宗教的发展并不是一成不变的。中国南传佛教在恪守原始佛教传统纯洁性的同时,开始关注社会民生问题,在当代社会发展进程中开始探索适合自己发展的道路,积极借鉴经验,敢于突破教义的规定,在宗教修行上开始自我调整,以特殊的入世方式来发展自己。

中国南传佛教的慈悲关怀实践活动是中国南传佛教自身与时俱进的表现,是时代的需要、社会的需要。对艾滋病病毒感染者和病人的关怀与支持是艾滋病预防与控制工作的必要组成部分,向感染者、病人及其家属提供必要的关怀与支持可以缓解他们的痛苦,推迟残疾和死亡,提高他们的生活和生存质量,部分解决病人和家庭的需求。只有全社会理解和关心他们,减少对他们的歧视,为他们营造一个宽松的生活环境,才能使他们正确面对病情,从而积极改变其行为方式。佛教发挥其社会整合功能及发挥其影响,有利于关怀服务工作的顺利开展。在这样的情况下,社会需要中国南传佛教有所作为。于是中国南传佛教就通过这样的途径积极实践着慈悲利他事业，致力于现实生活中的实际问题，兴办各项慈善公益事业，为服务社会发挥了独特的作用，这正是中国南传佛教自身与时俱进的表现。

（六）当代中国南传佛教慈善事业的挑战及发展

当代南传佛教正积极参与到社会经济建设、文化建设进程中，充分发挥南传上座部佛教的优势，帮助更多的人得到解脱，佛教慈悲关怀实践活动在特殊人群心灵关怀、社会人格培养、构建和谐人际关系、净化社会风气、提升社会伦理道德、抵制社会丑恶现象、实施教育医疗救助、扶贫济困等方面做出了突出的贡献，为区域性经济发展、民族团结、社会稳定发挥了宗教的重要作用。此外，面对社会的需要、时代的需要，中国南传佛教开始在社会挑战面前勇挑重担，并且勇于突破教义的有关规定，积极进行慈悲关怀实践活动，以佛教的慈悲精神来弘法济生，这一举措无疑是对南传佛教体系建设的发展，也是对人间佛教体系建设的发展。我们可以说慈悲关怀实践活动开始成为中国南传佛教的"凡尘使命"，当代中国南传佛教正是以这样的方式展现着南传佛教的生命力，成为人间佛教弘法利生、慈悲救世的独特的一个亮点。但是作为刚起步的现代慈善事业的新成员，中国南传佛教仍然面临诸多挑战和问题，亟须面对和解决。

1. 当代中国南传佛教慈善事业面临的挑战

如果我们把中国南传佛教的慈善公益事业放到宗教慈善公益事业的大格局之中加以研究的话，那么我们会看到：宗教具有独特的社会资源，有动员社会资本的凝聚力，虽然在目前宗教以各种形式的慈善活动参与到和谐社会的建设进程中，但到目前为止，我国宗教组织还未能有效进入社会服务领域，宗教界的社会公益事业水平仍然较低。[①]

第一，在组织制度的建设方面，在我国现行政策法律框架下，宗教慈善组织还不能建立独立的法人机构，因此，难以有效地全面开展各种社会慈善公益事业。

第二，在宗教慈善资金管理方面缺乏有效的管理机制，缺乏相应的监督机制，因此，在宗教经济管理领域还缺乏操作层面的制度保障。

第三，虽然宗教界创办的各类慈善超市、慈善委员会开始显示宗教界

① 详参郑筱筠《当代中国宗教慈善事业的定位、挑战及趋势》，《中国宗教》2012 年第3 期。

在积极探索适应自身发展的慈善公益事业，但与近年来大量涌现的企业界和慈善家等所参与的慈善事业相比，宗教慈善事业的创新与发展还不足，对慈善资源的开发和利用仍显不足，也未完成自身理论体系的理性创新发展。

第四，缺乏从事慈善公益事业的专业人才同样是困扰着中国宗教慈善公益事业发展的瓶颈。随着社会慈善公益事业的发展，其分工将会越来越细化、具体化，其操作将会越来越精细化和专业化。这也要求宗教界慈善公益事业需要专业人才，才能在方兴未艾的慈善公益事业中走出适合自己的中国宗教慈善发展模式。

这些问题是中国宗教慈善事业面临的挑战，对于突破自身理论和修行体系、开始积极从事慈善活动的中国南传佛教更是如此。

2. 当代中国南传佛教慈善事业的发展

那么，在当代社会转型时期，中国宗教与慈善公益事业的发展趋势又是怎样的呢？中国南传佛教的慈善公益事业又将如何？

第一，宗教慈善公益仍然是成为宗教进入社会公共领域的有效途径，宗教慈善公益事业将得到更好的发展契机。

随着国民经济持续快速发展、精神文明建设不断深化、社会管理体制改革逐步深入、人民生活水平逐步提高，发展慈善事业已经具备重要的经济、文化和社会基础。此外，慈善事业发展的法律法规和政策开始初步形成，慈善组织呈现良好的发展态势，慈善活动和志愿服务日趋活跃，参与慈善捐赠的公民和法人不断增加，慈善捐赠款物呈逐渐增加趋势，受益人范围不断扩大，慈善事业在促进社会公平、维护社会稳定等方面的作用日益突出，已成为构建社会主义和谐社会的重要内容。宗教慈善作为社会慈善公益事业的一支有生力量，积极发展宗教慈善公益事业是宗教自身的需要，也是社会发展的需要。

第二，宗教慈善公益的专业化程度将得到提升。

随着国家有关部门相关政策和法规的出台，慈善公益事业的制度将逐渐完善，中国宗教慈善公益活动的管理和参与也将日趋专业化。目前已经有越来越多的非宗教慈善机构加入社会公益活动队伍中来，并成为社会公益事业的主力军。在这些基金会和公益机构中，随着政府对慈善专业人才队伍的重视，以及相关慈善培训活动的实施，慈善公益与非营利领域将成为中国就业的新途径，慈善公益队伍专业化水平在今后将有较大提高。与此相适应，宗教慈善公益队伍的专业化水平也会得到提高。

第三，中国宗教慈善公益活动将会进行有机的整合，从各自分散性的慈善公益活动进而逐步发展为联合性、整体性的宗教慈善公益活动，从而更好地有力展示宗教慈善公益活动的社会贡献。

近年来中国慈善公益事业得到持续发展，全社会的现代慈善意识进一步提高，慈善捐赠稳中有升，标志着中国慈善事业已经进入新成长阶段。随着民政部对慈善事业宏观指导、协调管理职能的加强，政府对慈善事业的推动作用将更加凸显。随着社会慈善公益事业的发展，慈善联合救助机制趋于成熟。在政府的推动下，全国性联合应急救助平台，将由政府部门与慈善机构、捐助方共同搭建，中国慈善事业将由分散救助向联合救助方向发展。宗教慈善机构作为其中的一个部分，也应该由分散性的慈善活动向联合慈善活动的方向发展，甚至可以形成"宗教联合体"模式的联合慈善公益机构，以宗教慈善公益活动为己任，积极有效地参与到社会慈善公益事业中。中国宗教慈善公益事业如此，作为其中一名新成员的中国南传佛教亦如此。

五　中国南传佛教僧阶制度的认定

作为制度化宗教，中国南传上座部佛教具有独立于社会组织制度之外的僧团，这一组织管理体系在 20 世纪 50 年代后，随着傣族地区封建领主制社会的行政组织系统的解体而弱化，因此，探索当代中国南传佛教僧阶管理制度的经验就显得非常重要。为此，在全国政协常委、中国佛教协会副会长、云南省佛教协会会长刀述仁居士，全国政协常委、中国佛教协会副会长、云南省佛教协会副会长、西双版纳州佛教协会会长祜巴龙庄勐以及中国佛教协会常务理事、云南省地州各级佛教协会会长如都罕听长老、提卡达希长老等人的推动下，中国南传佛教一直在努力探索。在佛教界以及社会各界的共同努力下，当代中国南传佛教僧阶的管理在最近几年得到了有效规范和发展。

（一）中国南传佛教界在各个信仰区域内分别制定了适合自己本区域的佛寺管理规则和教职人员职责

2008 年，临沧市佛教协会制定了《临沧市南传佛教佛寺管理规则和教职人员职责》手册（汉语版和傣语版），结合临沧的实际，对于佛寺的职责义务、僧侣的职责义务、南传佛教教职人员的职责，尤其是在对帕祜巴（大长老）、帕涮米厅、帕希提厅（吴巴赛）、比丘（都、帕、召章）、沙玛念（小和尚）的职责进行了明确的规定。这是临沧市南传佛教在当代社会的积极探索和实践。另外，其他区域，如西双版纳州、德宏州、普洱市等地也分别结合自己的实际情况，进行了广泛的探索。

（二）在整合各地管理经验的基础上，积极探索制定适合整个中国南传佛教信仰区域的管理办法

2007年中国佛教协会南传工作委员会就拟定《中国南传佛教教职人员认定办法》，并开始在各个信仰区域内试行。2009年4月29日云南省佛教协会南传佛教工作委员会扩大会议在芒市召开，来自西双版纳、思茅、临沧、保山、德宏五州市的南传佛教高僧大德共63人参加了会议。全国政协常委、中国佛教协会副会长、云南省佛教协会会长刀述仁就南传佛教的制度建设、僧才培养、设立中心佛寺等问题做了详细阐述，希望佛教界人士进一步解放思想、更新观念，冲破落后思想和一些不适应时代发展要求的束缚，提高自身素质，增强参与经济建设的本领；在当地党委、政府领导下，带领广大信教群众，依法开展正常宗教活动，参与捐资助学、禁毒防艾、修桥补路等社会公益事业，积极参加社会主义新农村建设，为全面建设小康社会服务。随后，与会高僧大德学习了《宗教教职人员备案办法》《宗教活动场所主要教职任职备案办法》，并就《中国南传佛教教职人员认定办法》的制定进行了讨论。

（三）具有划时代意义的《南传佛教教职人员资格认定办法》

2010年2月中国佛教协会第八次全国代表会议在北京开幕。会议总结了中国佛教协会第七次全国代表会议以来的工作，提出今后的工作任务和目标，并将选举产生新一届理事会领导机构，会议表决通过了《藏传佛教教职人员资格认定办法》《南传佛教教职人员资格认定办法》。《南传佛教教职人员资格认定方法》的公布为中国南传佛教教职人员管理提供了依据，具有划时代的意义，主要表现在以下几个方面。

1. 厘清了南传佛教教职人员和短期出家修行者之区别

《南传佛教教职人员资格认定办法》第二条，明确地规定，"南传佛教教职人员是指受过比库戒、具有相应职称或荣誉称号的比库（都、法、召章）、帕希提（吴巴赛）、帕萨米、帕祜巴、帕松列、帕松列尚卡拉扎等南传佛教僧侣"。南传佛教信仰区域内的少数民族都有男子一生中必须到寺院出家修行的习俗，这是南传佛教不同于汉传佛教的一个特点。只要

一出家，那么该男子就成为南传佛教僧团中的成员，虽然按照南传佛教僧阶管理制度，他还处于僧团中的"预备"阶段，还未完全进入僧团，有可能在短期修行之后就还俗。因此在资格认定方面，就存在两难问题。为此，《南传佛教教职人员资格认定办法》第二条明确规定必须要受过比库戒、具有相应职称或荣誉称号的比库或以上僧阶的人才能被认定为南传佛教教职人员。这一规定既尊重了中国南传佛教的传统，同时也规范了中国南传佛教僧侣的管理。

2. 明确了南传佛教僧侣不同僧阶的区别

《南传佛教教职人员资格认定办法》第四条明确规定：比库（都、法、召章），在当地州（设区的市）或县（市、区）中心佛寺培训、考察一个月以上，有一定的佛教学识；帕希提（吴巴赛），戒律严明，具有较高的佛教学识，在信教群众中有一定威信，具有管理寺院和本寺僧团的基本能力；帕萨米，戒律严明，在云南佛学院接受过培训，有较高的佛教学识，能管理好本寺僧团，能引导信教群众过好宗教生活；帕祜巴，戒律严明，在云南佛学院受过正规教育，有较高的佛教造诣和较强的教务管理能力；帕松列、帕松列尚卡拉扎，有深厚的佛教造诣及献身佛教事业的精神，品德高尚，在信教群众中有较高威望。如佛教造诣很深、持戒严谨、信教群众特别需要，戒腊标准可适当放宽。

这一规定意义重大，针对中国南传佛教信仰区域内僧侣在僧阶认定方面各有自己的规则、认定标准混乱的现象进行规范，使中国南传佛教僧侣在僧阶认定方面有法可依。

3. 明确了中国南传佛教僧阶的年龄和僧腊认定标准

《南传佛教教职人员资格认定办法》第四条规定了年龄、僧腊的区别，如比库（都、法、召章），年龄在 20 岁以上；帕希提（吴巴赛），受比库（都、法、召章）戒 10 腊以上，年龄在 30 岁以上；帕萨米，受比库（都、法、召章）戒 15 腊以上，年龄在 35 岁以上；帕祜巴，受比库（都、法、召章）戒 20 腊以上，年龄在 40 岁以上；帕松列、帕松列尚卡拉扎，受比库（都、法、召章）戒 40 腊以上，有深厚的佛教造诣及献身佛教事业的精神，品德高尚，在信教群众中有较高威望。

4. 强调了僧侣在佛教学识造诣以及管理能力方面的区别

《南传佛教教职人员资格认定办法》第四条规定了中国南传佛教僧侣在僧阶认定方面关于佛教学识造诣以及管理能力的区别标准。

5. 规定了僧阶认定的程序

《南传佛教教职人员资格认定办法》第五条规定：比库（都、法、召章）人选由本人所在地信教群众推荐，本人同意，经所在寺院管理组织同意并提出申请，经县（市、区）佛教协会审核同意后报州（设区的市）佛教协会认定。帕希提（吴巴赛）、帕萨米、帕祜巴人选由本人所在地县（市、区）佛教协会提出，经州（设区的市）佛教协会审核同意后报云南省佛教协会认定。其中，如本人在州（设区的市）佛教协会任职，由该佛教协会提出，报云南省佛教协会认定；如本人在云南省佛教协会任职，由云南省佛教协会提出并认定。帕松列、帕松列尚卡拉扎人选由云南省佛教协会提出，报中国佛教协会认定。同时，省、州（设区的市）佛教协会在认定教职人员时，应当对拟认定人选进行考察，听取各方意见。

这一规定的出台在尊重中国南传佛教传统的僧阶逐级提升习俗的同时，大大强化了各级佛教协会的作用，有利于中国南传佛教的有序发展。

（四）当代中国南传佛教寺院住持的管理模式

在长期的历史发展过程中，中国南传佛教形成了自己独特的僧阶制度，严格遵循以戒为核心的僧团制度，因此在寺院的住持任命方面也形成了与当地社会相适应的管理方式，并规定了各个寺院住持应该履行的职责和义务。例如，中心佛寺住持的职责是：第一，主持本区佛教内部事务和活动，尤其是负责主持每个月各村寨佛寺僧人到自己佛寺中的布萨堂集中进行羯磨内省活动；第二，平时还要监督下属各个村寨佛寺僧人严格遵守戒法。

2011 年 9 月 22 日中国佛教协会第八届理事会第一次常务理事会议通过《南传佛教寺院住持任职办法》，结合中国当地社会发展的实际情况，对南传佛教寺院住持的任职进行了详细的规定。

如果对比在 2009 年 5 月 8 日中国佛教协会第七届理事会第四次会议通过、2010 年 1 月 10 日公布的《汉传佛教寺院住持任职办法》，我们就会发现 2011 年 9 月 22 日中国佛教协会第八届理事会第一次常务理事会议通过、2011 年 11 月 3 日公布的《南传佛教寺院住持任职办法》详细规定担任住持需具备的基本条件："（一）具备南传佛教教职人员资格；（二）拥护中国共产党的领导和社会主义制度，爱国爱教，遵守国家的法律、法规、规章和政策，维护民族团结；（三）信仰坚定，戒行清净，有较深的佛学造诣，品德服众，有较高威望"；（四）还对于寺院住持的年龄作了相应的规定，即南传佛教的住持"年龄 20 岁以上，已受比库（比丘）戒"。这与《汉传佛教寺院住持任职办法》中规定的汉传佛教的住持"年龄 30 岁以上，戒腊 10 年以上"相比，显然放宽了南传佛教寺院住持的年龄限制。但是，如果对比南传佛教的《南传佛教教职人员资格认定办法》第四条"教职人员除具备本办法第三条规定的基本条件外，按职称或荣誉称号不同还应具备以下条件：比库（都、法、召章），年龄在 20 岁以上，本人自愿出家并经父母同意；在当地州（设区的市）或县（市、区）中心佛寺培训、考察一个月以上，有一定的佛教学识"这一规定，我们就会发现，这一年龄规定是符合南传佛教社会的现实情况的。

《南传佛教教职人员认定办法》《南传佛教寺院住持任职办法》的公布和实施，标志着中国南传佛教管理模式与时俱进，在当代进一步规范化和完善，具有鲜明的时代特征。

六　中国南传佛教文化交流的深化

中国南传佛教的对外文化交流主要是持续开展与东南亚、南亚佛教界的佛教文化交流。因其与东南亚国家南传佛教的共根同源，同处东南亚佛教文化圈，双方的佛教文化交流历史悠久。进入 21 世纪以来，中国南传佛教界进一步加强和深化中国与东南亚、南亚佛教界的文化交流，对促进中国与东南亚和谐周边关系起到了不可替代的作用。

（一）中国与东南亚佛教文化交流的深化

在新的历史时期，中国南传佛教界不断加强与东南亚佛教界的友好往来和文化交流，增进了双方的理解和互信，中国与东南亚国家的佛教友谊迈上了一个新台阶。

2002 年 2 月 8 日，老挝总理温杨·沃拉芒到西双版纳总佛寺访问。同年，伍并亚·温萨长老圆寂，在其葬仪上，缅甸的官方宗教部派的官员以及北部及其周边区域组织的佛教代表以及很多老百姓参加仪式。

2004 年 1 月 28—31 日，云南西双版纳傣族自治州总佛寺隆重举行都龙庄晋升"西双版纳祜巴勐"仪式，来自全国各地的高僧大德与缅甸祜巴温忠大长老、祜巴阿亚坦大长老、祜巴香腊大长老，以及缅甸、泰国、老挝的高僧和信众 10 万余人参加了这一盛大隆重的庆典活动。同年 11 月 20 日，泰国国王普密蓬·阿杜德陛下向西双版纳总佛寺布施御制袈裟。

2005 年 3 月，缅甸大其力瓦赛勐佛寺住持祜巴香腊大长老率 100 多名缅甸佛教徒到西双版纳总佛寺诵经祝福。同年12月，都龙庄长老率团14人到缅甸大其力参加傣文版《三藏经》的出版发行法会。

2006年11月，泰国御赐袈裟布施团一行20人在泰国外交部副次长查里瓦·伞塔普拉团长率领下，到临沧市耿马自治县耿马总佛寺布施袈裟并捐赠了佛寺维修经费。

2007年3月，泰王国御赐袈裟布施团一行23人专程到西双版纳总佛寺布施袈裟。

2012年12月12日，云南省西双版纳总佛寺隆重举行大雄宝殿、僧寮福顺楼和鼓楼落成开光庆典仪式，来自印度、尼泊尔、斯里兰卡、孟加拉国、泰国、缅甸、老挝等九个国家的上千名高僧大德共襄盛举，标志着云南与东南亚、南亚佛教文化交流进入了一个新的历史时期，对于弘扬我国南传佛教文化，增进我国与东南亚、南亚地区的友好交往起到了巨大的推动作用。

2013年6月7日上午，中国佛教协会在云南省德宏州瑞丽市边境姐告口岸隆重举行赠送缅甸三尊佛牙舍利等身塔恭送法会。缅甸宗教部副部长貌貌泰亲率宗教部官员和缅甸数十名高僧随彩车进入姐告口岸恭迎佛牙舍利等身塔。中国佛教协会副会长祜巴龙庄勐、北京灵光寺方丈常藏大和尚等高僧共同主法，缅甸高僧与我国南传佛教僧人和汉传佛教僧人分别诵经祈福，共续中缅两国佛教传统法谊。

同时，中国南传佛教高僧祜巴龙庄勐也十分重视中国南传佛教与世界佛教的交流与互动。他经常参加世界级的各种佛教论坛，如泰国、斯里兰卡等国的佛教论坛，同时与东南亚、南亚佛教界保持友好互访和交流。2000年12月，都龙庄长老率团14人到缅甸大其力参加傣文版《三藏经》出版发行法会。2003年1月，都龙庄长老等4人参加缅甸第二特区（佤邦）邦康大金塔开光法会；4月，缅甸库巴温忠大长老来访；5月，都龙庄长老等4人应邀参加缅甸掸邦东部第四特区色勒地区佛塔、佛殿落成开光法会。2003年7月，云南南传佛教高僧祜巴龙庄勐、都罕听、玛哈香、都罕拉等组成中国佛教护侍团护送佛指舍利到泰国供奉。

与东南亚、南亚佛教界的友好往来，增进了双方的理解和友谊，扩大了中国南传佛教在国际佛教界的影响。随着中国南传佛教界与东南亚佛教界的文化交流的进一步深化，双方源远流长的佛教文化交流将会结出更为丰硕的果实。

（二）中国与斯里兰卡佛教文化交流的深化

中国南传佛教与斯里兰卡大寺派一脉相承，自 20 世纪 90 年代初以来，中国佛教协会访问斯里兰卡时分别选派云南省南传佛教代表参加，如刀述仁会长、祜巴龙庄勐、玛哈亮比库、都罕听比库、康南山居士等，增进了中国南传佛教界与斯里兰卡佛教界的友谊。新时期，中斯南传佛教文化交流不断深入，两国人民的佛教友谊进入了新阶段。

2002 年 8 月，经国家宗教事务局批准，应斯里兰卡佛教部的邀请，中国佛教协会选派了 6 位云南南传佛教青年比库前往斯里兰卡留学，这是中国佛教协会首次正式选派南传上座部佛教僧人赴斯里兰卡留学，也是中斯两国佛教友好交流史上的一件盛事。

2003 年 7 月，中国佛教协会与云南省佛教协会共同选派云南南传佛教 6 位法师到斯里兰卡学习，分别安排在智增佛学院（VIDYO）和凯拉尼亚大寺（Kelaniya Temple），6 位法师陆续回国，其中 3 位获得凯拉尼亚大学硕士学位。

2005 年 10 月，云南省佛教协会以刀述仁会长任团长，组成 86 人的迎请团赴斯里兰卡西古城迎三棵圣菩提树苗到云南安奉，斯里兰卡花园派大长老、阿斯羯利派大长老和佛牙寺大臣三大佛教领袖护送圣菩提树到云南，一棵种在西双版纳总佛寺，一棵种在勐泐大佛寺，另一棵种在德宏州芒市大金塔。2005 年 10 月 26 日，迎接斯里兰卡圣菩提树庆典暨安奉大法会也在西双版纳总佛寺举行。迎请圣菩提树这一佛教盛事是中斯两国佛教界承前启后、开创未来的一个新起点。

2006 年 9 月，受云南省佛教协会邀请，斯里兰卡康提市占达南达佛学院组织 30 位小学生访问云南。

2008 年 10 月 25 日，斯里兰卡总理拉特纳西里·维克拉马纳亚克访问云南。

2009 年 10 月，斯里兰卡国际佛学院（SIBA）提出给予云南省南传佛教 5 个名额奖学金，云南省佛教协会选派当年毕业于云南佛学院的 5 位学僧于 2010 年 5 月赴斯里兰卡国际佛学院学习。

斯里兰卡阿斯羯利派二长老多次受云南省佛教协会邀请访问云南，2006 年 9 月至 2012 年 8 月云南省佛教协会授予在云南民族大学学习的斯里兰卡阿斯羯利派学僧奖学金。

2010 年 11 月 17 日，中国佛教协会与斯里兰卡佛牙寺在佛牙寺建立国际佛教博物馆，中国南传佛教的展品也陈列其中，促进了中斯佛教文化交流。

在新的历史时期，中国南传佛教界不断加强与东南亚、南亚佛教界的友好往来和文化交流，增进了双方的相互理解和互信，树立了新中国南传佛教的良好形象，中国与东南亚、南亚国家人民的传统友谊迈上了一个新台阶。随着中国南传佛教界与东南亚佛教界文化交流的进一步深化，中国南传佛教在国际上的独特地位和影响力也日益令世人瞩目。

七　中国南传佛教寺院复兴的标志

2012 年 12 月 12 日，作为中国南传佛教首刹，西双版纳总佛寺隆重举行重建开光庆典仪式，这是中国南传佛教寺院复兴的标志，也是中国南传佛教发展史上的盛事。

（一）西双版纳总佛寺的重建

西双版纳总佛寺，位于西双版纳景洪市曼听公园后园南侧，傣语称为"洼坝吉"。"洼坝吉"的"洼"是寺院的意思，"坝"是森林的意思，"吉"则是佛陀曾经度过 25 个雨安居的揭答林给孤独园的简称，因此"洼坝吉"的意思，就是像揭答林给孤独园一样美丽、幽静的森林道场。相传是从缅甸来弘法的两位南传佛教僧人于公元 7 世纪中期兴建的，是西双版纳建立最早的南传佛教寺院之一。

西双版纳总佛寺大约在 700 年前被西双版纳傣王朝确立为皇家寺院，从而成为西双版纳最高等级的佛寺，是发布全境性佛事活动、昭示批准高级僧职晋升、举行新任宣慰使宣誓仪式的地方，也是西双版纳的最高统治者召片领及属下各土司头人拜佛、各地佛寺住持朝拜论经的圣地。由于其悠久历史，加之历代高僧辈出，在整个东南亚上座部佛教信徒中都享有很高的地位，是南传佛教徒心中尊崇的圣地。

西双版纳总佛寺历史上历经多次损毁和修复，在"文革"中更是遭到彻底的破坏。改革开放后，西双版纳总佛寺于 1989 年 2 月 14 日在云南省委省政府、西双版纳州人民政府和云南省佛教协会共同支持下，开始动工修复；重建后西双版纳总佛寺占地面积约 3000 平方米，建筑面积约 1000 平方米，主体建筑有大殿、戒堂、佛学院教学楼、长老寮、僧舍等，大殿正门上方悬挂着原中国佛教协会会长赵朴初居士亲题"西双版纳总佛寺"的匾额。1990 年 5 月 6—8 日举行隆重的开光法会，全州佛教界人士及一万余名信徒群众参加开光法会活动。与此同时，西双版纳州佛教协会移锡总佛寺，恢复了其在西双版纳佛教界的地位和社会属性。

1989 年西双版纳总佛寺恢复重建时，仅有大殿及僧寮（含住宿、教学、办公一体化）。限于当时的条件，总佛寺建筑功能随着时间流逝，佛寺设施目前已远远不能满足广大信教群众的需求，加之日见危陋，因此经各位长老及信众商议决定，于 2009 年 2 月 20 日起对西双版纳总佛寺重新规划修建。新规划重建的西双版纳总佛寺主体建筑由大殿、戒堂、阿夏牟尼舍利塔、鼓楼、钟楼、长老寮、僧寮、迎宾楼、食堂及高约 7.9 米的立佛等组成，各主体建筑物都按傣族优秀传统建筑工艺恢复修建。修建工艺继承了傣族的传统文化，汲取了东南亚国家佛寺建筑精华，同时注入了现代建筑的时代气息，反映了西双版纳佛教在党和政府的领导下与时俱进的精神。重建后的西双版纳总佛寺是迄今云南边疆南传佛教地区规模最大、最具影响力的建筑。

西双版纳总佛寺是西双版纳州佛教协会、景洪市佛教协会和云南省佛学院西双版纳分院驻会和办公的场所，是联系信众的纽带，也是佛教服务群众、造福社会的立足点。现任住持祜巴龙庄勐大长老，是中国佛教协会副会长、云南省佛教协会副会长、云南省政协常委、西双版纳州政协副主席、西双版纳州佛教协会会长。

随着中国改革开放事业的不断深入发展，西双版纳总佛寺增进了与世界各国尤其是与东南亚、南亚国家佛教界的友好往来，不仅多次代表中国南传佛教界出访，而且先后接待了一批批来自泰国、缅甸、斯里兰卡、美国等国家和地区的领导、僧人及佛教界友好人士。目前，西双版纳总佛寺已经成为中国南传佛教文化的中心，同时也是中国南传佛教与东南亚、南亚南传佛教文化交流的一个中心。

（二）西双版纳总佛寺的复兴

2012 年 12 月 12 日，云南西双版纳总佛寺隆重举行大雄宝殿、僧寮福顺楼和鼓楼落成开光庆典仪式，这是西双版纳总佛寺复兴的标志。

中国文联副主席丹增，云南省委统战部部长黄毅，国家宗教局外事司司长郭伟、一司副司长裴彪，云南省宗教局局长熊胜祥，云南省委统战部常务副部长杨光海，云南省政协民宗委主任郭秀文，云南省西双版纳州委书记江普生，云南省西双版纳州州长刀林荫等领导出席开光庆典，共襄盛举。

中国佛教协会会长传印长老，中国佛教协会副会长、云南佛教协会会长刀述仁，中国佛教协会副会长、河北省佛协会长净慧长老，澳门佛教总会理事长健钊长老，中国佛教协会副会长、广东省佛教协会会长明生法师，中国佛教协会副会长、云南省佛教协会副会长祜巴龙庄勐，中国佛教协会副会长、山西省佛教协会会长妙江法师，中国佛教协会副会长、普陀山佛教协会会长道慈法师，中国佛教协会副会长、海南省佛教协会会长印顺法师；孟加拉国僧伽委员会主席苏塔难达玛哈铁拉，缅甸国家僧伽委员会主席帕丹塔库玛瓦萨，尼泊尔僧伽委员会主席铁加满，泰国北部副僧王帕坦玛芒格拉占，印度僧伽委员会主席比持他，世界佛教联谊会秘书长潘罗泰阿利，斯里兰卡占达南达佛学院院长果达嘎玛马哈腊，老挝波叫省帅亮佛寺住持罕恩罕翁，美国著名长老帕本米，韩国天台宗原宗长田云德等来自九个国家的佛教汉传、藏传、南传三大语系的上千位高僧大德共同见证了这一吉祥殊胜的历史时刻。

据中国佛教协会副会长、云南省佛教协会会长刀述仁介绍，重建后的西双版纳总佛寺是一座具有悠久历史，同时又富有时代气息的寺院，它继承了本地传统建筑风格，借鉴了东南亚建筑特色，又吸收了现代建筑元素，是传统与现代的完美结合。目前虽只是初具规模，但可以说比西双版纳地区任何时代的佛寺都要庄严宏伟。

重建后的西双版纳总佛寺气势恢宏，清净庄严，为中国南传上座部佛教的首刹，由中国佛教协会会长传印长老、松赞林寺布主活佛、西双版纳总佛寺住持祜巴龙庄勐分别带领汉传佛教、藏传佛教和南传佛教众法师为大雄宝殿开光仪式拈香、洒净、开光祈福。西双版纳总佛寺开光庆典圆满成功，翻开了中国南传佛教发展史上的新篇章。

西双版纳总佛寺举行大雄宝殿落成开光活动是近50年来中国南传佛教区域最大的一次宗教活动。它充分显示出中国南传佛教在我国发展战略格局中的宗教力区位优势，象征着中国南传佛教将进一步走向国际、与国际接轨，从宗教方面向世界展示中国的国际形象，可以说其意义远远超过这次活动本身。

西双版纳总佛寺开光庆典是中国南传上座部佛教的盛世盛典，标志着云南与东南亚、南亚南传佛教文化交流进入了一个新的历史时期，也预示着中国南传佛教在新时期的复兴。西双版纳总佛寺将进一步推动中国与东南亚、南亚佛教文化交流，增进双方的友谊和理解，携手致力于佛教事

业，为世界和平做出贡献。西双版纳总佛寺将秉承佛教的优良传统，继续
高举爱国爱教的伟大旗帜，坚定不移地走佛教与社会主义社会相适应的道
路，发挥南传佛教界人士和信教群众在促进经济社会发展中的积极作用。

（三）南传佛教工作委员会扩大会议召开

2012 年 12 月 10 日，在西双版纳总佛寺重建开光仪式期间，云南省
佛教协会南传佛教工作委员会扩大会议在景洪召开，云南南传佛教各地的
主要负责人参加了会议。会议由临沧市佛教协会会长提卡达希主持，中国
佛教协会副会长、云南省佛教协会会长、云南佛学院院长刀述仁做工作报
告，在走向复兴的历程中进一步明确了南传佛教的发展方向。

第一，总结回顾了历届南传佛教工作会议的成果。1990 年 12 月，第一
次南传佛教工作会议在景洪市召开，原中国佛教协会会长赵朴初主持了会
议。这次会议是中华人民共和国成立后南传佛教的创举，显示了国家对南
传佛教工作的关怀，是党的民族与宗教政策在南传佛教地区的具体体现。
第二次南传佛教工作会议于 1997 年 5 月在德宏州芒市召开。会议提出要加
强南传佛教自身建设，提高僧团素质，动员广大佛教信众积极投身到社会
主义建设的事业中去。第三次南传佛教工作会议于 2005 年 12 月在思茅市景
谷县召开。会议提出了以建设和健全布萨堂来管理僧团，并第一次提出了
要建设中心佛寺，改变传统上村寨寺院各自为政、缺乏管理监督、纪律涣
散的现象。

第二，深入分析了云南南传佛教的现状。由于社会转型，历史上长期
闭塞的边疆地区社会空前活跃，民族文化不断受到冲击，南传佛教的生存
与发展面临极其严峻的挑战。当前的主要问题是，南传佛教区域社会发生
了巨大变革，南传佛教赖以生存的社会基础和经济基础发生了深刻变化，
给传统的弘法方式带来了新的挑战、提出了新的要求。同时，僧团建设严
重滞后，僧人少、素质差的现象越来越突出，寺院规章制度以及佛事仪轨
与现代社会不相适应。各地寺院普遍只有一两个僧人或者沙弥，没有正常
的僧团活动和相关制度，缺乏学习机制和管理督导机制。此外，传统的南
传佛教僧团供养模式也发生了根本性的改变，寺院受供养来源单一并且匮
乏，没有经济保障，普遍存在僧人不安心驻寺修行、戒律松弛的现象，给
佛教的形象带来负面的影响，也导致广大信教群众不满意寺院僧侣的作
为，从而形成恶性循环。

第三，明确提出了今后的工作方向。为了引导南传佛教健康有序发

展，促进南传佛教与社会主义社会相适应，真正做到爱国利民，促进民族团结，利益边疆稳定，当前，南传佛教界要认真学习和贯彻落实十八大精神，认识到自身所肩负的神圣使命与空前挑战，加强制度建设，在办教模式上进行适应当今社会发展的相应改进。刀述仁会长强调，各地要认真研究、创造条件，争取在两三年内初步办起一些中心佛寺，加强管理，树立榜样。他同时指出，培养人才是当前的大事，今后寺院要在培养人才工作中更多地投入资金和保障。在慈善和社会服务方面，要向汉传佛教学习，实践佛陀教导，让僧团更加贴近信众，对社会而言，这也是南传佛教积极投身和谐社会建设的实际行动，是报众生恩、报社会恩、报国家恩的具体体现，也是改善南传佛教在群众中形象的行之有效的方法。[①]

可见，新时期的南传佛教在复兴的同时也发生了很多变化，南传佛教开始走向自警自觉，主动意识到自身存在的一些现实问题并提出了变革之策，这种调适本身就是南传佛教的一种良性发展。

第五节　中国南传佛教教派的传承与流变

历经近千年的发展衍化，中国南传佛教现存教派依然是润派、多列派、摆庄派和左抵派，主要分布在滇西、滇西南和滇南的弧形地带：保山—德宏—临沧—普洱—西双版纳—红河，为傣族、布朗族、德昂族、阿昌族和部分佤族、彝族所信奉。

一　润派的传承与流变

20 世纪 50 年代初期的调查表明，西双版纳润派基本上延续了民国年间的发展水平，主要分布在西双版纳景洪、勐海、勐腊 3 县 11 勐 230 个村寨，有佛寺 594 座；其中景洪 208 座、勐海 269 座、勐腊 117 座。[②]德宏地区润派主要流传于芒市（潞西）、遮放一带，如芒市的芒弄、弄坎、弄转、难相掌、芒牛、允金、帕底、户育、芒别、芒归、勐木、芒浩、当

① 参见蓝希峰《云南省佛教协会南传佛教工作委员会扩大会议在景洪召开》，《中国民族报·宗教周刊》2012 年 12 月 18 日。

② 颜思久：《云南小乘佛教考察报告》（一），云南省社会科学院宗教研究所《宗教调查与研究》（内部资料，1986 年）。

连、芒烘、那杯、那满、芒昌、贺弄、顿勐、芒董、拉勒、拉卡、拉门、拉眼、轩岗、芒广、芒牙、南约等村寨；再有遮放的南冷、户勒、芒海、芒缓、那忙、芒昌、和还、丙鸟、帕颇、排鲁、遮换、拉相、垄勐、弄养等村寨。[①]

据 20 世纪 90 年代调查，中国南传佛教润派佛寺有 1083 座，比丘 899 名，沙弥 6745 名，信众 80 多万。其中，西双版纳州有佛寺 577 座，比丘 658 名，沙弥 5732 名；思茅地区有佛寺 286 座，比丘 236 名，沙弥 300 多名；临沧地区有佛寺 286 座，比丘 474 名，沙弥 700 多名；德宏州有佛寺 58 座，皆为无僧佛寺；保山地区有佛寺 17 座，比丘 5 名，沙弥 13 名。[②]

由此可见，润派在当代的分布较广，几乎遍及中国南传佛教各个流传区域，信仰民族有傣族、布朗族、德昂族以及部分阿昌族、佤族、彝族等，甚至有少数汉族亦皈信了润派佛教。

二　多列派的传承与流变

20 世纪 50 年代初，多列派长老英德戛从缅甸学经返回耿马孟定，振兴多列派佛教，佛寺发展到 12 座，僧人发展到 135 人。[③] 于是，耿马孟定地区的多列派法脉得以传承延续。

20 世纪 60 年代后，多列派之达拱旦支派仅在芒市、遮放尚有少量佛寺和少数教徒，而流传于盈江一带的多列之瑞竟支派则趋于沉寂。

目前，多列派主要分布于德宏、临沧一带，信奉民族为傣族和少数德昂族、阿昌族。

三　摆庄派的传承与流变

现摆庄派主要分布于德宏州潞西、遮放、瑞丽、陇川、盈江一带以及保山地区的潞江乡、芒宽乡，信仰民族有傣族、德昂族和阿昌族。摆庄派佛寺建筑、造像受到汉传佛教的影响，亦供奉观音、弥勒佛等。[④]

---

① 王海涛：《云南佛教史》，云南美术出版社 2001 年版，第 399 页。

② 康南山：《云南南传佛教现状》（三），《彩云法雨》2006 年第 3 期。

③ 颜思久主编：《云南省志》卷六六《宗教志》，云南人民出版社 1995 年版，第 28 页。

④ 张建章主编：《德宏宗教——德宏傣族景颇族自治州宗教志》，德宏民族出版社 1992 年版，第 147 页。

四　左抵派的传承与流变

目前，左抵派的传承中心地在缅甸孟敏一带，中国云南境内的左抵派佛教仅在德宏州的潞西、遮放、陇川和孟定一带的傣族、德昂族和少数阿昌族中流传。左抵派的佛教活动极少，主要有浴佛、赶塔、雨安居、诵戒等，日常佛教活动由以贺路为首的居士组织信众进行。

值得注意的是，2010 年 2 月中国佛教协会第八次全国代表会议先后表决通过了《南传佛教教职人员资格认定办法》《南传佛教寺院住持任职办法》。这两个文件的公布为中国南传佛教教职人员管理提供了依据，明确了南传佛教僧侣不同僧阶的区别、明确了中国南传佛教僧阶的年龄和僧腊认定标准、规定了僧阶认定的程序，对于南传佛教四个派别的统一管理具有划时代的意义，标志着中国南传佛教管理模式与时俱进，在当代进一步规范化和完善，具有鲜明的时代特征。[①] 南传佛教四个派别之间的差异逐渐在缩小，在管理制度等方面逐渐统一化和规范化。

当代中国南传佛教教派经过 60 多年的消长，最大特点是四个教派之间不再是泾渭分明，互不往来；而是交错混杂，并行共处，在传承与发展中走向对话与交流。另外，润派中的摆孙和摆坝已交相融合，持续发展，影响深远；其余诸派的流传和分布区域日益萎缩，发展缓慢。可以说，当代中国南传佛教四个派别基本获得了较为均衡的发展。

第六节　中国南传佛教经典的整理与保存

傣族在信奉南传佛教的历史进程中，用傣文来传写巴利语南传大藏经，从而形成了具有云南傣族地域特色的傣文大藏经。在信仰南传佛教的傣族地区，每年傣历十一月，有"赕坦"节，盛行抄经、献经，主要以佛寺为保存地，保存了丰富的南传佛教经典抄本。据说有 84000 部之多，其中"经藏"有 21000 部，"律藏" 21000 部，"论藏" 42000 部，并有一部五卷本的《别闷细版西甘》（《佛经总目》），专门讲述这 84000 部佛经的由来。佛经数量之浩繁虽无从稽考，却也从一个侧面反映了傣文佛经数量之巨。这些傣文佛经抄本主要流传于西双版纳傣族自治州、普洱市、临

---

① 详参郑筱筠《中国南传佛教研究》，中国社会科学出版社 2012 年版，第 150—157 页。

沧市、德宏傣族景颇族自治州、保山市等傣族地区，主要是用傣泐文、傣那文抄写的贝叶抄本和构皮纸抄本。在"文革"时期散佚不少。我国对南传佛教抄本较大规模的收集整理始于 2001 年，本节主要是对 21 世纪以来不同流传地域的南传佛教经典的整理与保存情况作概要性介绍，存史备考。

一　西双版纳佛教经典的整理与保存

（一）西双版纳大勐龙佛教经典的存逸

2001 年，云南大学硕士研究生姚珏对西双版纳大勐龙地区佛教经典进行实地调查。大勐龙曾经是西双版纳南传佛教历史上的佛学研究中心，因此，这个地方的经典极具代表性，可以与其他信奉上座部佛教地区的经典相印证。她的研究成果在一定程度上反映了目前西双版纳地区傣族佛教经典的存逸情况。

与东南亚巴利语系佛教经典一样，云南上座部佛教的大藏经包括经、律、论三藏和藏外典籍。西双版纳勐龙的巴利《三藏》，以收藏于森林藏经处①的阿连亚洼西初译、都坝罕腊整理的刻写本最佳。② 这个版本的翻译工作大约从 17 世纪开始，到 19 世纪晚期结束，贝叶刻本。译文依巴利原典文体对译，保持原典文体。1967 年毁。

该版本的《律藏》由 *pārājika*（《波罗夷》）、*pācitti*（《波逸提》）、*mahāvagga*（《大品》，即《比丘大业经》）、*cuḷavagga*（《小品》）、*parāḅhāvasutta*（《附篇》）五部分组成，为贝叶刻本，俱毁。目前，西双版

---

① 20 世纪 30 年代末 40 年代初，为避战火，时任勐龙僧伽拉扎的塔麻礼在距瓦香勐佛寺 15 公里山林中修建汇集当时勐龙教区各佛寺精良贝叶经刻本、纸抄本的藏经处，是勐龙地区历史上最大的佛教图书馆。毁于 1967 年。印证无忧《谈谈我国的傣文经典》[《佛教目录学述要》，（台湾）大乘文化出版社 1981 年版] 一文的相关说法。"傣族地区旧日属于'勐'这个较大的行政单位（约相当于区），一般都有修建于人迹罕至的原始森林中的'藏经处'，僧众们把刻写较佳的复本经藏藏入该处保存，这是研究傣文上座部经籍最好的图书室和资料室。在这些藏经室中，大都藏有丰富的典籍，有的还编有历年入藏的详尽目录，保存得很完好。可是也有个别的藏经处，由于发现后知道的人数多，经书散佚的情况很严重。"

② 当时勐龙的僧伽拉扎塔麻礼特意注文在该套《三藏》的《阿含》上，让后学不忘两位长老的功绩。"景管大佛寺的宿慧阿连亚洼西阿难达（长老）第一个意译此部大《三藏》。曼秀的都坝罕腊刻写（此部《三藏》译本）于贝叶。"（景管大佛寺是阿连亚洼西出家佛寺，曼秀是都坝罕腊出生寨子。）此《三藏》译本在当时的勐龙仅存一套。

纳傣族地区未再发现贝叶刻本《律藏》，现以阿奴楼佗长老的 *avahār25*
《轻、重律二十五章》作为律书使用。*mahāvagga*（《大品》）有四部注疏，
为贝叶刻本，目前在西双版纳尚有留存。

　　该版本的（《经藏》）由 *dīghānikāya*（《长部》）、*majjhimanikāya*
（《中部》）、*saṁyuttanikāya*（《相应部》）、*aṅguttaranikāya*（《增支部》）、
khuddakanikāya（《小部》）五部分组成。《小部》下缺译 *therīgāthā*（《长
老尼偈经》）。为贝叶刻本，俱毁。目前，西双版纳傣族贝叶刻本《经藏》
尚有两处留存。

　　该版本的（《论藏》）由 *abhidhammāsaṁgīṇī*（《法聚论》）、
vibhaṅgasutta（《分别论》）、*dhātukathā*（《界说论》）、*puggalapaññatti*
（《人设施论》）、*kathāvatthu*（《论事》）、*yamaka*（《双论》）、*mahāpaṭṭ
hāna*（《发趣论》）七部分组成。为贝叶刻本，俱毁。目前，傣族地区尚
有 *vibhaṅgasutta*（《分别论》）抄本两件、*mahāp aṭṭhāna*（《发趣论》）贝
叶刻本两件存世。

　　此外，勐龙历史上译有七部藏外经典：*bryāmūlindapaṇhā*（《弥兰陀
王问经》）、*dibavaṁsā*（《岛史》）、*mahāvaṁsā*（《大史》）、*cu lavaṁsā*（《小
史》）、*visuddhimagga*（《清净道论》）、*abhidhammattha saṅgaha*（《摄阿毗
达磨论》）、*suttasangaha*（*suttasaṅgaha*）（《摄经论》）。目前，西双版纳仅
有 *bryāmūlindapaṇhā*（《弥兰陀王问经》）留存在两处佛寺。西双版纳有解
释、阐发《清净道论》的经书六种。目前，有五种留存。

　　西双版纳勐龙傣族大藏经的具体情况如下。

　　1. Vinaya-pṭaka 律藏，由五部分组成

　　（1）*pārājika*（《波罗夷》）。Pārājika（"断头戒"）是比丘遵循的最基
本的戒律。傣族僧侣认为早期佛教长老根据四条"断头戒"对佛教戒律
进行解释、阐述并有所发展，最终形成此书。所以习惯上以 pārājika 作为
五部《维乃》（佛教戒律类经文）的代称。

　　（2）*pācitti*（《波逸提》）内容是如何处理心理违规犯戒。① 如想以棍
子毙人、怜悯心生而未付诸行动、心生恶念等，都属违犯 pācitti。经中记
录了佛陀处理这些行为的实例。

　　传统上，由僧团高僧根据 pācitti 与 pārājika 判断违戒僧侣行为之性

① 刀述仁认为是"比丘尼戒解说"（《版纳相思豆》，第215页）。

质，做出相应的惩罚。① 僧伽拉扎应精通《维乃》，对违戒僧侣的行为进行归类，处罚公允者，被视为 suggati ("公正"、"无恶果产生")。遇到临时急需处理的违戒行为，凭对《维乃》的理解、经验和智慧处理。

（3）*mahāvagga*（《大品》）(《比丘大业经》)。主要讲述 posoth、khao vassā、pavāranā、khao kamm 和 morakko cīvara。② 对比丘的行为规范、举行举止以及布萨羯磨等仪规进行了严格规定。

（4）*cuḷavagga*（《小品》）。

主要以实例讲解诸僧侣戒律、仪规。如二比丘与一比丘尼过河，天晚，只有一名比丘与比丘尼渡至河对岸。他们二人立禅杖为界，各自禅定。对岸未过河的比丘整夜设想两人行污秽事，心中不得安宁。第二天，未渡河者以臆想告佛陀，佛陀说，先渡河的二人专于修道，未过河的比丘心灵充斥秽思，属心理犯戒即犯 pācitti。

（5）*parāḅhāvasutta*（《附篇》）。傣族僧侣认为，*parāḅhāvasutta* 成书于第一次结集，后来锡兰长老陆续作增补、阐发。因此，他们从 *parāḅhāvasutta* 中间精选约 1/3 的经文，编成 *pārivāra*（《附篇》），作为常用律书。

在律藏五部中，*mahāvagga*（《大品》）与僧人的日常生活最为密切，所以有四部 *mahāvagga* 的注疏传入勐龙，与 *mahāvagga* 一道成为历史上勐龙僧伽拉扎判断、处理僧俗是否违戒的必读书。*mahāvagga* 的四种注疏本是 *mahāsarattha mī*18*pūk*（《大实例》18 册）、*mahāvipāklong mī*13*pūk*（《大罪行》13 册）、*sakkatidhipaṇī mī*11*pūk*（《诸常、诸无常》11 册）、*vinaynuonee mī*6*pūk*（《稀世维乃》6 册）。这四种本子目前在西双版纳均有刻本或抄本存世。

20 世纪 80 年代西双版纳傣族佛教恢复至今，未在西双版纳傣族地区

---

① 傣族僧侣认为凡是产生恶果的心理或行为都属 pārājika。凡是只生恶心而无恶果的属 pācitti，如无心、无意的杀生害命，僧侣触摸女性的手但没有进一步的行为，知道忏改，都属 pācitti。

② posoth "布萨"，指教区内比丘每月十五日至所在教区中心佛寺戒堂聆听戒师宣读 227 条比丘戒。khao vassā "毫洼萨"，指守持雨安居诸戒律、仪规。pavāranā "帕洼萨"，指出雨安居时各寺院僧侣之间互相忏悔、请罪，同寺僧侣中徒弟向师父忏悔、请罪，居士中晚辈向长辈忏悔、请罪。khao kamm "毫干"，指僧团内部每年按时举行的自姿、互相忏悔的仪式和 morakko cīvara "穿着"，指僧侣着袈裟仪规。

发现任何完整的贝叶刻本《维乃》。目前僧团只是以阿奴楼佗长老的 *avahār*25 (《轻、重律二十五章》) 作为处置违戒僧侣的律书。因此，该书是目前西双版纳傣族僧侣戒律的唯一依据。

西双版纳历史上有 *avahār*25 的贝叶刻本。但目前所知仅存两件棉纸抄本：①景洪曼囊寨子现年66岁的纳仰家藏 *Avahār*25 棉纸抄本。该抄本为纳仰外祖遗物，书法优美。从抄本纸张、字迹判断抄写时间较早。②景洪勐龙曼景勐佛寺祜巴罕米长老藏棉纸抄本。① 除此两册棉纸抄本外，目前在西双版纳尚未听说还有传统的 Avahār25 刻本或抄本。

2. sutta-piṭaka 经藏，也包括五部分

(1) *dīghānikāya* (《长部》)。内容共分三品，即 *sīlakhandavagga* (《戒蕴品》)、*mahāvagga* (《大品》)、*pāthikavagga* (《当学品》)。翻译了 *brahmajālasutta* (《梵网经》) 和 *mahāparinibbānasutta* (《大般涅槃经》)。基本上保持了南传三藏《长部》的分类和重要经文。

(2) *majjhimanikāya* (《中部》)。内容为 *mūlapannāsa* (《根本五十经》)、*majjhimapannāsa* (《中分五十经》) 和 *uparipannāsa* (《后分五十经》)。译出了 *mūlapariyāya* (《根本说品》)、*bhikkhu* (《比丘品》)、*paribbājaka* (《出家品》) 和 *vibhanga* (《分别品》)。基本上保持了南传三藏《中部》的分类和重要经文。

(3) *sa ṁyuttanikāya* (《相应部》)。内容为 *saghāthavagga* (《有偈品》)、*nidānavagga* (《因缘品》)、*kandhavagga* (《蕴品》)、*salāyatanavagga* (《六处品》) 和 *mahāvagga* (《大品》) 共六品。翻译了《相应部》最著名的 *dhammacakkappavattanasutta* (《转法轮经》)、*mārasa ṁyutta* (《摩罗集》)、*bhikkhunisa ṁyutta* (《比丘尼集》)。基本上保持了南传三藏《相应部》佛经的分类和重要经文。②

(4) *aṅguttaranikāya* (《增支部》)。分十一部分，保持了南传《增支部》的分类。

(5) *khuddakanikāya* (《小部》)。其内容包括：① *khuddakapāṭha*

------

① 1997年缅甸勐养僧伽拉扎 mahaagarugruupaa rassavanso mengyang (勐养出身高贵、闻到佛法味之重位大师) 派人从勐养献赎一册棉纸抄本给勐龙蔓景勐佛寺祜巴罕米长老。这已是新抄本。

② 邓殿臣《现代傣族地区佛教》一文说："傣文相应部含2863经，保留至今的已为数甚少，许多经仅仅存有目录。而南传各国的相应部有2889经，且完好无缺。"与事实显然不统一。

（*kuddakapāṭhāna*）（《小诵经》）；②*dhamapada*（《法句经》）；③*udāna*（《自说经》）；④*itivuttaka*（《如是说》）。

唯有掌握巴利语音学尤其是《八大语音学》第五部 *taddhit* 中词汇扩大、缩小规律者才能读懂此经。

在整个经藏当中，比较重要的有 *suttanipāda*（*suttanipād*）（《经集》）。《经集》分 *uragavagga*（《蛇品》）、*cullavagga*（《小品》）、*mahāvagga*（《大品》）、*aṭṭhakavagga*（《义品》）和 *pārāyana*（《彼岸道品》）五品。翻译有 *nālakasutta*（《那罗迦经》）、*pabbajjasutta*（《出家业经》）、*padhānasutta*（《精勤经》）等经，保持了南传《经集》的分类、重要经文和体裁。

（6）*vimānavatthu*（《天宫事》）。

（7）*petavatthu*（《饿鬼事经》）。专门叙述诸鬼的经。

（8）*theragāthā*（《长老偈经》）。讲述佛陀时代比丘的故事。傣族僧人认为《长老偈经》等经为非佛说，是长老写的经，嫌其过多夸张，不提倡僧徒阅读。

（9）*therīgāthā*（《长老尼偈经》）。

（10）*jātaka*（《本生经》）。

（11）*nidesa*（*nideg*）（《细说、义释》）。

（12）*paṭisambhidāmagga*（《无碍解道经》）。

（13）*apādāna*（*apādānakhandha*）（《譬喻经》）。

（14）*buddhavaṅsā*（*buddhavoḷchā*）（《佛统、佛种姓经》）。

（15）*cariyāpiṭaka*（《所行藏经》）。

按照巴利三藏经的一般构成，应当包括如上 15 部。但据说阿连亚洼西长老因为比丘尼戒 343 条过于严厉，不悦，故未译出《长老尼偈经》。①所以西双版纳的《小部》缺了《长老尼偈经》，实际上只有 14 部。

一般认为，《长部》叙述详细，《中部》专述比丘证悟道 magga 的易

---

① 据文献资料、实地调查，目前西双版纳存在受持五戒、八戒之优婆夷，但无比丘尼、女沙弥尼。净海的《南传佛教史》"第一编锡兰佛教史"谈到阿育王时代摩哂陀长老之后，其姊僧伽密多携大菩提树分枝前来往锡兰创建比丘尼僧团，"不过锡兰虽有比丘尼团存在，如迦陵伽王后在尼僧伽团出家，甚至延至佛历十五世纪，然而尼僧伽团是不发达的，附属比丘僧团"。"第二编缅甸佛教史"指出："与其他南传佛教国家一样，缅甸没有比丘尼僧团，只有一种近似于沙弥尼或正学女的女众，剃度，受持八戒，也认为是出家修行，但在戒律上，不能承认她们是沙弥尼或者是正学女，仍然属于信士女。"南传佛教比丘尼戒种已断绝。

读事例，《相应部》有很多易懂的小故事，《增支部》叙述晦涩难懂，《小部》叙述简练、深刻而又难解。五部中，以《长部》《小部》最受推崇。

现在勐龙小街乡曼将佛寺存贝叶刻本 52 册，缺 2 册。西双版纳州文馆存贝叶抄刻本 5 部，共 52 册，有残缺。

3. Abhidhamma, pitaka 论藏，有七部分

（1） *abhidhammāsa ṁgīṇī* （《法聚论》）。内容主要透彻地分析"三十二身分"，涉及人体解剖学和医学。

（2） *vibhaṅgasutta* （《分别论》）。① 讲述 *kammatthānena* "可靠的业"的分类。②

此经目前在勐腊勐捧曼塞龙波完罕处有 6 册棉纸抄本。曼塞康朗章香棉纸经折装抄本，献藏于曼占宰佛寺。

（3） *dhātukathā* （《界说论》）。讲述无常。与其他经书所述"四圣谛、八正道"雷同。

（4） *puggalapaññatti* （《人设施论》）。内容是讲述悟道、解脱圣人的故事。圣人因守护身体的 6 个门户（"六根"），杜绝外界肮脏物进入，悟道解脱。圣人守戒的事例如迦叶长老非时不食芒果守戒。圣人不限于人形，凡动物皆可通过聆听佛法成就 *puggala* 圣人。

（5） *kathāvatthu* （《论事》）。内容是佛陀没有对提问的长老阐述其错误的原因，而是让他自忖解答。

（6） *yamaka* （《双论》）。记录有 *uḷuveḷa* 河中的婆罗门三兄弟，出第一个雨安居就自以为成就阿罗汉果，后佛陀以 150 种神变降服三人，使他们皈依佛教一事。

（7） *mahāpaṭṭhāna* （《发趣论》）。此经目前在思茅地区景谷勐嘎城子周建云处藏有全本。③ 西双版纳州文管所藏 4 册（每册约 30 页，4 册共

---

① 邓殿臣的《现代傣族地区佛教》说："傣文论藏亦含七论，只是缺少《分别论》，而将《摄阿毗达磨论》归入了论藏。在南传诸国，《摄阿毗达磨论》均为藏外经典。"事实与邓殿臣所说恰恰相反。傣族地区有《分别论》，《摄阿毗达磨论》被认为是属于解释《阿毗达磨》的经书，所以被归入藏外。

② 与叭龙咯涛宰山节录《清净道论》而成的 kammatthān 有雷同处。

③ 刘岩《南传佛教与傣族文化》后记说："我在佛学研究中还遇到一位最好的老师，是景谷县东那佛寺的阿章，82 岁的周建云老先生（傣族），还有他的长子康朗拉周开祥同志，我们成了最好的朋友。"

120 余页，则其内容当为 *mahāpaṭṭhāna* 的缩略)。

目前西双版纳各佛寺所使用或收藏的《阿毗达磨》，主要是来自泰国的兰那体泰文《阿毗达磨》。

4. 藏外

西双版纳可确知的傣族藏外经典主要有 *bryāmūlindapaṇhā*、*dibavañsā*、*mahāvañsā*、*cuḷavañsā*、*visuddhimagga*、*abhidhammattha saṅgaha*、*suttasaṇgaha*（*suttasaṅgaha*）。①

（1）*bryāmūlindapaṇhā*（《弥兰陀王问经》）。祜巴叠篯认为 *bryāmūlindapaṇhā* 的作者是一长老，非佛说，是伪经，不提倡僧俗阅读。目前在西双版纳嘎洒曼囊佛寺、勐龙曼仰广佛寺有存留。

（2）*dibavañsā*（《岛史》）。原勐龙曼汤佛寺有藏本。目前西双版纳未再发现。

（3）*mahāvañsā*（《大史》）。原勐龙曼仰佛寺有藏本。目前西双版纳未再发现。

（4）*cuḷavañsā*（《小史》）。原勐龙曼景列佛寺有藏本。目前西双版纳未再发现。

（5）*visuddhimagga*《清净道论》。目前西双版纳没有发现此经的传统刻本。有解释、阐发《清净道论》的经书有 6 种：

第一，*dānakathā*。原藏勐龙“瓦目囡”。讨论什么是正确的赕、什么是错误的赕以及如何献赕。内容与《清净道论》*dāna* “赕”一节相关。景洪曼厅有棉纸抄本。

第二，*sīlakathā*。原藏勐龙“瓦目囡”。论述什么是违戒、什么是不违戒以及持戒的具体条件。与《清净道论》“戒”一节相关。其中还收录了佛陀讲述的一个守戒的故事：一个和尚在荷塘旁修道，时值荷花绽放，他闻到了荷香，守卫荷塘的天神斥责他窃走荷香。修道者以天神没有责备头一天牵马驮走荷花的人为自己作辩解。天神以驮走荷花的人没有受持戒律而修道者持戒作答，使修道者心悦诚服。这个故事强调过修道生活的守戒者应该懂得花香会破坏守戒律的心理状态，使心生贪欲，所以不可闻

---

①　刘岩《南传佛教与傣族文化》称："藏外佛经六部，在云南的傣族寺院中仅发现《弥兰王问经》（Milinda panha）一种。其余的《岛史》（Dipa - vamsa）、《大史》（Maha - vamsa）、《小史》（Culla - vamsa）和《摄阿毗达磨论》（Abhidhamattha - sangaha）等尚未发现。"少一种。

香。景洪曼厅有此书棉纸抄本。

第三，*bhāvanākathā*。原藏勐龙"瓦目囡"。内容是解释、阐述禅定(*bhāvanā*) 的规则、果位，打坐、呼吸和集中思维的方法等。① 景洪曼厅有此书棉纸抄本。

第四，*kammaṭhānhuanlie*。原藏勐龙"瓦目囡"。论述人生犹如活于铁狱，只有领悟 *kammaṭhān*（可靠的业）并以之为依靠，才能最终摆脱铁牢一样的生死轮回。与《清净道论》*paṭiccasamupāda* 缘起论一章相关。② 目前西双版纳景洪曼厅、勐龙一些佛寺有此书抄本数种。

第五，*kāyāviratti*。原藏勐龙"瓦目囡"。内容主要讲述 *kāyāviratti*（脱离肮脏成就 puggala 圣人）和 *dvatti ṃsākārā*（三十二身分）。③ 目前西双版纳勐龙曼将佛寺、瓦香勐佛寺等佛寺有藏本。

第六，*sakkatidhipaṇī*。原藏勐龙"瓦目囡"。主要解释诸常、诸无常等。目前西双版纳无存。

上述六种解释、阐发《清净道论》的经书，被认为是佛陀时代的迦叶长老或 *mahākaccāyana* 所作，都有其独立的写作立意，并不完全是《清净道论》的注疏。它们或章节段落或旨意与《清净道论》有交涉，对于佛教徒阅读、理解《清净道论》有一定帮助。不过，一般来说，传统的佛学教学不把这 6 本书指定为《清净道论》的必读参考书。

（6）*abhidhammattha saṅgaha*《摄阿毗达磨论》。原藏勐龙"瓦目囡"。目前西双版纳再未发现此经。

（7）*suttasangaha*（*suttasaṅgaha*）《摄经论》。原勐龙曼康弯佛寺有藏本。目前西双版纳未再发现此经。

从勐龙傣族地区南传藏外经典的翻译和流通情况来看，其藏内经典翻译不完整，在各地流传较少。比较重要的七部藏外经典，虽然都是经典傣文体傣语贝叶刻本，但都无作者、译者落名。而且，它们都不被认为是阿连亚洼西长老所译。因此，傣族藏外佛经翻译要晚于藏内经典。

本生经，巴利称 *jātaka*，意为"一生"、"一世"，含前生、今生、来世之义。是专门记录佛陀在前世轮回为动物、人身和天神守持、积累般若

---

① 与《清净道论》"禅定"一节相关。

② 即叶均译《清净道论》"第十七说慧地品"。

③ 即叶均译《清净道论》"第八说随念业处品"的"（3）取三十二身分之相与厌恶性"。

蜜的故事，歌颂积累般若蜜的功德，告诫后世佛徒勿忘般若蜜的佛经体裁，为西双版纳傣族佛徒最常用经典。历年雨安居、献经节僧侣必念诵、佛徒必抄刻献赕本生经。

目前，确知 1952 年以前勐龙傣族本生经有"五百世"、"四百世"、"五十世"、"十世"四种分类，下有十种版本。"十世"类（亦称"十般若蜜分类"）下的《十般若蜜》本生经很受傣族佛徒喜爱。讲述佛陀"十世"轮回中第十世轮回故事的《维生达腊》最受傣族佛徒推崇。傣族每年"献经节"最后一日要举行最隆重的滴水仪式，届时由僧侣从拂晓到深夜在佛寺大殿中念诵十三册的《维生达腊》本生经。《维生达腊》有七种版本，《千行诗本》《沙卜本》《沙乃本》《金象牙本》《金龙本》《勐豁本》《万象本》。目前，除《沙乃本》《金象牙本》《万象本》国内已失传外，其余四部西双版纳尚有留存。

第一，勐龙本生经的版本。

一般来说，傣族本生经按佛陀轮回的不同时段、轮回的界分类。一般分为 4 类：①"五百世"类，专录佛陀遥远前世的动物轮回故事。②"四百世"类，专录佛陀距悟道较近时期之贫苦人身轮回故事。③"五十世"类，专录佛陀距悟道更近时期为天神、人君之五十次轮回故事。④"十世"类，专录佛陀悟道前之十世人身轮回故事。其中以"十世"类（亦称"十般若蜜分类"）本生经尤其是以讲述佛陀第十世轮回故事的《维生达腊》最受傣族佛徒推崇。

1952 年以前，勐龙傣族本生经有十种版本：

（1）《五百世动物轮回·三十步》（*500 jāt sattajātiti ṁsānipād*）。记述佛陀在动物界的五百世轮回修成十般若蜜，属于佛陀早期轮回故事。一般认为这时的佛陀尚处心灵祈求阶段，不能以语言表达祈求成佛的心愿。每一般若蜜可分三步，完整的十般若蜜共有三十步。① 原藏"瓦目图"，贝叶刻本 16 册。现已毁。

（2）《五百世轮回》（*500 jāt*）。原藏森林藏经处，贝叶刻本，总册数

---

① 傣族僧侣认为，各般若蜜可分三步，完整十般若蜜共有三十步。以十般若蜜中之首"赕般若蜜"为例：（1）dānapāramī "普通之赕般若蜜"。以次等、坏质物、少量物献赕，祈求更多回报之献赕。（2）dānaupapāramī "进一步之赕般若蜜"。献赕质量、数量、诚心度较前者为好之献赕。（3）dānaparamatthapāramī "顶点之赕般若蜜"。视需者所需、所求而不以己愿决定献赕数量、内容。献赕后，不收回、不设想、不接受被赕者回报。

不详。1967 年毁。

（3）《四百世苦轮回·依般若蜜行》（*400 jāt dukkhajāti pāramīnipād*）。记述佛陀人身轮回早期贫苦生活的故事。一般认为此时佛陀处于语言祈求阶段，能以语言表达祈求成佛之心愿。原藏"瓦目囡"，贝叶刻本，共 13 册。现已毁。

（4）《四百世轮回》（*400 jāt*）。原藏森林藏经处，贝叶刻本，总册数不详，仅残存数册。1967 年毁。

（5）《五十世受乐的轮回·所有的般若蜜》（*50 jāt sukhajāti sabbapālong*）。记述佛陀于天、人界做天神、君王，献赕权力、勐的 50 次轮回故事。一般认为此时之佛陀处于"身体祈求"阶段，以己身体为献赕祈求成佛。原藏"瓦目囡"，贝叶刻本，共 18 册，1952 年以前尚存 13 册本。今已毁。

（6）《五十世轮回》（*50 jāt*）。原藏森林藏经处，贝叶刻本，总册数不详，仅残两三册。1967 年毁。

（7）《十世轮回》（*banbinti msāpāramī pañcaparicāga tisocariyātīvidhasuccaritta dasaspijāt*）。又称作《十般若蜜》《十本生经》，共 10 册。按照佛陀修持十般若蜜的顺序，每册讲述佛陀修道一般若蜜的故事。

佛陀悟道前十世人身轮回，积累三十步般若蜜、五大施舍、三种举止、三业洁净，终悟道成佛。

（8）《十世轮回》（*dasaspijāt*）。记述佛陀成佛前十世积累般若蜜之修道十故事。有百余册之多。"献经节"时，僧侣轮流念诵此经。原"瓦目囡"藏书，贝叶刻本。现已毁。

（9）《般若蜜部类》（*pāramīnipād*）。记述了 30 余个讲述佛陀轮回为动物、人身时历世积累般若蜜的故事。原藏"瓦目囡"，13 册贝叶刻本。现已毁。

（10）《三十步般若蜜部类》（*tiṅsānipād*）。记述了佛陀前世轮回为动物、人身时守持三十步般若蜜的故事百余个。16 册贝叶刻本。现已毁。

第二，《十般若蜜》本生经。

《十般若蜜》也叫《十世轮回》《十本生经》，是傣族佛教徒最推崇的本生经。所以历年雨安居僧侣诵读的佛经，每次"献经节"佛教徒刻写献赕的佛经，以《十般若蜜》最多。

《十般若蜜》以佛陀悟道前十世轮回故事为介质，阐述南传佛学 "般若蜜"① 的思想，认为只有成就十般若蜜（dasapāramī）、五个施献（pañcamahāparicāgadāna）、三个举止（tisocariyā）、三业清净（tīvidhasuccaritta）的人才能悟道成佛。一般认为，完整的 "般若蜜" 修持应包含：

第一，（dasapāramī）十般若蜜。

（1）dānapāramī 施舍。无偿予人，不收回，不求回馈。

（2）sīla 戒。依正见（sammādiṭṭhī），自觉持正道。

（3）nekkhamma 出离。脱离家庭、脱离十种心爱之物。

（4）paññā 慧。以禅定见到、认识到、得到。

（5）viriya 精进。戒除急躁、慌乱，循序渐进地修持。

（6）khanti 忍。无畏地执著、追求自己的理想、信念。

（7）sacca 真谛。诚信，不慕虚荣。

（8）adiṭṭhāna 祈盼。坚信依自己积累的功德可实现理想。

（9）mettā 慈悲。爱众生，勿暴力、斥责、杀戮。

（10）upekkhā 中道。脱离爱恨、苦乐、一切自然之约束。领悟生者必灭之理。反对 "命数" 之说。

第二，pañcamahāparicāgadāna 五个施献。

（1）dhanaparicāga 施献财物、权力、地位、土地、住宅。

（2）aṅgaparicāga 施献身体。

（3）jīvitaparicāga 施献生命。

（4）puttāparicāga 施献儿女。

（5）bhariyaparicāga 施献妻子。

第三，tisocariyā 三种举止。

（1）lokatthacariyā 为众之举止。于三界中，为三界众生解脱，不为己身解脱为念。

（2）ñātatthacariyā 为亲人之举止。为亲友、父母、子女解脱，不为己身解脱为念。

（3）buddhatthacariyā 为生徒、己身之举止。为徒众、己身求得解脱。

---

① 傣族僧侣认为般若蜜意为 "点滴积累之善德"，指苦难中坚定持戒而终获之善德。为上座部佛教徒所推崇。

第四，tīvidhasuccaritta 三净。

（1）kāyasuccaritta 身净。

（2）vacīsuccaritta 言净。

（3）manosuccaritta 心净。

《十般若蜜》记录佛陀依序修得十种般若蜜之故事：①第一世轮回，王子 temiyo 修得 khantipāramī "忍般若蜜"。②第二世轮回，janako 修得 dānapāramī "赕般若蜜"。③第三世轮回，suvaṇṇasayāmo 修得 mettāpāramī "慈般若蜜"。④第四世轮回，nemiro 修得 adiṭṭhānapāramī "祈盼般若蜜"。⑤第五世轮回，mahosatho 修得 paññāpāramī "慧般若蜜"。⑥第六世轮回，bhūridatto 修得 khantipāramī "忍般若蜜"。⑦第七世轮回，candakumāro 修得 saccapāramī "真谛般若蜜"。⑧第八世轮回，vidhurapaṇḍita 修得 paññāpāramī "慧般若蜜"。⑨第九世轮回，nāradato 修得 nekkhammapāramī "出离般若蜜"。⑩第十世轮回，vessantara 修得 pañcamahāparicāgadāna "五种施献"。

第三，《维生达腊》的七种版本。

历史上勐龙曾流传过七个版本之《维生达腊》本生经，它们目前仍是西双版纳傣族最常用的《本生经》。

1952 年以前，勐龙《维生达腊》有四种翻译方式：

（1）"沙卜"（傣语，意为"直译"）。巴利原文约占 50%，经典傣文体傣语译文占 50%。是《沙卜本》的译文形式。

（2）"沙乃"（傣语，意为"意译"）。巴利原文约占 30%，经典傣文体傣语译文占 70%。是《沙乃本》的译文形式。

（3）"沙板"（傣语，"解释性、注释性翻译"）。巴利原文约占 10%，经典傣文体傣语译文占 90%。是《金象牙本》的译文形式。

（4）"翰哈"（vohār，源于巴利，意为"艺术性翻译"、"再创作性翻译"）。巴利原文占不足 1%（约 0.8%），经典傣文体傣语译文占 99%。

如果就版本来说，则有七种。

第一，《千行诗本》。记录了佛陀在伽比罗城对雅利安民族讲述的自己历世轮回故事。这种译本直接源于巴利《三藏》之《本生经》，阐发如何圆满修证十般若蜜。为贝叶刻本，三册。译者是比阿连亚洼西还要早的傣族佛徒。全文为 100% 以经典傣文转写的巴利偈颂。目前，西双版纳景洪、勐龙傣族地区尚存此经。

第二,《沙卜本》(或《直译本》)。是勐龙曼箇寨子的叭龙咯涛宰山根据《千行诗本》直译的巴利原文,无任何增减。贝叶刻本,13 册。原藏"瓦目图"、森林藏经处。

《沙卜本》保留《千行诗本》巴利原文,有助于僧侣进一步理解巴利原意,傣语译文则有助普通佛徒理解、传播《维生达腊》,指导自身之佛教修道、修养。因此,这个译本被公认为叭龙咯涛宰山对傣族佛教的最大贡献,价值为《维生达腊》七版本之冠。受历代傣族僧侣推崇。目前,西双版纳勐龙傣族地区尚存。

第三,《沙乃本》(或《意译本》)。为勐龙曼秀寨子之都坝罕腊以《千行诗本》《沙卜本》为底本意译而成。内容含《千行诗本》的全部巴利原文,每一句巴利原文用百句以内的傣语意译、解释、阐发。贝叶刻本,十三册。原藏"瓦目图"、森林藏经处。现已失传。这个本子对后学认识、理解《维生达腊》本生经有较高的辅助功用。

第四,《金象牙本》。以《千行诗本》《沙卜本》《沙乃本》为底本扩充而成,除内容有扩充外,描写细致,阐明主题深入。内容包含《千行诗本》《沙卜本》中的全部巴利原文,并作了细致入微的翻译、解释、阐发。贝叶刻本,十三册。原藏"瓦目图"、森林藏经处。现已失传。据说缅甸之掸邦、勐养等地尚有留存。

第五,《金龙本》。叭龙罕纳曼康弯译本,以韵诗注释、解释巴利。巴利语部分,依照巴利前后经文押韵。傣语部分,依傣语语音押韵。逐一对《千行诗本》巴利词汇,先以巴利解释、后译为傣语,再后以傣语解释、阐发。书中的巴利较《千行诗本》巴利原文多出近一倍。故该书一直是勐龙傣族僧侣学习《阿咔雅》[①] 的范本,以此学习、领会巴利扩大、押韵、韵脚之规律。这个译本是勐龙傣族僧侣巴利语语音学、语法、文法水平的佐证。贝叶刻本,原藏森林藏经处有藏本,1967 年毁。现勐龙曼栓寨子纳拉塔叭龙宰雅宋罕出家佛寺所在的傣寨尚存此经。

第六,《勐豁本》。这个本子是景谷长老所译。主要内容不变,全诗五言韵诗,将巴利《维生达腊》全部用经典傣文译成傣语。语言通俗易懂、朗朗上口,是《维生达腊》本生经的傣族化、通俗化之佐证。1952年以前,勐龙各佛寺的比丘通常指定以《勐豁本》为贝叶经入门之启蒙

---

①　ākhyāt 为巴利语语音学第六部。

读物，凡学会经典傣文体巴利字母和傣文字母、韵母的沙弥尼都以之作为进一步学习语言、天文、佛学的入门书，故在西双版纳景洪、勐龙傣族民间广为流传。贝叶刻本，十三册。

目前，西双版纳嘎洒曼塞尚存一部《勐豁本》，是 20 世纪 80 年代从缅甸勐垒抄录来的。景谷也有藏本，但名字是《白象经》。

第七，《万象本》。前四册内容只是较《沙卜本》有所增加。从第五册开始，大量扩充内容。第五册至第十三册，每册内容均较《沙卜本》增加近 50%。其中第八册较《沙卜本》第八册增加了 2/3 的内容。贝叶刻本，十三册。原藏"瓦目囡"。现已毁。

七种版本中，以《勐豁本》最流行。《万象本》因篇幅庞大，一直不太流行。献经节时，僧侣们通常要历时一昼夜才能够将整套《万象本》轮流诵读完毕。《万象本》第九部、第十三部一直是傣族佛徒经常抄献佛寺的经书。

(二)《中国贝叶经全集》的整理编译

当代西双版纳傣族地区流传并保存有相当数量的佛教抄本，从传抄载体来看，主要分为贝叶经抄本、构皮纸抄本和棉纸抄本几类；从抄本文字业看，主要是用傣泐文、傣泐文拼写的巴利语传抄的。

从 2001 年开始，西双版纳傣族自治州人民政府的宗教管理部门，依据国家重视少数民族地区宗教文化保护和发展的相关精神，开始着手搜集整理散存在佛寺、州档案馆、各学术机构以及大量在民间的佛经抄本，其中包括贝叶经抄本和构皮纸抄本，共收集到散落在各地的抄本 400 多部(其中贝叶经 152 部、构皮纸经书 211 部、赞哈唱本 40 部)。据西双版纳州民族研究所所长、州贝叶文化研究中心岩香主任介绍，全州的贝叶经抄本数量应该在 1000 部左右，构皮纸抄本更不计其数。

西双版纳的佛教抄本内容主要由四个部分构成。一是傣族巴利三藏和三藏疏，以五部《阿含经》《清净道论》为代表；二是傣族从巴利三藏中遴选、编写成的傣族常用巴利语佛经，以《出家业经》《比丘业经》为代表；三是一些以本生经为蓝本的融入傣民族和地域特色、经过傣族再创作的南传上座部佛教经典，以《召树屯》《兰嘎西贺》等一些本生经为代表；四是一部分融入佛教思想的世俗典籍，如大量的反映佛教思想的民间文学作品，如民间谚语格言集《松帕雪》，依据佛教四谛五蕴理论所著的傣族传统医药典籍《"四谛"、"五蕴"阐释》《药典》等。从目前所收集

抄本的内容结构特点上看，本生经故事比重较大，藏外部分也有相当
比例。①

　　西双版纳州政府自 2001 年开始组织全州力量收集整理南传佛教抄本，
并从收集到的 1000 余部抄本中遴选了 131 部较具代表性和影响力的抄本，
经过艰苦的近十年时间翻译整理，2006 年至 2010 年，人民出版社出版了
数量达 100 卷，共 114 册的《中国贝叶经全集》，陆续向海内外发行，于
2010 年 4 月由人民出版社将 100 卷本的《中国贝叶经全集》全部出齐。

　　《中国贝叶经全集》收集、整理、编译之佛教经典目录如下：

　　第 1 卷《佛祖巡游记》

　　第 2 卷《维先达腊》

　　第 3 卷《瞿昙出家/嘎鹏》

　　第 4 卷《绣缮》

　　第 5 卷《十世轮回》

　　第 6 卷《金鲤鱼》

　　第 7 卷《粘响》

　　第 8 卷《赶塔南》

　　第 9 卷《召树屯/青瓜王》

　　第 10 卷《创世史/嘎里罗嘎里坦/佛教格言》

　　第 11 卷《扎哩呀》

　　第 12 卷《千瓣莲花/跌密牙王子》

　　第 13 卷《松帕敏/布罕/宋摩南富翁》

　　第 14 卷《孟腊甘达莱/甘达莱公主》

　　第 15 卷《召相勐与喃宗布》

　　第 16 卷《少年王召波拉》

　　第 17 卷《苏柏雪》

　　第 18 卷《玉喃妙》

　　第 19 卷《佛陀教语/阿瓦夯》

　　第 20 卷《摩尼尖》

　　第 21 卷《尖达巴佐/佛陀解梦/笨人吃斧》

　　第 22 卷《苏宛纳康罕》

---

① 　参见周娅《中国南传上座部佛教抄本概况研究》，《世界宗教研究》2011 年第 2 期。

第 23 卷《翁沙湾》

第 24 卷《甘帕沃短》

第 25 卷《帕雅目支膦陀的疑问》

第 26 卷《九尾狗》

第 27 卷《瓦卡吉达邦哈/朱腊波提断案/窝瓦达敢双》

第 28 卷《尖达罕当嘎》

第 29 卷《窝拉翁》

第 30 卷《三只金鹦鹉/苏拉翁》

第 31 卷《吉祥经/佛陀预言》

第 32 卷《药典》

第 33 卷《论傣族诗歌/花卉情书》

第 34 卷《摩诃翁滇万》

第 35 卷《颂玛南迭窝　阿銮模松》

第 36 卷《上思茅歌　贺新房歌》

第 37 卷《麻贺萨塔》

第 38 卷《脱泥佛像/金鹿》

第 39 卷《咖庸/五座凉亭》

第 40 卷《兴安龙召片领/断案全集》

第 41 卷《摩哈哇》

第 42 卷《芒莱法典》

第 43 卷《花蛇传奇》

第 44 卷《菩提般扎南塔度/哦哇答萨沙纳》

第 45 卷《术万南章呙》

第 46 卷《召贺洛/咖莱》

第 47 卷《召真悍/青莲之歌》

第 48 卷《冬德冬蒙/萨拉帅》

第 49 卷《召温邦》

第 50 卷《苏万纳捧敏/咖牙桑哈雅》

第 51 卷《坦玛布嘎拉朗玛/坦萨麻苏桑》

第 52 卷《白马凌波》

第 53 卷《波罗蜜经》

第 54 卷《四榴》

第 55 卷《娥屏与三洛》

第 56 卷《独象牙》

第 57 卷《秀批秀衮》

第 58 卷《召苏宛之歌》

第 59 卷《千棵芭蕉/七头七尾象》

第 60 卷《烘乖凤》

第 61 卷《傣药志》

第 62 卷《档哈雅》

第 63 卷《解说小诵经》

第 64 卷《沙甘玛瓦扎》

第 65 卷《金龟之歌》

第 66 卷《威乃牙洛泐》

第 67 卷《大果报》

第 68 卷《俳亚琅》

第 69 卷《〈菩提分法〉三十七道品》

第 70 卷《说媒词·祝词·咒语·偈语》

第 71 卷《呼腊竜》

第 72 卷《召香柏》

第 73 卷《各种祛邪驱鬼消灾术》

第 74 卷《喃金布/双头凤》

第 75 卷《制作大鼓/佛像的规矩及其它》

第 76 卷《巴拉尚哈亚》

第 77 卷《处世训言/坚固》

第 78 卷《五位佛祖的足迹》

第 79 卷《嘎弄》

第 80 卷《傣族的古规/礼俗及处世之道》

第 81 卷《召温龙/阿杏栋》

第 82 卷《清静道论》

第 83 卷《深奥佛法小手册·佛陀转世》

第 84 卷《布施论·戒论行·道修禅/王问经》

第 85 卷《鹏玛奘》

第 86 卷《傣方药/"四塔"/"五蕴"阐释》

第 87 卷《召宛纳潘》

第 88 卷《世间解》

第 89 卷《大业处》

第 90 卷《章哈歌唱语法/教导王和官员的诗歌/般哈诺宝》

第 91 卷《摩诃宾图/天界星宿》

第 92 卷《本名占星学/建城建寨》

第 93 卷《十五诵经/坦厄伽尼伴》

第 94 卷《粘芭细敦》

第 95 卷《乌沙与巴罗》

第 96 卷《增一阿含经》

第 97 卷《杂阿含经》

第 98 卷《小阿含经》

第 99 卷《中阿含经》

第 100 卷《长阿含经》

目前已出版的《中国贝叶经全集》所收上座部佛经抄本 100 余部，大体可分为《阿含经》5 部；律藏和论藏（含翻译和本土著述）约 30 部；本生经约 40 部；世俗经典约 25 部。其中的本生经部分实际是藏内《小阿含经》的典籍。值得一提的是，版纳地区发现的《阿含经》并不全。例如《小阿含经》，本应包含《小诵》《法句经》《如是语经》《经集》《天宫事经》《饿鬼事经》《长老偈》《长老尼偈》《本生经》《比喻经》《佛经史》等。而依据近年来所搜集到的贝叶经抄本和构皮纸抄本所编译出版的《中国贝叶经全集》的第 98 卷《小阿含经》，则受所搜集到的抄本限制，篇幅上仅包含《经集》《长老经》与《长老尼经》3 部。本应包含在《小阿含经》里的近 40 部本生经已另辟为《全集》其他卷本出版。①

《中国贝叶经全集》以贝叶抄本或构皮纸抄本扫描、老傣文、新傣文、国际音标、汉文直译和汉文意译"六对照"的形式，首次将我国境内的南传佛教抄本情况较为细致和规模性地呈现在世人面前。这是中国南传上座部佛教经典的首次选编集萃，② 被誉为"研究我国南传佛教

---

① 参见周娅《中国南传上座部佛教抄本概况研究》，《世界宗教研究》2011 年第 2 期。

② 详参周娅《〈中国贝叶经全集〉九大问题述略》，《思想战线》2007 年第 6 期。

的空前盛举"。无疑，《中国贝叶经全集》的结集出版，有利于推动我
国对南传佛教经典的整理和研究，有利于推动中国南传佛教和东南亚南
传佛教的文化交流。然而，正如有学者指出，首先，仅仅遴选卷帙浩繁
的傣文大藏经中的 100 卷贝叶经编译结集，却以《中国贝叶经全集》一
名冠之是否妥当？能否真正反映傣文巴利三藏的精髓？其次，这样的结
集和出版编纂工作只是初步尝试，有待与现存南传诸国的巴利语文献进
行系统比较对照，进一步厘清傣族巴利语文献的源流、版本及其在内容
方面的殊胜之处。总之，对中国南传佛教贝叶经典籍的整理和研究工作
有待拓宽视野，争取与国际贝叶经典籍研究机构展开更深广的交流合作
来拓展。

二　德宏佛教经典的整理与保存

据德宏州图书馆从事德宏州傣文古籍抢救翻译保护工作的张云调查统
计，目前在德宏收集整理的傣文经书主要是用方形德宏傣那文、圆形缅傣
文、老傣文拼写的巴利文抄写的棉纸经、构皮纸经、象牙片经、象骨片
经、贝叶经，但是贝叶经抄本较少。当前德宏州收藏的傣文古籍主要有：
德宏州档案馆 181 卷，德宏州民语委 200 卷，德宏州文化馆、德宏州图书
馆 200 卷，芒市文化馆 200 卷，瑞丽市档案馆 200 卷，梁河县档案馆 300
卷，盈江县档案馆 200 卷，畹町文化馆 150 卷。全州有佛寺 500 多座，每
座佛寺都有傣文古籍经书存放，如菩提寺存 500 卷，佛光寺 300 卷，五云
寺 350 卷。散落民间的傣文古籍也不少，目前已普查的傣文古籍经书共有
2203 卷。①

2001 年开始，云南大学的尹绍亭教授和供职于日本东京外国语大
学亚洲非洲语言文化研究所的唐立教授开展了"云南傣族古籍文献抢
救保护"项目，这个项目得到了日本丰田基金会的支持，目标是实现
傣族古籍文献在当地的永久保存和利用。该项目历时三年，依靠德宏
傣族景颇族自治州一大批傣族学者们的努力，最终完成了 2000 余种
老傣文古籍文献的普查；经过考订筛选，入选篇目近 900 种，拍摄微
缩胶卷 23 盘，计 54732 幅。并于 2002 年出版了《中国云南德宏傣族

---

① 参见张云《德宏州傣文古籍调查概况》，《贝叶文化与和谐周边建设》，云南大学出版社
2011 年版，第 48—49 页。

古籍编目》。

《中国云南德宏傣族古籍编目》① 收录条目分为历史、语言、天文、文学、医药、宗教等类别。书名以老傣文、国际音标、汉文顺序书写，表格用汉文、老傣文、英文书写。在其收录的宗教条目中，大多数是傣文佛教经典。可以说，《中国云南德宏傣族古籍编目》项目的顺利完成对德宏傣族地区的傣文佛教经典的整理和保存而言，意义深远。然而，《中国云南德宏傣族古籍编目》所收录的佛教经典只是其中的一个部分，尚未能反映德宏傣文佛教经典的全貌。

三　耿马佛教经典的整理与保存

2004 年 9 月，尹绍亭、唐立等开展的"临沧耿马傣族古籍抢救保护项目"正式启动，通过开展傣文古籍文献普查，落实了傣那文和傣泐勒文古籍文献 398 种，县志办和县档案馆提供的傣文地方史料 33 种，普查落实的傣文文献古籍共计 431 种。通过两年多集中翻译、整理和编目，于 2005 年 12 月顺利出版了《中国云南耿马傣文古籍编目》② 一书，完成了对耿马傣文古籍文献的全部拍摄，共拍摄图片 2 万余幅，使这些古籍文献以缩微胶片的形式保存下来。耿马傣文古籍编目项目的完成，是耿马傣族古籍的抢救保护工作迈出的可喜一步。

《中国云南耿马傣文古籍编目》所收录的条目主要包括历史、文学、天文、宗教、医药、占卜等方面的内容。其中收集整理的耿马傣族地区的南传佛教抄本有一个特点，即贝叶抄本极其少见，大多为纸质抄本。耿马傣族地区现存的南传佛教经典目录主要有《佛经总目》1 册、《二十八尊佛》1 册、《赕袈裟》1 册、《滴水献斋的由来》1 册、《关门节·新年·沐浴日》1 册、《佛祖答仙女问》1 册、《佛祖巡游》1 册、《千瓣莲花》1 册、《维先达腊》1 册等，除此之外，还有大量的佛本生故事，如《娥并与桑洛》《阿暖》系列故事等。但不容乐观的是，耿马傣文古籍大多散落于民间，损毁比较严重，流失现象突出，尤其是耿马傣文佛教经典的整理和保存工作有待深入。

---

① 尹绍亭、唐立、快永胜、岳小保编：《中国云南德宏傣族古籍编目》，云南民族出版社 2002 年版。

② 尹绍亭、唐立主编：《中国云南耿马傣文古籍编目》，云南民族出版社 2005 年版。

四 孟连佛教经典的整理与保存

2007 年，尹仑、唐立等展开"中国云南孟连傣文古籍抢救保护项目"启动，2010 年 10 月完成，依托孟连县民族历史博物馆，收集整理古籍约 1000 册，精选拍摄 190 余册，拍摄微缩胶卷 25300 余幅，翻译重要古籍 7 部，编成《中国孟连傣文古籍编目》① 一书出版。所收录条目分为历史、文学、天文、宗教、医药、习俗等。

对孟连傣文古籍调查和整理发现，孟连傣族地区的南传佛教抄本一部分是贝叶抄本，另一部分是纸质抄本。其中收集整理到孟连傣族地区现存的南传佛教经典目录主要有《佛经总目》1 册、《布散嘎》1 册、《巴腊米》1 册、《巴腊米板迦》1 册、《比大麻腊那》1 册、《毫轮洼》1 册、《涅槃纳索》1 册、《麻哈满腊涅槃》1 册、《八佛记》1 册、《赕塔尖》1 册、《二十八佛》1 册、《二十八佛谱系》1 册、《赕花许愿的来历》1 册等。由于"中国云南孟连傣文古籍抢救保护项目"收集内容广泛，而散落佛寺和民间的佛经数目较多，因此佛教经典的收集和整理尚需进一步开展。

结论

当代学者们对散落在民间的佛教经典的收集整理对于佛教历史记忆的固态化意义重大，它可以从不同的民间集体记忆中去还原一些历史事实。但是由于信仰南传佛教的傣族、布朗族、德昂族、阿昌族、佤族和彝族文字形成时间较晚，自身文献记载阙如，各个历史发展阶段的记载不全，故而通过口述史、大规模的古籍整理和翻译对于还原留存在民间的南传佛教历史记忆来说不失为一种研究路径。

---

① 尹仑、唐立、郑静主编：《中国云南孟连傣文古籍编目》，云南民族出版社 2010 年版。

主要参考文献

中文

（梁）僧祐：《出三藏记集》，中华书局 1995 年版。

（元）周达观撰，夏鼐校：《真腊风土记校注》，中华书局 2000 年版。

（元）李京撰，王叔武注：《云南志略辑校》，云南民族出版社 1986 年版。

［意］马可波罗：《马可波罗行纪》，冯承钧译，上海书店出版社 2001 版。

（明）钱古训撰，江应樑校注：《百夷传校注》，云南人民出版社 1980 年版。

（明）朱孟震撰：《西南夷风土记》，商务印书馆 1936 年版。

（明）刘文征撰，古永继校点：《滇志》，云南教育出版社 1991 年版。

（明）陈文修，李春龙、刘景毛校注：《景泰云南图经志书校注》，云南民族出版社 2002 年版。

（清）张廷玉：《明史》卷三一五《云南土司传》，中华书局 1983 年版。

（清）罗纶修：《永昌府志》卷六六，清康熙四十一年（1702）刻本。

（清）谢体仁纂修：《威远厅志》，清道光十七年（1837）刻本。

（清）李熙龄纂修：《普洱府志》，清咸丰元年（1851）刻本。

（清）刘毓珂纂修：《永昌府志》，清光绪十一年（1885）刻本。

龙云、周钟岳等纂修：《新纂云南通志》，1949 年铅印本。

柯树勋编：《普思沿边志略》，云南开智公司，1915 年铅印本。

段文逵：《云南勐卯行政区地志资料》，铃猛防行政委员关防抄本，1923 年刊印。

李拂一：《十二版纳志》，（台湾）正中书局 1955 年版。

彭桂萼：《双江一瞥》，云南省立双江简师 1936 年铅印本。

彭桂萼：《西南边城缅宁》，云南省立双江简师 1938 年铅印本。

张向德修：《顺宁县志初稿》，凤庆县志编修委员会，1983 年。

赵国兴修：《思茅县地志》，民国十年。

方国瑜主编：《云南史料丛刊》第十三卷，云南大学出版社 2001 年版。

龙云、周钟岳等纂修，李春龙、牛鸿斌等点校：《新纂云南通志》，云南
　人民出版社 2007 年版。

云南少数民族社会历史调查组：《傣族简史简志合编（初稿）》，中国科学
　院民族研究所 1964 年版。

张建章主编：《德宏宗教——德宏傣族景颇族自治州宗教志》，德宏民族
　出版社 1992 年版。

颜思久主编：《云南省志·宗教志》，云南人民出版社 1995 年版。

颜思久主编：《云南省志·社会科学志》，云南民族出版社 1997 年版。

颜思久主编：《云南省傣族社会历史调查材料》（耿马地区）（七），云南
　人民出版社 1963 年版。

云南省编辑组编：《思茅玉溪红河傣族社会历史调查》，云南人民出版社
　1984 年版。

云南省编辑组编：《德宏傣族社会历史调查》（三），云南人民出版社
　1987 年版。

民族史料译丛：《西双版纳宣慰世系》，云南省民族研究所，1981 年。

云南省少数民族古籍整理储备规划办公室：《勐泐王族世系》，云南民族
　出版社 1987 年版。

云南省少数民族古籍译丛第 5 辑：《孟连宣抚司》，云南民族出版社 1986
　年版。

云南省少数民族古籍译丛第 19 辑：《勐果占壁及勐卯古代诸王史》，云南
　民族出版社 1988 年版。

云南省少数民族古籍译丛第 22 辑：《车里宣慰世系集解》，云南民族出版
　社 1989 年版。

云南省少数民族古籍译丛第 25 辑：《勐勐土司世系》，云南民族出版社
　1990 年版。

刀永明辑：《中国傣族史料辑要》，云南民族出版社 1989 年版。

德宏史志编委办公室会编：《德宏史志资料》（第 16、17 辑），德宏民族
　出版社 1994 年版。

陇川县文史编辑组：《陇川县文史资料》（第 3 辑），德宏民族出版社 1992

年版。

云南省地方志编纂委员会办公室主编：《滇国、滇越国、哀牢国、掸国、八百媳妇国史料汇编》，云南民族出版社1996年版。

西双版纳政协文史委编：《西双版纳文史资料》（第十三辑），云南民族出版社2000年版。

［泰］披耶阿努曼拉查东：《泰国传统文化与民俗》，中山大学出版社1987年版。

［泰］黎道纲：《泰国古代史地丛考》，中华书局2000年版。

郑筱筠：《中国南传佛教研究》，中国社会科学出版社2012年版。

（清）傅天祥、李斯佺修：《大理府志》，民国二十九年铅印本。

云南省编辑组编：《傣族社会调查资料》之五，云南人民出版社1985年版。

云南省编辑组编：《傣族社会历史调查》（西双版纳之九），云南人民出版社1985年版。

云南省编辑组编：《傣族社会历史调查》（西双版纳之三），云南民族出版社1983年版。

桑耀华：《德昂族文化大观》，云南民族出版社1999年版。

木劲松、杨明满、赵剑华主编：《福贡县志》，云南民族出版社1999年版。

云南省社会科学院民族民间文学研究所编：《金湖之神》，中国民间文学出版社1981年版。

中国民间文艺研究会云南分会编印：《兰嘎西贺》，1981年版。

李拂一：《泐史》，四川民族出版社1984年版。

勐腊县民委，西双版纳州民委编：《西双版纳傣族民间故事集成》，云南人民出版社1993年版。

云南省方志编纂委员会编：《云南省志·宗教志》，云南人民出版社2003年版。

上海文艺出版社编：《中国民间长诗选》第一集，上海文艺出版社1980年版。

曹成章：《傣族社会研究》，云南人民出版社1988年版。

［英］查尔斯·埃利奥特：《印度教与佛教史纲》，商务印书馆1982年版。

陈保亚、木镜湖：《南传上座部佛教入滇考》，云南大学中文系编《东南亚文化论》，云南大学出版社 1994 年版。

陈卫东主编：《沧源佤族自治县统战史》，云南民族出版社 2006 年版。

褚建芳：《人神之间——云南芒市一个傣族村寨的仪式生活、经济伦理与
　　等级秩序》，社会科学文献出版社 2005 年版。

邓殿臣：《南传佛教史简编》，中国佛教协会 1991 年版。

杜继文主编：《佛教史》，江苏人民出版社 2006 年版。

段立生：《泰国文化艺术史》，商务印书馆 2005 年版。

方国瑜：《中国西南历史地理考释》，中华书局 1987 年版。

傅光宇：《东南亚与云南民族文学》，云南大学出版社 1999 年版。

龚锐：《圣俗之间——西双版纳傣族赕佛世俗化的人类学研究》，云南人
　　民出版社 2008 年版。

郭武：《道教与云南文化——道教在云南的传播、演变及影响》，云南大
　　学出版社 2000 年版。

云南省编辑组编：《临沧地区傣族社会历史调查》，云南人民出版社 1986
　　年版。

云南省编辑组编：《云南少数民族社会历史调查资料汇编》，云南人民出
　　版社 1985 年版。

贺圣达：《东南亚文化发展史》，云南人民出版社 1996 年版。

季羡林：《中印文化交流史》，新华出版社 1991 年版。

江应樑：《摆夷的经济文化生活》，云南人民出版社 2008 年版，初版于 20
　　世纪 50 年代初，2008 年再次刊印。

江应樑：《傣族史》，四川民族出版社 1984 年版。

金泽：《宗教人类学学说史纲要》，中国社会科学出版社 2009 年版。

净海：《南传佛教史》，宗教出版社 2002 年版。

觉音尊者：《清净道论》，叶均译，中国佛教协会 1991 年版。

李昆声：《云南艺术史》，云南教育出版社 2001 年版。

梁启超：《中国佛教研究史》，上海三联书店 1988 年版。

临沧地区民族宗教事务局编：《临沧地区民族志》，云南民族出版社 2002
　　年版。

刘岩：《南传佛教与傣族文化》，云南民族出版社 1993 年版。

刘稚、秦榕：《宗教与民俗》，云南人民出版社 1991 年版。

［美］米尔恰·伊利亚德：《神圣与世俗》，王建光译，华夏出版社 2003

年版。

宋立道：《从印度佛教到泰国佛教》，（台湾）东大图书股份有限公司2002年版。

宋立道：《神圣与世俗》，宗教文化出版社2000年版。

谭乐山：《南传上座部佛教与傣族村社经济——对中国西南西双版纳的比较研究》，云南大学出版社2005年版。

汤用彤：《汉魏两晋南北朝佛教史》，上海书店1991年版。

陶云逵：《车里摆夷的生命环》，金陵大学，1948年。

陶云逵：《俅江纪程》，《云南独龙族历史资料汇编》，1964年12月。

田汝康：《芒市边民的摆》，云南人民出版社2008年版。

王海涛：《云南佛教史》，云南美术出版社2001年版。

王松、王思宁：《傣族佛教与傣族文化》，云南民族出版社1989年版。

王晓帆：《中国西南边境及相关地区南传上座部佛教塔研究》，博士学位论文，上海同济大学，2007年。

王懿之、杨世光编：《贝叶文化论》，云南人民出版社1990年版。

［英］维克多·特纳：《仪式过程——结构与反结构》，黄剑波等译，中国人民大学出版社2006年版。

吴之清：《贝叶上的傣族文明——云南西双版纳南传上座部佛教社会研究》，人民出版社2008年版。

吴之清：《贝叶上的傣族文明——云南德宏南传上座部佛教社会考察研究》，四川巴蜀书社2007年版。

伍雄武、岩温扁：《傣族哲学思想史》，民族出版社1997年版。

西双版纳傣族自治州民族宗教局编：《西双版纳傣族自治州民族宗教志》，云南民族出版社2006年版。

星云大师：《当代人心思潮》，（台湾）香海文化有限公司2007年版。

岩温扁译：《巴塔麻嘎捧尚罗》，云南人民出版社1989年版。

颜思久：《云南宗教概况》，云南大学出版社2000年版。

杨民康：《贝叶礼赞——傣族南传佛教节庆仪式音乐研究》，宗教文化出版社2003年版。

杨学政主编：《云南宗教史》，云南人民出版社1999年版。

杨增文主编：《当代佛教》，东方出版社1993年版。

姚荷生：《水摆夷风土记》，上海大东书局1948年版。

尤中：《白古通纪浅述校注》，云南人民出版社 1998 年版。

云南大学中文系编：《东南亚文化论》，云南大学出版社 1994 年版。

云南省少数民族古籍译丛第 21 辑：《傣族风俗歌》，云南民族出版社 1988
　年版。

曾明编：《印度神话故事》，宗教文化出版社 1998 年版。

张福三主编：《云南地方文学史》，云南人民出版社 1997 年版。

张晓松等：《云南民族地方行政制度的发展与变迁》，云南人民出版社
　2005 年版。

赵廷光、刘达成：《云南跨境民族研究》，云南民族出版社 1998 年版。

郑筱筠：《佛教与云南民族文学》，新华出版社 2001 年版。

［美］杰克·康菲尔德：《当代南传佛教大师》，觉悟之路网站。

江应樑著，江晓林注：《滇西摆夷之现实生活》，德宏民族出版社 2003
　年版。

余定邦：《中缅关系史》，光明日报出版社 2000 年版。

常任侠：《印度与东南亚美术史》，安徽教育出版社 2006 年版。

英文

"The Chiang Mai Chronicle", Translated (from Thai into English) by David
　K. Wyatt and Aroonrut Wichienkeeo, *Silkworm Books*, Chiang Mai, 1995.

Donald K. Swearer, *The Buddhist World of Southeast Asia*, New York: State Uni-
　versity of New York Press, 1995.

Ed. by Juliane Schober, *Sacred Biography in the Buddhist Traditions of South
　and Southeast Asia*, University of Hawaii Press, 1997.

H. L. Seneviratne, *Rituals of the Kandyan State*, Cambridge University
　Press, 1978.

Hans Penth, "*A Brief History of Nan Na: Civilization of North Thailand*", *Silk-
　worm Books*, Thailand, 2000.

Kanai Lal Hazra, *The Buddhist Annals and Chronicles of South-east Asia*, New
　Delhi: Munshiram Manoharlal Publishers Pvt. Ltd. , 1986.

Michael Carrithers, *The Forest Monks of Sri Lanka*, Oxford University
　Press, 1983.

Richard A. Gard, *The Role of Thailand in World Buddhism*, The World Fellowship of Buddhists, 1971.

Richard Gombrich, *Theravada Buddhism*, Routledge & Kegan Paul, 1988.

Rory Mackenzie, *New Buddhist Movements in Thailand: Towards an Understanding of Wat Phra Dhammakaya and Santi Asoke*, London, New York: Routledge, 2007.

S. J. Tambiah, *World Conqueror and World Renouncer: A Study of Buddhism and Polity in Thailand against a Historical Background*, Cambridge \ [Eng. \ ] ; New York: Cambridge University Press, 1976.

S. J. Tambiah, *Buddhism and the Spirit Cults in North-east Thailand*, Cambridge \ [Eng. \ ] : University Press, 1970.

Walpola Rāhula, *History of Buddhism in Ceylon: the Anuradhapura Period*, 3d century BC – 10th Century AD. M. D. , Gunasena, 1966.

Kanai Lal Hazra, *History of Theravāda Buddhism in South-East Asia, with Special Reference to India and Ceylon*, Munshiram Manoharlal Publishers Pvt Ltd. , 1981.

后　　记

度过九年奋力挣扎的岁月，留下许多刻骨铭心的记忆，到了今天，《世界佛教通史》终于出版了！

在这里，我首先代表本课题组所有成员，也就是本部书所有作者，向关心、关怀、指导、帮助我们工作的领导、前辈、同事和朋友表示衷心感谢。

从 2006 年 11 月 7 日到 2006 年 12 月 24 日，在我筹备成立课题组，为争取立项做准备工作期间，世界宗教研究所党委书记曹中建先生最早表示全力支持，卓新平所长最早代表所领导宣布批准我申报《世界佛教通史》课题。前辈杜继文先生给了我最早的指导、鼓励和鞭策。王志远先生在成立课题组方面提出了原则性建议，并提议增加《世界佛教大事年表》。同事和好朋友尕藏加、何劲松、黄夏年、周齐、郑筱筠、华方田、纪华传、周广荣、杨健、周贵华、王颂等人从不同方面给我提出具体建议，提供诸多帮助。没有这些领导、前辈、同事和朋友最初的厚爱、最可贵的指教、最温暖的援手，成立课题组就是一句空话。时间已经过去 9 年了，每次我回忆那些难忘情景的时候，眼前总会出现他们当时脸上流露出的真诚和信任。

2007 年 11 月，课题组筹备工作完成，正式进入研究工作阶段。我在分别征求课题组成员的意见之后，聘请中国社会科学院世界宗教研究所所长卓新平研究员、党委书记兼副所长曹中建先生、副所长金泽研究员、中国社会科学院荣誉学部委员杜继文研究员、中国社会科学院荣誉学部委员杨曾文研究员为课题组顾问。八年来，三位所领导和两位前辈关心、关怀课题的进展，从不同方面为课题的顺利进行创造条件。

2012 年 12 月 31 日，在《世界佛教通史》课题结项时，中国社会科学院学部委员卓新平研究员、世界宗教研究所副所长金泽研究员、北京大学姚卫群教授、中国人民大学张风雷教授、北京师范大学徐文明教授应邀出席答辩会。他们在充分肯定本书学术价值和现实意义的同时，为进一步修改完善献计献策，提出了许多有价值的修改意见。

中国社会科学出版社赵剑英社长非常重视本书的编辑和出版工作，自始至终关注本书的运行情况，组织了责任心强、专业水平高的编辑和校对人员进行本书的编校工作，并为项目的落实四处奔走，出谋划策。黄燕生编审从本课题立项开始就不间断跟踪，在最后的审校稿件过程中，她让丈夫在医院照顾96岁高龄患病的母亲，而自己到出版社加班加点编辑加工书稿。其他编辑也是这样，如孙萍编辑经常为本书稿加班到夜晚才回家。

从本课题正式申请立项到最终完成，我们一直得到了中国社会科学院前任和现任领导的关心、关怀和支持，得到院科研局前任和现任领导的具体指导和帮助。科研局的韦莉莉研究员长期关心本课题的进展，为我们做了许多具体服务工作。

我们这个课题组是一个没有任何行政强制条件的课题组，是一个纯粹由深情厚谊凝结起来的课题组。在共同理想、共同追求的支撑下、促动下，我们终于完成了这项最初很少有人相信能完成的任务。回忆我们一起从事科研工作的八年岁月，回忆我们相互切磋、相互学习、相互鼓励、相互促进的学术活动经历，回忆我们在联合攻关、协同作战过程中品尝的酸甜苦辣，总会让人感到真诚的可贵，情义的无价。

在课题组成员中，有两位青年同事帮我做了较多的科研辅助性工作。杨健在2007年到2012年，夏德美在2013年到2015年分别帮助我整理、校对各卷稿件，查找要核对的资料，补充一些遗漏的内容，处理与课题申报、检查、汇报等有关的事宜。他们花费的时间很多，所做工作也不能体现在现行的年度工作考核表上。

八年来，本课题组成员几经调整，变动幅度比较大，既有中途因故退出者，也有临时受邀加入者。对于中途因故退出的原课题组成员，我在这里要特别为他们曾经做出的有益工作、可贵奉献表示衷心感谢。中国社会科学院学部委员史金波前辈、西北大学李利安教授等学者是在课题组遇到困难时应邀参加的，他们为了保证本课题按时结项，不惜放下手头的工作。

《世界佛教通史》是集体创造的成果，是集体智慧的结晶。作为本课题负责人，我对每一位课题组成员都充满了感谢、感激之情。由于自己学术水平所限，本部著作还存在着许多不足之处，所有已发现和以后发现的错误，都应该由我承担责任。

　　本课题是迄今为止我负责的规模最大的项目，我曾为她振奋过、激动过、高兴过，也曾为她沮丧过、痛苦过、无奈过。我的家人总是在我束手无策时，给我注入精神能量。我要感谢我的妻子李明瑞：三十多年来，她的操持家务，能够让我自认能力有限；她的鼎力相助，能够让我不敢言谢；她的体贴入微，能够让我心生惭愧。

魏道儒

2015 年 11 月